시남집

이 책은 2020 · 2021년도 정부(교육부)의 재원으로 한국고전번역원의 지원을 받아
수행된 '권역별거점연구소협동번역사업'의 결과물임.

This work was supported by Institute for the Translation of Korean Classics - Grant funded by the Korean Government.

한국고전번역원 한국문집번역총서 / 충남대학교 한자문화연구소

시남집 5

市南集

유계 지음
兪棨

오승준 이재숙 옮김
이상수 임현정

일러두기

1. 이 책의 번역 대본은 한국고전번역원에서 간행한 한국문집총간 117집 소재 《시남집(市南集)》으로 하였다. 번역 대본의 원문 텍스트와 원문 이미지는 한국고전종합DB(https : //db.itkc.or.kr)에서 확인할 수 있다.
2. 내용이 간단한 역주는 간주(間註)로, 긴 역주는 각주(脚註)로 처리하였다.
3. 한자는 필요한 경우 이해를 돕기 위하여 넣었으며, 운문(韻文)은 원문을 병기하였다.
4. 맞춤법과 띄어쓰기는 한글 맞춤법과 표준어 규정을 따랐다.
5. 이 책에서 사용한 부호는 다음과 같다.
   ( ) : 번역문과 음이 같은 한자를 묶는다.
   〔 〕: 번역문과 뜻은 같으나 음이 다른 한자를 묶는다.
   " " : 대화 등의 인용문을 묶는다.
   ' ' : " " 안의 재인용 또는 강조 문구를 묶는다.
   「 」: ' ' 안의 재인용을 묶는다.
   『 』: 「 」 안의 재인용을 묶는다.
   《 》 : 책명 및 각주의 전거(典據)를 묶는다.
   〈 〉: 책의 편명 및 운문·산문의 제목을 묶는다.

차례

시남집 제24권

행장行狀

시남집 부록 제1권

행장行狀

시남집 부록 제2권

시남집 부록 제3권

만장挽章

서書

시남집 별집 제1권

시詩

시남집 별집 제2권

소疏

시남집

제24권

행장 行狀

선조고의 행장 초본

先祖考狀草

왕고(王考)의 휘(諱)는 대경(大儆), 자(字)는 덕용(德容)이다. 유씨(兪氏)가 기계(杞溪)를 본적으로 삼은 것은 휘 의신(義臣)으로부터 시작되었다. 시조(始祖)는 신라와 고려의 왕조 교체기 때 스스로 전조(前朝 신라)의 세신(世臣)으로서 복종하지 않은 죄로 경주(慶州) 속현(屬縣)인 기계에 강등 예속되어 호장(戶長)이 되었다. 그 뒤에 몇 대가 지나 다시 현달하였는데, 고려 말기에 휘 선(僐)과 휘 승계(承桂) 부자가 연달아 지부(地部)의 장관이 되었다.

고조 휘 기창(起昌)은 첨지중추부사(僉知中樞府事)를 지내고 병조판서에 추증되었다. 증조 휘 여림(汝霖)은 예조 판서를 지내고 경안공(景安公)이란 시호를 받았고, 조부 휘 강(絳)은 호조 판서를 지냈는데, 두 대가 명덕(名德)과 훌륭한 행적으로 당대의 중망(重望)을 받았다. 부친 휘 함(涵)은 성균 진사(成均進士)로 의정부 좌참찬(議政府左參贊)에 추증되었다. 목사(牧使) 안한준(安漢俊)의 딸인 광주 안씨(廣州安氏)에게 장가들어 가정(嘉靖) 신해년(1551, 명종6) 7월 11일에 공을 낳았다.

공은 어려서부터 출중하였는데, 조금 자라서는 부지런히 공부하며 게으르지 않더니 병자년(1576, 선조9)에 성균관에 들어갔다. 기축년(1589)에 시흥도 찰방(時興道察訪)에 제수되었고, 신묘년(1591) 별시(別試)에 급제하여 승문원에 보임되었다. 계사년(1593)에 승정원 주서(承政院注書)로 추천되어 제수되었다가, 시강원 설서(侍講院說書)

로 옮겼다. 얼마 뒤에 성균관 전적(成均館典籍)으로 승진하였고, 병조(兵曹)에 천거되어 좌랑(佐郞)이 되었다. 사간원 정언(司諫院正言)에 두 번, 사헌부 지평(司憲府持平)에 세 번씩 각각 임명되었다. 외직에 나가 순변사(巡邊使)의 막하에서 종사관(從事官)이 되어 보좌하였다.

을미년(1595, 선조28)에 병조 정랑(兵曹正郞)으로 있다가 수안 군수(遂安郡守)에 임명되었다. 무술년(1598)에 공이 군(郡)에 있으면서 전후로 공로가 매우 많았다는 임금의 하교가 내려와 특별히 명해 통정대부(通政大夫)로 품계가 올랐다. 기해년(1599)에 참소를 받아 죄에 걸려 폐출되었고,[1] 을사년(1605) 6월 19일에 운명하니 춘추 55세였다. 그해 모월 모일에 고양(高陽) 불암리(佛巖里)의 선영 옆 정향(丁向)의 언덕에 반장(返葬)하였다.

공은 효성스럽고 우애 있으며 돈독하고 화목하게 지냈으니, 천성으로 타고났다. 마음이 넓고 뜻이 굳세며 기국과 도량이 있고 식견이 원대하였으며, 특히 사리에 밝고 민첩하여 일을 맡아 처리하는 재주가 있었다. 벼슬하지 않던 시절부터 벌써 기대를 받았으며, 벼슬길에 나가서는 친구들이 모두 큰 인물이 될 것으로 기대하였다.

공이 순변사의 막하에서 보좌할 때 호남(湖南)에 한 명의 죄수가 있었는데, 스스로 죽을죄에서 벗어나고자 하여 도내의 이름난 선비 수십에서 백여 명을 무고하여 저들이 장차 반란을 모의한다고 말하고

1 기해년에……폐출되었고 : 유대경은 1599년에 왕세자에게 패악한 말을 하였다는 참소를 받았다. 《선조실록》 32년 5월 26일 기사에 "전 판관 심액(沈詻)이 왕세자에게 버릇없는 말을 많이 하였는가 하면 부호군(副護軍) 유대경도 왕자에게 패악한 말을 하였는데, 그간의 상황은 차마 들을 수 없고 차마 말할 수도 없는 점이 있습니다. 여론이 매우 놀라워하고 있으니, 모두 사판(仕版)에서 삭제할 것을 명하소서."라고 하였다.

는 그 이름을 나열해 순변사에게 투서하였다. 순변사가 즉시 여러 고을에 고발된 자들을 체포하게 하고는 막좌(幕佐)들을 불러 대책을 논의하였다. 막좌들이 모두 말하기를 "이 일은 큰 사건이어서 급히 보고하지 않을 수 없고, 또 혐의를 받는 일도 많으니 더욱 덮어버릴 수 없습니다."라고 하여 의론이 매우 분분하였다. 그러나 공은 홀로 자기의 주장을 고수하여 "간사한 사람이 죽을죄에서 살아날 방도를 구하느라 저지른 일이니 법에 있어서 마땅히 들어주어서는 안 됩니다. 더구나 이 일은 전혀 실정이 없으니 이 때문에 선량한 사람이 화를 입게 해서는 안 됩니다. 빨리 죄수를 참하고 체포하라는 명을 중지하게 하며 보고하는 일도 그쳐야 합니다."라고 하였다. 순변사가 처음에는 매우 난처해 했으나 이윽고 끝내 공의 의견을 따르면서 탄복하여 말하기를 "무고한 줄 알면서도 사람을 죽여 혐의를 피하는 일을 나는 차마 하지 못하겠다. 유공(兪公)이 아니었다면 나는 하마터면 잘못을 저지를 뻔하였다. 유공은 아마도 훌륭한 후손이 있을 것이다."라고 하였다.

공이 수안(遂安)을 다스리던 때는 병란으로 나라가 어지러워진 뒤였는데, 성심을 다해 백성을 어루만지니 은혜와 교화가 드러났다. 굶주리며 떠도는 백성들을 모아 옷과 음식을 주었고, 고을 안의 황무지를 대대적으로 개간하여 수천만 곡(斛)의 곡식을 수확하였다. 정유년(1597, 선조30)에 왜구가 다시 경기 지역으로 쳐들어오자[2] 의인대비(懿仁大妃)가 먼저 해서(海西 황해도) 지역으로 피난하여 거의 1년 동안

2 정유년에……쳐들어오자 : 정유재란(丁酉再亂)을 말한다. 정유재란은 1597년 8월 일본군이 임진왜란의 정전회담이 결렬됨에 따라 재차 조선을 침공하여 이듬해인 1598년 12월까지 지속되었다.

수안에 머물렀다. 백관(百官)과 분사(分司)의 종자(從者)들이 거의 조정의 반이나 되었고, 적병을 피해 몸을 의탁한 친고(親故 임금의 친척)가 또 백여 명일 뿐만이 아니었다. 공은 위로 피난 중인 조정을 받들고 백관들을 접대할 적에 음식 제공을 부족함 없이 하였다. 자신은 통절히 검소하게 아껴서 친고에게 베풀어주고, 떠도는 나그네들로 하여금 모두 우러러 의지하게 하니, 감동하고 탄복하지 않는 사람이 없었다.

이때 명나라 장수가 군대를 이끌고 관서에서 급히 호남으로 달려가자 관찰사가 수안에 공문을 보내 군량을 운반하여 황주(黃州)에 보내도록 하였다. 당시에 난리를 당해 아전과 백성들이 물고기가 흩어지듯 도망가 여러 고을에서 공문을 받들어 행할 자가 없었는데, 공이 지성으로 아전과 백성들을 깨우쳐 하루 안에 수백에서 천 곡(斛)의 곡식을 다 운반하여 기한을 어기지 않으니 명나라 장수가 크게 기뻐하였다. 안찰사(按察使)가 임금에게 아뢰니, 임금이 상으로 품계를 더해주기를 명하였으나 자급과 경력이 부족하여 겨우 조산대부(朝散大夫)로 승진하였다.

수안군에 사나운 도적이 있었는데, 산골짜기에 소굴을 만들고 밤이 되면 모였다가 낮이 되면 흩어져 마을에 출몰하였다. 양민들이 그 괴로움을 견디지 못하였으나 주군(州郡)에서 잡아들이지 못하였다. 이에 공이 계책을 내어 도적 무리를 불러 모아 생포하니, 관병을 번거롭게 하지 않고도 그 무리 수백 명을 체포하였다. 조사를 정밀하고 명백하게 하면서도 인자하고 간절하게 하여 목숨을 온전히 보존한 자가 매우 많았으니, 때문에 백성들이 더욱 감읍하여 공을 부모라고 일컬었다.

공은 평소 지론(持論)이 방정하여 당시 조정의 권귀(權貴)일지라도 용서하지 않았는데, 끝내 술자리에서 한 말 때문에 시기하는 자의 무고를 받아 관찰사가 임금에게 아뢰어 파직되었다. 당시의 재신 홍여순(洪汝諄)[3]과 기자헌(奇自獻)[4] 등이 공을 헐뜯고 논핵함으로써 삭직된 것이다. 수원(水原)의 고향으로 돌아간 지 7년 만에 서용(敍用)하라는 명이 내려졌는데, 다시 정권을 잡은 무리들에게 저지되어 환수당하였다. 공의 덕과 재능을 가지고도 당시에 조금도 시험해 보지 못하고 마침내 곤액을 당하여 여기에서 그치고 말았으니, 어찌 운명이 아니겠는가.

현조비(顯祖妣) 정부인(貞夫人) 전주 이씨(全州李氏)는 효령대군(孝寧大君) 보(補)[5]의 6세손이다. 현조비의 증조 휘 목(霂)은 청원 정(青原正), 조부 휘 경(經)은 금양 부정(金壤副正), 부친 휘 흠례(欽禮)는 전라도 수군병마절도사(水軍兵馬節度使)이고, 외조부는 현령 김수증(金壽增)으로, 본관은 언양(彦陽)이다. 부인은 공과 같은 해에 태어났는데 월일(月日)이 조금 앞선다. 만력(萬曆) 기축년(1589, 선조22) 10월 13일에 졸하니, 향년 39세이다. 타고난 자질이 순수하고 정숙한 덕이 있어, 한 집안의 내외 친척들이 모두 부인으로서의 법도를 갖추었다고 칭송하였고 돌아가신 후에도 그치지 않았다. 슬하에 1남 4녀를 두었다. 자손록(子孫錄)에 운운하였다.

선군자(先君子)께서 일찍이 공의 유사(遺事)를 기록하여 공경히 상자에 보관하여 비문을 만드는 일에 쓰려고 하였다. 그러나 불행하게도

3 홍여순(洪汝諄) : 1547~1609. 본관은 남양(南陽), 자는 사신(士信)이다.

4 기자헌(奇自獻) : 1562~1624. 본관은 행주(幸州), 자는 사정(士靖), 호는 만전(晩全)이다.

5 이보(李補) : 1396~1486. 태종(太宗)의 둘째 아들 효령대군(孝寧大君)으로, 본관은 전주(全州), 자는 선숙(善叔), 호는 연강(蓮江), 시호는 정효(靖孝)이다.

선군자께서 일찍 돌아가시고 그 글은 병화(兵火) 속에서 잃어버리고 말았다. 고아가 되어 살아가는 불초(不肖) 등이 보고 들은 바가 점점 멀어져 끝내 사라져서 전하지 못하게 될까 걱정한 나머지 어릴 때 가정에서 들은 내용을 수록하여 대략 전말을 기록하였다. 그러나 관직에 임명받은 것과 같은 일은 이미 참고할 바를 대부분 잃어버려서 차례대로 나열하지 못하였다. 하물며 언행과 사공(事功)의 상세함을 또 어찌 만에 하나라도 기술할 수 있겠는가. 아! 슬프다. 모년 모월 모일에 불초손(不肖孫) 계(棨)는 삼가 적는다.

선고의 행장 초본
先考狀草

선군자(先君子)의 휘는 양증(養曾), 자는 약소(若所)이다. 유씨(兪氏)의 본관과 대대로 내려온 문벌은 선왕고(先王考)[6]의 행장 속에 보인다. 선군은 만력(萬曆) 기묘년(1579, 선조12) 11월 4일 병오일(丙午日)에 태어났다. 어려서 총명함이 남보다 빼어났다. 열두세 살 때 조부가 일찍부터 술을 가까이한다고 경계하시자, 선군이 곧바로 술을 입에 대지 않고 십 년 동안 마시지 않았다. 이후에 조부의 생신 잔치 때 조부께서 선군에게 술을 마시도록 하였는데, 몇 말을 넘게 마셔도 흐트러지지 않으니 조부께서 선군의 품행을 기특하게 여겨 다시는 술을 금하지 않았다.

과거 공부에 종사하여 여러 번 응시했으나 합격하지 못하였다. 간흉이 과거 합격을 선비들에게 파는 일이 있자 더욱 벼슬할 뜻을 잃고 일찌감치 과거 공부를 그만두되 태연하여 개의치 않았다. 광해군의 정치가 더욱 어지러워져 인륜을 무너뜨리는 논의[7]가 일어났을 때 간흉

6 선왕고(先王考) : 유대경(兪大儆, 1551～1605)으로, 본관은 기계(杞溪), 자는 덕용(德容)이다.

7 인륜을 무너뜨리는 논의 : 광해군 때 인목대비(仁穆大妃)를 폐하여 서궁(西宮)에 유폐시킨 폐모론(廢母論)을 말한다. 선조(宣祖)의 계비(繼妃) 인목대비는 영돈녕부사 김제남(金悌男)의 딸이며 영창대군(永昌大君)의 어머니이다. 선조가 죽고 광해군이 즉위하자 광해군을 왕세자 자리에서 폐하려던 소북(小北)의 유영경(柳永慶) 일파가 몰락하고 대북(大北)의 정인홍(鄭仁弘) 등이 득세하였다. 1613년 대북파인 이이첨(李爾瞻) 등의 흉계로 김제남은 피살되고 영창대군은 서인(庶人)으로 강등되어 강화(江

에게 물들은 친구가 있자 선군께서 시를 지어 그와 절교하면서 "근본은 같으나 끝이 달라지고 처음은 희었다가 끝에는 검어졌네.〔本同末異, 始素終玄.〕"라는 말을 하였다. 날마다 소암(踈庵) 임숙영(任叔英)[8] 등 여러 사람들과 종유하여 술을 마시면서 비분강개하니 간흉의 무리들이 매우 싫어하면서 자못 수소문하는 자가 있었다. 선군은 곧바로 집을 팔아 수원의 장원(莊園)으로 돌아가 힘써 농사를 지어 자급할 뿐, 다시는 서울의 언론과 소통하지 않았다. 계해년(1623, 인조1)에 사직이 안정되자[9] 친척과 친구들이 요직에 많이 있었는데, 선군은 또한 담박하여 벼슬길을 구하는 뜻이 없으셨다.

갑자년(1624)에 역적 이괄(李适)이 도성으로 쳐들어오자[10] 임금께서 남쪽으로 피신하여 수원에 머무르셨는데, 선군이 앞장서서 고을의 선비들을 이끌고 가서 길에서 임금을 맞이하였다. 그리고 글을 지어

華)에 유배되었다가 1614년 봄에 살해되었으며, 인목대비는 폐모론이 제기되어 결국 1618년에 폐위되었다.

8 임숙영(任叔英) : 1576~1623. 본관은 풍천(豐川), 자는 무숙(茂淑), 호는 소암(踈庵)이다.

9 계해년에 사직이 안정되자 : 1623년에 있었던 인조반정(仁祖反正)을 말한다. 대북파에 의해 1618년 인목대비를 서궁에 유폐하는 사건이 일어나자 서인(西人)은 폐모살제(廢母殺弟)를 명분으로 무력 정변을 꾀하여 광해군을 내쫓고 능양군(綾陽君)을 인조(仁祖)로 옹립하였다.

10 이괄(李适)이 도성으로 쳐들어오자 : 1624년(인조2) 평안 병사(平安兵使) 이괄이 일으킨 난을 말한다. 이괄은 인조반정 당시 군사 지휘를 도맡아 큰 공을 세웠지만, 계획에 늦게 참여했다는 이유로 그 공을 제대로 인정받지 못해 불만이 많았다. 또 평안 병사로 임명되어 지방으로 쫓겨나자 불만이 더욱 쌓여갔는데, 1624년 아들이 억울한 누명을 쓰자 마침내 이를 참지 못해 반란을 일으켰다. 이괄은 한양을 점령하기까지 하였으나 결국 관군에 패해 도망가던 중 부하 장수에게 죽고 말았다.

고을 사람들을 설득하여 군량을 모아 왕사(王師)를 구제하셨다. 이에 관찰사가 임금에게 아뢰니, 임금이 관직에 제수해서 공로에 따른 보상을 하라고 명하였다. 병인년(1626, 인조4) 여름 처음으로 예빈시 참봉(禮賓寺參奉)에 임명되었는데, 그해 11월 초하루에 병으로 서울 집에서 돌아가시니 춘추 48세이다.

선군은 하늘로부터 받은 자질이 순수하고 성품이 도타워서 평소 사람들과 잘 어울려 마치 모나지 않은 듯했지만, 시비(是非)와 의리(義利)를 분별할 때에는 의연하여 빼앗을 수 없는 지조가 있었다. 곤궁하고 다급한 사람을 보면 친소와 원근을 살펴 분수에 따라 힘을 다하고 급히 달려가면서도 미치지 못할 듯이 하였다. 간사하고 비루한 일을 보면 비록 나이와 지위가 본디 높은 자라도 또한 대면하려고 하지 않았다. 이 때문에 사람들이 사랑하고 공경하지 않음이 없었다.

선군은 서사(書史)에 두루 통하여 고금을 평가하니 흥미진진한 담론은 남보다 뛰어난 견해가 많았다. 그러나 공손하고 겸양하여 일찍이 이것을 가지고 자처하지 않았으니, 사람들이 다만 선군을 보고는 충후(忠厚)한 어른인 줄로만 알았다. 평소 마음이 맞는 벗이 아니면 또한 선군의 은근한 풍모가 융통성 없는 선비와 비교할 수 없음을 알지 못했다. 오직 중간에 혼탁한 시대를 만나서 물러나 은둔하는 것에 용감하였고, 만년에 한 가지 명예를 얻었으나 지위는 낮고 수명이 짧으셨다. 선군의 성대한 덕으로도 당세에 드러나지 못하셨으니 아, 슬프다.

선비(先妣)는 단인(端人) 의령 남씨(宜寧南氏)로, 부친은 휘 이신(以信)[11]이니, 병조 참판(兵曹參判)을 지냈다. 조부 휘 호(琥)는 개성

11 남이신(南以信) : 1562~1608. 본관은 의령(宜寧), 자는 자유(自有), 호는 직곡

도사(開城都事)를 지냈고, 증조 휘 응운(應雲)은 예조 참판을 지냈다. 비(妣) 나주 정씨(羅州丁氏)는 대사헌 윤복(胤福)[12]의 딸이다. 선비는 선군과 동년생(同年生)으로, 선군보다 4일 먼저 태어났다. 천계(天啓) 계해년(1623, 인조1) 10월 30일에 운명하니, 향년 45세이다. 태어나면서부터 자질이 뛰어나 순수하고 총명하여 성현의 말과 지나간 행실, 문사(文史)와 전기(傳記)를 한번 보고 들으면 종신토록 잊지 않았다. 외조비(外祖妣)는 평소 부인의 덕을 갖추어 내외 친척들 사이에서 칭송을 받았는데, 선비(先妣)가 일찍부터 가르침을 받아 부인으로서의 법도를 순수하게 갖추었다.

조부를 십 년 동안 섬겼는데, 조부께서 매우 마땅하게 여겨 어질고 효성스러움을 자주 칭찬하였다. 선군에게 시집온 지 30년 동안 집안에서 도리에 어긋난 말을 전혀 하지 않았다. 집안사람들을 은혜와 예의로 대하였으며, 하인들을 믿음과 사랑으로 어루만져 주었다. 선군은 평소 마음이 화평하고 넓어서 집안일을 마음에 두지 않았는데, 선비가 매번 집안을 경영하며 여러 작은 일이라도 일일이 아뢰지 않음이 없으셨다.

선군은 대대로 검소한 유학자의 집안으로 재산이 많지 않았지만, 형편에 맞게 살림을 하여 일찍이 궁핍한 적이 없었다. 자녀들을 지극히 자애롭게 어루만져 주되 여러 자녀들이 혹시 일을 일삼지 않으면 깊이 가르치고 꾸짖어 조금도 용서하거나 보호해주지 않으셨다. 기억하건대 선비가 병이 위독할 때, 못난 우리들을 어루만지며 말씀하기를 "나는 목숨이 한계에 도달하여 너희들이 어른으로 성장한 모습을 미처

(直谷)이다.

12 정윤복(丁胤福) : 1544~1592. 본관은 나주(羅州), 자는 개석(介錫)이다.

보지 못하겠구나."라고 하였다. 아, 사람의 자식이 되어 혼자 힘으로 살아가지 못해 하루 동안의 봉양도 하지 못하였으니, 풍수지탄(風樹之嘆)이 하늘에 사무치도록 어찌 끝이 있겠는가. 아, 슬프구나. 불초 형제는 남녀 모두 몇 명이다.

선비의 상(喪)에 선군은 선영(先塋)에 자리가 없다고 하여 별도로 새로운 장지를 정했는데, 이곳은 임시 장지일 뿐 묘지를 정하지는 못하였다. 선군이 돌아가시자 비로소 정묘년(1627, 인조5) 9월 수원의 공이향(工二鄕)에 합장하였다. 13년 뒤 기묘년(1639)에 묫자리가 좋지 않다는 이유로 임천군(林川郡) 남쪽 칠성산(七星山) 북쪽의 지남동(指南洞) 내 정향(丁向)의 언덕에 이장하였다.

못난 내가 이미 대략의 사실을 기록하여 무덤 남쪽에 묻어 두었는데, 또한 세월이 점차 멀어지고 자손들이 점점 쇠미해져 끝내 선인(先人)의 덕을 기릴 수 없을까 걱정이 되었다. 이에 지금 지난번에 기록했던 것 중에 미진했던 부분을 다시 기록하는 것이니, 당대의 말을 아는 군자에게 나아가 질정하여 훗날 비석 뒷면에 각자(刻字)하는 날을 대비하노라. 모년 모월 모일에 못난 아들 계(棨)는 눈물을 흘리며 쓰다.

공조 참의 안공 행장
工曹參議安公行狀

공의 휘는 방준(邦俊), 자는 사언(士彦), 자호는 빙호(氷壺)로 문인들이 우산(牛山) 선생이라 부른다. 안씨(安氏)는 가계가 죽산(竹山)에서 나왔는데, 먼 조상인 휘 전(戩)은 고려에서 강직하기로 이름났었다. 10대조 휘 원형(元衡)은 문하시중(門下侍中)을 지내고 죽성군(竹城君)에 봉해졌다. 8대조 휘 정생(挺生)은 보문각 직제학(寶文閣直提學)을 지냈고, 우리 왕조에서 처음 벼슬하였다. 5대조 휘 민(民)은 무과에 급제하여 훈련원 참군(訓鍊院參軍)으로, 이시애(李施愛)의 난[13]에 전사하였는데, 중훈대부(中訓大夫) 종부시 주부(宗簿寺主簿)에 추증(追贈)되었다. 공의 가문이 보성(寶城)에서 살게 된 것은 실로 주부공으로부터 비롯되었다.

고조 휘 범(範)은 학행(學行)으로 벼슬을 제수받아 관직이 현감(縣監)에 이르렀고, 증조 휘 수륜(秀崙)은 성균관 학유(成均館學諭)이다. 조부 휘 축(軸)은 관직이 목사(牧使)에 이르렀고, 자호를 둔암(鈍庵)이라고 하였다. 정릉(靖陵) 조에서 문과에 급제하여[14] 승정원 주서(承

13 이시애(李施愛)의 난 : 1467년(세조13) 5월에 회령 부사(會寧府使)를 지낸 길주(吉州)의 토호 이시애가 북방 지역 차별에 불만을 품고 그의 아우 이시합(李施合)과 함께 일으킨 반란이다. 반군은 한때 함흥(咸興)을 점령하고 관찰사 신면(申㴐)을 죽이기까지 하였으나, 이시애의 부장들이 이시애와 이시합 등을 체포하여 조정에 넘김으로써 난이 진압되었다.

14 정릉(靖陵)……급제하여 : 정릉은 중종(中宗)의 능 이름이다. 안축(安軸, 1500~

政院注書)·사간원 정언(司諫院正言)·사헌부(司憲府)의 지평(持平)과 장령(掌令)에 여러 번 임명되었는데, 모두 병을 이유로 벼슬에 나가지 않고 한직을 전전하였다. 하서(河西) 김인후(金麟厚)[15]·석천(林石) 임억령(林億齡)[16]과 한가롭게 노닐며 마음 내키는 대로 지내니, 당시 사람들이 이들을 '호남 삼고(湖南三高)'라고 하였다.

부친 휘 중돈(重敦)은 사마 양시(司馬兩試 생원시와 진사시)에 합격하였다. 모친 남원 양씨(南原梁氏)는 윤순(允純)의 딸이며, 좌찬성(左贊成) 연(淵)의 손녀이다. 사마공(司馬公)이 일찍 세상을 떠나 후사(後嗣)가 없자 공을 데려와 후사로 삼으니, 공은 곧 동모형(同母兄) 첨지중추부사(僉知中樞府事) 중관(重寬)의 둘째 아들이다. 첨추공이 진원박씨(珍原朴氏) 이경(而儆)의 딸에게 장가가서 만력(萬曆) 계유년(1573, 선조6) 11월 병신일(丙申日)에 보성(寶城)의 오야동(梧野洞) 사저(私邸)에서 공을 낳았다.

공은 어려서부터 기상이 비범하여 어른스러웠다. 일찍부터 같은 고을의 죽천(竹川) 박광전(朴光前)[17] 선생 및 자형(姊兄) 난계(蘭溪) 박종정(朴宗挺)[18] 선생에게 수학하였는데, 두 분이 모두 큰 기대를 하였

1572)의 본관은 죽산(竹山), 자는 해빈(海賓), 호는 둔암(鈍菴)이다. 1542 정시(庭試)에서 을과 1위로 급제하였다.

15 김인후(金麟厚) : 1510~1560. 본관은 울산(蔚山), 자는 후지(厚之), 호는 하서(河西)·담재(湛齋), 시호는 문정(文正)이다.

16 임억령(林億齡) : 1496~1568. 본관은 선산(善山), 자는 대수(大樹), 호는 석천(石川)이다.

17 박광전(朴光前) : 1526~1597. 본관은 진원(珍原), 자는 현재(顯哉), 호는 죽천(竹川), 시호는 문강(文康)이다.

다. 16세에 향시(鄕試)를 보러갔다가 시험장이 분잡스럽고 시끄러운 모습을 보고 마음으로 매우 부끄럽게 여겨 마침내 과거 공부를 그만두고 자기 수양을 위한 공부에 전념하였다.

19세에 파산(坡山)으로 우계(牛溪) 성 선생(成先生)[19]을 찾아가 만나 뵈었는데, 선생은 이때 구당(鉤黨)의 화[20]를 당하여 두문불출하며 생도들을 사절하여 돌려보냈다. 공이 처음 파산에 이르렀을 때 선생은 병을 핑계로 사양하고 곧바로 만나주지 않았으므로 공은 청송(聽松) 선생[21]을 모신 서원으로 물러나 유숙하였다. 다음 날 새벽에 다시 찾아가 문밖에서 단정히 서서 저녁이 되도록 물러나지 않으니 선생이 그 독실한 정성을 가상히 여겨 비로소 지례(贄禮)를 허락하였다.[22] 공을 불러들여 함께 강론하고 토의하였는데, 공의 견해가 고명하여 깊은 이치를 많이 밝히니 선생이 매우 중히 여기셨다.

18 박종정(朴宗挺) : 1555~1597. 본관은 함양(咸陽), 자는 응선(應善), 호는 난계(蘭溪)이다.

19 성 선생(成先生) : 성혼(成渾, 1535~1598)으로, 본관은 창녕(昌寧), 자는 호원(浩原), 호는 우계(牛溪)·묵암(默庵), 시호는 문간(文簡)이다.

20 구당(鉤黨)의 화 : 구당은 당으로 끌어들여 서로 비방하고 무고하는 것이다. 《후한서(後漢書)》 권8 〈영제기(靈帝紀)〉에 "중상시(中常侍) 후람(侯覽)이 유사(有司)를 꼬드겨 어전에서 사공(司空) 우방(虞放)과 태복(太僕) 두밀(杜密) 등을 모두 구당으로 지목하여 하옥(下獄)시키니, 죽은 자가 100여 명에 이르렀다."라고 하였다.

21 청송(聽松) 선생 : 성혼의 부친 성수침(成守琛, 1493~1564)으로, 본관은 창녕, 자는 중옥(仲玉), 호는 청송·죽우당(竹雨堂)·파산청은(坡山淸隱), 시호는 문정(文貞)이다.

22 지례(贄禮)를 허락하였다 : 제자가 스승을 처음 뵐 때 폐백(幣帛)을 가지고 가서 경의를 표하는 예를 말하는 것으로, 제자로 받아들인다는 의미이다.

공은 집에 늙은 부모가 계셨기 때문에 얼마 안 되어 하직하고 돌아갔는데, 선생은 편지를 보내 가르치기를

"가만히 살펴보건대 선비가 학문할 때에는 반드시 진실한 마음과 각고의 노력이 있어야 하고, 스승과 벗이 곁에서 돕고 안팎으로 수양이 된 뒤에야 거의 터득함이 있는 법이네. 그리고 더욱 마땅히 자신이 지닌 기질의 병통을 스스로 살펴서 사욕을 이기고 바로잡아 다스려서 넉넉한 것은 덜고 부족한 것은 보충하여야 하네. 그런 뒤에 근본이 다소 배양되고 행하여 지킴이 다소 확립되면 자기가 사는 고을에 행할 수 있고 치욕을 면할 수 있을 것이네. 그대는 나이가 젊고 기상이 예리하니 지금 세상에 살면서 덕을 편안히 하는 토대가 아닐 듯하네. 진실로 바라건대 한결같은 뜻으로 학문에 힘써서 반드시 효제(孝悌)와 충신(忠信)으로 근본을 삼고, 겸손과 졸눌(拙訥)로 바탕을 삼고, 침잠과 독실로 공부를 삼아서 열심히 책을 읽어 진리를 탐색하고 마음을 굳게 잡아 지킨다면 청명한 아름다운 뜻으로 마침내 틀림없이 높은 경지에 이르는 바가 있을 것이네."[23]

라고 하였다. 공이 이것을 마음에 간직하니 평생 깊이 깨달은 것이 이 말에 힘입은 것이 많았다고 한다.

임진년(1592, 선조25)의 난리 때에는 죽천(竹川) 박공(朴公)을 따라 의병(義兵)을 일으켰는데, 군대 일로 공산(公山)으로 가서 체찰사(體察使) 송강(松江) 정 상공(鄭相公)[24]을 만나고는 기밀을 논의하니

23 선생은……것이네 : 이 글은 성혼(成渾)이 1591년 6월에 쓴 〈안사언 방준에게 답하는 편지〔答安士彦邦俊書〕〉로, 《우계집(牛溪集)》 권5에 실려 있다.

24 정 상공(鄭相公) : 정철(鄭澈, 1536~1593)로, 본관은 연일(延日), 자는 계함(季

송강이 크게 경탄하였다.

정유년(1597, 선조30)에 공이 연로한 부모를 모시고 산중에서 병란을 피하다가 갑자기 적병을 만났다. 공이 "앉아서 죽기를 기다리기 보다는 차라리 적을 죽이고 나도 죽는 것이 낫겠다."라고 하고는 동행하던 사람 수십 명과 약속하고 힘껏 싸웠는데, 적장이 유시(流矢)에 맞아 죽자 적병이 패하여 달아나니, 일행이 이에 힘입어 목숨을 보전하였다.

무술년(1598)에 우계(牛溪) 선생이 세상을 떠났다는 소식을 들었으나, 공은 부모의 병환 때문에 달려가 곡하지 못하여 평생을 한스러워하였다. 선생을 위해 의복(義服)으로 기년복을 입었다. 그 후 몇 해가 지나 정인홍(鄭仁弘)과 기자헌(奇自獻) 등이 우계를 무함하여[25] 죄가 황천까지 미치게 되자 공은 더욱 세상일에 뜻이 없었다.

신해년(1611, 광해군3)에 공이 가족을 이끌고 서울로 돌아와 매동(梅洞) 옛집에 우거하니, 더불어 왕래한 사람은 대부분 덕이 높은 선배

涵), 호는 송강(松江), 시호는 문청(文淸)이다.

25 정인홍(鄭仁弘)과……무함하여 : 정인홍(1536~1623)은 본관은 서산(瑞山), 자는 덕원(德遠), 호는 내암(來庵)이다. 기자헌(奇自獻, 1562~1624)의 본관은 행주(幸州), 자는 사정(士靖), 호는 만전(晩全)이다. 1602년(선조35) 봄에 정인홍이 그의 무리 문경호(文景虎)를 시켜서 성혼(成渾)을 비난하였다. 문경호 등이 상소하기를 "성혼이 은밀히 김종유(金宗儒)에게 묻기를 '너는 최영경(崔永慶)이 길삼봉(吉三峯)인 것을 아는가?'라고 하기에 김종유가 깜짝 놀라면서 '무엇 때문에 이런 말을 하는가?'라고 하였으니, 정철이 최영경을 길삼봉이라고 지목한 것이 과연 성혼에게서 나온 것이 아니겠습니까. 그 자취를 논하면 성혼의 죄는 가볍고 정철의 죄는 무거우나, 실정을 궁구해 보면 정철의 죄는 작고 성혼의 죄는 큽니다. 그런데 독한 정철의 죄는 조금 폄삭(貶削)을 당했으나 흉악한 성혼은 죽은 뒤 아직까지 명위(名位)를 보전하고 있습니다."라고 하였다. 《宣祖修正實錄 34年 12月 1日》

들이었다. 당시 간흉(奸凶)이 조정에 가득하여 세도(世道)가 막힌 상태였다. 적신(賊臣) 이이첨(李爾瞻)[26]이 공의 품행과 도의를 듣고는 반드시 공을 등용하려고 하면서 공과 친한 이를 통해 공에게 뜻을 전달하였고, 또 말하기를 "저 사람이 만약 나를 만난다면 나는 우계의 억울함을 풀어주겠다."라고 하였다. 적신 한찬남(韓纘男)[27]이 두 번이나 공을 찾아왔는데, 공이 모두 피하여 만나주지 않았다. 마침내 고향으로 돌아갈 마음을 정하니 월사(月沙) 이 상공(李相公)[28]과 창랑(滄浪) 성공(成公)[29] 같은 친구들이 이별에 임해 시를 지어 그 뜻을 말하니, 식자들이 모두 고상하게 여겼다.

갑인년(1614, 광해군6)에 보성(寶城)의 우산(牛山)에 거처를 정하니, 이는 산수가 깨끗하게 탁 트여 사랑스럽기도 했지만 사람 사는 곳과 다소 멀었기 때문이다. 이때부터 세상 밖에서 한가로이 노닐며 더욱 세상일에 관여하지 않았다. 천계(天啓) 계해년(1623, 인조1)에 인조대왕(仁祖大王)이 내란을 안정시키니,[30] 공이 대사마(大司馬) 김

26 이이첨(李爾瞻) : 1560~1623. 본관은 광주(廣州), 자는 득여(得輿), 호는 관송(觀松)·쌍리(雙里)이다.

27 한찬남(韓纘男) : 1560~1623. 본관은 청주(淸州), 자는 경서(景緖)이다. 1613년(광해군5) 영창대군(永昌大君)을 처벌할 것을 주장하였고, 1616년에는 해주 옥사를 일으켜 소북파 제거에 앞장섰다.

28 이 상공(李相公) : 이정귀(李廷龜, 1564~1635)로, 본관은 연안(延安), 자는 성징(聖徵), 호는 월사(月沙)·보만당(保晩堂), 시호는 문충(文忠)이다.

29 성공(成公) : 성문준(成文濬, 1559~1626)으로, 본관은 창녕(昌寧), 자는 중심(仲深), 호는 창랑(滄浪)·영동(永同)이다. 우계 성혼의 아들이다.

30 천계(天啓)……안정시키니 : 1623년에 서인(西人)이 폐모살제(廢母殺弟)를 명분으로 무력 정변을 꾀하여 광해군을 몰아낸 인조반정을 말한다.

류(金瑬) 공에게 편지를 보내 당시의 급선무를 논하면서[31] '편당(偏黨)을 버리고 인재를 수용하며 공(公)을 먼저 하고 사(私)를 뒤에 하며 뜻밖의 일을 미리 대비하는 것'을 먼저 힘쓰라고 하였는데, 김공이 이 말을 실행하지 않았다.

갑자년(1624, 인조2)에 동몽 교관(童蒙敎官)·사포서 별제(司圃署別提) 등의 관직에 제수되었으나 모두 나아가지 않았다. 을축년(1625)에 추탄(楸灘) 오 상공(吳相公)[32]이 공을 연석(筵席)에 추천하며 말하기를 "말세에 명리(名利)를 추구하여 분주하게 경쟁하는 풍습을 이루었는데, 초연하게 물러나는 자는 오직 안 아무개 한 사람뿐입니다."라고 하였다. 임금이 말하기를 "이 사람을 내가 들어 알고 있으니, 경(卿) 등은 먼저 거두어 등용하오."라고 하였다. 이해 8월에 오수도 찰방(獒樹道察訪)에 제수되었다. 공이 여러 차례 성은을 입었지만 한 번도 사은숙배하지 않은 것을 대단히 온당치 못한 일로 여겨 병든 몸을 이끌고 서울에 올라가 사은(謝恩)하였다. 그 뒤에 곧바로 임소에 나아가 19일 동안 머무르다 관직을 버리고 우산(牛山)의 예전 집으로 돌아왔다. 이때부터 일찍이 한 번도 도성에 발을 들인 적이 없었으니, 대개 공이 평소 마음에 정한 것을 여기에서 볼 수 있다.

정묘년(1627)에 서쪽 변방의 일〔西事〕[33]이 바야흐로 급박해지자 공

31 공이……논하면서 : 이 편지는 《은봉전서(隱峯全書)》 권3 〈여북저김상공(與北渚金相公)〉을 가리킨다. 대사마(大司馬)는 병조 판서를 가리킨다. 김류(金瑬, 1571~1648)의 본관은 순천(順天), 자는 관옥(冠玉), 호는 북저(北渚), 시호는 문충(文忠)이다.

32 오 상공(吳相公) : 오윤겸(吳允謙, 1559~1636)으로, 본관은 해주(海州), 자는 여익(汝益), 호는 추탄(楸灘)·토당(土塘), 시호는 충간(忠簡)이다.

33 서쪽 변방의 일 : 1627년(인조5) 1월부터 3월까지 있었던 후금(後金)이 조선을

이 의병을 규합하여 평소 서로 알고 지내던 여러 유생 수백 명을 불러 모아 국난에 분주히 달려갔다.[34] 이때 완평(完平) 상국(相國) 이원익(李元翼)[35]이 완산(完山)에서 무군사(撫軍司)를 지휘하고 있었는데, 공을 청하여 계책을 물었다. 이원익이 탄복하여 말하기를 "이 계책이 시의(時宜)에 꼭 맞으니 마땅히 임금에게 아뢰어 채용되도록 하겠다." 라고 하였다. 얼마 지나지 않아 적이 물러가자 고향으로 돌아왔다.

신미년(1631, 인조9)에 백강(白江) 상공(相公) 이경여(李敬輿)[36]가 호남 지역을 안찰(按察)할 때 본군(本郡)의 유생들이 공의 행적을 열거하여 조정에 대신 아뢰어주기를 청하였다. 숭정(崇禎) 임신년(1632)에 제원도 찰방(濟源道察訪)에 제수되었는데 나아가지 않았다.

병자년(1636)에 대사간(大司諫) 윤황(尹煌)[37]이 탑전(榻前)에서 기개와 절조가 돈후하고 확고하여 직간할 수 있는 사람이라고 공을 추천하였는데, 상공 조익(趙翼)[38]도 힘써 추천하였다. 당시에 관학(館學)의 많은 선비들이 율곡(栗谷)과 우계(牛溪) 두 선생을 문묘(文廟)에

침략한 정묘호란(丁卯胡亂)을 말한다.

34 공이……달려갔다 : 당시 안방준은 사계(沙溪) 김장생(金長生)의 천거로 호남과 호서 지역의 호소사(號召使)가 되어 의병을 모집하였다.

35 이원익(李元翼) : 1547~1634. 본관은 전주(全州), 자는 공려(公勵), 호는 오리(梧里), 시호는 문충(文忠)이다.

36 이경여(李敬輿) : 1585~1657. 본관은 전주, 자는 직부(直夫), 호는 백강(白江)·봉암(鳳巖), 시호는 문정(文貞)이다.

37 윤황(尹煌) : 1571~1639. 본관은 파평(坡平), 자는 덕요(德耀), 호는 팔송(八松), 시호는 문정(文正)이다.

38 조익(趙翼) : 1579~1655. 본관은 풍양(豐壤), 자는 비경(飛卿), 호는 포저(浦渚)·존재(存齋), 시호는 문효(文孝)이다.

배향하기를 청하는 의론이 있었는데, 올바름을 싫어하는 무리들이 두 선생을 헐뜯고 무함하여 배향하는 것이 합당하지 않다고 하였다. 공이 이 소식을 듣고 강개하여 상소를 올려 두 선생이 무함을 받은 곡절의 처음과 끝을 상세하게 힘껏 진술하였다. 대부분의 여러 상소들은 미처 깊이 분석하지 못한 것들이었으나, 공의 상소[39]는 거의 만 자나 되어 사람들이 이 상소야말로 백대의 가장 뛰어난 공안(公案)이 될 만하다고 여겼는데, 마침 청나라의 침입이 위급함을 알려와 비답이 미처 내려오지 못하였다.

이해 겨울에 어가(御駕)가 난을 피하여 남한산성(南漢山城)으로 가자 공은 또 의병을 일으켜 임금을 호위하기 위해 달려갔다. 일찍이 사람들에게 말하기를 "강화도를 적임자가 아닌 사람에게 맡겼기 때문에 틀림없이 지킬 수 없을 것이다."[40]라고 하고는 오열하며 눈물 흘렸는데, 후에 과연 공의 말처럼 되었다. 여산(礪山)에 이르렀을 때 남한산성의 포위가 풀렸다는 소식을 듣고 이에 돌아갔다.

기묘년(1639, 인조17)에 연신(筵臣)이 공의 절개와 행실을 아뢰자 임금은 특별히 명하여 공을 참관(參官)으로 승진시키고 전생서 주부(典牲署主簿)에 제수하였다. 공은 큰 난리를 겪은 뒤에 임금께서 이러한 특별한 은전(恩典)을 내려주셨기 때문에 한 번 숙배(肅拜)하지 않

39 공의 상소 : 《은봉전서(隱峯全書)》 권2의 〈율곡과 우계 두 선생이 당한 모함을 변론하는 상소〔辨栗牛兩先生被誣疏〕〉를 말한다.

40 강화도를……것이다 : 병자호란 당시 강화 유수(江華留守) 장신(張紳)과 검찰사(檢察使) 김경징(金慶徵) 등은 강화도를 수비하였는데, 대비책을 세우지 않은 채 독단적이고 파행적인 처신으로 인심을 크게 잃었고 청나라 군대가 침입하자 나룻배를 타고 도망쳐 성은 함락되었다.

을 수 없다고 여겨 서울로 가다가 중도에 병이 나 돌아왔다.

경진년(1640, 인조18)에 화의(和議)가 잘못되었음을 깊이 책망하는 소장을 올려 화란(禍亂)이 일어나게 된 이유를 낱낱이 논하니, 말이 통절하고 거리낌이 없었다. 임진년(1592)과 정묘년(1627)의 국난을 말하는 데에 이르러서는

"중국 조정의 구원을 입어 나라를 다시 일으킬 수 있게 되었는데, 지금 바로 의리를 버리고 은혜를 잊은 채 청나라 군대를 도와 순리를 범하니, 전하께서는 장차 무슨 얼굴로 지하에 계신 선대 임금을 뵈며, 또 어찌 신민(臣民)들이 윗사람을 친근하게 여기고 어른을 위해 목숨을 바치는 뜻[41]을 바랄 수 있겠습니까? 전하께서 직접 남한산성에서의 곤액을 겪으신 뒤 끝내 하나라도 조치가 있었다는 말을 듣지 못하였습니다. 수백 년의 대업을 속수무책으로 망하게 하였으니, 신은 매번 생각이 여기에 미칠 때마다 마음이 찢어지는 듯하고 성난 머리카락이 곤두서는듯하여 눈물을 닦고 말하지 않을 수 없습니다. 오늘날의 방비책은 단지 상벌을 분명히 하고 기강을 세우는 데에 달려 있습니다. 나라의 정무를 맡아 일을 그르친 신하가 배회하거나 관망한 장수가 아직도 목숨을 보전하여 의기(意氣)가 태연자약합니다. 처형당한 자는 오직 지위 낮은 장교 약간 명에 불과하며, 명백하게 절개를 지키다 죽은 김상용(金尙容)[42] 같은 자는 오히려 표창하여

41 신민(臣民)들이……뜻 : 《맹자》 〈양혜왕 하(梁惠王下)〉에 "임금께서 어진 정치를 행하시면 백성들이 그 윗사람을 친근하게 여기고 어른을 위해서 자기의 목숨을 기꺼이 바칠 것입니다."라고 한 데에서 온 말이다.

42 김상용(金尙容) : 1561~1637. 본관은 안동(安東), 자는 경택(景擇), 호는 선원(仙源)·풍계(楓溪), 시호는 문충(文忠)이다. 1636년 병자호란 때 왕족을 시종하고

돌보아 주는 은전(恩典)을 받지 못하였습니다. 전하의 상벌이 이와 같다면 기강이 무슨 연유로 설 수 있겠습니까?"

라고 하였다.

또 말하기를

"전하의 신하 중에 오직 김상헌(金尙憲)[43] · 정온(鄭蘊)[44] · 유백증(兪伯曾)[45] 등 몇 명 만이 강상(綱常)을 세울 뜻이 있고 강개(慷慨)하여 바른말을 하니 여러 용렬한 신하들에게 비할 바가 아닙니다. 국가가 지금까지 지탱하고 있는 것은 모두 이 몇 사람의 힘입니다. 그런데도 논하는 자들은 김상헌이 임금을 잊고 나라를 저버렸다는 죄목으로 공격하기를[46] 자행하여 꺼리는 바가 없었습니다. 한 가닥 국가의 명맥이 장차 이들의 손에서 무너지게 되니 오늘날에 국사(國事)가 아! 위태롭습니다. 전하께서 진실로 신의 말을 들으시어 상벌을 분명히 하고 기강을 세워 진작하고 회복하는 근본으로 삼으신다면 비록 요동(遼東)과 심양(瀋陽)을 곧장 두들겨 부수고 소굴을 무너뜨

강화로 피난하였다가, 이듬해 강화성이 함락되자 화약에 불을 질러 자결하였다.

43 김상헌(金尙憲) : 1570~1652. 본관은 안동, 자는 숙도(叔度), 호는 청음(淸陰) · 석실산인(石室山人), 시호는 문정(文正)이다. 김상용의 아우이다.

44 정온(鄭蘊) : 1569~1641. 본관은 초계(草溪), 자는 휘원(輝遠), 호는 동계(桐溪) · 고고자(鼓鼓子), 시호는 문간(文簡)이다.

45 유백증(兪伯曾) : 1587~1646. 본관은 기계(杞溪), 자는 자선(子先), 호는 취헌(翠軒), 시호는 충경(忠景)이다.

46 논하는……공격하기를 : 유석(柳碩)과 이계(李烓) 등이 대관이 되어 김상헌과 조익(趙翼)을 논하여 '임금을 잊고 나라를 저버렸다.'라고 죄목을 삼으면서 모두 귀양 보낼 것을 청하였는데, 최명길(崔鳴吉)과 이시백(李時白) 등의 해명으로 유석 등이 한 달 넘게 논하며 아뢰었으나 임금이 끝내 따르지 않았다. 《浦渚集 年譜》

리지 못하더라도 거의 천하에 대의를 밝혀서 영원토록 후대에 할 말이 있을 것입니다."

라고 하였다. 상소가 들어갔지만 끝내 받아들여지지 않았다.

갑신년(1644, 인조22)에 형조 좌랑(刑曹佐郎)에 제수되었고, 을유년(1645)에 종묘서 영(宗廟署令)·익위사 익위(翊衛司翊衛)에 제수되었으며, 기축년(1649, 효종 즉위년)에 효종대왕이 왕위를 이으시어 공조 좌랑(工曹佐郎)에 제수하셨는데, 모두 나아가지 않았다. 조 상공(趙相公)이 다시 탑전에서 공을 등용할 만하다고 힘껏 진술하여 말하기를 "이 사람은 나이가 많고 병이 많아 비록 벼슬 할 수는 없지만 청컨대 서울로 불러들여 나라 사람들에게 모범이 되게 하소서."라고 하였다. 이해 11월 사헌부 지평(司憲府持平)에 제수되었으나, 공이 상소하여 늙고 병들어 직무를 수행할 수 없는 사정을 힘껏 진술하고, 또 왕위를 이은 처음에 공도(公道)를 넓혀야 하는 뜻을 말하였다. 상소를 다시 올리자 임금께서 진달한 일을 가납(嘉納)하시고는 체직(遞職)해 달라는 청을 허락하셨다.

신묘년(1651) 사헌부 장령(司憲府掌令)에 제수되었으나 사직하는 상소를 올렸다. 임금께서 봄이 되어 날이 따뜻해지면 서울로 올라오라고 명하였는데, 공이 다시 상소를 올려 너무 늙고 병들어 결코 먼 길을 나서기 어려움을 아뢰었다. 또 역적의 옥사[47]가 이미 다스려져 다시

47 역적의 옥사 : 김자점(金自點, 1588~1651)의 역모를 말한다. 김자점의 본관은 안동(安東), 자는 성지(成之), 호는 낙서(洛西)이다. 김자점은 손자 김세룡(金世龍)을 인조의 딸 효명옹주(孝明翁主)와 결혼시키고, 인조의 신임 아래 청(淸)나라의 위세에 빌붙어 정치적 입지를 굳혀갔다. 그러나 인조가 죽고 효종이 즉위한 뒤에 광양(光陽)으로 유배를 가게 되자, 이에 불만을 품고 1651년(효종2) 12월에 아들 김익(金釴)·손자

근심할 것이 없지만, 사람들의 마음을 진정시키는 것을 실로 급선무로 삼아야 함을 말하였다. 임금이 답하기를 "진술한 말이 실로 나라를 걱정하고 임금을 사랑하는 지극한 정성이니 큰 띠에 써서 유념하지 않을 수 있겠는가.[48] 그대가 늙고 병들어 서울로 올라올 수 없으니 진실로 한탄스럽소. 지금 우선 그대의 뜻을 따르겠소."라고 하였다.

임진년(1652, 효종3)에 전라도 어사 민정중(閔鼎重)[49]이 조정으로 돌아와 탑전에서 아뢰기를 "신이 서울로 오는 길에 전(前) 장령(掌令) 안 아무개를 보았는데, 신과 마주하여 눈물 흘리면서 깊이 용안을 한 번이라도 다시 뵙지 못하는 것을 지극히 한스럽게 여기고 있었습니다. 그러나 신이 그의 근력을 보니 먼 길에 오르기는 어려울 듯하였습니다. 이 사람은 4품 관직을 역임하였고 나이가 지금 80세이니, 노인을 우대하는 은전(恩典)이 있어야 합당할 것입니다."라고 하였다. 임금이 말하기를 "보통 사람일지라도 모두 관례에 따른 은전이 있는데, 이 사람에게는 두텁게 대우하는 예가 없어서는 안 된다."라고 하고, 곧바로 해조

김세룡과 함께 반역을 모의하여 귀인(貴人) 조씨(趙氏)의 소생 숭선군(崇善君) 이징(李澂)을 추대하려다 신호(申壕)의 고변으로 역모 사건이 발각되면서 처형되었다. 이로 인해 귀인 조씨는 사사되고 효명옹주는 서인이 되었으며 숭선군은 강화도에 위리안치되었다. 《孝宗實錄 2年 12月 16日, 17日》

48 큰……있겠는가 : 그 말을 마음에 깊이 새겨 잊지 않는다는 뜻이다. 자장(子長)이 행(行)에 대하여 묻자 공자가 "말이 충성되고 미쁘며 행실이 독실하고 공경스러우면 멀리 오랑캐 나라에서도 행할 수 있으려니와, 말이 충성되고 미쁘지 못하며 행실이 독실하고 공경스럽지 못하면 자기 향리에선들 행할 수 있겠느냐."라고 답하였다. 그러자 자장이 이 말을 큰 띠에 적은 데서 온 말이다. 《論語 衛靈公》

49 민정중(閔鼎重) : 1628~1692. 본관은 여흥(驪興), 자는 대수(大受), 호는 노봉(老峯), 시호는 문충(文忠)이다.

(該曹)로 하여금 특별히 당상관에 오르게 하였다. 계사년(1653)에 공조 참의(工曹參議)에 제수되었는데, 공이 다시 상소하여 간절한 뜻을 아뢰니 임금께서 윤허하여 마음을 편안히 할 수 있었다.

이듬해 공의 나이 82세 되던 갑오년(1654, 효종5) 11월 13일 기해일(己亥日)에 은봉정사(隱峯精舍)에서 졸하였다. 공이 죽기 하루 전날 저녁에도 잠자고 먹는 것이 평소와 다름이 없었다. 문하의 생도 몇 사람이 마침 찾아와 은봉정사에서 유숙하였는데, 등불을 밝히고 바르게 앉아 그들과 함께 담화하며 한밤중이 되어서야 비로소 잠자리에 들었다. 다음 날 새벽에 일어나 앉아 세수하고 다시 새 옷으로 갈아입고는 베개를 베고 누워서 별세하였는데, 곁에서 모시는 사람들이 공의 죽음을 알지 못하였다. 부음(訃音)이 알려지자 임금이 특별히 해조에 명하여 본도(本道 전라도)로 하여금 부의(賻儀)를 내리게 하였다. 이듬해인 을미년(1655) 병신일(丙申日)에 보성(寶城) 죽방동(竹坊洞) 첨추공의 묘 아래 자좌 오향(子坐午向)의 언덕에 장사 지냈다. 원근에서 달려와 조문하고 장례에 모인 자들이 매우 많았다.

많은 선비들이 능주(綾州)는 바로 공이 노년에 생활하던 지역이니, 도내(道內)에 통유(通諭)하여 고을 남쪽의 도산(道山)에 서원(書院)을 세울 것을 의논하였는데, 이미 또 보성의 대계(大溪)에 서원이 창건되었다. 찬선(贊善) 송준길(宋浚吉)[50]과 연신(筵臣) 김수흥(金壽興)[51]

50 송준길(宋浚吉) : 1606~1672. 본관은 은진(恩津), 자는 명보(明甫), 호는 동춘당(同春堂), 시호는 문정(文正)이다.

51 김수흥(金壽興) : 1626~1690. 본관은 안동(安東), 자는 기지(起之), 호는 퇴우당(退憂堂), 시호는 문익(文翼)이다.

등이 계진(啓陳)하기를 "공의 지조와 절개는 보통 사람보다 뛰어나서 남도의 선비들이 모두 종사(宗師)로 여기고 있으니, 조정에서도 마땅히 포상으로 증직(贈職)하는 은전이 있어야 합니다."라고 하니, 임금이 해조에 명하여 거행토록 하였다. 무술년(1658, 효종9)에 특별히 공을 가선대부(嘉善大夫) 이조참판 겸 동지의금부사(吏曹參判兼同知義禁府事)로 증직하였다. 이것이 공의 평생 동안 처음부터 끝까지의 대략이다.

공은 타고난 품성이 정직하였으며 기개와 절의가 확고하였다. 평소의 포부와 행실이 모두 충효의 큰 근본에 힘입어 나왔다. 그러므로 친족과 화목하고 친애하였으며 사우(師友)와 돈독하고 친하게 지냈다. 옛것을 좋아하고 선(善)을 좋아하였으며 의(義)를 중시하고 재물을 가볍게 여겼으며 인위적으로 하지 않아도 성대하게 여유가 있었으니, 대개 오늘날에 아주 드문 사람이었고 옛사람도 공보다 능하기 어려운 점이 있었다.

아직 음식을 씹지 못하는 나이에 친어머니의 상(喪)을 당하여 빈렴(殯斂)을 한 뒤에 첨추공이 공을 이끌고 외지로 피난하니, 대개 전염병의 기운이 성하게 퍼졌기 때문이었다. 공이 남몰래 빈소(殯所)에 들어가 통곡하느라 나오지 않았는데 첨추공이 엄하게 꾸짖은 뒤에야 비로소 밖으로 나왔다. 공은 양어머니인 양 부인(梁夫人)과 첨추공을 섬김에 각각 도리를 다하고 공경하는 마음으로 봉양하기를 지극히 하였다. 상을 당해서는 상례의 제도를 한결같이 주자의 《가례(家禮)》를 따랐다. 첨추공이 평소 공을 매우 사랑하여 논밭과 노비를 문서를 작성하여 후하게 주었는데, 공이 매우 강력하게 사양하였다. 첨추공이 돌아가시자 그 논밭과 노비를 빈곤한 여러 조카들에게 나누어 주었다. 고(考) 진사공(進士公)이 양자로 나가 계부(季父)의 후사가 되었는데 일찍 작고하여 그 집안에서 또 한 사람을 진사공의 양자로 삼아 가업을 전하게 하였다. 그리하여 공이 진사공의 후사가 되었는데, 그렇다면 법상에 당연히 재산의 반을 나누어 가져야 하지만 털끝만큼도 취하지 않고 이에 대해 한 마디도 언급하지 않으니 사람들이 어려운 일이라고 여겼다.

부인 정씨(鄭氏)는 집안이 본디 남도에서 큰 부자로 알려졌는데, 재산을 나눌 때 공은 약간의 노비 외에는 또한 취한 것이 없었다. 조카 네 명이 연달아 병으로 죽자 외부 사람들이 모두 폐병을 의심하여 공에게 피하기를 권하였는데, 공은 처음부터 끝까지 병간호를 하고 상례를 치러주면서 조금도 동요하지 않았다. 일가 사람 중에 고아와 과부가 매우 많았는데, 흉년을 만나면 그들이 굶주리는 사정을 마음 아파하여 일찍이 양식이 떨어지게 한 적이 없었다.

혼인할 때가 된 자녀들에게는 집안의 재산을 내어 혼인의 시기를 놓치지 않도록 도와주었다. 외척 중에 가난하여 선조의 제사를 받들지 못하는 자가 있었는데, 노비를 나누어 주어 영구히 일을 맡겨 부릴 수 있도록 하였다. 서울 근교 농장에서 수확하는 것이 꽤 넉넉하였는데, 모두 가져다가 서울과 지방에 사는 친구들 중에 궁핍한 자들을 도와주었으니 해마다 항상 이렇게 하였다. 집안의 노비로서 대대로 부리는 자들을 반드시 상세히 조사하여 혹 털끝만큼이라도 의심스러운 점이 있으면, 비록 많게는 수십 명에 이르더라도 즉시 본래의 주인에게 돌려주도록 하였다.

조중봉(趙重峯)[52]의 옛 집터가 김포(金浦) 지역에 있었는데, 자손들

52 조중봉(趙重峯) : 조헌(趙憲, 1544~1592)으로, 본관은 배천(白川), 자는 여식(汝式), 호는 중봉·도원(陶原)·후율(後栗), 시호는 문열(文烈)이다.

이 가난하여 다른 사람에게 되팔게 되었다. 공이 소식을 듣고는 개탄하며 값을 마련하여 도로 사들인 다음 중봉의 자손에게 돌려주어 뒷날에 사당을 세우고 비석을 세울 장소로 삼게 하였다. 공은 젊어서부터 검약함으로 자신을 단속하여 사치를 가까이하지 않았고, 권세와 이익과 화려한 것에 대하여는 마치 자기를 더럽힐 것처럼 여겼다. 평소 자부하는 데에 힘쓰지 않아 남보다 크게 뛰어난 점이 없는 듯이 하였고, 출처진퇴(出處進退)와 사수 취여(辭受取予)의 즈음에 이르러서는 엄격하여 각각 의리에 맞지 않음이 없었다. 평소에 말을 빨리하거나 당황하는 기색이 없었으며 남과 교유하기를 즐기지 않았다. 공정하고 사사로움이 없어 편당하는 것을 몹시 싫어하였고, 참소하는 말이 선인(善人)의 행실을 끊거나 사우(師友)가 무고를 받으면 또한 반드시 근원을 찾고 힘을 다해 논의하여 그 말을 물리쳤다.

당시의 이름난 재상인 오추탄(吳楸灘)과 조포저(趙浦渚) 같은 이들과 편지를 주고받았는데, 항상 늘그막에 만족을 알고 그쳐야 함을 근심하였다. 식견을 높이고 실천을 독실히 할 것을 경계하여 아뢰니, 진실로 사람들의 사표(師表)가 될 만한데도 또한 일찍이 사도(師道)로 자처하지 않았다. 생도를 사절하여 가르치는 것을 달갑게 여기지 않았으나 혹 성실히 와서 묻는 자가 있으면 또한 반드시 깊은 뜻을 보여주어 숨김없이 다 알려 주었다. 다른 사람과 사귈 때 담소 나누기를 정성스럽고 고상하게 하였으며, 귀천을 가리지 않고 대화하기를 한결같이 하였다. 벼슬아치와는 반드시 공정함과 충실함을 바탕으로 대화하였고, 후생(後生)과는 반드시 효도와 우애를 바탕으로 대화하였다. 다른 사람의 선한 점을 보면 마치 자기가 지닌 것처럼 여겼고, 다른 사람의 나쁜 점을 들으면 교화시킬 것을 생각하였다. 진실로 대악무도한 사람이 아니라면 반드시 의리로써 타일러 개과천선하게 하여도 끝내 교화되지 않은 뒤에야 절교하였다.

매번 어버이를 지성으로 섬긴 자와 자신을 잊고 순국한 사람을 말할 때마다 일찍이 세 번이나 반복해 무릎을 치면서 사실을 기록하여 글을 남겼으니 혹시 잊혀 질까 걱정해서였다. 저술한 책은 〈이대원전(李大源傳)〉·《항의신편(抗義新編)》·〈호남의병록(湖南義兵錄)〉·〈삼원기사(三寃記事)〉·〈사우감계(師友鑑戒)〉·〈혼정편록(混定偏錄)〉 등이 세상에 유행되고 있다.

공이 비록 시골에 은거하여 벼슬에 대한 뜻은 끊었지만 임금을 사랑하고 나라를 걱정하는 마음은 지극한 정성에서 나왔다. 매번 세상일을 생각할 적마다 강개하여 깊이 탄식하였고 혹은 눈물을 흘리기도 하였다. 여러 번 소장(疏章)을 올렸는데 말투가 격렬하여 이것을 본 자들은 기가 꺾여 감히 읽지 못하였다. 공이 일찍이 말하기를 "절의(節義)는 학문 가운데에 하나의 일인데, 오늘날의 사람들은 마침내 갈라서 둘로 여긴다. 선비라는 이름을 가진 자가 다만 작은 행실이나 조심하고 자그마한 염치를 지나치게 삼가는 것을 학문의 일이라고 여겨서 절의로 스스로를 연마하는 자를 듣지 못하였으니 개탄스러운 일이다."라고 하였다.

전대의 왕조에서는 정포은(鄭圃隱)[53]을 추존하고 근세에는 조중봉(趙重峯)을 높여 세상에 이름난 참된 선비라고 한다. 일찍이 중봉 선생의 문집을 모아 왜(倭)와 단절하기를 청하고 의병을 일으키자는 소장

53 정포은(鄭圃隱) : 정몽주(鄭夢周, 1337~1392)로, 본관은 영천(永川), 자는 달가(達可), 호는 포은, 시호는 문충(文忠)이다.

(疏章)과 격서(檄書)를 겉에 드러내고, 언행과 비문을 덧붙여 《항의신편(抗義新編)》을 완성하였다. 권(卷) 머리에 선생의 행적을 그려서 하늘을 공경히 대하듯이 하여[54] 격려시키는 바탕으로 삼았다. 이미 또 선생의 〈동환봉사(東還封事)〉에 발문을 지어 세상을 경영하고 구제하려는 선생의 뜻을 나타내었다. 공은 선생을 깊이 믿고 독실하게 흠모하여 말할 때마다 반드시 일컫고 움직일 때마다 반드시 모범으로 삼았는데, 만년에 정사(精舍)를 편액(扁額)하여 은봉(隱峯)이라 하였다. 이는 포은, 중봉 두 현인의 호를 합하여 크게 우러르는 뜻을 붙인 것이다. 옛날에 일컬어졌던 풍도를 듣고 흥기하며 시대는 달라도 도가 같다는 것을 공이 실로 지니고 있었으니, 아! 공과 같은 자는 진실로 옛사람의 독실한 행실이 있으며 오늘날의 완전한 사람이라고 할 수 있을 것이다. 끝이로구나. 지금 다시 이 사람을 볼 수 없으니, 아! 슬프도다.

부인 경주 정씨(慶州鄭氏)는 판관(判官) 승복(承復)[55]의 딸이며 예조 참의(禮曹參議) 효종(孝終)[56]의 현손이다. 타고난 품성이 정숙하고 마음가짐이 성실하고 심원하였다. 이른 나이에 공에게 시집와서 시부모를 섬기고 선조의 제사를 받듦에 모두 예를 다하였다. 자제를 가르치며 하인들을 부릴 때에는 각각 마땅하게 하였으며, 내외의 친척들과도

54 하늘을……하여 : 원문의 대월(對越)은 하늘을 공경히 대하듯이 조헌을 흠모한다는 말이다. 《시경》 〈청묘(淸廟)〉에 "훌륭한 선비들이 문왕의 덕을 잡고 하늘에 있는 분을 대하고 사당에 모신 신주를 받든다.〔濟濟多士, 秉文之德, 對越在天, 駿奔走在廟.〕"라고 한 데서 나왔다.

55 정승복(鄭承復) : 1520~1580. 본관은 경주(慶州), 자는 경윤(景胤), 호는 옥계(玉溪)이다.

56 정효종(鄭孝終) : 1434~1497. 본관은 경주, 자는 가정(可貞)이다.

지극히 화목하고 친밀하게 지냈다. 의복과 음식을 한결같이 공의 뜻에 따랐으며 빈궁한 사람을 구휼하는 데에 인색하게 구는 바가 없어 공이 매우 공경하고 소중히 여겼다. 공보다 13년 먼저 졸하니, 향년 72세였다.

5남 3녀를 두었으니, 아들은 후지(厚之), 신지(愼之), 심지(審之), 익지(益之), 일지(逸之)이다. 큰딸은 학생(學生) 정창서(鄭昌瑞)에게 시집갔고, 둘째 딸은 학생 양일남(梁一南)에게 시집갔고, 셋째 딸은 사인(士人) 조정유(曺挺有)에게 시집갔다. 후지는 현감 성문준(成文濬)의 딸에게 장가들어 3남 3녀를 낳았으니, 아들은 첫째는 진사 전(峑), 둘째는 생원 음(崟), 셋째는 무과에 급제하여 우후(虞候)가 되었다. 사인 민팽령(閔彭齡)·윤상필(尹商弼)·최처후(崔處厚)는 사위이다. 신지는 참봉 조무(趙懋)의 딸에게 장가들어 4남 3녀를 낳았으니, 아들은 희(嬉)·유(嵛)·필(嶧)·밀(峚)이다. 사인 이징원(李徵遠)·양지항(梁之沆)·양지한(梁之漢)은 사위이다. 심지는 봉사(奉事) 민희(閔禧)의 딸에게 장가들어 2남 1녀를 낳았으니, 아들은 규(嵟), 성(峸)이다. 사인 홍명기(洪命基)는 사위이다. 익지는 봉사 김의명(金義鳴)의 딸에게 장가들어 2남 4녀를 낳았으니, 아들은 순(峋), 언(嵃)이다. 사인 이진(李瑱)·양우주(梁禹疇)는 사위이고 딸 둘은 아직 혼인하지 않았다. 일지는 학생 송익(宋杙)의 딸에게 장가들어 2남 3녀를 낳았으니, 아들은 참(嵾), 위(崴)이다. 사인 박세형(朴世亨)·양지억(梁之億)은 사위이고 딸 하나는 아직 혼인하지 않았다. 정창서는 2남을 낳았으니, 동오(東五), 동규(東圭)이다. 양일남은 2남 1녀를 낳았으니, 아들은 우성(禹成), 우급(禹及)인데, 우급은 무과에 급제하여 첨사(僉使)가 되었다. 사인 백광시(白光時)는 사위이다. 조정유는 1남 2녀를 낳았으니, 아들은 선행(善行)이고, 두 딸은 모두 아직 혼인하지 않았다.

전은 2남 2녀를 낳았으니, 아들은 두상(斗相), 익상(翼相)이다. 두 딸은 모두 아직 혼인하지 않았다. 음은 1남 5녀를 낳았으니, 맏딸은 사인 최여제(崔與齊)에게 시집갔고, 나머지는 어리다. 회(嶒)는 1녀를 낳았는데 아직 어리다. 민팽령은 2남 4녀를 낳았으니, 장남은 후형(後衡)이고 나머지는 모두 어리다. 윤상필은 5남 2녀를 낳았는데 모두 어리다. 최처후는 1남을 낳았으니, 두첨(斗瞻)이다. 희는 4남 1녀를 낳았으니, 장남은 형상(衡相)이고 나머지는 모두 어리다. 유는 1남 1녀를 낳았고, 필은 2남 1녀를 낳았고, 양지항은 1남 2녀를 낳았고, 양지한은 3남을 낳았고, 규는 1남 1녀를 낳았고, 성은 1녀를 낳았고, 홍명기는 4남 1녀를 낳았고, 참은 1남 1녀를 낳았고, 위는 1녀를 낳았고, 박세형은 5남을 낳았고, 정동오는 2남 2녀를 낳았고, 양우급은 1남 2녀를 낳았고, 백광시는 1남 2녀를 낳았고, 조선행은 1남 1녀를 낳았고, 두상은 1남을 낳았는데 모두 어리다.

나는 공보다 후대에 태어나 공의 풍도와 절의를 들으면 숙연해지니, 평소 공을 크게 우러르는 마음은 보통 사람에게 뒤지지 않는다. 또한 일찍이 공에게서 편지와 일깨워주시는 말씀을 여러 차례 받았지만, 공의 문하에는 참여하지 못하였다. 공께서는 이미 세상을 떠나셨으나 오직 이 일념만은 일찍이 마음속에 또렷이 남아있지 않음이 없었다. 공의 손자 전(㙉)이 천 리 밖에서 찾아와 공의 행장을 지어줄 것을 부탁하였다. 오호라! 내가 어찌 감히 사양할 수 있겠는가. 문득 고루함을 잊고 공의 사적과 행실을 모아 당대의 입언(立言)하는 군자가 채택하기를 기다린다.

시남 선생 문집 발문 市南先生文集跋

오호라! 이것은 우리 시남(市南) 선생의 유고(遺稿)이다. 선생은 태어나면서부터 남다른 자질이 있었고 총명함이 남보다 뛰어나 책을 한번 보면 곧바로 그 글을 외워 오래 지나도 잊지 않았다. 약관(弱冠)의 나이에 율곡(栗谷)의 이기(理氣)에 관한 장문의 글을 보고는 그 뜻을 깊이 음미하여 자득하였다. 먼저 근원을 따라 이해하였기 때문에 여러 경서를 읽을 때 정자(程子)와 주자(朱子)의 글에 이르기까지 모두 칼을 대면 막힘이 없듯 분명하게 이해하였다. 이에 자서(子書), 사서(史書), 백가(百家)에 이르기까지 널리 보아서 모두 꿰뚫고 있었다. 이 때문에 문장으로 표현할 때에는 마치 근원이 있어 멀리까지 흘러가는 물이 용솟음치는 것을 막지 못하여 도도하게 끝없이 흘러가듯 하였다. 그러나 모두 의리에 근본을 두고 경전에 근원을 두어 세상에 전하면 교훈이 될 만하였고 그것을 적용함에 덕업(德業)이 될 만했으니, 글을 쓸 때마다 공허한 말을 하여 실용이 전혀 없는 문인들과 같지 않았다.

대개 선생의 소장(疏章)을 보면 임금을 성군(聖君)으로 만들고 백성에게 은택을 베풀며 나라를 걱정하고 백성을 사랑하며 세상을 다스리고 백성을 구제하는 본체와 작용의 심원함을 알 수 있다. 그리고 경전에 대한 설을 보면 깊은 의미를 탐색하여 이전 성현들이 했던 말의 실제를 발현하고 있음을 알 수 있다. 잡저(雜著) 여러 편을 보면 사물을 살펴 의리에 맞게 처신하고 시대를 걱정하여 폐단을 구제하려는 뜻도 또한 볼 수 있으니, 이것들을 어찌 문장으로 논할 수 있겠는가. 시(詩)의 경우 선생은 처음부터 깊이 힘을 들이지 않았고, 단지 어떤 경물이나 일을 대할 때 입에서 나오는 대로 진솔하게 읊어 일찍이 운율을 세세하게 따지는 데에 얽매이지 않았다.

선생은 나의 선친[57] 및 숙부 석호(石湖) 부군[58]과 사귄 교분이 천륜과 같아 서로에 대한 독실한 믿음이 세상에 둘도 없었고, 나는 어려서부터 선생에게 수학하여 섬긴 지 30년이 되었다. 내가 하늘로부터 받은 선생의 인품을 살펴보니, 선생은 인덕(仁德)이 많으시었다. 이 때문에 성격이 대범하여 급하거나 심각한 생각이 전혀 없으며, 말과 행동이 평안하고 온화하여 기복이 있거나 치우치는 경우를 보지 못하였다. 비록 어쩌다 세상에 분노하고 사악함을 미워하여 의기가 얼굴에 드러나더라도 끝내는 또한 온화한 상태로 돌아가지 않은 적이 없었다. 나는 선생에게 배웠지만 이를 능숙하게 하지 못하여 죽을 때까지 감히 잊지 않았다. 지금 시문(詩文)을 가지고 증험해 보니, 그 기상을 또한 대략이나마 엿볼 수 있었다. 후세에 이 유고를 읽고 논하는 자들이 이에 대해 어떻게 생각할지 알지 못하겠다.

처음에 선생의 맏아들 명윤(命胤) 윤보(胤甫)와 둘째 아들 명필(命弼) 직보(直甫)가 함께 글을 모아 편집해 놓았는데, 미처 간행하지

57 나의 선친 : 윤선거(尹宣擧, 1610~1669)로, 본관은 파평(坡平), 자는 길보(吉甫), 호는 미촌(美村)・노서(魯西)・산천재(山泉齋), 시호는 문경(文敬)이다.

58 석호(石湖) 부군 : 윤문거(尹文擧, 1606~1672)로, 본관은 파평, 자는 여망(汝望), 호는 석호, 시호는 충경(忠敬)이다.

못하고 두 아들이 같은 시기에 세상을 떠났으므로[59] 사림들이 애통해하고 슬퍼하지 않음이 없었다. 그런데 이제 막내아들 명흥(命興) 기보(起甫)가 현풍 현감(玄風縣監)으로 있으면서[60] 비로소 간행하게 되었으니, 실로 사문(斯文)의 다행이라 할 수 있다. 기보가 나에게 서문을 써 달라고 부탁하였는데, 나는 학문을 성취한 바가 없어 우리 선생의 가르침을 길이 저버렸으니, 어찌 감히 우매한 식견과 비루한 말로 함부로 선생을 논할 수 있겠는가. 다만 삼가 책 끝에 위와 같이 기록하여 간행하는 일에 작은 정성이나마 간략히 바치고자 한다.

숭정(崇禎) 기원후(紀元後) 61년 무진년(1688, 숙종14) 중추(仲秋) 초하루에 문인 파평(坡平) 윤증(尹拯)[61]은 삼가 발문을 쓰다.

59 맏아들……떠났으므로 : 맏아들은 유명윤(兪命胤, 1629~1669)으로, 본관은 기계(杞溪), 자는 윤보(胤甫)이다. 1657년(효종8) 문과에 급제하였다. 둘째 아들은 유명필(兪命弼, 1640~1669)로, 자는 직보(直甫)이다. 1660년(현종1) 증광시 진사에 합격하였다. 1664년에 유계가 운명하여 삼년상을 겨우 마치고 난 뒤, 1667년에 어머니 이씨(李氏) 부인마저 운명하였는데, 유명윤과 유명필 형제가 무덤 옆의 여막에서 연이어 시묘하다가 둘 다 병이 들어 1669년 1월 13일에 동생 유명필이 먼저 운명하고 4일 뒤에 형 유명윤마저 세상을 떠났다. 《明齋遺稿 卷43 進士兪君行狀》

60 막내아들……있으면서 : 유계의 막내아들은 유명흥(兪命興, 1648~1704)으로, 본관은 기계, 자는 기보(起甫)이다. 1687년에 유명흥을 현풍 현감(玄風縣監)으로 임명한 기록이 있다. 《承政院日記 肅宗 13年 5月 12日》

61 윤증(尹拯) : 1629~1714. 본관은 파평(坡平), 자는 자인(子仁), 호는 명재(明齋), 시호는 문성(文成)이다.

시남집

부록 제1권

행장 行狀

유명조선 가선대부 이조참판 겸 동지의금부춘추관사 예문관제학 성균관대사성 시남 유공 행장
有明朝鮮嘉善大夫吏曹參判兼同知義禁府春秋館事藝文館提學成均館大司成市南兪公行狀

공의 성은 유씨(兪氏), 본관은 경상도 기계현(杞溪縣)-지금은 경주부(慶州府)의 속현(屬縣)이다.-이다.

고조고(高祖考) 휘(諱) 진(縝)은 서흥 부사(瑞興府使)이고, 비(妣) 단양 우씨(丹陽禹氏)는 숙인(淑人)이니, 윤근(允勤)의 딸이다.

증조고(曾祖考) 휘 함(涵)은 성균관 진사로 증(贈) 의정부 좌찬성(議政府左贊成)이고, 비 광주 안씨(廣州安氏)는 증 정경부인(貞敬夫人)으로 목사(牧使) 한준(漢俊)의 딸이다.

조고(祖考) 휘 대경(大儆)은 증 자헌대부(資憲大夫) 이조판서(吏曹判書) 겸 지경연의금부춘추관성균관사(知經筵義禁府春秋館成均館事) 홍문관대제학(弘文館大提學) 예문관제학(藝文館大提學) 오위도총부도총관(五衛都摠府都摠管) 행(行) 통정대부(通政大夫) 수안군수(遂安郡守) 황주진관병마동첨절제사(黃州鎭管兵馬同僉節制使)이고, 비 전주 이씨(全州李氏)는 증 정부인(貞夫人)으로 수사(水使) 흠례(欽禮)의 딸이다.

고(考) 휘 양증(養曾)은 증 가선대부(嘉善大夫) 이조참판(吏曹參判) 겸 동지의금부사(同知義禁府事) 오위도총부부총관(五衛都摠府副摠管) 행 통사랑(通仕郎) 예빈시참봉(禮賓寺參奉)이고, 비 의령 남씨(宜寧南氏)는 증 정부인으로 병조 참판(兵曹參判) 이신(以信)[1]

의 딸이다.

공의 휘는 계(棨), 자는 무중(武仲), 호는 시남(市南)이다. 기계 유씨는 신라(新羅) 때부터 드러났으니, 시조 의신(義臣)은 신라의 세신(世臣)으로서 고려(高麗)에 복종하지 않아 현(縣)의 호장(戶長)으로 강등되었다. 4대를 지나 여해(汝諧)에 이르러서는 곧은 도리를 지키다가 적신(賊臣) 최충헌(崔忠獻)의 뜻을 거슬러 바다의 섬에 유배당해 운명하였으니, 고려 역사에 일이 기록되어 있다.[2]

이후로 여러 대에 걸쳐 관리가 되었으니, 휘 기창(起昌)[3]은 증(贈) 병조 판서로 아홉 고을을 두루 맡아 다스려 세상에 청백(淸白)하다고 알려졌는데, 늙어서 사양하고 물러나 여러 번 관직으로 불러도 나아가지 않았다. 아들 여림(汝霖)[4]은 예조 판서로 시호는 경안(景安)이고 손자 강(絳)[5]은 호조 판서로 시호는 숙민(肅敏)이니, 두 대가 우리 중종(中宗)과 명종(明宗) 때를 당해 모두 명성과 공적이 있어 더욱 그 가문을 키웠다. 부사공(府使公 유진(兪縝))은 바로 숙민공의 형님으로

1 남이신(南以信) : 1562~1608. 본관은 의령(宜寧), 자는 자유(自有), 호는 직곡(直谷)이다.

2 여해(汝諧)에……있다 : 1257년에 학록(學錄) 정함(鄭瑊)이 무신 권력자 최항(崔沆)에게 유여해 등을 참소하자, 최항이 여러 사람을 죽이고 유여해를 섬으로 유배 보냈다. 《高麗史節要 卷17 高宗安孝大王 丁巳44年》

3 유기창(兪起昌) : 1437~1514. 본관은 기계(杞溪), 자는 자성(子盛), 호는 서호산인(西湖山人)이다.

4 유여림(兪汝霖) : 1476~1538. 본관은 기계, 자는 계옥(啓沃), 호는 정당(政堂), 시호는 경안(景安)이다.

5 유강(兪絳) : 1510~1570. 본관은 기계, 자는 강지(絳之), 시호는 숙민(肅敏)이다.

아들이 없어 찬성공(贊成公 유함(兪涵))이 숙민공의 둘째아들로서 그의 후사가 되었다. 군수공(郡守公 유대경(兪大儆))은 대과(大科)에 급제하여 벼슬에 나아가자 모두들 큰 그릇이 될 것으로 기대하였는데 요망한 신하에게 무고와 배척을 당해 재주를 펼치지 못하였으니, 당시 여론이 안타깝게 여겼다.

참봉공(參奉公 유양증(兪養曾))은 순수한 행실이 있고 의기(意氣)를 숭상하였으나 혼란한 세상을 만나 시골에서 자취를 감추고 살다가 만년에야 벼슬에 나아갔고 얼마 안 되어 운명하였는데, 공이 귀하게 되어 비로소 영광스러운 증직이 더해졌다. 남 부인(南夫人)은 어질고 은혜로움을 타고났으며 남들보다 총명하고 영리하였다. 만력(萬曆) 정미년(1607, 선조40) 2월 25일 신시(申時)에 수원(水原) 서촌(西村) 장사(莊舍)에서 공을 낳았다.

공은 태어나면서부터 영특하여 부모가 기뻐하며 말하기를 "이 아이가 태어날 때 꿈에서 기이한 징조가 있었으니 틀림없이 하늘의 별이 내린 정기로 마침내 귀하게 될 것이다."라고 하였다. 세 살에 유모를 따라 홍수로 물이 불어난 것을 보다가 새끼 돼지 한 마리가 떠내려오는 모습을 보고는 문득 측은해하며 하인을 불러 말하기를 "저 새끼 돼지를 건져 어미에게 돌려주세요."라고 하였다. 공이 사는 집은 궁과 가까웠는데 궁인(宮人)들이 공을 데리고 궁 안으로 들어가 음식과 진귀한 물건을 공의 앞에 늘어놓으니 공은 먹고 싶은 것이 있으면 먹을 뿐 진귀한 물건은 하나도 손에 대지 않아 사람들이 기특하게 여겼다. 그 어진 마음과 검소한 덕은 천성으로 이루어진 것이었다.

여섯 살에 글을 배우고 글자를 익혀 글귀를 짓는 데에 능했다. 일찍이 어른들이 장기 두는 모습을 보고 문득 대국을 벌이면 서로 이기거나

졌다. 형제들과 함께 포산(布算)을 배웠는데 공보다 앞서는 사람이 없었으니, 그 영리하고 민첩한 것이 이와 같았다. 이때부터 권하지 않아도 스스로 학업에 부지런하여 겨우 열 살에 이미 《사기(史記)》·《한서(漢書)》·《통감(通鑑)》 등의 책을 읽었다. 스승에게 나아가 책을 배우면 자기 방에 돌아와서 그 책의 속뜻을 뭇 아이들을 위해 일러주었고 부지런히 힘쓰며 싫증 내지 않아 먹고 자는 것을 잊기까지 하여 문리(文理)가 날로 늘어가니, 동무들이 공을 존경하지 않는 이가 없었지만 공은 남보다 뛰어난 것을 스스로 자랑하는 기색이 없었다. 도학(道學)의 일에 더욱 뜻을 두어 선현의 말씀을 볼 때마다 공경하고 사모하여 엄한 스승처럼 여겼다.

계해년(1623, 인조1)에 남 부인(南夫人)이 운명하자, 수척해지도록 슬퍼하면서 예(禮)를 다하였다. 병인년(1626)에 또 참봉공(參奉公)의 상을 당해 묏자리를 정해 부모를 합장하려 하였는데 공이 큰일에 미진한 점이 있을까 봐 두려워하여 큰형님께 청하기를 "상례는 추후에 고칠 수 없으니 하나라도 미진한 점이 있으면 후회해도 소용없습니다."라고 하고 마침내 몸소 사계(沙溪) 김 선생(金先生)의 문하에 나아가 변례(變禮)의 절차를 자세하게 묻고 돌아왔다. 장사 지낸 뒤에 무덤 아래에 여막을 짓고 아침저녁마다 무덤에 나아가 슬피 곡하였고, 눈이나 비가 내리더라도 그치지 않았다. 여막에서 성리학 관련 여러 책을 읽으며 깊이 몰입하고 연구하여 곳곳마다 이해하였다. 남이 계발해 주기를 기다리지 않고 스스로 문자 사이에서 터득하니, 사람들은 그가 경술(經術)에 밝은 선비인 줄 이미 알고 있었다.

상복을 벗고 경오년(1630) 진사시에 합격하였고, 계유년(1633) 을과(乙科)로 급제하자 선발되어 승문원(承文院)에 배속되었다. 갑술년

(1634, 인조12) 중림도 찰방(重林道察訪)에 임명되었고, 병자년(1636) 천거되어 승정원 주서(承政院注書)에 임명되었다가 얼마 뒤에 시강원 설서(侍講院說書)로 옮겼다. 12월 12일 변방에서 급보가 이르렀으니, 이때는 오랑캐와 화친을 끊은 뒤인지라 일의 기미를 헤아리기 어려웠는데 조정에서는 편안함에 익숙하여 다시 화의(和議)를 주장하였다. 적은 이미 국경을 침범하였는데 묘당(廟堂)에서는 여전히 태연하여 오랑캐의 속셈은 화친을 윽박지르는 계책에 불과하다고 핑계를 대었다. 공이 이에 궁궐에 나아가 소장을 올려 다음과 같이 말하였다.

"오랑캐 말이 압록강을 건너왔는데 묘당에서는 계책을 정하지 못하고 있으니 창황한 형세가 곧 닥쳐올 것입니다. 지금을 위한 계책은 대가(大駕)는 강화도로 피난하고 세자는 분조(分朝)하여 남쪽으로 내려가라고 말하는 데에 불과할 뿐이니, 이는 진실로 정묘년(1627)에 했던 방법입니다. 그러나 정묘년에는 오랑캐의 계획이 오로지 화친을 윽박지르는 데에 있어 군대를 해서(海西)에 주둔시켜 놓고 멀리까지 쳐들어올 뜻이 없었습니다. 그러므로 강화도에서는 걱정이 없었고 분조는 놀라지 않았으며 서울의 백성들은 유린을 면할 수 있었습니다. 지금은 그렇지 않아 오랑캐가 실로 화친을 끊은 것에 분노하여 틀림없이 우리 팔도를 유린하고 우리 만백성을 해쳐 이르는 곳마다 여력을 남겨두지 않아 우리가 나라를 세우지 못하게 하고 곤욕을 치러 애걸하기를 마치 고려 조정이 몽고(蒙古)에 당했던 것[6]처럼 한 뒤에야 그만둘

6 고려……것 : 1225년 고려에 사신으로 왔던 몽고(蒙古) 장군 저고여(著古與)가 피살되는 사건이 발생하자 몽고는 고려의 소행이라 단정하고 국교를 단절한 뒤 1231년부터 1259년까지 29년 동안 7차례에 걸쳐 고려를 침입하였다. 고려는 오랜 전란 끝에

것입니다. 비록 세자가 분조해서 남쪽으로 내려간다 해도 호남·영남의 고을에는 보수할 만한 성지(城池)가 전혀 없으니 철갑을 두른 말이 돌격하면 열흘도 안 되어 막다른 길에 직면하여, 또한 바다로 들어가야 할 뿐입니다. 양조(兩朝)가 바다로 들어가면 팔방은 상처를 입고 백성은 곤궁하여 힘에 굴복할 것입니다. 꺾여 저들에게 들어가면 비록 섬 하나는 보전한다 해도 어찌 나라를 보전할 수 있겠습니까. 생각이 이 지경에 이르니 신은 그윽이 마음이 아픕니다.

신이 그윽이 보건대 국가가 남한산성을 수축하여 급박한 때를 대비한 지 오래되었습니다. 신이 일찍이 일로 인해 왕래하면서 그곳의 형세를 살펴보니 성터가 광활하지만 하늘이 만든 것처럼 험고합니다. 어리석은 신의 계책으로는 진실로 이 성의 방비를 급히 수리하여 분조가 머물 곳으로 삼아 한편으로는 강화도에서 안팎으로 협공하는 형세를 튼튼히 하고 한편으로는 신민에게 목숨을 바쳐 반드시 지켜내려는 뜻을 보여준다면 국가의 일이 거의 희망이 있을 것입니다. 삼가 바라건대 서둘러 묘당에 명하여 상의하게 하고 서울의 정예병과 경기도에서 선발한 병사 2만 명을 둘로 나누어 믿을 만한 신하와 훌륭한 장수에게 거느리게 한 다음 세자를 보호하여 반드시 지켜낼 계책을 세워야 합니다. 또 경창(京倉)의 미곡과 경국(京局)의 병기를 급히 운반하여 양식이 떨어지는 것을 걱정하지 않고 기계가 부족한 것을 걱정하지 않게 한다면 남한산성 안의 사람들이 믿고 안심할 뿐만 아니라 한강 이북에 남겨진 백성들도 희망을 걸 기반이 생길 것입니다.

태자가 원나라에 입조(入朝)하는 등의 조건을 내세워 강화를 맺었으나 국토는 거의 황폐해지고 원나라의 간섭을 받으면서 자주성을 크게 침해당했다.

강화도와 남한산성이 성세(聲勢)를 서로 의지하면 적은 틀림없이 감히 이곳을 버려두고 남쪽으로 내려가서 제멋대로 도륙하지 못할 것입니다. 군대가 견고한 성 아래에 주둔하다 보면 날뛰는 기세가 조금은 꺾이지 않을 수 없으며, 상황이 안 좋아지고 진퇴가 곤란해질 것입니다. 그러다가 몇 개월 지나지 않아 강에 얼음이 풀리고 비가 막 내리면 저들은 문득 돌아가고 싶은 마음을 먹을 것이고, 우리는 틈을 엿보면서 기회를 얻을 수 있을 것입니다.

서북 지방의 군대가 거듭되는 강물에서 길을 막아 요동(遼東)과 심양(瀋陽)의 소식을 단절시키고 삼남(三南)의 군대가 요충지를 나누어 지켜 노략질하는 엷 진을 공격하는 한편, 영원(寧遠)에 소식을 보내 빈틈을 타서 적의 소굴을 무찌르고 군세를 크게 떨쳐 원근 각지에 전파한다면 깊숙이 쳐들어온 적들은 형세 상 틀림없이 요동칠 것입니다. 이때를 당해 제압하고 몰아붙여 완승을 거두는 것도 어렵지 않을 것입니다. 설사 요행히 온전하게 돌아가더라도 그 마음속으로는 두렵고 그 기세는 꺾일 것입니다. 사신을 통해 뜻을 보여 옛 우호를 다시 맺는다면 저들은 우리의 말을 들을 것이고 반드시 감히 무례하게 대하기를 최근에 했던 것처럼 하지 못할 것입니다.

지금 만일 급급하게 화친을 구한다면 신은 반드시 이루어지지 않을 것임을 압니다. 천 리를 달려 승기를 탄 도적들이 패전을 두려워하는 형세는 없고 갑절로 이익을 얻을 수 있는데 곧바로 화친을 허락하고 군대를 거두어 도로 물러날 리는 절대 없습니다. 신이 감히 오늘날의 형세가 싸워 지키면 반드시 이길 수 있고 화친을 맺는 것은 반드시 안 된다고 생각하는 것은 아닙니다. 저 화친하는 방법대로 한다면 일이 반드시 이루어지지 못하고 이 싸우는 방법대로 한다면 오히려 가능할 수 있다는 것입니다. 혹시 사직(社稷)에 신령함이 있어 우연하게 어긋나지 않는다면 최상으로는 완승을 거둘 수 있고 다음으로는 맹약을 완전하게 할 수 있을 것입니다. 설령 불행하더라도 목숨을 바쳐 지켜내는 의리는 잃지 않을 것이니 어찌 한결같이 피하기만 하고 애걸하다가 끝내 또한 반드시 망하고 마는 것과 같겠습니까."

소장이 올라갔으나 비답(批答)을 받지 못했다.

14일 적병이 황해도에 들어왔다는 보고가 들어오자 대가(大駕)가 곧바로 서울을 떠나는 논의를 결정지었고 위아래가 모두 흉흉하여 어쩔 줄을 몰랐다. 공이 또 시강원(侍講院) 동료들과 연명하여 소장을 올리기를 "적의 대군이 반드시 이처럼 급하게 쳐들어올 이치는 없습니다. 이는 그 선봉대 약간의 병사에 불과합니다. 청컨대 사신을 보내어 쳐들어온 이유를 따지고 또 위병(衛兵)으로 하여금 험하고 중요한 곳을 지켜 이리저리 날뛰는 것을 막게 한 다음 조용히 대가를 움직여야 합니다."라고 하였는데, 또 비답이 없었다.

임금께서 강화도로 향해 남문(南門)을 나서지도 못했는데 적 기병이 이미 한양 서쪽 교외까지 닥쳐와 창졸간에 대가를 돌려 저물녘에 남한산성으로 들어가셨다. 산길이 험준하고 얼음과 눈이 꽁꽁 얼어 있어 공의 말이 미끄러져서 걸어서 따라가 밤이 깊어서야 도착하였다. 동료들과 함께 행궐(行闕)에 나아가니 세자께서 침소로 이끌고 들어가 은밀히 말을 정비하여 길을 떠나라고 하셨다. 묘당에서 비밀스런 계책을 바치기를 '이 남한산성은 강화도의 튼튼함만 못하니 전하께 청하여 미복을 입고 밤에 기병 수십 명과 함께 급히 달려 강화도로 들어가자.'라는 것인데, 외부 사람은 알 수 있는 자가 없었다. 공이 곧바로 나아가 말하기를 "이 적들이 정탐을 가장 잘하니 만일 불행한 일이 생긴다면 장차 임금을 어디에 두겠습니까? 이 계책은 위태하니 결코 시도할 수 없습니다."라고 하고는 마침내 장령(掌令) 이후원(李厚源)[7]을 서둘러 만나 사헌부 관리 몇 명을 모아놓고 은밀히 만나 멈추기를 청하였다.

15일 새벽 양궁(兩宮)께서 걸어서 남문으로 내려갔다가 임금의 몸이 편치 못해 도로 성으로 돌아왔다. 이날 저녁 적병들이 삼전포(三田浦)까지 진격하여 주둔하였다. 최명길(崔鳴吉)[8]이 적장 마부대(馬夫大)의 말을 받고서 왕자와 대신을 보내 볼모로 삼겠다고 하였으나 적이 받아들이지 않고 성 아래까지 바싹 다가왔다. 묘당에서 허둥대며 어쩔 줄 몰라 하는데 공이 개탄스러움을 이기지 못하고 교리(校理) 윤집(尹集)[9] 등과 함께 소장을 올려 싸우고 지키는 데에 급히 힘써야 할 7, 8가지 조목을 나열하였으나 비답을 받지 못했다.

좌의정 홍서봉(洪瑞鳳)[10]이 오랑캐 진영에 이르렀다. 적들이 왕세자

7 이후원(李厚源) : 1598~1660. 본관은 전주(全州), 자는 사진(士晉)·사심(士深), 호는 우재(迂齋), 시호는 충정(忠貞)이다. 병자호란 당시 남한산성이 청군에 포위되어 김류(金瑬) 등이 인조를 강화도로 모시려 하자 남한산성의 고수를 관철시켰고, 죽기를 각오해 싸울 것을 주장하였다. 《宋子大全 卷157 迂齋李公神道碑銘幷序》

8 최명길(崔鳴吉) : 1586~1647. 본관은 전주(全州), 자는 자겸(子謙), 호는 지천(遲川)·창랑(滄浪), 시호는 문충(文忠)이다. 저서로 《지천집(遲川集)》이 전한다. 《明谷集 卷29 先祖領議政完城府院君文忠公行狀》

9 윤집(尹集) : 1606~1637. 본관은 남원(南原), 자는 성백(成伯), 호는 임계(林溪)·고산(高山), 시호는 충정(忠貞)이다. 청나라와의 화의(和議)가 성립되자 오달제(吳達濟)·홍익한(洪翼漢)과 함께 청나라로 끌려가 사형 당했다.

10 홍서봉(洪瑞鳳) : 1572~1645. 본관은 남양(南陽), 자는 휘세(輝世), 호는 학곡(鶴谷), 시호는 문정(文靖)이다. 병자호란이 일어나자 화의를 주장하여 최명길(崔鳴吉) 등과 청나라 군사 진영을 내왕하며 화의를 위한 실무를 수행하였다. 《西坡集 卷24 領議政益寧府院君鶴谷洪公諡狀》

를 보내 화친하기를 요구하자, 체찰사 김류(金瑬) 등 9명은 서로 은밀히 논의하여 세자를 보낼 것을 청하였다. 공이 즉시 동료들과 함께 임금 뵙기를 청하고 다음과 같이 아뢰었다.

"전하께서 속히 이 무리를 참하여 왕법을 바로잡지 않으신다면 대의가 밝아지지 않아 장차 나라를 다스릴 수 없을 것입니다. 변경(汴京)의 성중에서 이방언(李邦彦)과 백시중(白時中) 무리를 일찌감치 참했다면 청성(青城)에서의 치욕[11]을 겪지 않았을 것입니다. 오늘 세자께서 성을 나간다면 내일엔 틀림없이 전하께서 성을 나오기를 청할 것이니, 양성(兩聖)께서 성을 나간 뒤에는 신은 모르겠습니다만 이 무리의 계책이 나라를 위한 것입니까? 자신을 위한 것입니까?"

임금께서 말씀하기를 "나랏일이 이 지경에 이르렀으니 너희들은 여러 말 말라."라고 하셨다. 임금의 얼굴이 비참하고 흐른 눈물이 옷깃을 흠뻑 적셨으니, 공도 눈물을 흘리며 물러 나왔다. 당시 적병이 성을 포위했지만 병력은 실로 많지 않았으니, 모두 허수아비와 사로잡은 사람과 가축을 늘어놓아 진을 이루었고, 그들의 기마병은 십십오오(十十五五) 산골짜기에서 출몰하여 보는 자로 하여금 헤아릴 수 없게 하였다.

공은 묘당의 본래 의도가 싸워 지키는 데에 있지 않고 반드시 화친하

11 변경(汴京)의……치욕 : 변경은 북송(北宋)의 도읍이다. 이방언(李邦彦)과 백시중(白時中)은 송나라의 태재(太宰)로, 금(金)나라와의 화의를 주장하여 나라를 망하게 하였다는 문책을 받고 찬출 당했다. 청성(青城)은 중국 하남성 개봉(開封)의 산 이름으로, 송나라 때에 하늘에 제사하는 재궁(齋宮)이 있던 곳이다. 금나라 군대가 쳐들어와 이곳에서 휘종(徽宗)과 흠종(欽宗)의 항복을 받아내고 포로로 잡아 금나라로 끌고 갔다. 이로 인해 북송이 멸망하였으니, 이를 정강(靖康)의 변이라고 한다.

는 논의를 제기하고자 함을 통탄하여, 항상 말하기를 "적들이 처음 쳐들어올 때 실로 대가가 남한산성에 들어갈 것은 생각지 못하다가 이제 이런 기회를 얻었으니 적들은 틀림없이 기뻐 날뛰면서 한편으로 군대를 청하여 뜻을 이루기를 기약하고 있을 것이다. 그들이 아직 군대를 증원하기 전에 충성스럽고 날래어 분발하기를 생각하는 군사를 널리 뽑아 한쪽에서 결전을 치른다면 거의 흉악한 칼날을 꺾을 수 있을 것이다. 그런데 지금 그렇게 하지 않고 오늘 밤 공격을 한다느니 내일 나가 싸운다느니 말만 하면서 혹은 일진이 길하지 않음을 핑계대거나 혹은 바람이 순하지 않다고 하거나 혹은 외부의 구원을 기다린다고 하면서 출병할 것처럼 하다가 그만둔 것이 하루에도 두세 번씩 되니, 사기는 날로 게을러지고 적들의 준비는 날로 이루어진다. 수십 일을 조금 넘겨 적의 원군이 대거 이른다면 나랏일은 다시 해볼 만한 것이 없을 것이다."라고 하였는데, 그 뒤에 모든 것이 공이 헤아린 것과 같았다.

체찰부(體察府)에서 6백 여 명의 군사로 적을 시험했는데 규율 없이 진군했다가 적에게 섬멸당하여 성 안에서 크게 놀랐고 이때부터 한마음으로 애걸하였다. 최명길이 글 한 편을 스스로 지었는데, 말이 매우 비굴하였다. 좌의정 홍서봉이 받들어 오랑캐 진영에 갔다가 돌아올 적에 이른바 칙서라는 것을 가져왔는데 직접 조유(詔諭)라고 일컫고 구절마다 죄를 열거하였다. 최명길이 또 답서를 지어 사죄하였는데 비참한 말과 아첨하는 말을 차마 똑바로 볼 수 없었다. 문정공(文正公) 김상헌(金尙憲)이 답서를 찢고 통곡하였다. 공은 내한(內翰) 김홍욱(金弘郁)[12]과 함께 임금 뵙기를 청하여 아뢰기를 "교활한 오랑캐가 이

12 김홍욱(金弘郁) : 1602~1654. 본관은 경주(慶州), 자는 문숙(文叔), 호는 학주

미 적의 한(汗)이 직접 왔다고 하고 조유라고까지 하였으니, 그 형세가 반드시 양성(兩聖)께서 성을 나오라고 요구할 것입니다. 전하께서는 그 요구를 따르시겠습니까? 청컨대 국서(國書)를 멈추고 친히 성문에 납시어 흉서(凶書)를 꺼내 불태우고 신민에게 죽기를 각오하고 지키는 의리로 타이르신다면 혹시라도 회복할 가망이 있을 것입니다."라고 하자, 임금께서 말씀하기를 "젊은 사람들이 멀리 생각하지 못해 오늘날의 근심이 있게 되었도다. 너희들은 다시 여러 말 말라."라고 하셨다.

오랑캐가 다시 황지서(黃紙書)로 더욱 꾸짖고 모욕하였으며, 또 초봄에 앞장서서 맹약을 그르치도록 꾀한 자들을 잡아 보내라고 하였다. 묘당에서 마침내 척화한 여러 사람을 결박하여 보내는 것을 논의하였는데 임금께서 차마 허락하지 않으셨다. 최명길이 말하기를 "국서에 '신(臣)' 자를 쓰면 저들이 반드시 군대를 거둘 것이다."라고 하고 마침내 '신'을 칭한 글을 지었는데, 깊은 밤에 은밀히 논의하여 사람들이 알지 못했다. 공이 윤집(尹集) 공과 함께 죽기를 각오하고 간쟁하니 수찬(修撰) 오달제(吳達濟)가 말하기를 "군자는 마땅히 스스로 그 뜻을 깨끗하게 할 뿐이니, 이제 큰일은 이미 끝났다. 나는 다시 무익한 말을 하지 않겠다고 생각했소."라고 하였다. '신'을 칭한 글이 이미 보내지자 적들은 성에서 나오기를 더욱 급히 재촉하였다.

22일에 세자께서 궁관(宮官)을 불러 명령하여 말씀하기를 "대가가 성을 나갈 수 없고, 척화를 주장하는 사람도 차마 잡아 보낼 수 없다. 내가 가서 그들의 요구를 막으려 한다."라고 하셨다. 공이 나아가 다음과 같이 말하였다.

(鶴洲), 시호는 문정(文貞)이다.《鶴洲全集 附錄 卷2 行狀》

"저하께서 나가신다면 적들은 틀림없이 대가도 협박하여 나오게 할 수 있다고 여길 것이니, 결코 시험해볼 수 없습니다. 또 신민이 죽기를 각오하고 고립된 성을 지키는 것은 단지 양성(兩聖)을 위해서입니다. 그런데 끝내 재앙이 양성에 미친다면 지금까지 성을 지킨 의미가 어디에 있겠습니까. 신 등은 죽을지라도 감히 명령을 받들 수 없습니다."

이날 저녁에 체찰사가 부사(副使) 이성구(李聖求)[13] 등의 계책이라고 둘러대며 말하기를 "척화를 주장한 자를 만약 한두 사람 보낸다면 혹 해를 면하지 못하겠지만 수십 명을 아울러 데려다가 일시에 내보내어 사과한다고 말한다면 저들이 반드시 죽이지 않을 것이다."라고 하였다. 이에 임금께 다시 아뢰지도 않고 양전(兩銓 이조(吏曹)와 병조(兵曹))에 분부하고 각 사(司)에 알려 이름을 조사하여 고하게 하였으며, 그러고도 누설될까 두려워 또 자수(自首)하게 하였다. 묘당의 여러 신하가 세자를 내보내자고 청했다가 공론의 미움을 받은 뒤로, 간혹 많은 사람들 앞에서 "설사 성의 포위가 풀린다 해도 우리들은 면하지 못할 것이다."라고 말하는 사람이 있었으니, 이는 바로 오랑캐의 말을 인해 미워하는 다른 의견을 내는 자들을 모두 묶어 보내려는 속셈이었던 것이다. 그러면서도 임금께서 차마 보내지 못할까 걱정하여 안팎으로 출입하며 뜬소문을 퍼뜨렸고 또 대장 신경진(申景禛)과 구굉(具宏) 등으로 하여금 사졸을 시켜 행궁 문에서 칼날을 번뜩이면서 위협하게 하니 조정 인사들이 그 때문에 기막혀했고 원로 신하들은 천장만 바라보며 눈물

13 이성구(李聖求) : 1584~1644. 본관은 전주(全州), 자는 자이(子異), 호는 분사(分沙), 시호는 정숙(貞肅)이다. 병자호란 당시 병조 판서와 체찰부사(體察副使)를 겸하였다. 《東州集 文集 卷7 伯氏領議政分沙李公神道碑銘幷序》

을 흘릴 뿐 감히 말하지 못했다.

공이 이에 소장을 올려 말하기를 "신이 지난밤에 삼가 들으니 묘당에서 전하께 아뢰지도 않고 제멋대도 분부하여 전후에 걸쳐 척화를 주장한 사람을 조사해 기록한 뒤 모두 오랑캐 진영으로 보내려 하였답니다. 신은 분통하고 놀라는 마음을 이기지 못하는데 변송(汴宋)에서도 없던 일을 바로 오늘에 보게 될 줄 일찍이 생각이나 했겠습니까. 근래에 밖에서 전하는 말에 '이 무리가 일망타진하려는 계획을 오랫동안 꾸며 오다가 교활한 오랑캐의 말을 빌려 살육하는 미끼로 삼으려 한 것을 온 성안의 사람들이 모르는 이가 없지만 이 무리의 기세에 눌려 감히 말을 꺼낼 수 없다.'라고 합니다. 신이 처음에 듣고 믿지 않았는데 이제야 과연 징험하였습니다.

아, 전하께서 계해년(1623, 인조1) 반정(反正) 초기에 광해군(光海君)의 죄를 하나하나 거론하셨는데 오랑캐와 서로 통한 것이 실로 그중 하나에 해당하였으니,[14] 이것이 바로 오늘날 나라를 일으킨 근본입니다. 척화를 주장하는 저들이 또한 어찌 자신을 위해 계책을 세우겠습니까. 단지 천지의 떳떳한 법도를 알아 바꿀 수 없는 대의를 붙들어 세우려는 것일 뿐이니, 어찌 나라를 그르친 죄가 있겠습니까.

이들이 이 계획을 만든 것은 신이 그 유래를 알고 있습니다. 지난번

14 전하께서……해당하였으니 : 1623년 인조(仁祖)가 서인(西人) 일파의 도움을 받아 반정(反正)을 일으켜 광해군(光海君)과 대북파(大北派)를 몰아낸 뒤 즉위하였다. 대비(大妃) 인목왕후(仁穆王后) 김씨(金氏)는 인조의 즉위와 광해군의 폐위에 대한 교서를 내려 광해군의 실정(失政)을 거론하였는데, 임진왜란 때 구원해 준 명(明)나라에 대한 은혜를 저버려 구원하지 않고 여진족 정벌에 나서서 여진족에 투항한 일이 포함되어 있다. 《仁祖實錄 1年 3月 14日》

에 홍서봉(洪瑞鳳)이 오랑캐 진영에서 돌아와 감히 차마 들을 수 없는 말을 분주하게 전했는데, 이들 8, 9명이 한목소리로 서로 호응하고 나란히 전하를 찾아뵈어 겉으로는 눈물을 흘리는 모습을 보이지만 안으로는 군주를 버리고 자신을 온전하게 할 계책을 품고서 반드시 저군(儲君)을 협박하여 호랑이 입에다 던져 넣으려고 하였습니다. 이때를 당해 여론이 분개하여 다투어 그들의 배에 칼을 꽂으려 하자, 이들 스스로도 지은 죄가 매우 중한 줄 알아 마음먹기를 '만약 당초 계획을 빨리 진척시켜 오랑캐 세력에 기대어 조정을 협박하지 않는다면 자신들도 보존할 수 없겠다.'라고 생각한 것입니다. 그러므로 온갖 방법으로 시간을 끌면서 일의 기회를 저지하였는데, 오랑캐의 세력이 약하고 전사(戰士)가 떨쳐 일어나기를 생각할 때에는 시일을 질질 끌어 사기를 꺾어버리고 적의 원병이 크게 이른 뒤에는 허세를 부리며 윽박질러 전하의 마음을 동요시켜 수백 년 동안 당당했던 종사(宗社)를 마침내 짐승 같은 오랑캐의 번국(藩國)이 되게 하였습니다.

그러나 겹겹의 포위는 풀리지 않고 오랑캐의 마음은 만족함이 없어 반드시 우리 양성(兩聖)께 푸른 옷을 입히려고 하니, 신하된 자로서 어찌 차마 이런 오랑캐와 서로 접할 수 있겠습니까. 그런데도 이 무리들은 도리어 이 기회를 이용해 한 시대의 명류(名流)를 다 제거하여 한 사람도 감히 말할 수 없게 만든 뒤에 나라를 팔아 자신을 온전하게 하여 오직 마음의 욕구대로 하려 합니다. 아, 그 계획이 또한 교묘하고도 참혹한데 어찌 그러함을 밝힐 수 있겠습니까.

오랑캐의 글에서는 '앞장서서 모의하여 맹약을 방해한 자'라고 언급했는데 이들은 전후에 걸쳐 척화를 주장한 자를 섞어 거론하였고, 오랑캐의 글에서는 '두세 명'이라고 말했는데 이들은 그 수를 정하지 않고 반드시 증오하는 자를 모두 보내서, 한편으로는 전날의 사사로운 원한을 보복하고 한편으로는 훗날의 언로(言路)를 막으려고 하였습니다. 이 몇 가지를 가지고 살펴본다면 그 마음이 어디에 있는지 환히 알 수 있습니다. 이들의 말하기를 '만약 왕자와 대신을 보내면 화친하는 일을 이룰 수 있다.'라고 하였는데 이미 보낸 뒤에 곧 세자를 보내라는 요청이 있었습니다. 또 말하기를 '신(臣)이라고 일컬으면 겹겹의 포위를 풀 수 있다.'라고 하였는데 신이라고 일컬은 뒤에 또 성에서 나오라는 요청이 있었습니다. 교활한 오랑캐의 끝없는 욕심이 매번 한 단계 심해지니, 신은 백마역(白馬驛)의 화란이 청성(青城)의 치욕에 전혀 보탬이 없음을 알고 있습니다.[15]

선비는 진실로 몸이 가루가 되고 뼈가 부서져도 본래의 마음을 바꾸지 않는 것이 있습니다. 이들이 비록 사죄하는 명목을 왜곡시켜 몰아보낼 계책을 이룬다 해도 척화를 주장하는 무리는 애당초 스스로 부끄러워할 실제가 없으니 어찌 사과할 만한 죄가 있겠습니까. 흉악한 칼날에 죽어 전하의 군신 간 대의를 끊는 것에 불과합니다. 설혹 이로 인해

15 신은……있습니다 : 척화를 주장하는 신하를 청나라에 보내더라도 임금이 남한산성에서 겪게 될 치욕을 줄이는 데에는 아무런 도움이 되지 않을 것이라는 말이다. 백마역(白馬驛)은 황하(黃河) 강가의 역으로, 당나라 소선제(昭宣帝) 때 주전충(朱全忠)이 당시의 명사인 배추(裴樞) 등 수십 명을 살해하여 시체를 황하에 내버렸다. 주전충의 좌리(佐吏) 이진(李振)이 "이들은 스스로 청류(淸流)라 하였으니 흐린 황하에 던져 넣어 영원히 탁류(濁流)가 되게 하소서."라고 하니, 주전충이 웃으면서 따랐다. 《新唐書 卷140 裴遵慶列傳 裴樞》 청성은 북송(北宋) 때 재궁(齋宮)으로, 하남성(河南省) 개봉현(開封縣)에 있었다. 금(金)나라가 쳐들어와 청성에 군대를 주둔하고 휘종(徽宗)과 흠종(欽宗)의 항복을 받아냈는데, 휘종과 흠종은 이곳에서 포로로 잡혀가 흑룡강 주위에 있는 오국성(五國城)에 갇혀 있다가 죽었다. 《宋史 卷22 徽宗本紀, 卷23 欽宗本紀》

눈앞의 화란을 조금 늦춘다 해도 국가의 명맥은 이미 끊어지는 것입니다. 차라리 함께 망하기보다는 어찌 반드시 옛날에 없던 일을 하여 천하 후세에 비웃음을 남기겠습니까. 어리석은 계책으로는 참으로 이들을 참하여 임금을 업신여기고 나라를 그르친 죄를 바로잡지 않는다면 다만 북쪽으로 끌려가는 치욕을 끝내 면할 수 없을 뿐만 아니라 아마도 성을 나서기 전에 먼저 무너져 흩어질 걱정이 있을 것입니다. 전하께서 혹시 신이 무고하는 말을 한다고 여기신다면 청컨대 먼저 신의 머리를 베어 나라를 그르친 자들의 마음을 시원하게 하십시오. 신은 차라리 진동(陳東)[16]처럼 죽을지언정 이들과 천지간에 함께 살지 않겠습니다."라고 하였는데, 비답을 받지 못했다.

공은 이때 낮은 관리일 뿐이었다. 변란 초기부터 충성과 의리로 분발하여 창졸간에 소장을 올린 것이 지극한 계책이 아닌 것이 없었는데 끝내 시행된 것이 하나도 없었고, 이에 이르러서는 일이 이미 어찌할 수 없게 되었다.

26일에 최명길이 오랑캐 진영에서 돌아와 강화도가 함락되었다는 보고를 전했다. 묘당에서 임금 뵙기를 청하여 성을 나가는 계책을 정하였다. 이튿날 예조 판서 김상헌(金尙憲) 공과 이조 참판 정온(鄭蘊) 공 및 나의 선친 이하 11명이 모두 척화를 주장한 일로 오랑캐 진으로 붙잡혀 보내지게 되었는데, 삼사(三司)에서 앞다투어 많다고 하였다.

16 진동(陳東) : 송(宋)나라 사람으로, 자는 소양(少陽)이다. 흠종(欽宗)이 즉위하자 권신(權臣)인 채경(蔡京)과 동관(童貫) 등 여섯 사람을 육적(六賊)이라 탄핵하여 죽이기를 청하였고, 황잠선(黃潛善)과 왕백언(汪伯彦)을 파면시킬 것을 청하였으나 뜻을 이루지 못하고 도리어 그들의 참소를 입어 피살되었다. 《宋史 卷455 忠義列傳 陳東》

최명길이 이에 윤집(尹集) 공과 오달제(吳達濟)[17] 공을 잡아 보냈다.

이틀 뒤에 대가(大駕)가 성을 나갔고 세자가 행차를 따라 오랑캐 진영에 이르렀다. 오랑캐가 대신과 육경과 승지와 사관만을 따라 들어오게 하자, 최명길이 궁관(宮官)을 꾸짖어 물리쳐서 들어오지 못하게 했다. 공이 동료에게 말하기를 "임금께서 호랑이 입으로 들어가는데 추종하는 관리가 뒤를 따르지 못하니 어찌 이런 이치가 있습니까?"라고 하여 마침내 죽음을 무릅쓰고 따라 들어갔다. 이날 저녁 임금께서 도성으로 돌아오셨다. 세자는 오랑캐 진영에 머물다가 또 이틀 뒤에 서강(西江)으로 옮겼고 다시 나흘 만에 북쪽으로 떠나게 되었다. 공이 스스로 생각건대 신하로서 성을 나서던 날에 이미 죽지 못했으니, 이후의 의리는 오직 세자를 모시고 험난한 길을 가서 힘이 다하는 날에 몸이 죽을 곳으로 삼는 것이 바로 직분이라고 여겼다. 당시 모시고 따르는 궁관은 다섯 명을 넘지 말라는 논의가 있었는데, 공이 스스로 행차를 따르겠다고 청하였으나 거기에 들지 못하였다. 마침 떠나는 자가 일이 있었으나 세자가 빠진 자리를 공으로 메우기를 청했는데 임금께서 특별히 엄한 분부를 내려 허락하지 않으셨다. 또 공을 헐뜯는 자들은 "이 사람을 보내면 반드시 나라를 팔아먹는 일이 있을 것이다. 그가 따라가기를 청하는 것은 함부로 말한 죄를 벗어나려는 것이다."라고 말하기까지 하였다.

대가가 나가서 창릉(昌陵) 산 밑에서 세자를 전송하였다. 공이 세자

17 오달제(吳達濟) : 1609~1637. 본관은 해주(海州), 자는 계휘(季輝), 호는 추담(秋潭), 시호는 충렬(忠烈)이다. 윤집(尹集), 홍익한(洪翼漢)과 함께 청나라에 끌려가 처형당했다. 《老洲集 卷16 贈領議政秋潭吳忠烈公衣履葬誌銘竝序》

의 말고삐를 잡고 수백 걸음 쯤 나갔다가 통곡하고 하직인사를 올리니, 세자도 그 때문에 눈물을 흘렸다. 공은 돌아와 궐문 밖에서 명을 기다렸다.

2월에 임금께서 척화를 주장한 여러 신하가 경박하게 나라를 그르친 죄를 다스리라고 명하셨다. 묘당에서 논의하여 열 명을 골라 죄명을 따져 아뢰었는데 나의 선친이 우두머리가 되었고, 공은 다만 망녕된 한 사람이 올린 소장의 말이 해괴한 것으로 죄안을 삼아 임천군(林川郡)에 유배되었다. 양사(兩司)에서 간쟁하였으나 어쩔 수 없었다.

공은 유배지에 도착한 뒤로 세상일에 마음을 끊고 오직 경서를 가지고 스스로 즐겼다. 우리나라의 여러 역사가 복잡하여 보기 어렵다고 여겨 왕씨(王氏)부터 이후를 한결같이 문공(文公)의 범례에 따라 엮고서 《여사제강(麗史提綱)》[18]이라고 이름 붙였다.

3년이 지나 유배에서 풀려나자 임천군 남쪽에 있는 새로운 산을 정하여 부모님 묘소를 이장하고는 그대로 그곳에 살았다. 신사년(1641, 인조19) 가족을 이끌고 호남의 금산(錦山) 땅으로 이사하였다. 이는 우리 형제가 산골에서 어버이를 모시고 살면서 어지러운 시대에 목숨을 보전하려고 하자 공이 우리와 함께하려고 내린 결정이었다. 드디어 마하산(麻霞山) 아래에 집을 짓고, 하나의 서재(書齋)를 지어 '산천(山泉)'이라고 이름 붙이고서 공이 스스로 기문(記文)을 지어 걸었다.[19]

18 여사제강(麗史提綱) : 유계가 1637년 《고려사(高麗史)》를 바탕으로 삼고 주희(朱熹)가 지은 《자치통감강목(資治通鑑綱目)》의 체제를 적용하여 편년체로 고려의 역사를 편찬한 책으로, 23권 23책이다. 1681년에 대구(大丘)에서 왕명으로 간행되었다.

19 마하산(麻霞山)……걸었다 : 《시남집》 권19에 〈산천재기(山泉齋記)〉가 실려 있다.

날마다 학문을 익히고 남을 가르치는 것을 일삼았는데, 예서(禮書)가 종류가 많고 이해하기에 어려움이 있어 문공(文公)의 《가례(家禮)》를 따라 강(綱)을 세우고 목(目)을 나눈 다음 예(禮)를 다룬 옛날의 경전 및 선현의 예설(禮說)을 취하고 우리나라 선대 선비들이 저술한 문자까지 아울러서 각각의 조목 아래에 종류별로 첨부한 다음 《가례원류(家禮源流)》라고 이름 붙였다.

향사례(鄕射禮)와 향음주례(鄕飮酒禮) 등의 의식을 제생들에게 강습하게 하였으며, 한 집안의 관혼(冠婚) 예절을 일체 문공의 예법에 따르되 옛날과 지금을 참작하여 시행하였다. 가까운 곳에 있는 사우(士友)들을 맞이하여 강론하니 학문하는 모임의 즐거움이 대단히 컸다. 마음을 보존하여 천성(天性)을 기름이 깊고 두터웠으며 덕스러운 기량이 성취되어, 이곳에서 몇 년 동안 얻은 바가 많았다. 뒤에 공은 항상 금산에서 지냈던 때가 일생에서 마음에 맞는 경계(境界)였다고 말하곤 하였다.

갑신년(1644, 인조22)에 서용되어 주서(注書)로 복직되었다. 공이 부름을 받고 나아갈 때에 송시열(宋時烈) 공이 편지를 보내 그만두게 하였는데, 그의 생각은 정축년(1637) 이후로 사대부의 출처(出處)가 구차해서는 안 되니, 양(陽)이 회복되는 기미가 없다면 갑자기 움직이는 것은 마땅하지 않다는 것이었다. 공이 말하기를 "세상에 나와 군주를 섬길 때 처한 바에 목숨을 바치는 것은 신하로서의 의리이다. 죄를 지어 쫓겨난 것이지 애당초 내가 은둔하기를 좋아한 것이 아니다. 은혜롭게 불러주시는데 한번 나아가지 않을 수 없다."라고 하였다.

나는 난리 뒤에 잘못 때문에 폐인으로 자처하였는데, 공이 항상 말하기를 "그대는 숨지 않을 수 없고, 나는 나가지 않을 수 없다."라고 하였다. 도성에 들어가 사은숙배(謝恩肅拜)하니 서울의 여러 벗들이 모두 남아서 벼슬하기를 권하였다. 사국(史局)에서 공을 추천하여 붓을 잡게 했는데 공이 또한 응하지 않고 말하기를 "오래 쫓겨난 뒤에 이렇게 새로운 명이 내려져 마지못해 와서 사례했지만 오래 머무는 것은 내 뜻이 아니다."라고 하였다. 잠깐 뒤 전적(典籍)에 오르고 병조 좌랑(兵曹佐郎)으로 옮겼다.

을유년(1645, 인조23) 봄에 전라도 도사(全羅道都事)에 임명되었으나 부임하지 않았다. 여름에 예조 정랑(禮曹正郎)에 임명되었고 지제교(知製教)를 겸하였다. 당시 효종대왕(孝宗大王)께서 세자의 지위에 올라 책봉하는 예를 거행하려 하니 공이 마지못해 조정으로 돌아왔다. 가을에 명을 받들어 호서에서 선비들에게 시험을 치르고 복명한 뒤 곧바로 돌아갔다. 이조(吏曹)에서 공을 청요직(淸要職)에 연달아 추천하였는데 임금께서 이처럼 당을 비호하는 사람을 추천하지 말라고 특별히 분부하셨다. 조석윤(趙錫胤) 공이 홍문관의 장관이었는데 소장을 올려 공이 당을 비호하는 사람이 아님을 논하였다.[20]

병술년(1646, 인조24) 봄에 토적(土賊)에 대한 경계가 있어 가족을 이끌고 임천(林川) 선영 아래로 돌아갔다. 4월에 무안 현감(務安縣監)에 임명되었다. 친한 벗이 시를 지어 다음과 같이 전송하였다.

20 조석윤(趙錫胤) 공이……논하였다 : 조석윤(1606~1655)의 본관은 배천(白川), 자는 윤지(胤之), 호는 낙정재(樂靜齋), 시호는 문효(文孝)이다. 《晩靜堂集 第17 大提學樂靜趙公諡狀》 조석윤은 1650년 4월 부제학(副提學)으로서 두 차례 소장을 올려 유계를 변호하였다. 《樂靜集 卷10 辭副提學兼論兪棨沈大孚被罪疏》

곧은 기운이 길이 우주에 보존되어　直氣長存宇宙間
북두성보다 높고 태산보다 무겁구나　高於星斗重於山
세상에 공을 아는 사람이 없다 보니　世人未有知公者
불러다 강남의 현감으로 삼는구나　喚作江南一縣官

공이 부임한 뒤에 정사를 엄격하고 밝게 펼치면서도 어질고 너그럽게 구제하니 아전과 백성들이 두려워하면서도 사랑하였다. 고을에 옛날 정개청(鄭介淸)[21]이라는 자가 사특한 논의를 주창하여 그대로 나쁜 풍속이 이루어졌으니, 위로 사족에서부터 아래로 하인에 이르기까지 각각 당목(黨目)이 있어 같은 편은 붙들어주고 다른 편은 배척하면서 교활하고 사나우며 패악스러웠다. 땅은 좁을지라도 다스리기가 매우 어려워 공이 힘껏 타이르고 가르쳤으며 위신(威信)을 겸하되 미워하지 않고 엄격히 하였다. 청풍군(淸風君) 김권(金權) 공이 혼조(昏朝) 때에 절의를 세웠다가 이곳에 유배되어 운명하였는데, 옛날에 세운 사당이 퇴락했는데도 수리하지 못하고 있었다. 공이 이에 많은 선비들을 훈계하여 일신하고 친히 제사 지내며 글을 지어 권면하니, 유생들이 나아갈 바를 알게 되었다.

남쪽 지방은 습속이 안 좋고 송사(訟事)가 많았다. 당시 정승 정유성(鄭維城)이 관찰사가 되어[22] 결단하기 어려운 송사는 모두 공에게 보내

21 정개청(鄭介淸) : 1529~1590. 본관은 고성(固城), 자는 의백(義伯), 호는 곤재(困齋)이다. 나주(羅州) 출신으로, 만년에 무안의 엄담(淹潭)에 이주해 윤암(輪巖)에 정사를 짓고 학문에 힘쓰며 후진을 양성하였다. 1590년 정여립(鄭汝立)과 동모했다는 죄목으로 체포되어 유배지 함경도 경원(慶源)에서 죽었다. 저서로 《우득록(愚得錄)》이 있다.

었고 공은 한 번 보고 즉시 시비곡직을 변별하였는데, 소송에서 진 자는 스스로 해명하지 않았고, 주인을 무고하던 배반한 노비는 살펴 다스렸으며, 형제간에 서로 소송을 벌이던 자는 부끄러워 복종하게 만들었다. 경내의 노인을 모아 잔치를 열어 우대하고, 온 고을의 자제를 모아 학업을 평가하여 권장하였다.

어느 해에 가뭄이 들려 하자 공이 백성들에게 모심기를 못하게 하니 백성들이 처음에는 불쾌하게 여겼지만 다른 고을이 모두 흉년이 들었을 때 이 지역만은 곡식이 여물었다. 병사(兵使)가 명령을 내려 도적떼를 잡아 자복을 받아내라고 재촉했는데 공이 심문하여 그런 사실이 없음을 알고 모두 석방시키니 백성들이 감동하여 기뻐하고 성심껏 따르지 않는 이가 없었다. 마침 해마다 기근이 들어 공에게 가서 의지하는 친구들이 많았는데, 공이 대할 적에 도리를 다하여 사이가 가깝고 먼 것을 따지지 않고 각각 그들의 소망을 채워 주었다. 그러나 공적인 의리를 해치는 자는 또한 법을 굽혀가며 구차하게 따라준 적이 없었으므로 공사(公私) 간에 모두 구제되었다. 스스로는 간소하고 검약하여 집에 있을 때와 차이가 없었고 흉년에는 더욱 절약하였으니, 이웃 고을 수령들이 모두 두려워하였고 남쪽의 인사(人士)들이 지금까지도 칭송하고 있다.

무자년(1648, 인조26)에 파직되어 돌아갔다. 기축년(1649) 2월 홍문관 수찬(弘文館修撰)에 임명되었다. 공이 벼슬길에 나아가지 못하다가 다시 임금을 가까이서 모시는 반열에 들어가게 되자 임금의 지우에

22 정승……되어 : 정유성은 1646년 4월 5일에 전라도 관찰사에 제수되었다. 《仁祖實錄 24年 4月 5日》

감격하여 대궐로 나아가 진정(陳情)하였다. 당시 임금께서 오랫동안 경연(經筵)을 열지 않고 신료들을 드물게 접견하셨는데, 공이 벼슬을 사양하는 소장에서 마음을 다스리고 병을 수양하는 도리를 지극히 아뢴 다음 이어서 큰 뜻을 분발하는 것이 경연을 여는 데서 시작됨을 논하였으니,[23] 그 대략은 다음과 같다.

"아, 전하께서는 불세출(不世出)의 영민함으로 세상에 없는 공적을 세우셨다면 주(周)나라 선왕(宣王)과 한(漢)나라 광무제(漢光武帝)의 업적도 실로 이루기에 어렵지 않은데, 여러 신하들이 부족하여 성상의 교화를 받들어 드날리지 못한 결과 기강을 떨치지 못하고 나라의 형세는 약해지게 하였으니, 병자년(1636)과 정축년(1637)에 망하지 않은 것만도 다행입니다. 그 후로 형세에 눌려 스스로 펴지 못하고 나약하고 게을러져 미봉적인 해결책에 급급하다 보니 큰일을 이루려는 우리 전하의 성대한 뜻으로 하여금 부득불 꺾여서 고식적이고 안일한 데로 나아가게 하였으니, 신이 한밤중에 이를 생각할 때마다 자신도 모르게 눈물이 흐릅니다."

또 말하였다.

"오늘날 급히 해야 할 일은 먼저 성상의 뜻을 세우는 데에 있고, 성상의 뜻을 세우는 단서는 경연을 다시 여는 데에 있습니다. 옛 사람은 서책으로 병을 물리치는 도구를 삼았는데, 서책은 병을 물리칠 수 있는 것이 아닙니다. 하지만 사람의 온갖 병은 마음에서 나오니, 진실로 마음을 주로 붙이는 곳이 있을 경우, 그것이 마음을 홀리고 삶을

23 벼슬을……논하였으니 : 유계가 올린 소장은 《시남집(市南集)》 권8에 실린 〈청개경연소(請開經筵疏)〉를 가리킨다.

해치는 성색(聲色)과 외물이 아니라면 모두 마음을 바꾸어 병을 물리치는 이치가 있는 것입니다. 더군다나 성현의 말씀은 훈계가 매우 절실하고 사적(史籍)에 실린 것은 치란(治亂)이 밝게 드러났으니 이것을 마음에 받아들여 깊이 음미하고 경계하여 살핀다면 병을 수양하는 데에 어찌 썩은 풀과 묵은 뿌리보다 크게 효험이 있지 않겠습니까."

또 말하기를 "지금 사람들은 대부분 경연을 헛된 형식이라고 여기는데, 신이 이 말을 하여 전하께 바라는 바는 시속(時俗)에서 하는 말과 같은 수준이 아닙니다. 원컨대 지금부터 시작하소서. 답습하는 폐단을 통렬히 개혁하고 큰일을 이루려는 뜻을 시원하게 보여주어 헛된 형식과 관계된 것 일체를 제거하십시오. 격물(格物)·치지(致知)·성의(誠意)·정심(正心)의 설에만 유념하여 성찰하고 힘을 다해 실천하여 항상 청명함을 몸에 지녀 일에 임할 때에 어둡지 않게 하신다면 정사에 시행되고 공업에 나타나는 것들이 자연스럽게 광명정대해져 쇠미하고 구차한 형식으로 떨어지지 않을 것입니다."라고 하자, 임금께서 너그러운 비답을 내리고 가상히 여겨 받아들이셨다.

당시 김자점(金自點)이 나라를 제멋대로 하는데 공에게 인척이기도 하다 보니[24] 크게 음식을 장만하여 손님들을 부르면서 반드시 공을 부르려고 하였다. 공이 여러 날 동안 숙직하는데 김자점이 다른 동료에게 말해서 숙직을 바꾸어 공을 나오게 했는데 공이 끝내 가지 않았으니, 김자점이 매우 유감을 품었다. 공이 김홍욱(金弘郁) 공과 함께 옥당에

24 김자점(金自點)이……보니 : 김자점(1588～1651)의 본관은 안동(安東), 자는 성지(成之), 호는 낙서(洛西)이다. 김자점의 부친 김탁(金琢)이 유계의 종고조부 유관(兪綰)의 손녀딸과 혼인하였다.

있었는데 실로 중궁전(中宮殿)이 어수선하고 훈척(勳戚)들이 방자한 것을 걱정하고 있었다. 장차 앞장서서 이끌어 논사(論思)하여 성상께서 널리 의견을 들어 말년의 정사를 맑게 하려고 하였는데, 5월에 인조(仁祖)께서 승하하셨다.

《오례의(五禮儀)》에 대신(大臣)과 근시(近侍)가 염빈(殮殯)에 들어가 참석한다는 문구는 없지만 명종(明宗)과 선조(宣祖) 두 분 임금의 상례에 비로소 강구하여 시행하였다. 이때에 이르러 예관(禮官)이 고사에 의거하여 염빈에 참석하도록 청하였으나, 임금께서 《오례의》에 없는 일이라고 어렵게 여기셨다. 공이 동료와 함께 차자를 올려 《주례(周禮)》·《예기(禮記)》 및 《통전(通典)》에 실린 한(漢)나라와 당(唐)나라의 예를 인용하여 예관의 요청대로 따르기를 청하면서 말하기를 "대행왕(大行王)의 상례는 내상(內喪)과 본디 다릅니다. 염빈할 때 대신과 예관이 살피지 않고 사친(私親)과 내시에게 맡겨둔다면 인정이나 예의로 헤아려볼 때 어찌 매우 온당하지 못한 일이 아니겠습니까. 지금 대신과 예관과 근시에게 들어가 참석하게 하고 처음부터 일을 맡은 사람들에게 그대로 돕게 한다면 《주례》의 '다른 친족을 거느려 돕는다.'라는 예와 대략 같을 것이고 진실로 인정과 이치에 부합할 것입니다."라고 하니, 임금께서 윤허하셨다.

여러 신하들이 대행왕의 시호를 의논하여 올리는데 먼저 조(祖)와 종(宗) 두 글자를 아뢰니 임금께서 조 자를 쓰라고 명하셨다. 처음에 열조(烈祖)로 정했다가 중간에 헌(憲) 자로 고쳤고 마지막에 인(仁) 자로 의논하여 올렸다. 외부의 논의에서 대부분 조(祖)로 칭하는 일과 하나의 종묘에서 시호를 중첩하는 것이 온당하지 못하다고 하였는데, 옥당에서 차자를 올리려고 하다가 끝내 올리지 못했다.[25] 응교(應教)

심대부(沈大孚)가 소장을 올려 조 자를 쓸 수 없음을 논하였고,[26] 예조참판(禮曹參判) 허계(許啓)가 소장을 올려 시호를 올리고 다시 존호(尊號)를 덧붙일 것을 청하였는데,[27] 임금께서 하나는 좋아하고 하나는 싫어하는 기색을 드러내 보이셨다.

공이 이에 소장을 올려 말하기를 "우리 조정 열성(列聖)의 묘호(廟號) 중에 이미 인종대왕(仁宗大王)께서 계신데 오늘날 시호를 의논하면서 다시 인(仁) 자를 쓴다면 어찌 혐의를 분별하는 뜻[28]이 전혀 없어서야 되겠습니까. 시법(諡法)이 생긴 이후로 주(周)·한(漢)·당(唐)·송(宋)의 수천 년이 지났지만 한 시대 임금의 묘호가 중복되어 나온 적이 없습니다. 논의하는 자가 태조(太祖)와 태종(太宗), 세조(世祖)와 세종(世宗)의 중복된 칭호로 오늘날의 근거를 삼으려고 하는데 이것은 제대로 생각하지 못한 것입니다.

25 옥당에서……못했다 : 이때 유계가 올리려 했다가 그만둔 차자는 《시남집(市南集)》 권10 〈간원의논묘호차(諫院擬論廟號箚)〉이다.

26 심대부(沈大孚)가……논하였고 : 심대부(1586~1657)의 본관은 청송(青松), 자는 신숙(信叔), 호는 가은(嘉隱)·범재(泛齋)이다. 《記言 別集 卷21 泛齋沈公墓碣銘》 심대부가 올린 소장은 《효종실록》 즉위년 5월 23일 기사에 실려 있다.

27 허계(許啓)가……청하였는데 : 허계(1594~?)의 본관은 양천(陽川), 자는 옥여(沃余), 호는 성암(醒菴)이다. 허계가 소장을 올려 "대행대왕의 시호에 강상(綱常)을 세우고 이륜(彝倫)을 펴고 명분을 바루고 민지(民志)를 안정시킨 등의 자의(字義)가 없으니 존호를 추가로 올리십시오."라고 하였으나 대신들이 반대하였다. 《孝宗實錄 卽位年 6月 8日》

28 혐의를 분별하는 뜻 : 《예기(禮記)》 〈예운(禮運)〉에 "예(禮)라는 것은 임금이 통치할 때의 중요한 수단이 되니, 그것은 바로 혐의를 분별하고 미세한 일을 밝혀 주는 역할을 한다."라고 하였다.

무릇 태(太)라는 말은 이보다 위가 없다는 호칭이고 세(世)라는 말은 세실(世室)의 뜻을 가지고 있을 뿐, 두 글자는 시법에 나오지 않아 역대로 국가를 창업하고 중흥시킨 임금에게 써 왔고, 아래에 조(祖)와 종(宗) 두 글자를 두어서 구별하였습니다. 우리 조종(祖宗)도 이 전례대로 하였음을 상고하여 알 수 있습니다. 명(明)나라 순조(淳祖)와 소황(昭皇)이 한 글자를 함께 사용했는데[29] 어느 경전에 근거한 것인지는 모르겠습니다. 당시 세 양씨(楊氏) 무리[30]가 정한 전례로서 후세의 지적이 없지 않았는데, 또 이러한 일 때문에 꺼낸 것이 아닌가 합니다. 삼가 바라건대 번거롭게 반복한다고 혐의로 여기지 마시고 다시 조정의 의견을 물어 지당한 결론을 구하신다면 매우 다행이겠습니다.

심대부의 소장에 '종(宗)이 조(祖)보다 낮은 것이 아니고, 조가 종보다 높은 것이 아니다.'라는 등의 말은 옛사람 중에 이미 말한 자가 있습니다. 허계(許啓)가 존호(尊號)를 더하자고 청한 일은 실로 바라고 아첨하는 조짐이 있는데, 성상의 비답이 허계에 대해서는 옹호하고 심대부에게는 배척하셨으니, 신은 대중이 마음으로 동의하지 않아 혹 끝없이 사사로운 의론이 있을까 염려됩니다."라고 하니, 임금께서 좋아하지 않으셨다.

6월에 정언(正言)에 임명되자 공은 함부로 대례(大禮)를 의논한 것을 핑계로 소장을 아뢰어 직책을 사양했는데, 임금께서 그 사양에 따라

29 명(明)나라……사용했는데 : 순조(淳祖)는 명 태조(太祖)의 아버지로서 황제에 추존된 인조 순황제(仁祖淳皇帝)이고, 소황(昭皇)은 명나라 제4대 황제인 인종 효소황제(仁宗孝昭皇帝)이다.

30 세 양씨(楊氏) 무리 : 명나라 선종(宣宗) 때의 세 현신(賢臣)으로, 내각 대학사를 지낸 양사기(楊士奇)·양영(楊榮)·양부(楊溥)를 가리킨다.

체직을 허락하셨다. 승정원에서 거듭 아뢰어 그대로 임명되었는데 공이 책임을 이끌어 세 번 고하자 체직되었다. 병조 정랑(兵曹正郎)에 임명되었다가 곧바로 헌납(獻納)으로 옮겼다. 당시 문경공(文敬公) 김집(金集)이 부름을 받아 공조 참판(工曹參判)이 되어 대사간 김경여(金慶餘)와 함께 서로 이어서 소장을 올려 시호를 정하는 일이 잘못되었음을 논하였다.[31] 사간(司諫) 조빈(趙贇)도 조(祖)라고 칭하는 것이 잘못임을 논한 적이 있었는데[32] 이때에 이르러 조빈이 거듭 논하려 하자 동료들이 계사(啓辭)로 쟁집(爭執)하는 것은 혹 나라의 체면을 손상시킬 수 있으니 차자(箚子)로 아뢰는 것이 낫겠다고 하였다. 조빈이 그 말을 따라 공에게 차자의 초안을 지으라고 청하였는데, 공은 전후에 걸쳐 제기된 여러 설을 거듭하여 더욱 자세히 갖추었으나 마침 다른 일로 인해 동료들과 함께 체직되어 차자를 결국 올리지 못했다.[33]

부제학(副提學) 여이징(呂爾徵)이 차자를 올려 말하기를 "심대부(沈大孚)와 유계의 소장은 그 설이 매우 분명한데도 전하께서 그들을 꺾으시고, 김집과 김경여의 논의는 그 의리가 더욱 바른데도 제쳐두고

31 문경공(文敬公)……논하였다 : 문경공은 김집(金集, 1574~1656)으로, 본관은 광산(光山), 자는 사강(士剛), 호는 신독재(愼獨齋), 시호는 문경이다. 김집이 올린 소장은 《신독재유고(愼獨齋遺稿)》 권3의 〈봉사(奉事)〉이다. 김경여(金慶餘, 1596~1653)의 본관은 경주(慶州), 자는 유선(由善), 호는 송애(松厓), 시호는 문정(文貞)이다. 김경여가 올린 소장은 《송애집(松崖集)》 권2의 〈사대사간소(辭大司諫疏)〉이다.

32 조빈(趙贇)도……있었는데 : 조빈(1587~?)의 본관은 한양(漢陽), 자는 계언(季彦), 호는 은성(隱星)이다. 조빈이 올린 소장은 《효종실록》 즉위년 5월 23일 기사에 실려 있다.

33 공은 전후에……못했다 : 이때 지은 차자는 《시남집(市南集)》 권10의 〈간원의론묘호차(諫院擬論廟號箚)〉이다.

답하지 않으시니, 원컨대 서둘러 여러 소장을 내려 널리 의논하게 하십시오."[34]라고 하였지만 임금께서 엄한 분부를 내려 깊이 책망하시니, 이후로는 다시 시호에 관한 일로 말을 하는 자가 없었다.

8월에 다시 병조 정랑을 거쳐 홍문관 교리(弘文館校理)에 임명되었다. 임금께서 왕위에 오르신 이래로 기뻐하고 노여워하는 것이 중화(中和)를 잃은 적이 많다보니 곧은 말이 펴지지 못하고 어진 인재가 벼슬할 수 있는 길이 열리지 않았다. 공이 깊이 근심하여 마침내 차자[35]를 올렸으니, 대략은 다음과 같다.

"천도(天道)가 운행함에 만물이 각각 그 본성을 이루어 막히거나 꺾이는 해가 없어, 말하지 않아도 믿으며 노여워하지 않아도 위엄이 있는 것은 다름이 아니라 물건의 속성이 한결같고 기쁨과 노여움의 자취가 없기 때문입니다. 가령 천도에 기쁨과 노여움의 자취가 있어 물건마다 가해진다면 천지 사이에 살아있는 모든 것은 반드시 놀라 달아나서 뒤집어지고 순서를 잃어 그 삶을 이루지 못한 지 오래되었을 것입니다.

왕자(王者)의 도리는 하늘과 같은데 다만 말이 없을 수는 없습니다. 만일 혹 말하는 사이에 자취가 없는 천도를 체득하지 못하여 불평 섞인 기운이 조금이라도 있다면 대체를 손상시키고 만물을 뒤흔드는 걱정이 또 어찌 끝이 있겠습니까. 임금의 말은 처음에 실처럼 가늘지만 일단

34 부제학(副提學)……하십시오 : 《효종실록》 즉위년 7월 2일 기사에 여이징(呂爾徵)이 올린 소장이 실려 있다. 여이징(1588~1656)의 본관은 함양(咸陽), 자는 자구(子久), 호는 동강(東江)이다. 저서로는 《동강집(東江集)》이 전한다.

35 차자 : 《시남집(市南集)》 권10의 〈옥당논전후상교지미안차(玉堂論前後上敎之未安箚)〉이다.

나오면 동아줄처럼 굵어지니,[36] 중요한 부분을 드러냄에 관계된 바가 매우 중요합니다. 사대부 사이에서는 놀라고 두려워하며 마음을 잃고 어찌할 줄 모르게 되며, 뜻있는 선비는 멀리 떠날 생각을 하고, 평범한 사내는 구차히 모면할 계획을 품고 있으니 이것이 어찌 조정의 복이겠습니까.

또 전하께서 왕위를 이은 초기에 숨어 있는 선비들을 불러 모두 조정에 두고 공경하는 정성이 말씀에 넘쳐나 중앙과 지방에서 눈을 닦고 삼대(三代)의 성대함과 아름다움을 보기를 기대했습니다. 그런데 걱정하는 사람들의 논의에 처음처럼 이어가지 못하는 탄식[37]이 있습니다. 산야(山野)에 사는 사람은 으레 세속과 맞지 않아 나오기를 어렵게 여기고 물러나기를 쉽게 여기니, 바로 그들이 본디 지키는 것입니다. 세속의 논의가 들끓고 맑은 논의가 사라진 오늘날을 당해서 마음을 더해 북돋아주고 그 기운을 길러주어 꺾이고 흩어지지 않게 해야 합니다. 인산(因山)이 끝나고[38] 정치와 교화를 다시 시작하는데 한 시대의 원로와 유림의 훌륭한 신하가 혹 서로 이어 물러나려 하니 전하께서는 더욱 성심(誠心)을 열고 힘써 머물라고 유시하며 뛰어난 인재를 거두어 모아 조정에 늘어세워야 합니다. 그러면 거의 시끄러움을 진정시키

36 임금의……굵어지니 : 《예기(禮記)》 〈치의(緇衣)〉에 "왕의 말은 처음에는 실오라기 같다가도 일단 나오면 굵은 명주실처럼 되고, 왕의 말은 처음에는 굵은 명주실 같다가도 일단 나오면 밧줄과 같이 된다."라고 하였다.

37 처음처럼……탄식 : 원문의 권여불승(權輿不承)은 《시경》 〈권여(權輿)〉의 "아아, 내게 큰 집이 넓고 크더니, 이젠 끼니마저 남는 것이 없구나! 아아, 처음과 다르도다!"라는 구절에서 나온 말로, 임금이 선비를 시종일관 대우하지 못함을 의미한다.

38 인산(因山)이 끝나고 : 인조(仁祖)의 장례가 끝난 것을 가리킨다.

고 기강을 정돈하여 국가가 끝내 그 경사를 힘입게 될 것입니다.

송시열(宋時烈)은 책에 큰 뜻을 두고 옛사람을 마음에 담았는데, 그의 강개한 성품 탓에 과감하게 결단하는 잘못을 면치 못합니다. 전날에 곧장 돌아간 것도 또한 그런 뜻이 담겨 있습니다. 바야흐로 자신의 죄를 끌어대는 상황이라 감히 무릅쓰고 머무를 수 없었고 또 어미의 병 때문에 소장을 올려 물러날 것을 청하였으니, 그 형세가 진실로 절박했습니다. 마침 대행왕(大行王)을 발인하는 때를 당하여 우선 소장을 내어주라는 명이 있자 송시열이 성 밖으로 물러나 열흘이 넘도록 명을 기다리면서 황송하고 낭패스러워 어쩔 줄 몰라 하니, 이를 보는 사람들 중에는 더러 전하께서 송시열을 대하는 것이 전후로 조금 다르다고 의심하였습니다. 송시열이 산림에서 거리낌 없이 지내 세상일을 익히지 않았지만 천지의 포용하는 아량으로 어찌 마음속에 담아두겠습니까. 전하께서 혹시 송시열을 쓸 수 없다고 여기신다면 우선 그가 물러나는 것을 허락하여 돌아가 늙은 어미를 봉양하고 책을 읽어 뜻을 구하게 한 다음 훗날 쓰기를 기다리는 것도 불가하지 않겠습니다. 그러나 지금 만약 종적이 곤궁에 처해 나아갈 수도 물러날 수도 없게 하여 혹 도리어 뒷사람들의 경계로 삼게 한다면 관계된 바가 또한 어찌 작겠습니까. 바라건대 일찍 결정을 지어 많은 사람들의 의혹을 풀어주십시오.

아, 임금과 신하가 서로 만나 공적을 세우는 것은 세상에 드문 어려운 일인데 뭇 신하가 다행히 살아서 성상을 만나 성대한 시대를 보게 되었으니 기대하는 마음이 끝이 없습니다. 그러나 삼가 보건대 요사이 상하 간에 점차 막히는 일이 조금 있으니, 이로 인해 갈수록 심해져 좋은 기회를 놓쳐버린다면 어찌 천고의 지극한 한이 되지 않겠습니까.

이점을 신 등은 크게 두려워합니다."

임금께서 다음과 같이 비답을 내리셨다.

"경연에 참여하는 신하가 거리낌 없이 말하는 충성이 없다면 내가 어떻게 잘못을 들을 수 있겠는가. 송시열을 늘 생각하는 정성은 아직 가슴 속에서 식지 않았다. 너희들의 말이 없었다면 의심하여 막아버리는 탄식을 부를 뻔했다. 이 때문에 상하의 정이 통하는 것을 귀하게 여기는 것이다."

이때 김 문정공(金文正公)과 김 문경공(金文敬公)이 같은 덕으로 돈독히 돕고 두세 어진 선비가 초기의 정사에 힘을 합쳐 도우니, 안팎에서 다스리는 도를 바라보았다. 공이 실로 주선하고 논의하며 주위에서 계책을 내어 함께 부흥시킬 방책을 도모하려 했는데 다른 논의가 마구 일어나고 나쁜 증상이 갖가지로 나오니 선비들이 조정을 불안하게 여기고 터무니없는 말이 또 따라 일어나니, 공은 세도가 이미 할 수 없음을 알고 겨울에 바로 직책을 내놓고 시골로 돌아왔다. 그런데 이조(吏曹)에서 여러 번 공을 전랑(銓郎) 및 삼사(三司)에 추천하였으나 한 번도 낙점되지 못했으니, 임금의 뜻은 또한 점차 나쁜 방향으로 들어가고 있었다.[39]

이윽고 직지 어사(直指御史)에 뽑혔는데 외지에 있어서 행하지 못했다. 김 문경공이 이조 판서(吏曹判書)로서 궁궐에 들어가 임금을 뵙고

39 나쁜……있었다 : 원문의 입우좌복(入于左腹)은 임금이 간사한 신하의 말을 받아들인다는 뜻이다. 《주역》 〈명이괘(明夷卦) 육사(六四)〉에 "왼쪽 배로 들어감은 마음과 뜻을 얻은 것이다."라고 하였는데, 이에 대해 정자(程子)의 전(傳)에 이르기를 "왼쪽 배로 들어갔다는 것은 사벽(邪僻)한 길로 군주에게 들어가서 그 마음과 뜻을 얻음을 이른다."라고 하였다.

공에 대해 이야기하기를 "남들이 감히 말하지 못하는 것을 능히 말하니 그 마음을 찾아보면 충성일 뿐입니다. 어찌 다른 마음이 있겠습니까. 그의 재주는 쓸 만하니 청컨대 맺혀 있는 마음을 고치십시오."라고 하였는데, 임금께서 답하지 않으셨다.

부제학(副提學) 조석윤(趙錫胤)도 소장을 올려 다음과 같이 말하였다.[40]

"김집(金集)은 늙도록 산림에서 지낸 신하로서 반드시 전하를 속이고 저버릴 사람이 아닌데도 오히려 겸허하게 받아들이지 않고, 넓은 학식과 통달한 재주를 지닌 유계를 버려두어 등용하지 않으시니 진실로 애석한 일입니다. 관계된 바의 중요함이 다만 한 사람을 쓰고 버리는 데에만 달려 있지 않습니다."

경인년(1650, 효종1) 4월 문효공(文孝公) 조익(趙翼)[41]이 우의정으로서 임금께 아뢰기를 "유계에게 무슨 잘못이 있습니까? 그 재주를 쓰지 않으면 안 됩니다."라고 하였는데, 임금께서 대번에 진노하여 다음과 같이 말씀하셨다.[42]

"옛날 송(宋)나라 인종(仁宗)과 곽 황후(郭皇后) 때의 일[43]은 더러

40 부제학(副提學)……말하였다 : 조석윤(趙錫胤, 1606~1655)의 본관은 배천(白川), 자는 윤지(胤之), 호는 낙정재(樂靜齋), 시호는 문효(文孝)이다. 조석윤이 올린 소장은 《낙정집(樂靜集)》 권10의 〈사부제학겸진시사소(辭副提學兼陳時事疏)〉이다.

41 조익(趙翼) : 1579~1655. 본관은 풍양(豐壤), 자는 비경(飛卿), 호는 포저(浦渚)·존재(存齋), 시호는 문효(文孝)이다. 저서로는 《포저집(浦渚集)》 등이 전한다. 《南溪集 卷82 議政府左議政謚文孝浦渚先生趙公行狀》

42 경인년……말씀하셨다 : 《효종실록》 1년 4월 3일 기사에 내용이 실려 있다.

43 송(宋)나라……일 : 송 인종(仁宗) 때에 곽 황후(郭皇后)가 후궁인 상미인(尙美

잘못이라고 여겼지만, 시호를 논의하던 때에는 조정 신하들이 다른 말을 하지 않았소. 선왕의 시호를 유계가 불가하다고 하면서 '어진 자는 천리(天理)의 공정함을 보존하여 한 터럭만큼도 인욕(人慾)이 없다.'라고 하는 등의 설을 말하면서 거듭 소장을 올렸으니, 그가 선대 조정에서 복무한 신하로서 어찌 감히 그렇게 할 수 있소? 제갈량(諸葛亮)의 재질을 지녔다면 모르지만 그렇지 않다면 결코 등용하기 어렵소. 심대부(沈大孚)의 일을 내가 매우 통탄하였는데 유계가 심대부에 이어서 소장을 올렸으니, 내가 이 일로 마음을 썩인 지 오래되었소."

영의정 이경여(李敬輿) 공 및 입시한 신하들이 합사(合辭)하여 해명하였으나 임금께서는 끝내 풀리지 않았고, 이튿날 비망기(備忘記)를 내려 다음과 같이 말씀하셨다.

"유계와 심대부가 감히 소장을 올려 선왕을 비방하는 데에 방자하여 거리낌이 없으니 죄를 용서할 수 없다. 이미 지나간 일이라고 해서 그만둘 수 없으니 유계는 아주 먼 변방으로 멀리 내치고 심대부는 중도부처(中道付處)하라."

공은 마침내 온성(穩城)으로 유배되었으니, 조정 신하들이 서로 소장을 올려 임금께서 노여움을 풀기를 청하였고, 우의정 조익은 여러 번 소장을 올려 대죄(待罪)하였고, 영의정은 임금을 뵙고 차분하게 아뢰었고, 부제학 조석윤도 거듭 소장을 올려 변론하였다. 임금께서 조금 깨달아 이에 승정원에 명하여 공이 전후에 걸쳐 올린 소장을 베껴 올리게 하고, 며칠 뒤에 다시 비망기를 내려 말씀하기를 "유계의 소장

人)을 질투하여 인종과 다투다가 이를 말리는 인종의 얼굴에 손톱자국을 냈는데, 인종이 이를 빌미로 곽 황후를 폐출하였다. 《宋史 卷242 后妃列傳 仁宗郭皇后》

을 승정원에서 베껴 올렸는데 다른 말은 없으니 유계 등을 석방하여 한편으로는 여론의 불쾌한 마음을 시원하게 하고 한편으로는 과인이 어두워 덕을 잃었음을 밝혀라."라고 하셨다.

공의 소장에는 애당초 인(仁) 자에 대한 설이 없었는데, 조빈(趙贇)이 시호를 논한 소장에서 임금의 잘못을 언급하고 인에 대한 설을 범범하게 논한 한 조항이 있었다. 공은 거듭 소장을 올린 일은 없었으나 조빈이 논의를 꺼낸 일로 인해 직접 차자를 지은 일이 있었다. 그러므로 임금에게 아뢴 자가 잘못 알고 거론하였으며, 공을 좋아하지 않는 자가 또 따라서 보태고 빼서 임금을 격노하게 하였기에 해가 지난 뒤까지 이러한 엄한 견책이 있었던 것이다. 여러 공이 힘껏 구제한 데에 힘입었고 또 일이 모두 사실이 아니었기 때문에 곧바로 도로 거두어들이는 임금의 명을 받았으나 임금의 뜻이 아직 다 밝아지지는 않았다. 공이 김화(金化)에 도착하여 임금의 명을 듣고 안변(安邊)까지 나아가 함경도 관찰사와 만나고 돌아왔다. 대각(臺閣)의 여러 공들은 성상의 분부가 불평한 점에 대해 말하기를 그치지 않았다.

10월에 교리(校理) 조복양(趙復陽)[44]이 야대(夜對)를 통해 다시 공에게 죄가 없음을 아뢰었고, 부제학 민응형(閔應亨)[45]이 또 연석(筵席)에서 공은 본래 죄가 없으며 또 말을 받아들이는 도에 해롭다고 힘껏 아뢰자, 임금께서 또 크게 진노하여 "유계가 서울 근처에 거처하면서

44 조복양(趙復陽) : 1609~1671. 본관은 풍양(豐壤), 자는 중초(仲初), 호는 송곡(松谷), 시호는 문간(文簡)이다. 《明齋遺稿 卷45 吏曹判書松谷趙公行狀》

45 민응형(閔應亨) : 1578~1662. 본관은 여흥(驪興), 자는 가백(嘉伯)이다. 1650년 8월 부제학(副提學)에 임명되었다. 《龍洲遺稿 卷20 判書閔公神道碑銘幷序》

조정 관리들을 꾀어내고 있다."라고 분부하기까지 하였고, 즉시 공을 잡아다가 처치하라고 명하셨다. 영의정 이경여가 말하기를 "유계는 문장에 능하고 식견이 있으므로 사람들이 매우 아끼는 것이지, 어찌 사사로이 서로 구원해주는 이치가 있겠습니까."라고 하였다. 이로 인해 여러 신하들과 종일토록 굳게 간쟁하니, 임금의 마음이 꽤 누그러졌다.

열흘이 지난 뒤에 전지(傳旨)를 내려 공을 쫓아내니 마침내 온성(穩城)으로 유배당했다. 양사(兩司)에서 한 달이 넘도록 논쟁하였고, 김문경공(金文敬公)도 소장을 올려 자신을 탄핵하며 공과 함께 벌을 받겠다고 청하였으나, 임금께서 모두 살펴주지 않으셨다. 조석윤 공은 여섯 번 소장을 올려 공에 대해 해명하였으나 뜻을 얻지 못해 가죽옷을 벗어 주며 공을 전송하였다.

공이 임금의 명을 듣고 곧바로 출발하여 얼음과 눈을 무릅쓰고 험악한 길을 넘어가니 원성(元城)과 서산(西山)이 떠나는 것[46]과 같을 뿐만이 아니었다. 함관령(咸關嶺)을 지나면서 다음과 같이 시를 지었다.[47]

46 원성(元城)과……것 : 원성은 북송(北宋)의 유안세(劉安世, 1048~1125)로, 자는 기지(器之), 호는 원성, 시호는 충정(忠定)이다. 철종(哲宗) 때 간신 장돈(章惇)의 미움을 받아 광동(廣東)과 광서(廣西) 등 멀고 험악한 곳으로 일곱 번이나 유배 가면서도 의지를 굽히지 않았다. 《宋史 卷345 劉安世列傳》 서산(西山)은 남송(南宋)의 채원정(蔡元定, 1135~1198)으로, 자는 계통(季通), 호는 서산, 시호는 문절(文節)이다. 간신인 한탁주(韓侂胄) 등으로부터 위학(僞學)이란 배척을 받고 도주(道州)로 귀양가면서 짚신을 신은 채 3천여 리를 계속 가고 나니, 다리에서 피가 흘렀다고 한다. 《宋史 卷434 儒林列傳 蔡元定》

47 함관령(咸關嶺)을……지었다 : 함관령은 함경도의 함흥부(咸興府)와 홍원현(洪原縣) 사이에 있는 고개이다. 《新增東國輿地勝覽 卷48·49》 이 시는 《시남집(市南集)》 권1 〈모유함관령시일천심한(暮踰咸關嶺是日天甚寒)〉의 전구와 결구이다.

남아가 어찌 얼어 죽는 것을 걱정하랴　　男兒豈肯愁寒死
홀로 말 타고 눈 덮인 함관령 오른다네　　獨跨征鞍上雪關

또 사우(士友)들과 함께 시를 지어 마음을 말했는데, 송시열(宋時烈) 공이 다음과 같이 화답하였다.[48]

옛사람 가던 길 험난한데 홀로 따라가니　　古轍崎嶇獨自隨
잠깐의 이별은 슬퍼할 것 없다네　　暫時離索莫相悲
마음은 이미 《참동계》에서 보았고[49]　　心期已向參同見
학문의 힘은 기상과 용모 보고 알았네[50]　　學力從看氣貌知
뜨거움에 데어 얼마나 부추를 불었던가[51]　　懲熱幾多韲吹虀

48 송시열(宋時烈) 공이……화답하였다 : 송시열의 《송자대전(宋子大全)》 권4에 실린 〈차시남적온성견기운(次市南謫穩城見寄韻)〉이다.

49 마음은……보았고 : 《참동계(參同契)》는 한(漢)나라 때 위백양(魏伯陽)이 《주역》의 효상(爻象)을 빌어서 연단양생(煉丹養生)의 뜻을 부여하여 저술한 책이다. 송나라 주희(朱熹)가 《참동계》에 주를 붙여 《주역참동계고이(周易參同契考異)》 1책을 지었다. 채원정(蔡元定)이 죄에 걸려 유배 갈 때 주희가 문인들과 함께 정안사(淨安寺)에서 전별하였는데, 당시 일상적인 안부 외에 위로의 말도 없이 《참동계》에 관해 문답하면서 담담하게 작별하였다고 한다. 《宋史 卷434 蔡元定列傳》

50 학문의……알았네 : 송(宋)나라 정이(程頤)가 부주(涪州)에서 귀양살이를 하고 돌아왔을 적에 기모(氣貌)와 용색(容色)과 두발이 모두 예전보다 좋아졌기에, 문인이 그 까닭을 묻자 대답하기를 "학문의 힘이다. 대체로 학자는 환난과 빈천에 대처하는 방법을 배우는 것이다."라고 하였다. 《二程全書 卷37 傳聞記》

51 뜨거움에……불었던가 : 한번 실패한 뒤로는 매사에 지나칠 정도로 경계심을 갖게 되는 것을 의미한다. 《초사(楚辭)》 〈석송(惜誦)〉에 "뜨거운 국에 덴 뒤엔 냉채도 불어 먹거늘, 어찌하여 이 뜻을 변하지 않는가."라고 하였다.

모난 것 싫어해도 차마 다시 둥글어지랴	惡方那忍更成規
하늘이 그대를 옥으로 만듦을 진정 기뻐하니[52]	天心玉汝眞堪喜
어두운 시로 내 마음 심란하게 하지 않으려네	休費幽吟攪我思

공은 궁벽하고 먼 곳에 있으면서도 이별의 근심을 보이지 않았고, 주자(朱子)의 책을 스스로 가지고 다니면서 아침저녁으로 공부하였다. 손수 《주례(周禮)》 한 질을 베껴 연구하고 읽었으며, 배우기를 청하는 자가 있으면 가르치기를 게을리하지 않았다. 항상 말하기를 "나는 새로 들어온 백성이니 고을 노인은 모두 내 선배이고, 변방의 수령은 모두 나의 상관이다."라고 하면서 윗사람을 받들고 아랫사람과 접할 적에 성의와 예를 다하였다. 이웃 고을의 선물을 한결같이 의리에 맞게 결정하여 탐욕스러운 자도 스스로 단속할 줄 알았다. 북쪽 지역의 풍속이 군역(軍役)을 꺼려 자식을 낳아도 기르지 않는 사람이 많았는데, 공이 부모와 자식이 사랑하는 이치를 알려주어 느끼고 깨닫게 하니 자식을 버리는 풍속이 조금 변하였다.

여러 유생을 가르칠 적에 반드시 효제(孝悌)와 충신(忠信)으로 윗사람에게 친근히 하고 어른을 섬기는 도리를 들어 차근차근 잘 이끌어주니 사장(詞章)에 힘쓰는 습관을 물리치고 자신의 덕을 닦는 학문에 마음을 쏟게 되었다. 혹 관혼상제(冠婚喪祭)의 예법을 강론하기도 하고 혹 투호(投壺)와 포산(布算)하는 방법을 익혀 날마다 하는 일로 여기니, 멀고 가까운 곳에 사는 사람들이 소문을 듣고는 보고 느꼈다.

52 하늘이……기뻐하니 : 송(宋)나라 장재(張載)의 〈서명(西銘)〉에 "그대를 빈궁하게 하고 시름에 잠기게 하는 것은 장차 그대를 옥으로 만들어 주려 함이다."라고 하였다.

공은 궁벽한 변방에 서적이 갖추어지지 않아 남쪽 지역에서 종이를 사서 사서삼경(四書三經) 대전(大全)과 언해(諺解)를 인쇄하여 강습에 쓰게 하였다. 나라 안쪽으로 옮겨가는 날에 그대로 남겨주어 학업을 그만두지 않게 하니, 북관(北關) 선비들이 변함없이 칭송하고 사모하였으며 공이 운명했다는 소식을 듣고 사당을 세워 제사 지냈다.[53]

신묘년(1651, 효종2) 영월군(寧越郡)으로 이배되었다가 임진년(1652)에 방귀전리(放歸田里)되었다. 송준길(宋浚吉) 공이 편지로 공에게 축하하며 다음과 같이 말했다.

"기축년(1649) 가을에 일관(日官)이 별자리에 기이한 현상이 있으니 예법을 논의하는 신하가 죄를 얻을 것이라고 말했습니다. 당시 성상께서 새로 즉위하셔서 만인이 다 우러러보았는데 예를 논의하다가 죄를 얻는 이치가 어찌 있겠습니까. 마침내 일이 크게 잘못될 줄은 생각하지 못했습니다. 근래에 서울에서 온 자가 말하기를 '성관(星官)이 「아무 별이 보이니 나라에 기쁜 일이 있을 것이다.」라고 하였는데, 며칠 만에 형에게 용서받는 명이 내려져 위로 공경대부(公卿大夫)부터 아래로 부리는 하인과 노비에 이르기까지 반색하고 서로 경하하지 않은 이가 없었다.'라고 하였습니다. 아, 형은 어떻게 하늘과 사람에게서 이런 환대를 받습니까. 주 부자(朱夫子)의 이른바 '하늘과 사람의 사이에 그윽하고 드러난 것의 사이는 털끝만큼도 떨어져 있지 않다.'[54]라고

53 북관(北關)……지냈다 : 함경북도 온성(穩城)의 충곡서원(忠谷書院)은 기준(奇遵, 1492~1521)의 학문과 덕행을 추모하기 위해 지어졌는데, 1702년에 김덕함(金德諴, 1562~1636)과 유계를 추가 배향하였다.

54 주 부자(朱夫子)의……않다 : 《주자전서(朱子全書)》 권61 〈역대(歷代) 1 진(晉)〉에 실려 있다.

한 것을 오늘 이후에 더욱 믿게 되었습니다."[55]

공은 병자년(1636, 인조14)부터 이후로 10년 동안 초야에 있으면서 덕을 쌓고 학문을 진전시켜 맑은 이름이 퍼졌고, 뒤늦게 관각(館閣)에 들어가서는 고아한 명망이 온 조정에 전해졌다. 선한 무리가 의지하여 종주(宗主)로 삼았으나 1년도 안 되어 또 죄로 쫓겨났으니, 크건 작건 식견이 있는 사람은 모두 탄식하고 애석해했다. 공은 은혜에 감복하여 책임을 지고 문을 닫은 채 자취를 감추어 책을 읽고 이치를 완미하며 스스로 즐거워하여 자신이 곤궁하고 늙어가는 줄도 몰랐다. 강호에 물러나 지낸 지 또 10년이 되어가자 한 시대 여론이 일제히 돌아왔고, 실로 안석(安石)에 대한 창생(蒼生)의 바람이 있었다.[56]

정유년(1657, 효종8)에 송준길(宋浚吉) 공이 찬선(贊善)으로 부름을 받아 이르렀다. 임금께서 당대의 강관(講官) 중에 제일인 사람이 누구인지 묻자, 대답하기를 "재기가 번뜩이고 해박하기로는 신이 유계만 못합니다. 춘방(春坊 세자시강원(世子侍講院))에 두신다면 이로운 바가 틀림없이 많을 것입니다."라고 하였다. 이듬해 무술년(1658)에 송시열(宋時烈) 공이 또 부름을 받아 대조전(大造殿)으로 들어가 임금을 뵈었는데, 임금께서 뛰어난 인재를 불러들이라고 명하셨다. 대답하기를

55 송준길(宋浚吉) 공이……되었습니다 : 《동춘당집(同春堂集)》 권11 〈여유무중(與兪武仲)〉의 일부이다.

56 안석(安石)에……있었다 : 유계에 대한 명망이 깊어져 벼슬길에 나아가기를 바라는 사람이 많았다는 말이다. 안석은 동진(東晉)의 재상 사안(謝安)의 자이다. 그는 경륜과 지략이 뛰어나 명망이 높았는데 20년 동안 회계(會稽)의 동산(東山)에 은거하자 당시 사람들이 "안석이 세상에 나오지 않으니, 창생(蒼生)들을 어찌하려는가."라고 하였다. 《晉書 卷79 謝安列傳》

"신이 전날 올린 소장에 이미 몇 사람을 아뢰었습니다."라고 하자, 임금께서 말씀하기를 "내가 두 경(卿)을 대할 적에 성의가 지극하지 않음이 없었소. 유계가 과연 재덕(才德)을 지녔다면 먼저 시강원(侍講院)의 벼슬에 임명하는 것이 좋겠소."라고 하셨다.

임금께서 몇 년 이래로 큰일을 이루려는 뜻을 크게 분발하여 유술(儒術)을 지닌 사람을 높이 등용하고 여러 현인을 역마(驛馬)로 급히 불러올리자, 양송(兩宋)과 여러 공이 서로 이어 조정에 나아갔다. 임금께서 두 공에게 의지하여 함께 대업(大業)을 이루려 하였는데 두 공이 일을 함께하고 싶어 한 것은 실로 공에게 있었기에 처음부터 끝까지 힘껏 도와 임금의 마음을 돌리려 하였다. 이날 입시(入侍)한 신하들 중에 탑전(榻前)에서 서로 하례하지 않은 이가 없었고 심지어 감격하여 눈물을 흘리는 사람도 있었다.

9월 시강원 문학(侍講院文學)에 임명되자 공은 조정에 나아가 사양하였고 조금 뒤에 필선(弼善)으로 승진하니 두 번 소장을 올려 간절히 사양하였는데, 임금께서 모두 우대하셨다. 경연(經筵)에 참여하는 신하 민유중(閔維重)[57]이 임금께 아뢰기를 "유계가 등용할 만하다고 여기신다면 한 벼슬에 오랫동안 두는 것은 마땅하지 않습니다."라고 하자, 송시열 공이 당시 이조 판서로 있으면서 나아가 말하기를 "이것은 신의 죄입니다. 그가 전하의 은혜에 감격하여 감히 나오지 않을 수 없었으나 마음으로 두려워하여 매번 신에게 부탁하여 반드시 다른 직책에 추천하지 말아달라고 하였으니, 이는 신의 죄입니다. 신하 중에 재주는

57 민유중(閔維重) : 1630~1687. 본관은 여흥(驪興), 자는 지숙(持叔), 호는 둔촌(屯村), 시호는 문정(文貞)이다. 《睡谷集 卷15 驪陽府院君閔公諡狀》

있지만 성의가 없는 자가 있는데, 유계는 진정으로 나라를 걱정하여 비록 폐기되어 있으면서 잠시도 잊은 적이 없었습니다. 만약 재능을 펼칠 수 있는 자리에 둔다면 어찌 그 마음과 힘을 다하지 않겠습니까."

10월에 성균관 사예(成均館司藝)에서 추천을 받아 의정부 검상(議政府檢詳)에 임명되었고, 조금 뒤에 사인(舍人)으로 승진하여 필선을 겸직하였다.

기해년(1659, 효종10) 1월 정승 심지원(沈之源), 정승 원두표(元斗杓), 정승 정유성(鄭維城)이 임금 앞에서 말하기를 "송시열이 지금의 인재 가운데 유계보다 뛰어난 자가 없다고 하니, 진실로 발탁해서 써야 합니다."라고 하였고, 이조 판서가 말하기를 "유계의 재주와 학식이 모두 넉넉한 것은 전하께서도 아시는 바인데, 그의 문사(文辭)가 풍부합니다."라고 하였다. 임금께서 말씀하기를 "그 재주가 쓸 만하면 등급을 뛰어넘어 발탁하는 데에 무슨 어려움이 있겠는가."라고 하고 3일 뒤에 특별히 공을 병조 참지(兵曹參知)에 임명하였고, 비변사(備邊司)에서 아뢰어 부제조(副提調)에 차용되었다. 임금께서 삼공(三公)에게 분부하여 말씀하기를 "유계가 비변사의 일을 맡은 것은 생각건대 우연한 일이 아니오. 크고 작은 공사(公事)를 그에게 전담하여 관리하게 하시오."라고 하였다. 공이 나아가 사례하여 말하기를 "신이 형벌을 면한 것도 이미 다행인데 전후로 내려주신 남다른 은혜가 이처럼 겹치니 죽기 전까지 마음과 힘을 다하겠습니다. 그러나 감당하지 못할 임무에 이르러서는 일을 그르치는 근심이 있을까 두렵습니다."라고 하였다.

당시 해마다 흉년이 들어 떠도는 백성이 길에 가득하니, 조정에서 진휼하여 구제할 방법을 도모하고 있었다. 공은 '군포(軍布) 한 가지 일이 실로 백성의 고질이 되어 급박하게 변통하지 않을 수 없는데,

도망치거나 죽은 자, 노약자의 무리는 더욱 급히 먼저 견감하여 죽어가는 백성의 목숨을 이어주지 않을 수 없다.'라고 여겼지만, 논하는 자들은 으레 경비를 걱정하였다. 공은 이에 진 도공(晉悼公) 때에 위강(魏絳)이 은혜를 베풀고 노역을 없애며 재물을 다 내놓게 한 의리[58]를 취하여 탑전에서 아뢰고 물러난 다음 소장[59]을 올려 다음과 같이 말하였다.

"오늘날 군정(軍政)의 폐단은 실로 눈물을 흘리고 마음을 상할 만한 점이 있습니다. 노약자와 도망가거나 죽은 자는 면제와 구휼을 받지 못하고 그들의 족속이나 이웃까지 해독을 입으니, 이는 진실로 고금 천하에 없었던 일입니다. 오늘날의 방식을 따르기만 하고 이 폐단을 바꾸지 않는다면 몇 년 지나지 않아 나라에 양민 장정이 없을 것이니, 비록 백만 명이 실린 허위 장부가 있을지라도 원망과 노여움만 쌓여 결코 급할 때에 하루도 바라지 못할 것입니다. 지금 특별히 큰 은혜를 펴고 큰 믿음을 세운 뒤에야 앞으로 정돈하는 일이 장차 이에 힘입어 기본이 되고 국가의 명맥이 끝내 부지되기를 바랄 것입니다.

지금 유사(有司)가 된 자들은 반드시 군포를 크게 줄이면 국가의 재정이 부족해져 곤란하다고 할 텐데 이는 그렇지 않습니다. 예로부터 백성이 없는데 그 나라가 홀로 보존된 적이 없었습니다. 설령 국가의

58 진 도공(晉悼公)……의리 : 《춘추좌씨전》 양공(襄公) 9년 기사에 "진후(晉侯)가 돌아와서 백성을 안식(安息)시킬 방법을 계획하니, 위강(魏絳)이 청하기를 '은혜를 베풀어 재물을 다 흩어서 백성에게 주고 임금 이하로부터 대부에 이르기까지 저축해 둔 재물을 다 내놓게 하소서.'라고 하였다. 이후로 나라에 적체된 재물이 없이 물화를 유통시키니 곤궁한 사람이 없고, 임금이 이익을 독점하지 않으니 탐욕을 부리는 백성이 없어졌다. 이렇게 시행한 지 1년 만에 나라에 절도(節度)가 있었다."라고 하였다.

59 소장 : 《시남집》 권9의 〈군정을 변통할 것을 논한 소장〔論變通軍政疏〕〉이다.

씀씀이가 반으로 줄어 거의 형태를 이루지 못할지언정 차마 남은 백성의 고혈을 짜내어 나라가 없어지고 마는 데에 이르게 할 수는 없습니다. 더군다나 많은 곳에서 덜어내어 적은 곳에 보태주고 물건을 저울질하여 공평하게 베푸는 방도가 있으니, 꼭 시행할 만하고 의심할 만한 일이 없는 경우이겠습니까.

옛날 조종(祖宗)의 세대에는 사대부의 자제로서 남정(男丁)이 된 자는 귀천을 따질 것 없이 모두가 각각 위(衛)에 소속되어 백성의 뜻이 안정되고 백성의 부역이 균등하였습니다. 나라의 기강이 해이해지자 사람들이 제 한 몸 편한 것을 생각하다 보니 사대부의 자제는 다시 제위(諸衛)에 이름을 소속시키지 않았습니다. 아무리 외진 시골 한미한 가문의 서자와 측실의 자식일지라도 이름이 한번 위에 소속되면 큰 수치로 여기지 않는 자가 없습니다. 그러므로 오늘날 이른바 '유청제위(有廳諸衛)'에 있는 사람은 모두 잡인과 천민 부류이니, 조종의 옛 제도가 온통 문란해졌습니다.

지금 일체의 논의된 내용은 '군적(軍籍)을 속히 정리하여 나라 안의 의관을 갖추어 입는 무리들도 모두 예속시켜 조종의 옛 제도를 회복해야 한다.'라는 것입니다. 이 말은 진실로 그럴 듯하지만 선비가 안일함을 탐하고 길들여져 속박당하지 않은 지 백 년에 이르렀습니다. 지금 하루아침에 바로잡으려 하면 놀라 근심하고 원망하는 것은 필연한 형세이니, 이 점을 진실로 염려하지 않을 수 없습니다.

의관을 갖추어 입는 선비가 군적에 이름을 올리기 싫어하는 것은 정군(定軍)이라는 명칭이 있기 때문입니다. 지금이라도 전하께서 친히 명쾌한 유지를 내려 똑같이 하늘이 낸 백성이니 홀로 편안함을 누릴 수 없다는 이치와 줄어만 가는 양인 장정이 편벽되게 고통 받아서는 안 되는 상황을 시원하게 깨우치고 타일러 주십시오. 위로 조정의 백관으로부터 전직 생원·진사가 앞장서서 군포를 내고 유학(幼學), 품관(品官)과 서얼로서 허통(許通)된 자에 이르기까지 일체 정역(定役)에 적합하지 않은 부류로서 나이 60세 이하로 아내가 있는 사람 이상은 무명 1필을 납부하게 하십시오. 이후로는 군적에 대한 일이 있더라도 영원히 다시는 제위(諸衛)에 속하지 않게 하십시오.

중앙과 지방 사람들로 하여금 국가에서 시행하는 이 일의 목적이 장정을 늘리는 데에 있지 않고 군역을 고르게 하는 데에 있으며, 나라 재정을 부유하게 하는 데에 있지 않고 급급함을 구제하는 데에 있으며, 사족(士族)을 착취하는 데에 있지 않고 군역 면제를 영원히 허락하는 데에 있음을 분명히 알게 하십시오. 이 명령이 시행된 뒤에 현재 거두어들인 군포의 수량을 헤아려 많고 적음을 비교한 다음, 제색(諸色) 군졸에게서 거둔 군포는 반을 줄여주기도 하고 전부를 줄여주기도 한다면 군역의 고충이 옛날에 비해 반이나 감소할 것이니, 단지 노인, 어린이, 도망간 자, 죽은 자에게 한때 은혜를 베푸는 바탕에 그칠 뿐만이 아닐 것입니다. 그러나 지금 백성들이 굶주려 위아래가 허둥대니, 반드시 추수가 대강 이루어지고 새 무명이 생산되기를 기다린 뒤에야 징수할 수 있습니다.

신이 삼가 듣건대 양남(兩南)의 감영(監營)과 평안도·황해도의 감영·병영(兵營) 및 통영(統營) 등 여러 곳에서 보관하고 있는 무명은 그 수량이 매우 많습니다. 국가에서 이와 같은 물건을 경비 외의 쓸모없는 데에 쌓아두어 감히 꺼내어 쓰지 못하고 감히 운용하지 못한 채 경비가 바닥나는 것을 좌시하고 보태주지 못하니 천하에 어찌 이런 이치가 있습니까. 또한 실제 수량을 물어 파악한 뒤에 그 반을 가져다

써서 눈앞에 닥친 여름과 가을 용도로 삼아야 합니다."

임금께서 비답을 내리기를 "소장의 내용이 실로 예사롭지 않으니, 내가 가상히 여기고 기쁘다."라고 하셨다. 이에 공에게 먼저 일의 조목을 정하라고 명하시니, 공이 드디어 20여 조목을 갖추어 통일되게 올렸다. 임금께서 대신(大臣)을 만나 의논하니 대신들이 모두 못마땅하게 여겼다. 임금께서 다음과 같이 말씀하셨다.

"도망간 자와 죽은 자에게서 거두는 폐단을 사람들이 많이 말하지만 폐단을 고칠 방책을 얻지 못했는데, 유계의 소장에 의견이 있는 듯하므로 정하여 시행하려고 하였소. 저것이 이보다 낫다고 생각했는데 여러 경들의 뜻이 모두 어렵다고 하니, 어찌 억지로 많은 사람의 의견을 거스르면서 할 수 있겠소. 백골징포(白骨徵布)와 황구충군(黃口充軍)은 근심하고 원망하는 것이 진실로 마땅하니 참으로 측은하오. 이 논의가 이미 시작되었는데 곧바로 또 멈추고 만다면 반드시 변통하는 다른 방법이 있은 뒤에야 낙담하는 탄식이 없을 것이오."

이에 물고(物故)와 아약(兒弱)한 자라도 조사해서 견감해 주라고 특별히 명하셨다. 훗날 경연 중에 임금께서 대신에게 말씀하기를 "군포를 면제하는 한 가지 일은 백성에게 전조(田租)를 주는 것과 다르오. 이미 아약과 물고라 하여 감면해 주고 후일에 다시 징수하는 것은 사리에 마땅치 않으니, 경들은 좋은 방책을 강구해야 할 것이오."라고 하셨다.

공이 올린 소장의 뜻은 바로 원로 선배인 정경세(鄭經世) 공, 조익(趙翼) 공, 김육(金堉) 공이 이미 발표한 논의로서, 양송(兩宋) 등 여러 공들이 서로 강구하여 군포를 거두어 목전의 위급한 상황을 구제하고 천천히 풍년이 들기를 기다렸다가 국전(國典) 중에 오위(五衛)와 군자감(軍資監) 등의 옛 법을 강론하여 시행하려고 하였으나, 많은 사람들의 원성이 들끓고 조정 논의도 일치하지 않아 끝내 시행되지 못했다.

3월에 대사간(大司諫)에 임명되었다가 교체되어 공조 참의(工曹參議)에 임명되었다. 임금께서 한창 《심경(心經)》을 강독할 때에 강관이 아뢰기를 "유계가 경서와 역사에 널리 통한 데다 이 책에 더욱 정통하니, 청컨대 그로 하여금 특별히 입시하여 글의 뜻을 강론하게 하십시오."라고 하자, 임금께서 분부하여 양송(兩宋)이 들어오지 않는 날에 입시하게 하셨다. 공이 엉성하고 멸렬하여 격식에서 벗어난 명을 감당할 수 없다고 힘껏 사양했으나 허락받지 못했다.

4월에 승정원 동부승지(承政院同副承旨)에 임명되었고, 승문원 부제조(承文院副提調)를 겸하였다. 헌납(獻納) 민유중(閔維重)이 참판 김좌명(金佐明) 형제가 그의 부친을 장사 지낼 때에 수도(隧道)를 쓴 일을 논의하였는데, 사간(司諫) 홍처윤(洪處尹)이 그 논의를 멈추려고 하였다. 정언(正言) 이동명(李東溟)이 홍처윤을 체차시키고 이전 계사를 이어서 올리자, 임금께서 "홍처윤을 축출해 놓고 다른 사람의 여론을 받들고 있다"라고 하교하셨다. 공이 아뢰기를 "큽니다, 임금의 말씀이여. 한 글자라도 무거워야 하고 아랫사람을 대하는 도리는 반드시 예의를 차려야 합니다. 지금 대신(臺臣)에게 답한 이 비답에는 경솔하고 놀리는 기색이 있으니 화평한 뜻이 아닌 듯합니다."라고 하니, 임금께서 받아들이셨다.

5월에 효종(孝宗)께서 승하하셨다. 갑자기 큰 상사를 만나 모든 일이 창황하였다. 공이 승정원에 있다 보니 크고 작은 예절을 공에게 물어 마련하지 않은 것이 없었다. 6월에 비변사(備邊司)의 계청(啓請)

으로 인해 공을 한가로운 직책으로 옮겨 유사(有司)의 직임을 전담하게 하였고, 이에 성균관 대사성(成均館大司成)에 임명되었다.

7월에 홍문관 부제학(弘文館副提學)에 임명되었다. 당시 전하께서 거상(居喪) 중에 첫 정사를 맡게 되었는데, 공이 동료들을 이끌고 차자(箚子)를 올려 옥체를 보존하고 학문에 힘쓰는 방법을 논하였다. 그 말미에 다음과 같이 말하였다.

"성인이 문왕(文王)과 무왕(武王)의 훌륭한 덕을 칭송하면서 뜻을 이어받아 사업을 발전시킨다고 말한 데에 불과하였고,[60] 증자(曾子)는 맹장자(孟莊子)의 효도를 칭송하면서 부친의 신하와 부친의 정사를 바꾸지 않기가 어렵다고 하였습니다.[61]

선왕께서는 대업을 넓히는 데에 뜻을 두고 정신을 가다듬어 치세를 도모하여 10년 동안 밤낮으로 나랏일을 걱정하고 부지런하였으며 시행한 모든 일들이 만세의 본보기가 될 만했습니다. 그러나 세도가 낮아지고 형세가 많이 막혀 큰 강령은 시행됐지만 많은 조목이 펼쳐지지 못했고 대의는 밝아졌지만 큰 공이 이루어지지 못했습니다. 말년에 이르러서 염려를 갑절이나 수고롭게 하고 부지런히 힘써 강구하여 거의 완성할 수 있었는데, 하늘이 조금 연장해주지 않아 큰 재앙이 이렇게 혹독

60 성인이……불과하였고 : 공자가 말하기를 "무왕(武王)과 주공(周公)은 세상 사람들이 모두 칭찬하는 효자일 것이다. 효란 것은 어버이의 뜻을 잘 계승하며, 어버이의 일을 잘 따라 행하는 것일 뿐이다."라고 하였다. 《中庸章句 第19章》

61 증자(曾子)는……하였습니다 : 증자가 공자에게서 들은 말이라며 "맹장자(孟莊子)의 효도에서 다른 것은 누구나 할 수 있겠지만, 아버지의 신하와 아버지의 정사를 바꾸지 않은 일은 아무나 하기 어렵다."라고 하였다. 《論語 子張》 맹장자는 춘추 시대 노(魯)나라 대부로, 이름은 속(速)이다.

하였습니다. 어렵고 큰 사업을 모두 가져다가 전하의 몸에 부여하였으니 지금 전하께서는 날마다 선왕께서 의지하던 신하를 등용하고 선왕께서 강구한 계책을 자문하여 때때로 살피고 날마다 검토하며 달마다 이루고 해마다 성취하여 선왕의 큰 뜻이 다 펴지고 큰 업적이 마침내 이루어지기를 바란다면 전하께서 이어받아 발전시키는 효도가 어찌 크게 빛나고 성대하게 드러나지 않겠습니까.

또 작년에 흉년이 들어 백성들이 굶어죽을 뻔했는데 선왕께서 정성을 다해 견감하고 진휼해 주심에 힘입어 억만 생령이 구렁에 떨어지는 것을 면하였습니다. 그런데 불행히도 홍수가 거듭된 것이 거의 작년보다 심하여 하토(下土)의 백성들이 입을 벌리고 먹여주기를 기다리며 모두 선왕께 우러러 의지하던 것을 전하께 요구하고 기대하고 있습니다. 전하께서도 선왕의 뜻을 따라 구제하는 계책을 급히 강구하여 백성들로 하여금 '선왕은 우리를 돌보아주셨는데 지금 임금은 우리를 잊어버렸다.'라고 말하게 하지 마십시오.

아, 선왕께서는 널리 뛰어난 인재를 구하여 전하를 돕게 하셨습니다. 무릇 현자는 예를 갖추어 부를 수 있지만 이익으로 잡아두기는 어렵고 도리로 부합할 수 있지만 힘으로 부리기는 어렵습니다. 분주한 수고로움은 보필하는 공로보다 못하고, 유사(有司)로 부리는 것은 빈사(賓師)를 존중하는 것보다 못합니다. 전하께서는 굳이 직무를 강요하여 감내하지 못하게 하지 말고 후한 예로 우대하여 나라의 본보기로 삼아 경연에 출입하면서 성심으로 보좌하는 일을 전적으로 맡겨 정사가 있을 때에 자문하시고 의문이 있으면 질정하십시오. 전후로 발탁한 산림의 선비 가운데 직무에 얽매이기를 바라지 않는 자에게도 이러한 도리로 대우하여 서울에서 한가로이 지내게 하되, 대략 송(宋)나라 신하 정호(程顥)가 바친 바대로 연영원(延英院)에서 선비를 대우하는 제도[62]와 같게 하십시오. 그러면 거의 뛰어난 선비들이 모여들고 어수선하게 사퇴하지 않을 것이며, 새로운 교화가 청명하게 펼쳐져 크게 힘입을 것입니다."

10월에 우레가 치는 경고가 있었다. 공이 또 차자를 올려 몸을 보호하고 덕을 공경하는 의리를 거듭 논하여 말하기를 "원컨대 전하께서는 동하는 것을 삼가서 옥체를 잘 보존하고 욕심을 줄여 마음을 잘 다스리며 선한 사람을 등용하고 선정을 펼쳐 능히 하늘의 마음에 합당하게 하십시오."라고 하니 임금께서 모두 가상하게 여겨 받아들이셨다.

국장이 끝난 뒤에 사림의 제현(諸賢)이 모두 물러나 돌아갈 계획을 가졌다. 이조 판서 송준길(宋浚吉) 공이 가장 먼저 소장을 올려 돌아가기를 청하였는데, 공이 여러 동료들과 함께 뵙기를 청하여 말하기를 "이 사람이 물러간다면 송시열(宋時烈)도 분황(焚黃)하는 일로 내려가려 할 것입니다. 처음으로 경연을 여는데 이 두 사람이 없으면 보필할 사람이 없을까 걱정됩니다."라고 하니, 임금께서 곧바로 명을 내려 졸곡(卒哭)을 마친 뒤에 이조 판서를 불러 만나고 애써 머물게 하셨다. 이조 판서가 말하기를 "지금 송시열과 유계가 함께 서울에 있으니, 성상의 덕을 보좌하여 이끌 수 있습니다. 신이 나아가고 물러가는 데에 어찌 털끝만큼이라도 손익(損益)이 있겠습니까."라고 하였다.

62 송(宋)나라……제도 : 정호(程顥)가 차자를 올려 조정에 연영원(延英院)을 설치해서 사방의 인재들을 불러들여 정사와 전례(典禮)에 대해 토의 결정하게 하고, 자주 소대(召對)를 내려 치도를 묻도록 하였다. 이렇게 해서 그들의 재주와 식견, 기량과 능력을 살핀 후에 그 가운데 어진 이를 등용하고 능력 있는 자에게 직책을 맡길 것을 건의하였다. 《二程文集 卷2 論養賢箚子》

공이 또 아뢰기를 "윤문거(尹文擧)[63]가 스스로 과거에 급제하여 관리가 되었다고 여기지만, 전하께서 현사(賢士)로 대우하고 특별한 은총으로 머무르게 하여 이미 군직(軍職)을 부여하고 또 월봉(月俸)을 주고부터 이 점을 불안해하여 돌아갈 뜻이 더욱 간절하니 상록(常祿)을 허락하심이 마땅합니다."라고 하자 임금께서 상록을 주라고 명하셨다.

11월에 서울과 지방의 유생들이 소장을 올려 양현(兩賢)을 종사(從祀)할 것을 신청하였으나 윤허 받지 못했다. 공이 소장을 올려 말하기를 "두 신하의 도덕과 공렬은 실로 오현(五賢)보다 빛나니, 종사하자는 요청은 참으로 만세에 바꾸지 못하는 논의입니다. 전하께서 유학(儒學)과 도(道)를 존중하심이 천고에 으뜸이지만 사도(斯道)가 있는 곳에는 오히려 기리고 숭상하기를 아끼시니 옛 사람의 이른바 '쓰임에 힘입으면서도 근본을 잊는다.'라는 것에 가깝지 않겠습니까. 청컨대 유생의 소장을 내려주어 대신 및 유현(儒賢)의 선비에게 자문하고 전하의 감식안으로 결단하여 빨리 성대한 은전을 거행하십시오."[64]라고 하였는데, 임금께서 선대 조정에서 어렵게 여긴 일이라고 비답을 내리고 윤허하지 않으셨다.

재신(宰臣)이 내시와 서로 예를 갖추는 일[65]로 다투었을 때 특별히

63 윤문거(尹文擧) : 1606~1672. 본관은 파평(坡平), 자는 여망(汝望), 호는 석호(石湖), 시호는 충경(忠敬)이다. 저서에 《석호유고(石湖遺稿)》가 전한다. 《宋子大全 卷162 石湖尹公神道碑銘并序》

64 공이……거행하십시오 : 《시남집(市南集)》 권10 〈양현을 종사할 것을 청하는 옥당의 차자〔玉堂請兩賢從祀箚〕〉의 내용이다.

65 예를 갖추는 일 : 대본에는 '體貌'로 되어 있는데, 《노서유고(魯西遺稿)》 권19 〈가선대부이조참판……시남유공행장(嘉善大夫吏曹參判……市南兪公行狀)〉에 의거하여

파직하고 추국하라고 명하셨는데, 대간(臺諫)에서 안 된다고 논하였다.[66] 임금께서 연이어 엄한 분부를 내리시니 공이 또 동료들과 함께 뵙기를 청하여 말하기를 "이는 실로 즉위하신 이래로 있지 않았던 거조입니다. 우레와 같은 위엄이 마땅함을 얻지 못한 데다 마침 내시들이 기세를 부리기에 충분하니, 이후로 방자하게 구는 습관이 또한 여기에서 비롯될지 어찌 알겠습니까. 대간(臺諫)에 이르러서는 체면이 매우 중한데, 얼마나 기력이 있는 자가 감히 멋대로 지시할 마음을 먹겠으며, 대신(臺臣)이 되어 또한 누가 남의 지시를 달갑게 받겠습니까? 이는 성상의 분부가 더욱 중정(中正)을 잃은 것입니다."라고 하니, 임금께서 이에 깨닫고 곧바로 파직하여 추국하라는 명을 그만두셨다.

공이 일찍이 경연(經筵)에서 갑자기 병이 심해져 부축 받아 궐문을 나왔는데 임금께서 명하여 의원을 보내고 약을 주게 하셨으며 또 액정서(掖庭署)[67]에 속한 사람으로 하여금 병이 어떠한지 묻게 하셨다. 공이 이에 소장을 올려 체직되기를 청했는데 얼마 지나지 않아 다시 옥당

'體'를 '禮'로 바로잡아 번역하였다.

66 재신(宰臣)이……논하였다 : 1659년 12월에 공조 참판(工曹參判) 이시매(李時楳)와 중사(中使) 윤완(尹完)이 예를 갖추는 일로 분란이 일어나자 유계가 계(啓)를 올렸다. 《현종실록》 즉위년 12월 29일 기사에 "중사 윤완이 공조 참판 이시매와 수리소(修理所)에서 서로 만났는데, 시매가 예를 하지 않자 윤완이 그 일로 화가 나서 물품을 때늦게 진상했다는 핑계로 공조의 관리를 불러다가 매질을 하였다. 그리하여 지평 민광소(閔光熽) 등이 윤완을 탄핵하여 파직하게 했던 것인데, 그 후 상이, 시매가 중관을 멸시한 것도 잘못은 잘못인데 대간이 그까지 탄핵을 않은 것은 불공정한 일이라 하여 시매에게도 파직을 명하였던 것이다."라고 하였다.

67 액정서(掖庭署) : 조선 시대 왕과 왕족의 명령 전달, 알현 안내, 문방구 관리 등을 관장하던 부서이다.

(玉堂)의 장관이 되었다.

경자년(1660, 현종1) 4월에 임금께서 여러 신하를 불러 궁가(宮家)에서 절수(折受)하고 면세(免稅)하는 일 및 사찰과 원당(願堂)의 폐단을 개혁할 것을 논하였다. 공이 다음과 같이 말하였다.

"어찌 궁가만 그렇겠습니까. 충훈부(忠勳府) 등 아문(衙門)도 모두 한꺼번에 그만두어야 합니다. 원당이라는 칭호는 교화를 세우는 일이 아닙니다. 일찍이 선대 조정에서 어사(御史)를 파견할 때에 이 일을 조목 안에 넣었는데 어사가 남모르게 사정을 물으면서 빠뜨림을 면치 못했습니다. 경상 우도(慶尙右道)는 어사 민유중(閔維重)이 홀로 서계(書啓)를 작성하여 먼저 혁파되었으니,[68] 다른 도를 어찌 그대로 둘 리가 있겠습니까. 간척지를 절수하는 폐단도 금지해야 하니, 산천을 차지하는 것은 예로부터 큰 폐단이 되었습니다. 우리나라 지방은 바다로 둘러싸인 곳이 수천 리인데 어염(魚鹽)의 이익을 다 궁가에서 사사로이 차지하고 있으니, 어찌 매우 통탄하지 않겠습니까. 지부(地部 호조(戶曹))에서는 궁가의 면세를 직전(職田)에 준해야 한다고 청합니다."

임금께서 선대 조정에서 하사한 것을 지금에 와서 혁파하기는 어렵다고 하자, 공이 말하기를 "궁가의 면세는 한도를 정해놓지 않았습니다. 일찍이 선대 조정에서 변통하려 한 적이 있지만 하지 못했습니다. 지금 선대 조정에서 준 것이라고 핑계 대어 변통하지 않는 것은 실로 타당하지 못합니다."라고 하였다.

68 경상 우도(慶尙右道)는……혁파되었으니 : 민유중은 1659년 경상우도 염찰사(廉察使)로 활동한 뒤에 〈경상우도어사시별단(慶尙右道御史時別單)〉을 작성하여 보고하였다. 《文貞公遺稿 卷7》

이보다 앞서 장령(掌令) 허목(許穆)이 소장을 올려 대왕대비(大王大妃)가 선왕을 위해 기년복(朞年服)을 입는 것이 예경(禮經)의 뜻에 맞지 않음을 논하였다.[69] 송준길 공이 소장을 올려 변론하기를 "당초에 예를 논의할 때 실로 《의례주소(儀禮註疏)》에 근거하였으나 마침내는 국전(國典)으로 결단하였습니다."라고 하였고, 송시열 공이 바친 논의 내용에도 허목의 소장이 옳지 못하다고 하였다. 임금이 대신과 예관(禮官)에게 명하여 함께 논의하게 하자, 모두가 말하기를 "복제를 이미 국전을 따랐으니 고칠 수 없습니다."라고 하였다.

이때에 이르러 윤선도(尹善道)가 소장을 올려 예를 논의한다고 핑계 대면서 교활한 말을 장황하게 늘어놓아 배척하여 죄에 빠뜨리는 계책을 이루려 하였다. 임금께서 그의 음흉함을 싫어하여 곧바로 방축전리(放逐田里)를 명하셨다. 공이 이에 동료들을 이끌고 뵙기를 청하여 아뢰기를 "윤선도가 올린 소장의 뜻이 흉악하지 않음이 없습니다. 성상의 살리기를 좋아하는 덕에 있어서 차마 극형을 내리지는 못하더라도 먼 변방으로 보내지 않을 수 없습니다. 그 소장을 전례에 따라 돌려주어서는 안 되며 가져다가 조정에 보여주어 그 죄상을 밝히고 불살라야 합니다."라고 하였다. 임금께서 마침내 윤선도를 북쪽 변방으로 보내

69 허목(許穆)이……논하였다 : 허목(1595~1682)의 본관은 양천(陽川), 자는 문보(文甫)·화보(和甫), 호는 미수(眉叟), 시호는 문정(文正)이다. 1659년에 효종(孝宗)이 승하하자, 효종의 모후인 자의대비(慈懿大妃) 조씨(趙氏)의 복상(服喪)은 서인(西人)의 견해에 따라 기년(朞年)으로 정했다. 이듬해인 1660년(현종1) 3월에 허목이 상소하여 자의대비의 복상에 대해 삼년설을 주장하여 서인을 공격하였다. 허목이 올린 소장은 《기언(記言)》 권64의 〈상복이 예에 어긋남을 추후에 바로잡는 상소〔追正喪服失禮疏〕〉이다.

라고 명하셨다.

대간(臺諫)에서 또 윤선도를 법률을 살펴 처리하자고 청하였는데, 우윤(右尹) 권시(權諰)가 소장을 올려 윤선도에게 비록 시기하고 질투한 죄가 있지만 사형을 논하여 언로(言路)를 막아서는 안 된다고 하였다.[70] 대간에서 권시가 흉악한 사람을 비호한다고 탄핵하였다. 권시가 성 밖으로 나가자 임금께서 사관(史官)을 보내어 뜻을 보이려고 하였는데, 승지가 즉시 명을 전하지 않은 까닭에 노여워하여 잡아다가 국문하라고 명하시니 공이 차자를 올려 해명하였다. 당시 송시열 공은 이미 서울을 떠났고 송준길 공은 또 윤선도에게 배척 받았다고 하여 서로 이어서 돌아갔다.

또 종통(宗統)의 설로 그 사이에 기치를 내세우는 자가 있어 선비들이 두려워하고 의심했는데, 공이 동료들과 함께 차자[71]를 올려 말하기를

"음(陰)과 양(陽), 선(善)과 악(惡)은 이치상 나란히 서기가 어렵습니다. 군자와 소인의 나아가고 물러남은 실로 세도가 사라지고 자라나는 기미에 관계되므로 성인이 마음을 쏟고 밝은 군주가 깊이 경계할 바가 이보다 앞서는 것은 없습니다.

70 우윤(右尹)……하였다 : 권시(權諰, 1604~1672)의 본관은 안동(安東), 자는 사성(思誠), 호는 탄옹(炭翁)이다. 저서로는 《탄옹집(炭翁集)》이 전한다. 1660년(현종 1) 4월 〈논대왕대비복제급윤선도안율소(論大王大妣服制及尹善道按律疏)〉를 올려 효종의 국상에 자의대비(慈懿大妃)의 복제를 3년으로 해야 함을 아뢰고, 삼년복을 주장한 윤선도(尹善道)를 죄주지 말 것을 아뢰었다. 《炭翁集 卷3》

71 차자 : 《시남집》 권10의 〈윤선도와 권시가 올린 소장에 대해 논하는 옥당의 차자〔玉堂論尹善道權諰疏箚〕〉를 가리킨다.

윤선도(尹善道)는 본디 하나의 흉악하고 음험하여 보잘것없는 사람입니다. 조금 문장에 능하여 소망이 정도에 넘치더니 집에 거처하는 것이 분에 넘치고 몸가짐이 사치스러워 여론에 버림받은 지 이미 오래되었습니다. 원망과 독기를 머금고 몰래 틈을 엿보면서 위태로운 술수를 여러 번 시도했으나 실행되지 못하더니 오늘날에 와서 극에 달했는데, 마치 살모사가 사람을 물고 나서 사람이 죽는 것을 돌아보지 않는 것과 같습니다. 위태로운 말로 선동하여 재앙의 계기를 꾸며대어 훗날 남을 빠뜨릴 함정을 만들려고 하니, 그가 주도하는 마음이 너무나도 악독하여 덮지 못할 정도입니다. 다행스럽게도 하늘에 해가 떠 있어 간악한 무리가 곧바로 유배당하긴 했으나, 흉악한 기세가 미쳐서 오히려 유현(儒賢)들을 흩어지게 하여 인심이 흉흉하고 재앙의 기틀이 여전히 기승을 부리니, 어찌 두렵고 마음 아프지 않겠습니까.

권시(權諰)는 본래 사류(士類) 중의 한 사람이었습니다. 그가 윤선도를 논하면서 '참소하고 시기했다'라고 말한 것은 당연한 소리인데 곧바로 '용감하게 말했다'며 치켜세웠고, 그가 송시열 등을 논하면서 '사람들이 좋아할 만한 선(善)과 충실한 마음이니 하늘에 나라의 운명을 길게 하는 터전을 마련하는 데에 보탬이 됩니다.'[72]라고 하여 대단히 칭송해 놓고는 다시 '말한 자에게 죄를 씌우고 선비를 죽였다'고 지목하였습니다. 한 사람의 말이 마치 두 사람의 입에서 나온 것 같으니, 천하에 어찌 이런 논의가 있습니까. 무엇보다도 오늘날 크게 불행한 것은 종통(宗統)의 설에서 예를 논하는 것을 빙자하여 온 세상을 두렵

72 송시열……됩니다 : 권시(權諰)의 《탄옹집(炭翁集)》 권3 〈대왕대비의 복제와 윤선도의 안율을 논하는 소〔論大王大妣服制及尹善道按律疏〕〉에 보인다.

게 위협하되 그 덫을 매우 깊게 만들어 놓았으니 변론하지 않을 수 없습니다.

아, 국가의 종통은 이 얼마나 큰 체통입니까. 하늘에 해가 밝게 떠서 오래도록 보존되는 것과 같아서 아랫사람이 감히 의논하여 이동시키거나 높이고 낮출 수 있는 대상이 아닙니다. 성인이 만든 예는 복상(服喪)하는 도리가 정미(精微)하여 진실로 사람마다 함부로 논할 바가 아니며 그 의리에 있어서는 각각 말할 만한 조리가 있습니다. 부모가 자식을 위해 삼년복을 입는 것은 아주 드물고 조금 있으니, 오직 4세 동안 적장(嫡長)으로 내려온 자라야 그를 위해 삼년복을 입습니다. 차적(次嫡)으로 승중(承重)한 자도 장자와 다를 것이 없지만 그 형이 19세가 되기 전에 일찍 죽거나 연고가 있어 폐기된 자가 아니라면 다시 거듭해서 삼년복을 입는 이치는 없습니다. 그 나머지 승중하더라도 삼년복을 입지 못하는 경우는 그 설이 또한 많습니다. 만약 반드시 적자끼리 서로 이어지기를 기다려 부모가 자식에 대해 반드시 삼년복을 입은 뒤에야 그 종통이 전해진다면 고금 천하에 국가의 종통이 끊어지지 않은 경우는 거의 드물 것입니다.

설사 주석가가 '삼년복을 입지 않으면 그 종통은 끊어진다.'라고 말했다면 윤선도 무리가 한 말은 진실로 옳습니다. 주석가가 최복(衰服)을 입지 않는 네 가지 설을 늘어놓을 적에 제사를 주관하고 전중(傳重)하는 의리가 실로 그 안에 담겨 있다면 어찌 일찍이 상복을 높이고 낮추는 일로 종통이 둘이 되거나 끊어지는 혐의가 있겠습니까. 비록 그렇지만 이 모두를 성명한 전하께서 이미 밝게 살피셨을 것입니다.

병을 고치는 데에는 의원을 잘 선택하는 것 만한 것이 없고 나라의 혼란함을 그치게 하는 데에는 현인을 진출시키는 일만 한 것이 없습니다. 신 등이 어제 삼가 송시열에게 내리신 비답을 보니 정성스럽고 간절하여 받들어 읽으며 눈물을 떨구었습니다. 전하께서는 어지러움을 그치는 방도에 이미 그 요령을 터득하셨지만 유현(儒賢)들이 아직도 초야에 숨고 있습니다.

아, 전하께서는 군신 간에 마음이 맞아 성심으로 평소 신뢰 관계를 구축하였으니 꿈쩍도 하지 않거나 초치하기 어려운 신하는 없을 것입니다. 진실로 선왕께서 부탁한 무거움과 전하께서 의지하는 바람을 가지고 지성으로 타이르고 대의를 책임 지워 그들로 하여금 서둘러 조정으로 돌아와 시끄러움을 진정시키고 잘못을 씻어내어 조정의 정사에 기강을 고치고 처음으로 펴는 정사를 새롭게 하십시오. 한 번 불러서 이르지 않으면 두 번 부르시고, 세 번 네 번에서 십수 번에 걸쳐 불러서 이르지 않더라도 그만두지 않는다면, 저 두 신하 또한 세상을 잊고 멀리 떠나갈 사람이 아니기에 은혜에 감격하고 의리를 두려워할 것이니 무슨 말로 사양하겠습니까.

삼가 바라건대 성명한 전하께서는 그릇됨과 올바름을 더욱 분명하게 변별하여 참적(讒賊)의 입을 영원히 막고 유현을 서둘러 돌아오게 한 다음 나라의 기틀을 견고하게 다지십시오."라고 하였는데, 임금께서 너그럽게 받아들이셨다.

5월에 경연에 참여하는 신하가 임금께 아뢰어 경연을 여는 날에 공에게 명하여 선대 조정의 관례처럼 특별히 입시하게 하시니, 공이 사양하였으나 임금께서 허락하지 않으셨다.

6월에 큰 가뭄이 들자 공이 차자를 올려 임금에게 청하기를 "재난을 만나 자책하여 하늘의 경고에 응하기를 마치 성탕(成湯)의 옛 일처럼 하십시오. 사치를 금하여 풍속을 맑게 하고, 기강을 세워 조정을 바르게 하고, 뛰어난 사람을 불러들여 하늘이 준 벼슬을 함께하고, 간쟁을 받아들여 언로(言路)를 여는 것은 모두 오늘날 서둘러 힘쓸 일입니다." 라고 하였다.

이유태(李惟泰) 공이 선대 조정 말기에 유지(諭旨)에 응해 〈봉사(封事)〉를 올려 다스리는 도리를 논하였으나 미처 바치지 못했다. 임금께서 처음 즉위하시자 송준길 공이 임금께 아뢰니, 다시 베껴 써서 바치게 하였다.[73] 임금께서 신하들을 불러 만나면서 친히 그 소장을 꺼내어 모두에게 의논하게 하고, 또 이유태에게 비국(備局)에 나아가 대신들과 상의하게 하셨다. 영의정 정태화(鄭太和) 등이 양전(量田)을 먼저 시행할 것을 청하고, 또 향약(鄕約)은 호패(號牌)보다 못하다고 여겼다. 공이 말하기를 "이유태의 소장은 신도 참여하여 보았습니다. 향약은 교화를 위주로 하고 호패는 법을 위주로 하는데, 신은 법이 교화보다 못하다고 생각합니다. 또 우리나라는 백성의 수를 전혀 모르니, 이 일은 지금 먼저 힘써야 할 것입니다."라고 하였다. 임금께서 자못 시행하려고 하였으나 대신들이 일을 벌이는 것을 꺼려 서로 의심하며 반대하고 지연시키니 끝내 할 수 없었다.

당시 임금의 건강이 좋지 못하여 경연을 오랫동안 폐지하니, 공이 인하여 아뢰기를 "일이 없는 날에 유신(儒臣)을 접견하여 일상의 규례에서 벗어나 반드시 친히 강독하지는 않더라도 그들로 하여금 차분히

73 이유태(李惟泰)……하였다 : 이유태(1607~1684)의 본관은 경주(慶州), 자는 태지(泰之), 호는 초려(草廬), 시호는 문헌(文憲)이다. 봉사(封事)는 《초려집(草廬集)》 권2의 〈기해봉사(己亥封事)〉로, 총 2만 849자에 달한다. 본래 기해년 즉 1659년(효종 10)에 효종의 북벌과 내치를 염두에 두고 지었는데 효종이 승하하여 올리지 못하고 현종이 즉위한 뒤 올렸다.

토론하게 하시고 안석에 기대어 들으신다면 반드시 보탬이 없지는 않을 것입니다."라고 하였다.

임금께서 한 의관(醫官)을 곧바로 관리로 임명하지 않았다는 이유로 정관(政官)이 퇴근하는 것을 허락하지 않고 궐에서 유숙하게 하였고,[74] 옥체에 침을 맞는 때에 제조(提調)를 입시하지 말게 하시니,[75] 승정원에서 온당하지 못하다는 뜻을 아뢰었다. 그러자 임금께서 갑자기 노여워하여 매우 엄하게 분부를 내리셔서 신하들이 차마 받들지 못하는 지경에 이르러 온 조정이 두려워하고 당혹해하며 감히 바로잡는 자가 없었다. 공이 동료들과 함께 차자를 올려 명도(明道)의 '발동하기는 쉽지만 제어하기는 어려운 것은 바로 노여움이 가장 심하다.'[76]라는

74 임금께서……하였고 : 현종(顯宗)이 의관 양제신(梁濟臣)을 수령에 임명할 것을 명하였는데 이조 참의 이경휘(李慶徽)가 의망하지 않은 일을 가리킨다. 《현종실록》 1년 6월 29일 기사에 "사시에 들어간 망통(望筒)이 신시까지도 내려오지 않다가, 상이 정청에 하교하여 양제신을 금천 현감(衿川縣監)으로 특별 제수하였다. 이어 이경휘가 하직을 청했는데, 대궐 문을 닫을 무렵까지도 하직 승락이 내려오지 않아, 좌부승지 윤집(尹鏶)은 정청에서, 우부승지 조윤석(趙胤錫)은 본원에서 각기 넌지시 여쭈었으나 상이 다 결정을 내리지 않았기 때문에, 정관(政官)들이 대궐 안에서 밤을 지새웠고 모든 신하들은 의혹을 품었다."라고 하였다.

75 옥체에……하시니 : 현종이 의관 유후성(柳厚聖)에게 뜸을 맞을 때에 제조(提調) 이하 신하들에게 "거처하는 곳이 두 칸짜리 집이어서 제조가 입시하면 의관들이 앉을 자리가 없으니, 결코 입시해서는 안 된다."라고 말했다. 《顯宗實錄 1年 6月 26日》

76 명도(明道)의……심하다 : 명도는 송나라 정호(鄭顥)이다. 정호가 장재(張載)에게 말하기를 "사람의 정 가운데 발하기 쉽고 억제하기 어려운 것은 노여움이 유독 심하니, 우선 노여울 때에 급히 노여움을 잊고 도리의 옳고 그름을 살펴보아라. 그렇게 한다면 외물의 유혹이 싫어할 것이 없음을 알 수 있을 것이요, 성인의 대도(大道)에 대해서도 절반 이상을 깨달은 것이다."라고 하였다. 《心經附註 卷1》

말을 인용하였으니 논의가 매우 절실하였다.

7월에 우부승지(右副承旨)에 임명되고 9월에 좌부승지(左副承旨)로 승진하였는데, 대신(大臣)이 청하여 공을 한직(閑職)으로 교체하고 참의(參議) 조복양(趙復陽)과 함께 재생(裁省)에 참여하여 견진(蠲賑)하는 일을 담당하게 하였다.[77] 공이 소장을 올려 사양하자, 임금께서 분부하시기를 "그대의 재량이 이 임무에 진실로 합당하고 묘당(廟堂)의 추천이 공론에서 나왔거늘 그대는 어찌하여 굳게 사양하는가."라고 하셨다.

10월에 공조 참의(工曹參議)에 임명되고 11월에 예조(禮曹)로 옮겨 임명되었다가 잠시 뒤에 부제학으로 돌아왔다. 당시 또 흉년이 들었는데 팔도가 똑같이 그러했지만 삼남(三南)이 더욱 심하였다. 공이 승정원에 있으면서 다음과 같이 아뢰었다.

"신이 주사(籌司)의 직임을 맡고 또 전하와 가까운 자리를 차지하고 있으면서 연이어 지방의 장계를 보니 백성의 일이 망극한데 나라의 저축은 고갈되어 달리 손 쓸 곳이 없습니다. 묘당에서 양서(兩西)지방의 향곡(餉穀)을 운반하여 나라의 경비로 충당하는 것을 의논하고 있으니, 이는 실로 매우 다행스러운 일입니다. 다시 요충지에 저장해 둔 곡식을 덜어내어 대략 국가가 1년 동안 쓰는 경비를 충당한 뒤에, 남쪽 지방에서 상납한 각종 미곡에서 면제해 준 것 이외에 모든 수량을 남겨두었다가 이듬해 봄에 진휼하여 구제할 경비로 삼는다면, 굶주린

77 대신(大臣)이……하였다 : 《현종실록》 1년 9월 21일 기사에 "진휼 재생 구관 당상(賑恤裁省句管堂上)을 설치했는데 허적(許積)·홍명하(洪命夏)·조복양(趙復陽)을 이에 임명했다. 그 뒤 또 유계도 임명하였다."라고 하였다.

백성들이 바라볼 곳이 있어 아마도 한꺼번에 유랑하는 데에는 이르지 않을 것입니다."

진휼청(賑恤廳)에 있으면서 다음과 같이 아뢰어 청하였다.

"각 사(司)와 각 아문(衙門)에 저축된 은(銀)·베·쌀·곡(穀)을 하나하나 기록하여 흉년에 진휼하는 데에 가져다 쓸 바탕으로 대비하고, 또 각 도 감사에게 공문을 보내 그들로 하여금 재난을 당한 고을의 경중을 구별하게 하십시오. 각종 군정(軍丁)에게 포(布)를 거두는 일을 적당하게 견감해 주어 다급한 사정을 구제해야 합니다."

또 다음과 같이 청하였다.

"경기 지역과 양호(兩湖)에는 이미 대동미(大同米) 두수(斗數)를 감해 주었는데, 경상도와 전라도의 산골 고을 등 대동법을 시행하지 않는 곳은 기인가포(其人價布)[78]를 모두 감해 주어야 합니다. 유사(有司)가 이르기를 '경상도 전체가 흉년을 겪은 것은 아니니 흉년이 든 곳을 가려서 진휼해야 한다.'라고 하자, 공이 말하기를 '영남은 대동소이(大同小異)하니 진휼하는 정사를 구별해서는 안 됩니다. 올해 전세(田稅)는 결코 수납(輸納)하기 어려우니 모두 감해주어야 합니다. 서울에서부터 따로 조치하여 탁지(度支)의 비용에 응하면 영남의 궁한 백성들이 힘을 펼 것입니다."라고 하였다. 또 청하기를 "종전에 곡식을 모집하는

78 기인가포(其人價布) : 기인(其人)이 역(役)의 대가로 바치는 포(布)이다. 기인이란 고려 때 지방 향리(鄕吏)의 자제로서 서울에 뽑혀 올라와 일정한 역(役)을 지는 동시에 자기 지방 일에 대한 자문이 되던 사람을 가리킨다. 조선 시대 태종(太宗) 이후에는 각 도에 기인을 더 두어 궁중과 서울의 각 관사의 땔나무 따위를 바치는 역을 지게 되었다가 광해군 때 대동법(大同法)이 설치된 뒤로부터 땔나무와 숯을 궁방·관아에 납입(納入)하는 공인(貢人)의 구실을 하게 되었다. 《大典會通 工典 京役吏》

직첩 중에서 받은 수를 헤아려 감하여 곡식을 모으는 길을 넓히고 기록하여 별단(別單)을 만들어 중앙과 지방에 알아듣게 타일러야 합니다." 라고 하였다. 또 이르기를 "여러 도에서 진휼하는 정사를 봄이 되면 곧바로 거행해야 하니, 절목을 미리 반포하지 않으면 안 됩니다."라고 하였다. 이에 흉년을 진휼하는 절차 23조를 갖추어 아뢴 대로 시행하였다.

신축년(1661, 현종2) 1월에 공은 동료들과 함께 차자를 올려 다음과 같이 말하였다.

"전하께서 어질다는 명성이 즉위하던 초기에 대단했지만, 아직도 조화로운 기운이 이르지 않아 수재와 한재가 거듭 발생하고 적폐까지 불어나서 민생이 극도로 힘든 실정입니다. 신 등이 삼가 생각해 보니 성상의 학문이 비록 밝지만 간혹 천리(天理)의 공정함에 모두 부합하지는 못하고, 성상의 정사가 비록 부지런하지만 간혹 만물을 살리는 마음에서 모두 나오지는 않았습니다. 이는 성명(聖明)한 전하께서 반성하여 더욱 노력하는 데에 달려 있습니다.

사사로운 뜻을 몰아내어 천리를 넓히고 아는 것과 행하는 것을 함께 닦아서 은혜를 널리 베풀어 백성을 구제하는 것으로 말하면, 전하께서 상지(上智)의 자질을 지니셨으니 이를 이루는 것은 어려운 일이 아닐 것입니다. 바야흐로 지금은 관가와 민가의 창고가 텅 비어 백성들이 거의 죽게 되었으니, 이것이 바로 군주가 불과 물속에서 사람을 구해내듯이 인정(仁政)을 베풀어야 할 때입니다.

옛날에 주자(朱子)가 흉년을 구제하는 계책을 진달하면서 포흠(逋欠)을 견감할 것을 첫째로 꼽았고, 한(漢)나라 조정은 새해 1월이 되면 으레 관대한 조칙을 행하였는데 그 의도가 매우 좋습니다. 포흠한 해가 오래되도록 거두지 못하고 징수할 곳이 없는 것은 청컨대 밝은 교지를 속히 내려 모두 탕감하십시오. 이것이 실로 인심을 거두고 조화로운 기운을 이끌어내는 하나의 단서입니다.

군대는 나라를 크게 좀먹으니, 성왕(聖王)이 제도를 만들 때 가장 고심했던 부분입니다. 난리를 구하는 공을 비록 힘입을 수 있지만 재앙을 초래하는 단서가 항상 여기에 존재합니다. 더구나 모집해서 이들을 먹이다 보면 국력이 끝내 감당할 수 없는 경우이겠습니까? 지금 도성에 주둔한 군사가 만 명 이하로 내려가지 않으니, 나라의 경제가 어찌 파탄나지 않으며 민생이 어찌 곤궁하지 않겠습니까. 지금의 도를 따르고 변통하지 않으면 몇 년 지나지 않아 나라가 나라답지 못할 것입니다. 도감(都監)에서 모집해 훈련하는 것은 우연한 뜻이 아닌 만큼 신 등도 갑작스럽게 해산하기가 매우 어려운 줄 압니다만, 선처하는 방도에 이르러서는 서둘러 강구하지 않을 수 없습니다.

이전에 국가에서 흉년이 들었다는 이유로 새로운 호(戶)를 추가로 뽑는 일을 중지시키고 그 빠진 부분을 보충하지 말라고 하였습니다. 신 등이 생각건대 이 명령을 그대로 준수해서 추가로 뽑거나 보충하지 말고 현재 있는 병졸에서 가려내어 5천 명을 넘지 않게 하고, 의식(衣食)에 드는 비용은 또한 이유태(李惟泰)가 소장에 제시한 군자 별창(軍資別倉) 한 조항[79]을 채용하여 정당한 세입이 군대 양성에 쓰이지 않게

79 이유태(李惟泰)가……조항 : 1660년(현종1) 5월 9일에 올렸던 부호군(副護軍) 이유태의 만언봉사(萬言封事)를 가리킨다. 그 가운데 "모든 백성들은 귀천을 막론하고 모두 숙학(塾學)에 들어가는데 15세가 되면 선발하여 학교로 올려보내고 그 나머지는 모두 오위에 예속시킵니다. 오위에 예속될 사람은 반드시 무예에 능한 자로서 시취(試取)해야 하며 능하지 못한 사람은 관에서 베 두 필씩을 거두어 들여 군자 별창(軍資別

한다면, 나라 살림이 아마도 조금은 넉넉해질 것입니다.

말하는 자들은 모두 별창을 설치하더라도 쌓을 만한 물건이 없다면서 난색을 표하는데, 이 점에 대해서 또한 드릴 말씀이 있습니다. 옛날에 태공(太公)이 제(齊)나라에 봉해진 것이 백 리에 지나지 않았지만 한쪽 면이 바다였기 때문에 어염(魚鹽)의 이익을 거두어 부강해졌습니다.[80] 지금 우리나라는 수천 리 강토로 삼면이 바다인데 일찍이 조그마한 이익도 국가에 보탬이 되지 않고 무한한 이로움이 모조리 사굴(私窟)로 돌아갔습니다. 국가가 반드시 군대를 양성하고자 하면서 그 준비가 되지 않았음을 걱정한다면, 어찌하여 올봄부터라도 여러 궁가(宮家)와 각 아문(衙門)의 염분(鹽盆)·어살(魚箭)·선척(船隻)을 모두 혁파한 뒤 관(官)에서 세금을 거두어 군국(軍國)의 용도로 쓰이게 하지 않는 것입니까. 아문의 둔곡(屯穀)과 노비 신공(奴婢身貢) 같은 것도 아울러 별장(別藏)에 돌아가게 할 수 있을 것이니, 이는 성명한 전하께서 한 번 호령하시는 데에 달려 있을 뿐입니다.

비록 그렇지만 이것은 또한 폐단을 따라 새는 곳을 막는 정도의 계책입니다. 만약 한 해 농사가 풍년이 들고 민생이 조금 살아나서 호적에

倉)에 수송하여 상번군(上番軍)의 초식(稍食)으로 쓰게 합니다. 상번은 1만 명이 1번(番)이 되어 서로 교대하며 초식은 군자 별창에서 나옵니다. 오위장(五衛將)에게 이들을 거느리고 항상 무예를 익히게 하고는 수시로 취재(取才)하여 음관(蔭官)을 제수한다면, 이미 궁금(禁宮)을 숙위(宿衛)할 수 있고 또한 흥기하고 진작시키기에도 충분할 것입니다."라는 내용이 보인다. 《顯宗實錄 1年 5月 9日》

80 옛날에……부강해졌습니다 : 주 무왕(周武王)이 상(商)나라를 평정한 뒤 강태공(姜太公)을 제(齊)나라 영구(營丘)에 봉하였다. 강태공은 이곳을 다스리면서 상공업을 장려하고 어염(魚鹽)의 이익을 유통시켜 제나라를 부국으로 만들었다. 《史記 卷32 齊太公世家》

오른 백성에게 부역을 고르게 적용하되 조종조(祖宗朝)에서 예전에 했던 일을 한결같이 회복한다면, 예컨대 도감에서 별도로 설치한 군대는 마땅히 오위(五衛) 속으로 들어가서 오늘의 폐단이 저절로 사라질 것입니다. 이것은 대신(大臣) 및 이 일을 맡은 사람과 차분히 강구하여 반드시 실행해야 하니, 성명한 전하께서 유념하시기 바랍니다.

선왕께서는 어린 아이에게도 포(布)를 거두는 것을 매우 안타까워하시어 지방에 밝게 신칙하여 조사를 진행한 뒤에 면제하게 해 주셨으니 인심이 고무되었습니다. 왕년에 명령을 내리던 초기에 연수(年數)를 한정하여 견감한다고 언급하지 않았기 때문에 각 도(道)에서 한창 보고하여 아뢰는 일이 있어도 묘당(廟堂)에서는 제때에 지휘하는 일이 없었습니다. 만약 혹여 비용을 아껴야 한다는 주장에 이끌려 소민(小民)에게 신의를 잃는 것을 면하지 못한다면, 백성들은 장차 '선왕께서 남긴 은택으로 우리들을 끝까지 길러주지 못한다."라고 할 것이니, 이것이 어찌 차마 들을 수 있는 말이겠습니까.

대략 어린 아이의 숫자는 1만여 명에 불과하고, 해마다 장성하여 10년도 안 되어 저절로 점차 사라질 것인데, 국가에서는 어찌 조금의 관용도 베풀지 않고서 차마 어린 아이들로 하여금 저마다 심장을 도려내고 뼈를 깎는 고통을 느끼게 한단 말입니까.

어영군(御營軍)은 농사철에 번(番)드는 일에서 제외시키라는 명령이 이미 있었는데, 속히 하교하여 번을 멈추기를 2월부터 시작하게 해야 공사(公私)간에 서로 편리합니다. 호위청(扈衛廳) 군관을 혁파해야 한다는 것은 의심의 여지가 없으니 역시 속히 의논하여 혁파하십시오.

얼마 전에 승려들을 다그쳐 환속하게 한 분부는 지극히 정대한 것으로, 실로 역대에 드물게 있는 거룩한 처사였습니다. 다만 구구한 걱정이 있으니, 세도(世道)가 극히 타락하고 인심이 순하지 못한데 나라 안의 승려는 걸핏하면 만 명이나 됩니다. 백성들이 이리저리 유랑하여 미처 편안히 모여 살지 못하는 이때에 혹여 거짓말을 지어 선동하면서 난을 다행으로 여기고 화란을 즐거워하는 자가 없지 않을 것이니, 식견이 있는 자들은 모두 이것을 걱정하고 있습니다. 삼가 바라건대 성명한 전하께서는 이 뜻을 굳게 정하여 조금도 흔들리지 마시되 시행함에 있어서는 반드시 점진적으로 하십시오.

먼저 양역(良役)을 너그럽게 하여 백성을 몰아내는 길을 막고 과조(科條)를 엄하게 세우고 또 입산(入山)을 금지할 것을 거듭 밝히며, 친속(親屬)이 있고 전토(田土)가 있는 무리는 군보(軍保)에 충당하여 공역(公役)에 응하게 하십시오. 이것이 또한 점차로 없애가는 방법입니다. 천천히 백성의 호적을 정리하고 부역이 고르게 부과되기를 기다린 뒤에야 명령을 발동하여 이교(異教 불교)를 영원히 개혁할 수 있을 것입니다. 그리고 도성 안에 이원(尼院)이 있는 것은 매우 의미가 없는 일이니, 마땅히 먼저 혁파하여 이단을 배척해 끊는 뜻을 보여야 합니다.

궁노(宮奴)의 방자한 행동이 오늘날 중앙과 지방의 고질적인 폐단이 되고 있으니, 국가로 하여금 앉아서 인심을 잃게 만드는 것은 모두 이들 무리입니다. 근래 통진(通津)의 해량(蟹梁 게 어장)에서 있었던 한 가지 일[81]은 사소하기 그지없는데, 궁노들이 장황하게 꾸며낸 거짓

81 근래……일 : 《현종실록》 1년 12월 26일 기사에 "집의 목겸선(睦兼善)과 장령 윤비경(尹飛卿)이 아뢰기를 '통진(通津)에 신설한 해량(蟹梁) 2개소는 수진궁(壽進宮)이 해조로부터 절수(折受)받은 일이 없는데, 궁노가 또 불법으로 차지하고 멋대로 침탈하여 백성들에게 해가 많습니다. 해조에서 복계(覆啓)한 대로 속히 새로 설치한 해량을 혁파하고 폐단을 일으킨 궁노를 법에 따라 다스리십시오.' 하였다."라는 내용이 보인다.

말이 성상에까지 올라가 누차 엄한 분부를 내리시기에 이르렀으니, 신 등은 삼가 애석하게 여깁니다. 성명한 전하께서 기어이 재차 조사하게 하신 것은 궁노를 믿고 사대부를 의심하는 처사를 면치 못합니다. 끝내 궁노는 기를 펴고 사대부는 기가 꺾이게 하신다면 사방에서 이 소식을 듣고 어떻게 생각하겠습니까? 일이 비록 매우 작지만 성덕(聖德)에 있어서 사적인 것에 구애받는 허물이 없지 않다면, 관계된 바는 매우 큽니다. 재조사하지 말자는 대신(臺臣)의 청을 속히 따르시어 신하들의 의혹을 풀어주소서.

대간(臺諫)이 자주 체차되다 보니 관방(官方)도 이리저리 이동하여 이미 오랫동안 임무를 맡겨 성과를 내도록 기대할 수 없고, 또 공론과 이목(耳目)을 맡길 만한 사람이 부족합니다. 의당 오늘부터 대단한 염우(廉隅)에 관계되거나 파직시켜야 할 일이 아니면 모두 체직을 허락하지 마십시오. 양사(兩司)가 추문하여 서로 함답(緘答)을 바치기를 국초(國初)의 고사처럼 한다면, 반드시 행하지 못할 이치가 없을 것입니다."

공이 일찍이 이르기를 "국가에 분발하려는 뜻이 있다면 반드시 먼저 변혁하는 거조가 있어야 한다. 그 요체는 사(私)를 막고 공(公)을 굳건히 하며 폐지된 것을 수리하여 예전대로 회복하는 데에 달려 있을 뿐이다."라고 하였다. 기해년(1659)에 올린 소장은 먼저 급한 일을 구제하는 방책으로서 진실로 보통 사람의 정서에는 맞지 않았으나, 이 차자에 이르러서는 적폐의 근원에 궁구하여 백성을 구제하는 방책을 다 말하였으니, 본말과 완급에 대해서 살핀 것이 밝을 뿐만이 아니었다. 차자를 올린 다음 날에 임금께서 묘당의 신하들을 맞아 의논하게 했는데 대부분 어렵게 여겼다. 공이 또 조목마다 분석하고 정성을 다해 극진히 논하였으나 여러 신하들의 마음은 느슨하게 풀어져 있어 세속의 논의와 맞지 않으니, 말과 계책은 행해지지 않고 비방만 마구 더해졌다. 공이 이에 소장을 올려 모든 직임에서 풀어주기를 청하였는데 임금께서 윤허하지 않으셨다.

공이 또 청하기를 "선혜청(宣惠廳)의 쌀 수천 섬을 빌려주어 값을 깎아 내놓아 도성의 궁한 백성을 구제하고, 또 흉년에서 구제하는 방법을 취하여 책자로 만들어 각 도로 나누어 보낸 다음 그들로 하여금 민간에서 간행하여 배포하게 해야 합니다."라고 하였다. 또 청하기를 "삼남(三南)에서 실어 나르는 곡식까지 아울러 운송을 멈추게 하고, 양서(兩西)에서 상납하는 미곡은 헤아려 아울러 8천 섬을 남겨두어 본도에서 흉년에 진휼할 경비로 쓰게 해야 합니다."라고 하였다. 또 청하기를 "강화도의 쌀 3백 섬과 남한산성의 미조(米租) 2백 섬을 빌려다가 곡식 종자가 부족한 경기 백성을 구제해야 합니다."라고 하였다.

4월에 가뭄이 더욱 심해지자 공이 청대(請對)하여 임금을 뵙고서 송준길 공과 함께 절약하고 반성하는 도리를 극진히 진술하고 나서 또 아뢰기를 "송시열이 만약 조정에 있었다면 틀림없이 이로움이 있을 것이며, 이유태 등에게도 아울러 별유(別諭)를 내려 불러들이시기를 바랍니다."라고 하였다. 물러나와 동료들과 함께 차자를 올려 탑전(榻前)에서 한 말을 거듭 논하였다. 또 다음과 같이 말하였다.

"지금 세도(世道)가 무너진 것은 모두가 사사로운 뜻이 가린 데에서 말미암았습니다. 천지간에 가득하여 타개할 수 없고 이쪽저쪽 편을 갈라 서로 공박하며 헐뜯거나 등 돌려 미워하다 보니 협력에 대한 기대는 끊어지고 인심은 더욱 모질어졌으니, 이 모두가 이를 말미암은 것입니다.

전하께서는 또한 상벌을 내리고 시비를 가릴 때에 원칙을 세워 친함도 없고 소원함도 없고 사랑도 없고 미움도 없고 높은 것도 없고 낮은 것도 없고 먼 것도 없고 가까운 것도 없이, 처리하는 바를 한결같이 지극히 공평하게 하고 사적인 관계는 한 칼로 양단을 내듯 끊어 버리십시오. 그러면 잃어버린 공도(公道)가 회생되고 타락한 인심이 각성될 것이며, 천덕왕도(天德王道)[82]가 이를 벗어나지 않을 것입니다.

화란(禍亂)이 일어남은 민생이 곤궁한 데서 말미암지 않은 적이 없습니다. 요즘 사방에서 올라오는 문서를 보면 강도와 화적이 곳곳에서 암암리에 나타나고 있습니다. 이렇게 생령들이 떠돌다가 골짝으로 떨어지는 날을 당해 사납고 흉악한 자가 기회를 타고 선동해서 난을 일으킬 계제로 삼을지도 모릅니다. 적미(赤眉)[83]나 황건적(黃巾賊)[84]이 모두 이를 말미암아 일어났으니, 이는 정말로 국가가 깊이 근심하고 방비를 삼엄하게 해야 할 부분입니다."

공이 일찍이 일을 맡아 명을 받들어 강화도에 갔다가 돌아와 아뢰기를 "신이 보건대 이른바 충렬사(忠烈祀)는 바로 정축년(1637, 인조15)

82 천덕왕도(天德王道) : 하늘의 덕과 합일할 수 있는 도덕적 경지에 이른 성인이어야 왕도를 행할 수 있다는 설이다. 《중용장구》 제32장의 "진실로 총명하고 성지(聖知)하여 하늘의 덕을 통달한 자가 아니면 누가 이것을 알겠느냐."라는 구절에서 그 이론적 기반을 찾아 정호(程顥)가 발전시켰다. 《儒學辭典》

83 적미(赤眉) : 전한(前漢) 말기에 왕망(王莽)이 한나라를 찬탈하자, 낭야(瑯琊) 사람 번숭(樊崇)이 거(莒)에서 군대를 일으켰는데, 자신의 군대가 왕망의 군대와 혼동될까 염려하여 눈썹을 붉게 칠하여 구별되게 하였으므로 이렇게 칭한 것이다. 이들은 약탈과 방화를 자행하다가 광무제(光武帝) 유수(劉秀)에게 토벌되었다.

84 황건적(黃巾賊) : 영제(靈帝) 때 장각(張角)이 10여 만의 무리를 모아 난을 일으켰는데, 머리에 노란 수건을 둘렀기 때문에 황건적이라 한다.

사변에 죽은 신하인 김상용(金尙容)·이상길(李尙吉)·심현(沈誢)·이시직(李時稷)·송시영(宋時榮) 등 여러 사람을 제사 지내는 곳입니다. 그런데 윤전(尹烇)·권순장(權順長)·김익겸(金益兼) 세 사람은 거기에 참여되지 않았으니 여론이 매우 부족하게 여깁니다. 권순장과 김익겸은 포의(布衣)의 선비로서 김상용과 함께 죽었고, 윤전은 궁관(宮官)으로서 성에 들어가서 성이 함락되는 날에 굳게 누워 꿈쩍하지 않다가 살해당했습니다. 이 세 사람의 절의가 누구보다 드러났으니 마땅히 함께 배향해야 합니다."라고 하자, 임금께서 윤허하셨다.

임금께서 재난 때문에 여러 신하를 불러 억울한 옥사를 심리(審理)하는 일이 있었는데, 송준길 공이 아뢰기를 "윤선도(尹善道)가 죄를 받은 것은 소신들 때문이었으니, 항상 진달하고 싶었으나 감히 말씀드리지 못했습니다."라고 하였다. 대신들이 모두 말하기를 "송준길의 말이 매우 좋습니다."라고 하자, 공이 말하기를 "성명한 전하께서 지극히 인자하여 흉인(凶人)의 목숨을 살려 주셨습니다. 만약 궁벽한 변방에서 죽게 놔두고 싶지 않으신다면 다른 때에 혹 의논할 수 있겠습니다. 지금 심리하는 때에 이 사람을 끼워 넣는다면 반드시 사특하게 논의하는 자로 하여금 기세를 올리게 할 것입니다."라고 하였다. 임금께서 말씀하기를 "부제학의 말이 옳다."라고 하셨다.[85]

판충추부사(判中樞府事) 조경(趙絅)이 소장을 올려 이르기를 "윤선도는 죄를 줄 수 없습니다."[86]라고 하면서 양송(兩宋) 및 공을 공격하여

85 임금께서……하셨다 : 《현종실록》 2년 4월 10일 기사에 이 내용이 실려 있다.

86 판중추부사(判中樞府事)……없습니다 : 조경(趙絅)이 올린 소장은 《현종실록》 2년 4월 21일 기사에 실려 있다.

여력을 남기지 않으니, 임금께서 명하여 조경을 파직하셨다. 대사헌(大司憲) 조수익(趙壽益)이 또 소장을 올려 아뢰기를 "조경은 물리치는 것은 마땅하지 않습니다."[87]라고 하니, 이로 말미암아 조정 논의가 분분하여 분위기가 좋지 않았다.

5월에 송시열 공이 국상(國祥 효종(孝宗)의 대상(大祥))에 들어와 참여했다가 먼저 물러나 한강을 건넜고, 송준길 공은 또 성 밖으로 나가 그대로 돌아갈 계획이 있었다. 공이 임금을 뵙고 청하기를 "이 두 사람을 불러다가 마주하여 학문을 강론하십시오."라고 하였고, 청하기를 "조수익을 체차하여 한쪽으로 치우친 논의를 징계하십시오."라고 하자, 임금께서 모두 윤허하셨다.[88]

대신들이 조정에 나와 임금을 뵙고 조부(祧祔)하는 예를 논의하면서 인종(仁宗)과 명종(明宗)의 신위도 아울러 체천(遞遷)하자고 하였다. 공이 말하기를 "송시열의 논의가 옛 예에 매우 합당합니다. 그 하나는 종묘에 협실(夾室)을 만드는 것이고, 다른 하나는 인종과 명종을 체천할 때 형제간에 소목(昭穆)을 함께할 수 없다는 것입니다."라고 하였다. 임금께서 묻기를 "숙부가 조카를 잇고 형이 아우를 잇는 것이 주(周)나라의 예인가?"라고 하시자, 공이 말하기를 "주나라의 예만 그러한 것이 아니라 은(殷)나라의 예도 그러했으며, 춘추(春秋)의 의리도 그러했습니다. 당(唐)나라부터 이후로 형제간은 비록 삼대(三代)일지

87 대사헌(大司憲)……않습니다 : 조수익(趙壽益, 1596~1674)의 본관은 순창(淳昌), 자는 사정(士靜), 호는 만한(晩閑)이다. 1661년 4월에 대사헌에 임명되었다. 조수익이 조경을 변호한 소장은 《현종실록》 2년 5월 5일 기사에 실려 있다.

88 송시열 공이……윤허하셨다 : 이 내용은 《현종실록》 2년 5월 15일 기사에 실려 있다.

라도 합쳐서 하나로 했는데 이는 옛 예가 아닙니다. 그러므로 군자들이 기롱한 것입니다. 당초에 서익실(西翼室)에 공정왕(恭靖王)을 모시고, 덕종(德宗)과 예종(睿宗)을 동익실(東翼室)에 모셨는데, 이것은 소목에 맞추어 논한 것이 아니라 빈 곳을 따라 모신 것이니 너무 타당하지 못한 듯합니다. 또 사조(四祖)의 사당에 익실이 있는데 그 후로 다시 만들지 않았으니 이는 더욱 타당하지 못합니다. 신은 고쳐 짓는 것이 좋다고 생각합니다."라고 하였다.

7월에 부묘(祔廟)하는 예가 끝났다. 공은 또 동료들과 함께 차자를 올려 다음과 같이 말하였다.

"세월이 빨리 흘러 담제(禫祭)를 마치고 부묘(祔廟)도 하였으니,[89] 우러러 생각건대 성상께서 탄식하고 슬퍼하면서 자리에 나아가 정사를 행하시는 가운데 선왕의 공렬을 찬란히 빛낼 생각이 어찌 끝이 있겠습니까.

옛날 성왕(聖王) 가운데 한 시대의 정치를 훌륭히 이룬 분들은 뜻을 세워서 기업(基業)을 넓혔고, 실천하여 일을 성취하였습니다. 그러므로 쇠미함을 일으키고 어지러움을 다스릴 뜻이 있어도 진실로 행하여 그 뜻을 실천하지 않는다면, 바로 배가 부르기를 바라면서 먹지 않고 따뜻하기를 바라면서 입지 않는 것과 같으니, 끝내 배부르고 따뜻할 날은 없을 것입니다.

89 담제(禫祭)를……하였으니 : 담제는 대상(大祥)을 지낸 다음 한 달을 건너뛰어 지내는 제사로, 슬픈 마음이 담담해진다는 뜻이다. 효종(孝宗)이 1659년 5월 4일에 죽자, 1661년 7월 3일에 경모전(敬慕殿)에서 담제를 행하고 같은 달 8일에 부묘(祔廟)하였다. 《孝宗實錄 10年 5月 4日》《顯宗實錄 2年 7月 3日・8日》

지금 성상의 건강이 항상 편찮으시니 궁궐에서 하루에 세 차례 접견하는 일이 상례대로 회복하기를 바랄 수는 없지만, 한가한 겨를에 자주 유사(儒士)를 접견하여 형식적인 것을 타파하고 혹은 경서(經書)와 사서(史書)를 강론하기도 하고 혹은 정치에 대해 자문하기도 하신다면, 영향을 받고 계발되는 효과가 반드시 경연을 날마다 열 때보다 갑자기 줄지는 않을 것입니다.

그리고 지기(志氣)를 수렴하고 정신(精神)을 보양하여 음악과 여색, 진귀한 노리갯감에 대한 욕심이나 게으르고 거만하며 사악하고 편벽된 기운으로 하여금 감히 몸과 마음에 침범하지 못하게 하는 것은, 이 또한 예부터 성현들이 긴요하게 여기는 심법(心法)입니다. 몸을 닦고 집안을 가지런히 하고 나라를 다스리고 천하를 평온하게 함이 이 가운데서 미루어 나오지 않는 것이 없습니다. 만일 이 부분에 착실한 공부가 부족하다면 편하게 즐기는 해독이 날로 더욱 심해져, 사치하고 방자해서 생긴 화가 치성하여 막을 수 없을 것입니다. 이것이 바로 치란과 흥망이 나뉘는 까닭입니다.

전후로 이해(利害)에 관계된 사안을 다룬 소장(疏章)과 차자(箚子)도 비록 칭찬하고 장려하셨지만, 즉시 시행하거나 그만두지 않은 채 시일만 끌다가 결국은 방치하셨습니다. 이 때문에 정령(政令)이 날로 쇠퇴해져서 조정에 헛되이 세월만 보내는 풍조가 이루어졌습니다. 전하께서 진실로 그 폐단을 바로잡고자 하신다면, 즉시 기강을 모두 잡아 쓸 말과 버릴 말, 가한 일과 불가한 일을 보필하는 신하에게 자문하고 좌우에도 물어보십시오. 끊어야 할 것은 의심 없이 끊고 행해야 할 것은 망설임 없이 행하며, 상벌(賞罰)은 반드시 공과(功過)에 합당해야 하고, 거조(擧措 임용(任用)과 폐출(廢黜))는 옳고 그름을 잃지 않게 하되, 맑고 분명하며 강직하고 정대한 가운데 우레와 바람처럼 맹렬하고 신속하게 함으로써 기강을 크게 확립시키고 뭇 신하들을 두려워하게 해야 하니, 어지러운 세상을 일으켜 다스리는 기틀이 진실로 여기에 있습니다.

하늘이 미워하는 것은 사치보다 심한 것이 없습니다. 사치가 극심해지면 하늘은 반드시 전쟁과 기근의 재앙을 내려 크게 씻어냅니다. 오늘날 사치하는 폐단에 대해 신 등이 이미 여러 번 아뢰었으니, 개혁의 단서는 앞장서서 인도하는 것밖에 없습니다. 근래 항간에 떠도는 이야기를 들으니, 궁궐의 상기(喪期)가 끝날 즈음 사라(紗羅 엷고 부드러운 비단) 종류가 시장에서 한꺼번에 사라졌다고 합니다. 소문이 사실이라면 머리를 높이 틀고 소매를 길게 하는 사치[90]를 따라하는 풍조가 또한 어느 곳인들 이르지 않겠습니까.

무릇 나라를 소유하고 땅을 소유한 자는 반드시 그 땅에서 나는 생산물로 그 사람들의 의식(衣食)을 스스로 충족시키니, 어찌 굳이 먼 곳의 물건을 가져다가 쓰겠습니까. 우리나라의 제도에 임금과 신하가 누리고 하사하는 물품이나 제사에 올리는 폐백은 모두 토산품인 명주를 쓴다고 《대전(大典)》에 분명히 실려 있습니다.

지금 만약 국가에서 상복을 벗고 길복을 입는 것을 계기로 법조문을 엄히 세워, 먼저 궁중에서부터 법복(法服) 이외에는 수놓은 비단을

90 머리를……사치 : 《후한서(後漢書)》 권24 〈마요열전(馬寥列傳)〉에 "성중에서 높은 상투를 좋아하니 지방에서도 한 자씩이나 높아졌다.〔城中好高髻, 四方高一尺.〕"라고 하였고, 백거이(白居易)의 〈진사책문(進士策問)〉에 "소매를 넓게 하고 상투를 높이 틀었다는 민요를 들으면 풍속이 부박한 것을 알 수 있습니다.〔聞廣袖高髻之謠, 則知風俗之奢蕩也.〕"라고 하였다.

사용하지 말도록 하여 귀척(貴戚)과 공경(公卿)과 사서(士庶)에 이르기까지 법을 적용하십시오. 나라 밖의 물품을 사용하는 것을 일체 금지하고, 범한 자는 금지된 물품을 사사로이 유통하는 죄와 같은 법률을 적용하되, 다만 우리나라에서 생산된 물품을 가지고 등위(等威 신분에 맞는 위의)를 분명히 하여 귀천을 분별하면, 고질적인 나쁜 습속을 일시에 씻어내고 백성들을 해치는 큰 좀을 영원히 제거할 수 있을 것이니, 이 또한 하늘을 감동시키는 중요한 방도입니다.

옛날에 큰 흉년이 들었을 때의 예법으로는 임금은 여러 반찬을 먹지 않고, 귀신에게 기도하되 제사 지내지 않으며, 백관을 배치하되 의식을 거행하지 않았습니다.[91] 지금은 큰 흉년이 한 해만 발생한 것이 아니니, 오늘날 군신 상하가 크게 경계하고 크게 변통하면서 두려워하고 절약하기를 한결같이 제(齊)나라 환공(桓公)이 거(莒) 땅에 있었을 때[92]와, 위(衛)나라 문공(文公)이 초구(楚丘)에 있었을 때[93]와, 지난날 남한산

91 옛날에……않았습니다 : 《춘추곡량전》 양공(梁公) 24년 기사에 "오곡이 익지 않는 것을 큰 흉년〔大侵〕이라고 한다. 큰 흉년을 지내는 예는, 임금은 고기를 먹지 않고, 누대와 정자는 칠하거나 꾸미지 않고, 활쏘기를 폐하고, 궁정의 길을 수리하지 않고, 백관을 배치하되 의식을 거행하지 않고, 귀신에게 기도하되 제사 지내지 않는다. 이것이 큰 흉년을 지내는 예이다."라고 하였다.

92 제(齊)나라……때 : 제 환공(桓公)이 즉위하기 전 내란이 발생하자 거(莒) 땅으로 망명했다가 돌아와 즉위하였다. 환공이 관중(管仲)에게 나라를 잘 다스릴 수 있는 방도를 묻자, 포숙이 거 땅에 있었을 때를 잊지 말라고 하였다. 《史記 卷32 齊太公世家》

93 위(衛)나라……때 : 적(狄)의 침입으로 위나라가 멸망하자, 제 환공이 적을 정벌하고 초구(楚丘)에 성을 쌓은 뒤 위나라를 다시 세우고 문공(文公)을 즉위시켰다. 이에 문공은 근검하여 거친 베로 만든 옷을 입고 거친 비단으로 만든 관을 쓰고서 백성들과 고락을 함께하여 나라를 부흥시켰다. 《春秋左氏傳 閔公2年》

성(南漢山城)에 있었을 때[94]처럼 해야 한다고 생각합니다.

이를 가지고 이야기하면, 종묘(宗廟)와 백신(百神)에게 제사 지내는 예절도 진실로 생략할 수 있고, 여러 관사에서 들이는 공물(貢物)도 없앨 수 있고, 건물을 짓거나 보수하는 일도 중지할 수 있습니다. 전하께서 자처함이 나라와 백성을 소유물로 여기지 않으시고 뭇 신하들의 실천도 감히 그 관직을 소유물로 여기지 않은 연후에야 겨우 살아남은 잔약한 백성들을 보전할 수 있을 것입니다.

서울에 있는 군대는 국가가 가장 믿고 의지하는 바이나, 모여서 먹는 것이 이미 많아져서 나라가 장차 감당하지 못하게 되었으니, 또한 주 세종(周世宗)이 선발하여 조련한 방법[95]같이 충분한 양식으로 군대를 양성하고, 병사들이 하는 일 없이 밥이나 축내는 지경에 이르지 않게 한 뒤라야, 위급할 때 반드시 쓸모 있는 군대가 될 것입니다.

어질고 뛰어난 이를 등용하여 그 쓰임을 다하는 데는 또한 다른 방도가 없고, 다만 전하께서 성학(聖學)에 더욱 노력하고 사도(斯道)에 전념하시는 데 달려 있으니, 반드시 적임자를 기다려서 그 도를 행하면

94 지난날……때 : 청(淸)나라의 침입을 피해 1636년(인조14) 12월 14일 남한산성으로 피난했을 때의 일을 가리키는 듯하다. 갑작스런 피난으로 인해 성내에 양식이나 말을 먹일 꼴 등이 풍족하지 않았는데, 말들이 굶어 죽자 군사들에게 말고기를 먹게 하였고, 양식이 부족하여 재신(宰臣)이 전직(前職) 관원에게 양식을 주지 말 것을 청하는 등 사정이 좋지 않았다. 40여 일이 지나 성안의 양식이 모두 떨어져 군사들과 백성들이 굶어 죽는 동시에 강화도가 함락되었다는 소식을 전해 듣고 청나라와 화의를 맺었다. 《국역 연려실기술 제25권 병자노란(丙子虜亂)과 정축 남한출성(南漢出城)》

95 주 세종(周世宗)이……방법 : 후주(後周)의 세종은, 군사는 그 수가 많은 것이 중요한 것이 아니라 정예병으로 만드는 것이 중요하다고 하여, 각 군대에서 군사를 가려 뽑아 훈련시켜 정예병을 양성하였다. 《資治通鑑 卷292 後周紀3》

도가 행해지는 바에 인재가 나올 것입니다. 전(傳)에 '도(道)로써 내 몸을 수양하고, 내 몸을 수양함으로써 인재를 얻는다.'라고 한 것[96]은 바로 이것을 이른 것입니다.

그렇지 않고 단지 예모(禮貌)로써 붙잡고 정의(情意)로써 만류할 뿐이라면, 이른바 '어진 자가 반드시 즐겁게 머무는 것은 아니다.'라는 것이어서, 끝내 충현(忠賢)은 엄히 여기고 두려워하여 날로 멀어지고, 유속(流俗)은 친숙하게 여겨 날로 가까워질 것입니다. 멀어지고 가까워짐이 나뉘어 친하고 성김이 이미 판가름 나면 많고 적은 형세는 좌우로 확 달라질 것이니, 전하의 오늘날 정성스러운 마음을 신 등이 또한 감히 그 변치 않음을 반드시 보장할 수가 없습니다."

공이 이때에 홀로 세도(世道)를 자임하여 조정에 들어와 계책을 고하고 밖에 나아가 전하면서[97] 힘을 다해 유지하였으나, 여러 현인은 모두 떠나버려 의지할 사람이 없는 데다 편벽되고 방탕한 말이 또 나와서 이간하니 공도 답답해서 어찌할 수가 없었다. 그러나 유독 임금의 마음은 아직도 왕성하셨고 진휼하는 정사도 한창 급했기 때문에 감히 물러간다고 말하지 못하고 힘써 일을 처리하였다.

이 해에, 가을이 되도록 비가 내리지 않아 삼남(三南)이 벌겋게 타들었고 그 나머지 여러 도에서도 차례대로 다급한 보고가 올라왔다. 공은

96 전(傳)에……것 : 《중용장구》 제20장에 보이는 말로, 이는 임금이 정사를 하는 것은 인재를 얻는 데 있고, 인재를 얻는 방법은 몸을 닦는 데 있음을 말한 것이다.

97 조정에……전하면서 : 《서경》 〈군진(君陳)〉의 "네가 좋은 꾀와 계책이 있으면 안으로 들어와서 너의 임금에게 고하고, 밖으로 나와서 전하기를 '이 꾀와 이 계책은 우리 임금님의 덕이다.'라고 하라.〔爾有嘉謀嘉猷, 則入告爾后于內, 爾乃順之于外, 曰斯謀斯猷, 惟我后之德.〕"라고 한 데서 나온 말이다.

'양서(兩西 평안도·황해도)의 미곡을 이미 운반하여 썼는데 서로(西路)가 청나라 사신 접대로 거듭 지쳐 있으니 모두 돌보지 않을 수 없다'고 여겨 청하기를 "양서의 각종 군병(軍兵)과 제시(諸寺)의 노비에게서 징수하는 포를 모두 쌀로 대신하여 올리게 하되 운반해야 하는 미곡 중 만여 섬을 적당히 줄여 본도에 주어야 합니다."라고 하였다. 또 청하기를 "강화도의 쌀 수천 섬을 빌려서 경기 백성이 사신 접대하는 일에 공급해야 합니다."라고 하였다. 또 이르기를 "나랏일이 이 지경에 이르렀으니 북경(北京)으로 가는 세폐(歲幣)도 절감해야 합니다."라고 하였다. 임금께서 명하여 대신에게 논의하게 하니, 대신들이 어렵게 여겼다.

임금께서 왜(倭)에 보내는 쌀을 옮겨 진휼하는 데에 쓰는 것을 논의하니, 공이 왜에 보내는 양을 줄여 남은 것을 취하자고 청하였다. 또 이르기를 "산 고을로 들어가 떠도는 백성[98]을 놀면서 게으름 피우게 두어서는 안 되니, 산전(山田)에서 적당히 헤아려 세금을 거둠으로써 양민을 살려야 합니다. 양남에서 신축년(1661, 현종2)조로 거둔 각 관사의 공물을 곡식으로 바꾸어 남겨두고, 북도(北道)의 미곡 1만 5백 섬을 영남으로 운반하여 아울러 봄철에 진휼할 밑천으로 삼아야 합니다."라고 하였다.

성절(聖節)에 군기시(軍器寺)에서 은갑(銀甲)을 만들어 올리는 일이 있었다. 공이 아뢰기를 "국가가 불행하게도 이번에 큰 흉년을 당해

98 산 고을로……백성 : 원문의 입작유민(入作流民)은 일정한 거처 없이 산골을 옮겨 다니며 사는 유민을 가리킨다. 《현종개수실록》 2년 윤7월 13일 기사의 입작민(入作民)에 대한 원주에 "협중(峽中)에 떠돌아다니는 백성을 입작이라 칭한다."라고 하였다.

서 제향과 어공(御供)을 모두 절감했습니다. 은갑을 새로 만드는 일은 또한 절약하는 뜻이 아닙니다."라고 하니, 임금께서 만들지 말라고 명하셨다. 또 청하기를 "내수사(內需司) 노비의 공포(貢布)를 모두 진휼청에 주어야 합니다."라고 하니, 임금께서 또한 허락하셨다.

얼음을 저장하는 일은 각 관사의 커다란 폐단이었다. 관(官)에서 응당 주어야 할 쌀과 베 이외에 공물 하인(貢物下人) 및 시민(市民 상인)과 방민(坊民)에게 내게 하는 것이 끝이 없었고, 1년 동안 얼음을 저장할 때 쓰이는 쌀을 통계해 보면 수천여 섬 밑으로 내려가지 않았는데, 이해 겨울에 공이 진휼청에서 요량해 마련하면서 조금도 백성을 번거롭게 하지 않았다. 또 각 관사의 공물(貢物)이 이미 지급하여 쓰기에 충분한데도 오히려 그 나머지를 징수하고 있으니 모두 임시로 감면해 달라고 청하였다. 또 소장을 올려 여러 도에 체납된 환곡을 독촉하지 말아서 죽어가는 백성을 살려야 한다고 청하였다.

임인년(1662, 현종3) 1월, 이조 참의(吏曹參議)에 임명되었다. 아뢰기를 "올해 기근은 지난해보다 갑절이나 심하니 진휼하는 일이 대단히 시급합니다. 청컨대 작년에 진휼한 사목(事目)을 가져다가 다시 참고하여 모두 21조를 만들었으니, 삼남의 감사(監司)에게 나누어 주십시오. 또 바닷가 여러 고을은 신축년 조에 상납한 전세(田稅)를 지난해에 했던 대로 가을까지 기한을 물려 징수하게 하십시오. 경기도와 황해도 연안의 흉년이 또 삼남에 버금가니, 또한 상평창(常平倉)의 모곡(耗穀)을 빌려다가 구제하게 해야 합니다."라고 하였다. 조정에서 양남(兩南)에 진휼 어사(賑恤御史)를 나누어 파견하니, 공이 여러 공들과 사목 십여 조를 강구하여 정했다. 또 따로 명령을 내려 인재를 찾아내고 옥에 갇힌 죄수를 너그러이 처결하게 했다. 또 청하기를 "호남의 좌도·우도에서 신축년 조 전삼세(田三稅) 쌀과 콩의 원수(元數) 안에서 그 1/3을 덜어 놓아 본도에서 진휼할 밑천으로 삼아야 합니다."라고 하였다. 또 청하기를 "양남의 재해를 입은 고을에서 신역(身役)이 있는 자는 베를 견감하여 기한을 물려 바치게 하되 각각 차등을 두어야 합니다."라고 하였다. 또 청하기를 "강화도의 쌀 6천 섬을 빌려서 재해를 입은 고을에 고르게 공급하고, 평안도의 각종 곡물 4,200여 섬과 콩 1,800여 섬을 본도(本道)에 남겨두어 환곡으로 나누어 주게 한 뒤 모두 가을에 갚게 해야 합니다. 서울은 훈련도감(訓鍊都監)과 선혜청(宣惠廳) 두 곳에 진휼청을 설치하여 3월부터 혹 죽을 쑤어 주거나 마른 양식을 주도록 해야 합니다."라고 하였다.

공은 조복양(趙復陽) 공과 나누어 맡고서 번갈아 가며 살폈는데 거의 거르는 날이 없었다. 전염병에 걸리고 양식이 떨어진 자들에게도 모두 장부를 작성한 다음 양식을 나누어 주어 고달파하는 근심을 면하게 하였다. 또 본청의 쌀 1만 섬을 내놓아 굶주림이 다급한 방민(坊民)을 구제하였고, 도성 밖에 거주하는 백성들에게도 곡식의 종자를 나누어 주어 파종 시기를 놓치지 않게 하였다.

대개 경자년(1660, 현종1)과 신축년(1661)에 홍수와 가뭄이 거듭되어 관가와 민가의 창고가 텅 비고 굶어 죽은 시체가 즐비하니, 사람들은 모두 생령이 구렁으로 다 떨어져 죽지 않으면 반드시 도적떼가 생겨날 거라고 생각했다. 공은 조복양 공과 함께 진휼하는 일을 실질적으로 주관하면서 마음과 정력을 쏟으며 밤낮으로 게을리하지 않았는데, 내외(內外)와 원근(遠近)에 적절히 시행하고 타일르고 장려하며 따지는 것을 모두 사리에 맞게 하니, 사방에서 의지하는 자들이 마치 갓난아이가 부모를 대하는 것 같았다. 경자년 겨울부터 임인년(1662) 봄까지

나라 안에서 굶어 죽거나 떠도는 백성이 없었으나 공은 몹시 고생하고 지친 나머지 큰 병에 걸리는 빌미가 되었다.

8월에 휴가를 청하여 임천(林川) 선영을 살피고, 병으로 해직되기를 바랐으나 허락받지 못해 9월에 조정으로 돌아왔다. 이번 행차에 사우(士友)들의 여러 논의가 '공은 다시 들어오지 않을 것이다'라고 여겼고, 공의 본래 뜻도 여기에 있지 않은 것은 아니었지만 또한 기다리는 바가 있었다.

10월에 병으로 체직되었다가 예조 참의(禮曹參議)에 임명되었고 동부승지(同副承旨)로 옮겼다. 11월에 또 이조 참의에 임명되었다. 판서 홍명하(洪命夏)가 공을 예문관 제학(藝文館提學)에 의망하려 했으나 공이 2품이 안 되었기 때문에 탑전에서 청하여 승급하였다. 이어서 성균관 대사성(成均館大司成)에 임명되고 동지춘추관사(同知春秋館事)와 동지의금부사(同知義禁府事)를 겸하였다. 12월에 사헌부 대사헌(司憲府大司憲)에 임명되었다.

계묘년(1663, 현종4) 1월에 동료들과 함께 차자를 아뢰어 청하기를 "뜻을 세워 큰 근본을 세우고, 욕심을 줄여 성상의 몸을 기르며, 학문에 힘써 현자들이 은둔하려는 생각을 돌리게 하고, 폐단을 개혁해 백성의 곤궁함을 구제하십시오."라고 하였다. 공이 홍문관에 있을 때 이러한 뜻을 여러 번 아뢰었지만 이 차자에서 또다시 거듭거듭 당부하였다. 조정의 논의가 성균관의 장관은 반드시 학술을 갖춘 자를 가려서 겸임시키고 오랫동안 맡겨야 한다고 하면서 선대 조정의 고사에 따를 것을 청하니, 공에게 대사성을 겸임하게 했다. 공이 꺼리며 감당하지 못해 소장을 올려 사양하였으나 허락받지 못했다.

3월에 이조 참판(吏曹參判)에 제수되었다. 양송(兩宋)이 이미 물러가자 새해 초에 연명 상소를 올려 임금의 잘못을 말했는데 비답에는 재가한 일이 없었다. 이유태(李惟泰) 공이 소명을 받고 도성에 들어왔는데, 이는 임금께서 그가 올린 소장에서 시행해야 할 일이 있어 여러 차례 부르기를 마지않으셨기 때문이다. 그런데 이미 이르자 임금께서 곧바로 만나지 않으시고 도리어 관례에 따라 추감(推勘)하는 일까지 있었으니, 공이 사직하는 소장의 말미에 아울러 선비를 예우하는 도리가 아니라고 아뢰었다.

양현(兩賢)을 종사(從祀)하자는 요청이 오래도록 윤허를 받지 못하자, 공이 또 상소하여 다음과 같이 말하였다.

"국가에 있어서 도학(道學)은 사람의 몸에 원기(元氣)가 있는 것과 같습니다. 옛날의 밝은 선왕은 도덕과 학문을 갖춘 선비에 대해 같은 시대에 나란히 태어나 그들을 등용하지는 못했을지라도 또한 추가로 드러내고 장려하여 모두 질서 있게 제사하는 전례를 올리지 않은 적이 없었으니, 이것이 어찌 한 사람의 영광이나 한때의 볼거리를 만들기 위해서겠습니까. 진실로 바른 학문을 천명하고 선비의 기상을 부지하여 당세(當世)를 북돋고 사문(斯文)을 일으켜 새롭게 하는 일에 크게 힘입는 바가 있어 조금도 늦출 수 없는 것입니다. 이처럼 세도가 더욱 낮아지고 인심이 밝지 않은 때를 당해서는 더욱 선유(先儒)를 표창하여 좋아하고 존숭하는 뜻을 분명히 보임으로써 기강을 하나로 하고 추향(趨向)을 바로잡지 않을 수 없습니다."

5월에 일종의 사특한 상소가 올라와 종사하는 일을 배척하고 아울러 공까지 비방하자, 공이 또 참소하는 말이 이어지는 정황을 대략 변론하였다. 7월에 공의 병이 심해지자 사직 상소를 올리니 체직되어 한성부우윤(漢城府右尹)에 임명되었는데, 또 병으로 체직되었다. 9월에 부제학에 임명되었다. 10월에 도승지(都承旨)로 옮겨 임명되었다. 당시 임금의 건강이 여러 달 동안 좋지 못하여 약방에서 매일 약 쓰는 일을 논의하느라 공이 감히 자신의 병을 말하지 못하고 병을 무릅쓰고 힘든 업무를 수행하니 예전부터 앓던 증상이 더욱 심해졌다. 11월에 이조 참판에 임명되었으나 병 때문에 정청(政廳)에 나아가지 못하자 교체되어 우윤에 임명되었다.

갑진년(1664, 현종5) 1월에 또 이조 참판에 임명되었는데, 공의 병이 위독하여 소장을 올려 곧바로 체직되었다. 2월에 상신(相臣)이 공의 병이 위급한데도 가난해서 약을 마련할 수 없음을 아뢰니, 임금께서 내의원에 명하여 우황(牛黃)을 보내주었다. 이달 25일에 성 남쪽 죽동(竹洞)의 우사(寓舍)에서 운명하였다. 4월에 영구를 임천(林川)으로 옮길 적에 임금께서 해조(該曹)에 명하여 상례 물품을 지급하였고, 또 경기도와 충청도에 명령하여 가는 길에 호송하게 하였으며, 예관을 보내어 치제(致祭)하셨다. 5월 7일에 선영 왼쪽 임좌 병향(壬坐丙向)의 언덕에 장사 지냈다.

공은 기품이 청수하고 식견이 정밀하여 논의가 출중하고 일을 만나면 즉시 결단하였다. 특이하게 자신을 드러내는 행동을 좋아하지 않았지만 의리로 사특함과 바름을 변별하는 데에는 분명하여 범접할 수 없었다. 집에 거처할 적에는 효성과 우애가 뛰어났고, 항상 부모를 일찍 여의어 봉양하지 못한 것을 지극한 아픔으로 삼았다. 종손(宗孫)이 빈약하여 가정을 꾸리지 못하자 공이 그를 위해 보살피고 도와주었다. 관청에 있는 날에도 직접 가묘(家廟)를 받들었고, 제사 지낼 때에는 반드시 종손을 초대하였다. 초하루와 보름에 자제를 이끌고 참배하면서 말하기를 "지자(支子)가 번번이 받드는 것을 예에서 허락하지 않지만 나의 애모(哀慕)하는 정성을 다하려고 할 뿐이다."라고 하였다.

누님 두 분이 연로하고 또 과부가 되었는데 수시로 집으로 맞이해 지성껏 봉양하면서 즐거워하였고, 봉록을 받거나 선물이 들어오면 고르게 나누어 자신만 누리지 않았다. 막내아우가 의지할 데 없이 불행하게 요절하였는데, 살아 있을 때는 가르쳐 인도하였고 죽어서는 장례를 치러 주었다. 어린 조카와 홀로된 제수를 어루만지고 보호하면서 매우 가련하게 여겼다. 조카들이 배우지 못할까 걱정하여 아무리 나그네로 떠도는 와중에도 반드시 모아서 부지런히 가르쳐 재질을 이루어주었다.

종족(宗族)에도 이를 적용하여 화목함을 다하니 원근과 친소를 따질 것 없이 모두가 기뻐하였다. 때때로 술과 과일을 베풀어 모여서 정겨운 마음을 펼쳤고, 그들이 환란을 겪으면 반드시 보살피기를 극진히 하니 안팎에서 모두 의지하였다. 큰일이나 작은 일이나 모두 공에게 나아가 바로잡고 공이 명하는 대로 따랐다.

자제를 대할 적에는 사랑으로 가르치되 먼저 의로운 방법으로 하면서 학업을 엄격하게 하였고, 노비를 대할 적에는 은혜로우면서도 위엄을 세워 은혜와 신뢰를 주로 하면서 일을 감독하였다. 사람을 부릴 때에는 반드시 할 수 있는 것을 시키면서 말하기를 "만약 능력보다 지나치면 할 수 없다."라고 하였고, 일을 할 적에 반드시 처음을 도모하면서 말하기를 "만약 시작을 잘하지 못하면 반드시 후회하게 된다."라고 하였다. 그러므로 쓰이는 것을 사람들이 즐거워하였고 잘못되는 일이 없었으며, 소리를 지르거나 얼굴을 붉히지 않아도 많은 일들이 저절로 다스려졌다. 관청에서 아랫사람을 부릴 때에도 이러한 방도를 쓰니 아전과 백성들이 두려워하면서도 사랑하였고 사납고 거친 자들도 저절로 복종하였다.

성격이 본디 검약하여 경영하는 것이 없었다. 생계가 너무나 힘들었지만 편안하게 거처하였고, 고을살이할 때에도 다시금 사사로운 살림을 꾸리지 않았다. 기해년(1659, 효종10)에 묘당(廟堂)의 계책에 참여한 뒤로는 집안일을 입에 담지 않았다. 사치스러운 물건을 몸에 가까이 한 적이 없었는데, 포의(布衣)때부터 재상(宰相)에 이르기까지 언제나 똑같았다. 입고 먹는 것은 추위와 배고픔을 면하는 정도로만 하였고, 기물도 굳이 갖추지 않아 없으면 없는 대로 두었다. 비록 예복(禮服) 등 여러 가지 구비해야 할 물건 중에서 마련하지 않을 수 없는 것은 혹 남에게 빌릴 따름이었다. 임종 시 자식들에게 경계하여 염습할 때 비단 따위를 쓰지 말라고 하였다.

공은 주량이 매우 커서 많이 마셔도 어지럽지 않았고 술 때문에 일을 폐하지 않았다. 입에는 가릴 말이 없는데도[99] 더욱 화평하였고 오히려 삼가서 함부로 하지 않았다. 매번 스스로를 경계하고 남을 경계하여 '강제(剛制)' 두 글자를 취하여 자리 모퉁이에 걸어두었다. 공이 일찍이 말하기를 "사군자는 식견과 도량을 우선시해야 하니, 만약 식견과 도량이 없다면 용렬한 보통사내이니 어찌 말할 것이 있겠는가."라고 하였다. 어렸을 때에 아우와 함께 가을걷이하는 모습을 보다가 아우가 노비들의 간사한 행동을 적발하였는데, 공이 포용하는 도량이 없음을 나무

99 입에는……없는데도 : 《효경(孝經)》 〈경대부장(卿大夫章)〉에 "입에는 가릴 말이 없고 몸에는 가릴 행실이 없으면, 말이 천하에 가득하여도 잘못한 말이 없을 것이고, 행실이 천하에 가득하여도 원망과 증오가 없을 것이다.〔口無擇言, 身無擇行, 言滿天下, 無口過; 行滿天下, 無怨惡.〕"라고 하였는데, 이에 대한 당 현종(唐玄宗)의 주(注)에 "말과 행실을 모두 선왕의 법과 도를 따라서 하기 때문에 가릴 바가 없는 것이다."라고 하였다.

라면서 못 본 체하였다. 평생 다른 사람과 서로 따지는 일이 없었다. 진휼청(賑恤廳)에 있을 때에 유사(有司)가 일을 논의하는데 합치되지 않아 제법 침해하는 말이 있자 함께 자리한 자가 자못 견디지 못했다. 공이 천천히 말하기를 "이는 한 사람의 집안일이 아니니, 그대가 이렇게 하면 안 된다."라고 하자 함께 자리한 사람이 부끄러워하며 따랐다.

공이 젊어서부터 나라를 다스리고 백성을 구제하려는 뜻을 지녔기에 세상일에 마음을 두고 살펴 헤아리지 않은 것이 없었다. 효종(孝宗) 초년에 뭇 현사들이 등용되어 큰일을 하려고 하자, 공이 생각하기를 '우리나라 선유(先儒)들이 계획한 방책 중에는 율곡(栗谷) 이 선생(李先生)의 저서만한 것이 없다.'라고 하고, 그의 문집에서 가려 뽑고 조목으로 나열하여 옛날에 부합하면서도 지금 시대에 통용할 수 있는 것으로 하나의 책자를 만들어 현사들에게 보여주고 〈강거문답(江居問答)〉[100]이라고 이름 붙이니, 〈동호문답(東湖問答)〉[101]의 뜻에서 취한 것이다.

폐출되었다가 등용된 뒤로 크게 변통하여 복수하여 치욕을 갚으려는 선왕(先王 효종(孝宗))의 뜻을 도우려고 하였으나 조정 논의에 방해받아 대부분 저지되었다. 그러나 공은 흔들리지 않아 혹 이해(利害)가 민생에 절실한데 이견이 있을까 적정되면 먼저 그 실마리를 보여주어 정권을 잡은 자가 스스로 발의하기를 기다린 뒤에 결정하는 것을 도왔

100 강거문답(江居問答) : 《시남집(市南集)》 권17에 실려 있다.

101 동호문답(東湖問答) : 1569년 율곡(栗谷) 이이(李珥)가 홍문관 교리로 동호독서당(東湖讀書堂)에서 사가독서(賜暇讀書) 하면서 왕도정치에 대한 경륜(經綸)을 문답체로 서술해 선조(宣祖)에게 올린 문답서이다.

다. 이런 방식으로 논의가 많이 시행되어 일이 어그러지지 않았으니, 공도를 잡고 사사롭지 않으며 충실하고 간곡함이 이와 같았다. 일찍이 사 태부(謝太傅)의 "계책을 크게 하고 명령을 살펴 정하며, 계획을 장구히 하고 때에 따라 고한다.〔訏謨定命, 遠猷辰告.〕"[102]라는 말을 좋아하여 깊이 음미하며 읊곤 하였다.

형벌을 알맞게 시행하고 교화를 돕는 도리에 있어서는 더욱 마음을 쏟았다. 매번 여러 신하가 죄를 결정하여 아뢸 때가 되면 반드시 사건을 신중하게 처리하고 죄인을 불쌍하게 여기며 거듭 헤아려 생각할 것을 우선으로 여겼다. 일찍이 내빙감(內氷鑑)에서 임금께 바치는 배를 훔쳐 먹은 사람 세 명이 있었는데 모두 성년이 되지 않았다. 형조(刑曹)에서 열 차례에 걸쳐 신문할 것을 청하여 거의 죽을 지경이었는데 공이 임금께 아뢰어 특별히 형벌을 면제해 주었다. 여러 옥사의 중요한 결정을 내릴 때 공 덕분에 다시 심의해서 성은을 입고 석방되는 경우가 많았다.

공은 경학으로 세상에서 추앙을 받았다. 경연(經筵)에 입시하여 임금께 아뢸 때에 한결같이 임금의 마음을 바로잡고 백성을 구제하는 것으로 첫 번째 의리를 삼았는데, 효종께서 매우 가상하게 여기시어 메아리가 울리듯 서로 응하였다. 경서의 심오한 뜻이나 옛날의 의심스러운 글에 뭇사람들이 난해하게 여기는 곳이 있으면 반드시 공에게

102 사 태부(謝太傅)의……고한다 : 사 태부는 동진(東晉)의 사안(謝安)으로, 자는 안석(安石)이다. 죽은 뒤에 태부로 추증되었다. 사안의 말은 《시경》 〈억(抑)〉의 구절이다. 사안이 제자들에게 《모시(毛詩)》의 어떤 구절을 가장 좋아하냐고 물었는데, 조카 사현(謝玄)이 〈채미(采薇)〉의 마지막 구절을 좋아한다고 말했다. 이에 사안은 〈억〉의 구절이 좋다고 말하였으니, 이 구절에 풍아한 사람의 깊은 의취가 들어 있다고 여긴 것이다. 《世說新語 文學》

자문하였는데, 공이 사양하고 감당하지 않으면 임금께서 답하시기를 "글의 뜻을 개진하여 남이 모르는 부분을 깨우쳐 주는 것은 굳이 사양하지 않아도 된다."라고 하셨다.

무술년(1658, 효종9)에 세자를 모시고 강론한 날부터 금상(今上)이 번번이 몸을 기울여 경청하고 예우하는 것이 남달랐는데, 즉위하시자 공을 옥당(玉堂)에 두어 몇 년 동안 다른 직책으로 옮기지 않았으니 공에게 경연의 중임을 맡긴 것이었다. 공도 순수하게 한결된 마음으로 고문(顧問)에 대비하였고, 병고가 아니면 궁궐 숙직을 바꾸지 않았으며 일을 논하는 소장과 차자가 모두 공의 손에서 나왔다. 어느 날 인심(人心)이 위태롭고 도심(道心)이 은미하다는 설을 강론하였는데, 강론을 마친 뒤에 좌의정 홍명하(洪命夏)가 입시한 여러 공들을 돌아보며 말하기를 "오늘 경연에서 부제학 한 사람이 없었다면 글의 뜻을 아뢸 사람이 누가 있었겠는가."라고 하였다. 이는 공이 학문을 닦은 것이 먼저 성명(性命)을 따라 관통하였기 때문에 견해가 시원스러웠으니 실로 홀로 터득한 견해가 많았다.

스스로 말하기를 "약관(弱冠)의 나이부터 율곡(栗谷)과 우계(牛溪)가 이기(理氣)에 대해 주고받은 편지를 익숙하게 반복하여 읽었지만 그 요체를 얻지 못하여, 마침내 퇴계(退溪)와 고봉(高峯)의 설까지 아울러 구해다가 반복하였다. 깊이 생각하고 연구를 거듭하면서 침식을 잊기도 했는데, 오랜 시간이 지나서야 비로소 그 본말을 알게 되었다. 이로부터 실제적인 학문에서 모두 스승의 도움을 받지 않고도 큰 의리를 통달하였는데, 처음부터 끝까지 힘을 얻은 것은 《논어》와 《맹자》에서였다."라고 하였다.

한가롭게 지낼 때에 경적(經籍)을 거듭 익히며 밤낮으로 멈추지 않았는데 깨달음이 있으면 곧바로 기록해 두었다. 특히 역대 역사서에서 고금의 치란(治亂)과 인물의 출처(出處)에 대해 익혀서 눈과 마음에 분명하지 않은 것이 없었다. 성경(星經)·감여(堪輿)·의약(醫藥)·복서(卜筮)·음양(陰陽)·이수(理數)의 설에 이르기까지 한 번 보면 곧바로 이해하여 그 심오한 뜻을 통달하였으니, 아무리 방술(方術)에 노련한 자일지라도 모두 추앙하면서 미칠 수 없다고 여겼다.

공은 역학(易學)을 매우 깊게 공부하였다. 유생이 되어 명경과(明經科)에 응시할 때부터 이미 정밀한 의리에 밝게 통달하였다. 일찍이 나를 위해 《역학계몽(易學啓蒙)》을 강론하다가 문왕(文王)의 후천팔괘(後天八卦)[103]에 이르러 말하기를 "이 부분은 내가 일찍이 의심스러웠던 곳이니 감히 그대에게 억지로 풀이할 수 없다."라고 하였으니, 공은 의심스러운 부분이 있으면 결정하여 드러내지 않았던 것이다. 내가 몇 년 동안 탐구한 다음 〈설괘전(說卦傳)〉의 삼색(三索)에 대한 설을 취하여 그림을 그리고[104] 질정하여 말하기를 "아마도 이 부분이

103 문왕(文王)의 후천팔괘(後天八卦) : 송나라 소옹(邵雍)이 복희씨(伏羲氏)의 역을 선천역(先天易)이라 하여 〈선천팔괘도(先天八卦圖)〉를 짓고, 문왕(文王)의 역을 후천역(後天易)이라 하여 〈후천팔괘도(後天八卦圖)〉를 지었다. 문왕의 후천팔괘에서 양괘는 건(乾)·진(震)·감(坎)·간(艮)이고, 음괘는 곤(坤)·손(巽)·리(離)·태(兌)이다. 복희의 선천팔괘에서 양괘는 건·태·리·진이고, 음괘는 손·감·간·곤이다.

104 설괘전(說卦傳)의……그리고 : 《노서유고(魯西遺稿)》 권13 〈후천도설(後天圖說)〉에 그 내용이 보인다. 삼색(三索)은 팔괘 가운데 건괘(乾卦)와 곤괘(坤卦)를 부모로 하여 나머지 여섯 괘가 생겨난다는 것이다. 《주역》 〈설괘전〉 제10장에 "건(乾)은 하늘이므로 부(父)라 칭하고, 곤(坤)은 땅이므로 모(母)라 칭하고, 진(震)은 첫 번째로 구하여 남(男)을 얻었으므로 장남(長男)이라 이르고, 손(巽)은 첫 번째로 구하여 여(女)를 얻었으므로 장녀(長女)라 이르고, 감(坎)은 두 번째로 구하여 남을 얻었으므로

후천설(後天說)의 본령으로, 주자(朱子)의 괘변도(卦變圖)는 이것을 따라 부연한 것인 듯하다."라고 하였다. 공은 대번에 믿지는 않으면서도 또한 아니라고 하지는 않았다. 계묘년(1663, 현종4) 겨울에 공의 서울 집에 방문하여 "후천의 변화에 체(體)와 용(用)이 있다."[105]라고 한 몇 마디 말을 간략히 나누고 헤어지면서 훗날 공이 헤아려 확정짓는 힘을 얻기를 바랐는데, 공은 이미 병이 들었다.

아, 공이 조정에서 벼슬한 것이 30여 년이었으나 중간에 버림받아 쓰이지 않은 세월이 전후로 거의 20년이고 조정에서 편안히 지낸 기간은 고작 6, 7년이었다. 만년에 융성한 시기를 만나 군국(軍國)의 정사에 발탁되었으니 성상의 뜻이 실로 의탁한 바가 있었고, 공도 감격하여 보답하려 했는데 중도에 임금께서 붕어하여 세상일이 크게 잘못되었다. 함께 나아갔던 자들은 모두 함께 물러났으나 공은 스스로 '받은 은총이 비상하고 새로 즉위하신 임금도 밝으신 데다 나랏일이 매우 위태로우니 차마 떠나지 못하겠다.'라고 생각하고는 새로운 임금에게 충성을 다하면서 선왕의 남다른 대우에 보답하려고 하였다. 그러나 마음 한편에는 산골짜기에 살기를 잊지 않아, 작별할 때 내게 말하기를 "내가 지금 병으로 사직하였으니 강가로 나가 선영으로 방향을 돌렸다

중남(中男)이라 이르고, 이(離)는 두 번째로 구하여 여를 얻었으므로 중녀(中女)라 이르고, 간(艮)은 세 번째로 구하여 남을 얻었으므로 소남(少男)이라 이르고, 태(兌)는 세 번째로 구하여 여를 얻었으므로 소녀(少女)라 이른다."라고 하였다.

105 후천의……있다 : 《노서유고(魯西遺稿)》 권16 〈달천당기(達天堂記)〉에 "선천(先天)은 바로 생(生)이며, 체(體)이고, 후천은 바로 극(克)이며 용(用)이다. 후천의 변화에 또한 체와 용의 두 길이 있으니, 삼색(三索)은 체이고 팔궁(八宮)은 용이다."라고 하였다.

가 호산(湖山)으로 돌아가 은거하고 다시 몇 년 동안 한가롭게 지내면서 옛날 금산(錦山) 산골에서의 교유를 이어가려 하니, 계획은 이미 정해졌네."라고 하였다. 그러나 병은 끝내 고치지 못했고 뜻은 끝내 이루어지지 못했으니, 사림이 이 때문에 탄식하였다.

공은 문장에 오로지 힘을 쓰지는 않았지만 사부(四部)와 백가(百家)를 관통하지 못한 것이 없었다. 그가 책을 본 것은 문자만을 따지고 깊은 뜻을 깨닫지 못하는 다른 사람들에 비할 바가 아니다. 반드시 먼저 한 편의 큰 의미를 총괄하여 그 맥락을 고찰하고 귀결점을 탐구했기 때문에 한 번 본 것은 죽을 때까지 기억하였다. 일찍이 말하기를 "내가 기억력이 남보다 크게 뛰어나지 못하지만 오래 지나도 잊지 않는 것은 조금 잘한다."라고 하였다. 글을 지을 때 막힘없이 잘 통하는 것을 주장하여 원고를 거듭 고치지 않았고, 논의하는 글에 더욱 장점이 있었으나 문사(文辭)로 의리를 이기지 않았다. 시(詩)에서는 경물을 대하여 감회를 쏟았지만 심하게 뜻을 붙이지는 않았다. 항상 말하기를 "시는 공교롭고 화려한 것을 귀하게 여기지 않으니, 이렇게 하는 데에 마음을 두면 성정(性情)이 흘러나오는 것이 아니다."라고 하였다.

평상시에 무익한 글을 지은 적이 없었다. 궁궐을 출입하면서 강론하거나 임금께 아뢰는 등의 글은 진실로 이미 역사서에 적혀 있거니와, 쫓겨나고 한가롭게 물러났을 때에 경치를 만나 주고받은 작품에 이르러서도 모두 사실을 기록하고 뜻을 말한 것이 입언(立言)[106]과 시사(詩史)[107]의 법도를 저절로 본받았다. 약간의 책이 집에 소장되어 있다.

106 입언(立言) : 후세에 교훈이 될 만한 말을 하거나 글을 지는 것을 말한다. 《春秋左氏傳 襄公24年》

정부인(貞夫人) 전주 이씨(全州李氏)는 세종대왕(世宗大王)의 9세손으로, 그의 부친은 산악(山岳)이다. 3남을 두었으니, 맏아들 명윤(命胤)은 문과에 급제하여 정언(正言)에 올랐고, 둘째아들 명필(命弼)은 진사시에서 장원으로 합격하였고, 셋째아들은 명흥(命興)이다. 1녀를 두었으니, 윤구(尹捄)에게 시집갔다. 명윤은 장령(掌令) 윤형성(尹衡聖)의 딸에게 장가들어 1남 1녀를 낳았으니, 아들은 상기(相基)이고 딸은 송무석(宋茂錫)에게 시집갔다. 명필(命弼)은 목사(牧使) 민도(閔燾)의 딸에게 장가들어 1남 2녀를 낳았으니, 아들은 경기(敬基)이고, 맏딸은 이후곤(李厚坤)에게 시집갔다. 명흥은 참판(參判) 윤문거(尹文擧)의 딸에게 장가들어 2남 2녀를 낳았으니, 아들은 하기(夏基)와 진기(晉基)이고, 딸들은 어리다. 자손록(子孫錄)은 추가로 기록하였다.

나는 젊어서부터 공과 교유하였고 만년에 또 석호(石湖) 형을 따라 공과 함께 적막한 물가에서 어울리며 평생토록 사우(師友) 간으로 대하였다. 지금 공의 아들들이 내가 공을 깊이 알 것이라고 생각하여 그 사실을 기록하게 하여 작자(作者)에게 명(銘)을 요청하겠다고 한다. 내가 본디 문자를 익히지 못하여 군자의 빛을 발휘할 수 없지만 의리상 사양할 수 없어 졸렬함을 잊고 다만 한두 가지 일을 기록하여 덕을 아는 사람이 채택해 주기를 기다린다.

파평(坡平) 윤선거(尹宣擧)[108]가 삼가 행장을 쓰다.

107 시사(詩史) : 시의 역사라는 뜻으로, 사회적 사건을 마치 사관(史官)처럼 기록하면서 역사적인 의미를 그 속에 담은 시 작품을 말한다.

108 윤선거(尹宣擧) : 1610~1669. 본관은 파평(坡平), 자는 길보(吉甫), 호는 미촌(美村)·노서(魯西), 시호는 문경(文敬)이다. 저서에 《노서유고(魯西遺稿)》, 《가례원류(家禮源流)》 등이 있다.

시남집

부록 제2권

음기 陰記

비명 碑銘

묘지명 墓誌銘

묘표음기
墓表陰記

시남공(市南公)이 세상을 떠난 지 이제 벌써 4년이 되었다. 아, 시남공이 어찌하여 여기에 그친 것인가. 공이 세상에 태어날 때 별자리의 조짐이 드러났었고, 죄를 받아 귀양을 갔다가 사면을 받았을 때에도 또 모두 먼저 조짐이 있었으니, 공은 참으로 천도(天道)와 관련된 사람이다. 그가 태어날 때 큰일을 할 것 같았는데 도리어 중도에 멈추게 되어, 조정 신하와 초야의 사람들로 하여금 예외 없이 눈물을 흘리고 추모하면서 오래되어도 사그라지지 않게 하니 그 무슨 까닭인가.

아, 천도는 알 수 없지만 오직 알 수 있는 것은 공의 큰 절개이다. 그 큰 절개는 남들이 알 수 있으나 그 인(仁)한 마음은 아는 사람이 혹 드물다. 공이 사람을 사랑하고 만물을 구제하는 마음은 하늘에서 부여받은 본성이다.

벼슬에 나가자마자 큰 난리를 만났는데[1] 곧바로 자신의 낮은 지위와 미천함을 잊고 강개하고 분격한 나머지 적을 방어하고 목숨을 바치는 도리에 대하여 힘껏 진달하되 간곡하게 아뢰기를 반복하여 여러 차례 상소하기를 그치지 않았다. 고립된 성에서 위급할 때에도 오히려 싸우고 수비하는 급무에 대해서 조목별로 아뢰었고, 묘당의 의론이 세자를

1 벼슬에……만났는데 : 유계는 1633년(인조11) 문과에 급제하고 1636년 시강원 설서(侍講院說書)에 제수되었는데, 이해 겨울에 갑자기 청(淸)나라 오랑캐의 침략이 있었다. 《市南集 附錄 卷2 神道碑銘》

오랑캐의 진영으로 가게 하려고 했을 때에는 공이 또 눈물을 흘리며 목숨을 걸고 간쟁하여 그 일을 주관한 자를 서둘러 참수할 것을 청하였다. 이윽고 또 일을 주관한 사람이 오랑캐의 말만을 들을 것을 염려하여 또한 임금께 나아가 말하기를 "적 칸(汗)이 이미 조칙을 내려 효유(曉諭)한다는 것을 명분으로 삼았으므로 틀림없이 양성(兩聖 인조와 세자)께서 성을 나오기를 요구할 것입니다. 어찌 그 말을 따르겠습니까. 직접 성문으로 행차하시어 그 글을 불사르고 반드시 사수(死守)하는 의리로 신민들을 설득하소서."라고 하였다. 오랑캐가 척화(斥和)를 주장한 몇몇 사람을 요구하자 십수 명의 사람으로 거기에 응하려고 하였는데, 공은 또 그 의론을 주도한 자를 참수하라고 청하면서 또 말하기를 "신이 차라리 진동(陳東)처럼 죽을지언정[2] 이 무리들과 함께 살고 싶지 않습니다."라고 하였다.

공은 조그만 몸으로 충의(忠義)를 떨치면서 처음부터 끝까지 지킨 주장이 잠깐 사이에 나온 것처럼 변함이 없었다. 세자가 임금을 따라 맹단(盟壇)에 이르렀을 때 일을 주관하는 사람이 궁료(宮僚)를 질타하여 들어오지 못하게 하였는데, 공이 홀로 용감히 나서며 말하기를 "군부(君父)가 불측한 곳으로 가시는데 어찌 차마 물러서 있겠는가."라고 하였다. 세자가 북쪽으로 떠날 때 공은 스스로 '이미 한 목숨을 바치지 못했으니 오직 먼길을 죽을 각오로 따를 뿐이다.'라고 생각하였고, 세

2 진동(陳東)처럼 죽을지언정 : 진동(1086~1127)은 송(宋)나라 사람으로, 흠종(欽宗) 때 금(金)나라의 침략에 대항하여 척화론(斥和論)을 주창한 이강(李綱)이 파직당하자, 유생 수만 명을 이끌고 글을 올려 복직하게 하였다. 또 고종(高宗) 때 이강이 조정에서 떠나게 되자 글을 올려 유임(留任)시키기를 청하였다가 황제의 노여움을 사서 사형 당했다. 《宋史 卷455 陳東列傳》

자 또한 자신을 따르게 하고 싶었는데, 성상께서 엄중한 뜻으로 윤허하지 않으시니 공은 말고삐를 잡고서 앞에 가다가 통곡을 하며 사직하고 물러났다.

곧바로 망언을 했다는 이유로 임천(林川)에 유배되었다가 3년 뒤에 사면을 받았다. 금산(錦山)의 마하산(麻霞山) 아래로 들어가 마침내 서실을 짓고서 거처하면서 '산천(山泉)'이라고 이름하였다. 매일 같이 사우(士友)들과 강론하기를 멈추지 않았고, 때로는 향음례(鄕飮禮)와 향사례(鄕射禮)를 행하였다. 사례(四禮)는 한결같이 문공(文公 주희(朱熹))이 남긴 법을 따랐으니 훌륭하여 매우 볼만하였다.

얼마 뒤 서용되어 복직되자 공이 사은숙배하기 위해 서울로 가려고 하였는데 벗 중에 간혹 만류하는 이가 있었다. 공이 말하기를 "이미 벼슬길에 나아가 임금을 섬긴 이상 있는 곳에 따라 목숨을 바쳐야 하네."라고 하였다. 조정에 들어가서 보니 당시의 의론이 단지 봉록과 지위만을 영화롭게 해주려고 하였으므로 공이 마침내 손을 떼고 돌아왔다. 그때 마침 효종대왕께서 세자의 자리에 오르게 되자 드디어 힘써 책례(冊禮)에 나아갔는데 임금께서 전조(銓曹)에 명하여 공을 청요직에 의망하지 말도록 하니, 공은 마침내 고개를 숙이고 현(縣)을 다스리게 되었다.[3] 옥당(玉堂)에 들어가서는 마음을 다스리고 병을 보양하는 방도와 떨치고 분발하며 단련하는 방책을 힘껏 말하였다.

인조께서 승하하자 공은 경서의 뜻을 인용하여 《오례의(五禮儀)》의 소략한 부분을 바로잡았다. 이윽고 일찍이 논했던 대행대왕의 휘호문

3 현(縣)을 다스리게 되었다 : 유계가 무안 현감(務安縣監)으로 가게 된 것을 말한다. 《承政院日記 仁祖 24年 4月 12日》

제로 임금의 뜻에 거슬려 크게 추궁당할 뻔하였는데 김 문경공(金文敬公)[4] 등 여러 현신의 도움으로 사태가 조금 완화되어 경인년(1650, 효종1) 10월에 마침내 온성(穩城)으로 유배되었다가 다음 해에 내지(內地)로 옮겨왔고, 또 다음 해에 석방되었다. 공은 호서 지역에서 두문불출하며 강학에 전념하여 덕이 더욱 진보되고 명성은 더욱 높아졌으니 실로 백성의 기대를 받았다. 무술년(1658)에 임금께서 여러 신하의 말을 듣고 버려진 사람을 기용하면서 공을 등용하였는데, 몇 개월 사이에 등급을 뛰어넘어 승진시키고 비변사(備邊司)를 겸하여 관장하게 하여 가까이 두셨다. 공이 성상의 은혜에 감격하여 정성과 힘을 다하여 왕실을 도왔고, 임금 또한 공에 대한 총애가 날로 융성해졌는데 갑자기 성상이 승하하는 애통함을 만났다. 공은 하늘을 부르짖고 망극해하면서 살고 싶은 뜻이 없는 사람 같았는데, 또한 세자의 나이가 어려 국사가 안정되지 못할까 근심하여 더욱 마음과 힘을 다하여 감히 조금도 게을리하지 않았으나 공이 병에 들었다.

아, 공은 강가에 집을 짓고 날마다 경사(經史)를 대하여 가슴 속에 천고(千古)의 마음을 간직하여 자신이 늙어가는 줄도 알지 못하였으니 이 즐거움을 무엇과 바꿀 수 있겠는가. 그렇지만 도리어 이것을 버리고 본조(本朝)에서 벼슬하였는데, 원대한 계책을 세울 때에는 걸핏하면 방해를 받았고 종적에 대한 혐의로 남들의 시기를 면치 못하였다. 공이 서둘러 은거해서 학문을 연구하는 삶을 모르지 않았지만 오직 국가를 돌아보고 민생을 염려한 나머지 진실로 조금이라도 보탬이 될만한 것

4 김 문경공(金文敬公) : 김집(金集, 1574~1656)으로, 본관은 광산(光山), 자는 사강(士剛), 호는 신독재(愼獨齋)이다. 아버지는 사계(沙溪) 김장생(金長生)이다.

이 있으면 자신의 노고를 꺼리지 않았다. '군주를 낮추고 종통을 두 갈래로 나눈다'는 설[5]은 진실로 사류(士類)들의 화근이 되었는데 공은 또 멀리 내다보고 깊이 근심하여 말로써 물리치고 붙들면서 어육이 낭자한 참혹함을 없게 하였으니, 참으로 이른바 '마음과 몸을 다 바쳐서 나랏일에 이바지하여 죽은 뒤에야 그만둔다'는 것이다. 아, 그 마음이 어질다고 할 수 있지만, 어찌 세상 사람들이 아는 바이겠는가. 공의 평생을 추적해보면 공은 실로 하늘이 세상에 내놓고서 그 쓰임을 다하지 못한 인물일 것이다.

공은 갑진년(1664, 현종5) 2월 25일에 58세로 운명하였다. 그 당시에도 반드시 불길한 별이 있었을 텐데 사람들이 살피지 못한 것인가. 공은 수십 년 동안 경전뿐만 아니라 제가(諸家)에도 섭렵하였으니 그 덕을 진보하고 학업을 닦을 때 실로 여기에서 힘을 얻은 것이 많았다. 특히 경세제민(經世濟民)에 마음을 두었는데 그 논술한 바는 모두 공허한 말이 아니어서 훗날의 군자가 오히려 가져다가 시행할 만하다. 아, 공은 통달한 재주와 깊은 학문을 소유한 자라고 이를 만하다. 저술에는 〈강거문답(江居問答)〉, 《가례원류(家禮源流)》, 《여사제강(麗史

5 군주를……설 : 1659년(현종 즉위년) 예송(禮訟)으로 논쟁할 당시 송시열(宋時烈)과 윤휴(尹鑴)가 효종의 상복 문제를 두고 대립하였을 때 윤휴가 했던 말을 가리킨다. 송시열은 인조의 계비인 조 대비(趙大妃)가 이미 효종의 형이며 인조의 장자인 소현세자(昭顯世子)를 위해 장자복(長子服)을 입었기 때문에 효종을 위해서는 서자복(庶子服)을 입어야 한다고 주장하였다. 《宋子大全 卷26 大王大妃服判議》 이에 대해 윤휴가 효종은 인조의 자리를 이어받아 임금이 되었으니 당연히 장자복을 입어야 한다면서 송시열이 효종을 서자라 한 것은 '종통을 낮추고 지존(至尊)을 깎아내리는 것〔卑宗夷尊〕'이라고 공격하였다. 《白湖集 卷6 引黃世禎疏辭職疏》

提綱)》과 시문 약간 권(卷)이 집안에 보관되어 있다.

공의 휘는 계(棨), 자는 무중(武仲), 성은 유씨(兪氏), 호는 시남(市南), 본관은 기계(杞溪)이다. 시조 의신(義臣)은 신라의 신하로서 고려 조정에서 벼슬하지 않았다. 증조인 함(涵)은 진사로서 찬성(贊成)에 추증되었고, 조(祖)인 대경(大儆)은 군수로서 이조 판서에 추증되었으며, 부친인 양증(養曾)은 참봉으로서 이조 참판에 추증되었는데, 모두 넓은 도량과 순수한 행실이 있었다. 비(妣) 남씨(南氏)는 영특하고 현숙함이 남보다 뛰어났으니, 그 부친은 참판 이신(以信)이다. 공은 전주 이씨(全州李氏)에게 장가들었는데 세종대왕의 9세손으로, 부친은 산악(山岳)이다. 부인은 성품이 매우 효성스럽고 신중하였으므로 시어머니가 '나를 잘 섬긴다'라고 칭찬하였다. 항상 가난한 살림을 다스려 공을 섬겼고, 귀해진 뒤에는 조금도 누를 끼치지 않았으며, 자식들을 가르칠 때는 법도가 있었다. 정미년(1667, 현종8) 12월에 60세의 나이로 17일 세상을 떠났다. 낳은 아들로 명윤(命胤)은 문과에 급제하여 시종신이고, 명필(命弼)은 사마시(司馬試)에 장원으로 합격하였고, 막내는 명흥(命興)이다. 딸은 윤구(尹捄)의 아내가 되었다. 명윤은 아들 상기(相基)를 낳았고, 딸 하나는 아직 시집가지 않았다. 명필은 1남 2녀를 두었는데 모두 어리다.

아, 내가 어찌 차마 내 벗의 명문(銘文)을 쓰겠는가. 그 평생에 있었던 상세한 일은 태사씨(太史氏)의 행장(行狀)과 신도비가 있을 것이니, 내가 차마 하지 못할 뿐만 아니라 굳이 군더더기 말을 덧붙일 필요도 없다. 그러므로 묘표(墓表)에 그 대략을 적으니 사우(士友)와 문인들이 그 앞면에 '시남 선생의 묘'라고 썼다.

신도비명 송시열

神道碑銘 宋時烈

기계 유씨(杞溪兪氏)는 시조(始祖) 의신(義臣)으로부터 명족(名族)이 되었다. 그러나 그 학문과 절의와 문장은 비로소 공으로부터 모두 갖추게 되었다. 공의 휘는 계(棨), 자는 무중(武仲), 자호(自號)는 시남(市南)이다. 민첩함이 보통 사람보다 뛰어났으므로 아주 어릴 적부터 이러한 학문을 지닐 줄을 알았다. 천계(天啓) 계해년(1623, 인조1) 17세 때와 병인년(1626)에 연달아 어머니와 아버지의 상을 당했는데, 공이 형제들에게 말하기를 "한 가지라도 스스로 다하지 못한다면 나중에 후회해도 소용이 없다."라고 하고는, 마침내 사계(沙溪) 김 선생(金先生)[6]에게 나아가 상례(常禮)와 변례(變禮)에 대해 질문하였다. 얼마 뒤 여묘(廬墓)에서 지내면서 예서(禮書)를 읽고 성리학에 대한 여러 글까지 연구하였다. 공은 10세부터 이치와 문사(文詞)에 대하여 이미 성대하게 진보하였는데 6, 7년 동안 학문에 침잠하여 갈고 닦으니 사람들이 더욱 경술(經術)로 추앙하였다.

숭정(崇禎) 경오년(1630)에 진사(進士)가 되었고, 계유년(1633)에는 문과(文科)에 급제하여 승문원(承文院)에 소속되었으며, 겸하여 마승(馬丞 역승(驛丞))이 되었다. 병자년(1636)에 천거되어 승정원 주서에 제수되었다가 시강원 설서로 옮겼다. 겨울에 청(淸)나라 오랑캐가

6 사계(沙溪) 김 선생(金先生) : 김장생(金長生, 1548~1631)으로, 본관은 광산(光山), 자는 희원(希元), 호는 사계, 시호는 문원(文元)이다.

갑자기 쳐들어와 임금께서 강화도(江華島)로 거둥하려 하였는데, 공이 급히 남한산성을 수리하고 세자(世子)를 분조(分朝)할 것을 서둘러 말했으나 답을 받지 못했다. 오랑캐가 깊숙이 침략해 오자 또 글을 올려 숙위군(宿衛軍)을 나누어 보내 요충지를 장악해야 한다고 청하였으나, 또 답을 받지 못했다. 사세가 더욱 급박해지자 대가(大駕)가 창졸간에 마침내 남한산성으로 들어가게 되었는데, 세자께서 밤을 이용하여 도망칠 계획을 은밀히 말씀하였다. 공이 위험하다고 여기고 급히 대신(臺臣)을 만나서 그것은 좋은 계책이 아니라고 힘껏 말하였다. 이때 성을 지키는 의론이 이미 결정되었으나 불안해하며 계책을 내지 못하므로 공이 개탄하며 동지와 함께 싸워 지킬 급선무를 조목별로 진술하였다. 그러나 대신(大臣)들은 논의하며 왕세자를 오랑캐의 요구대로 보내고자 하므로 공이 서둘러 동료들과 함께 입대(入對)하여 격분하여 눈물을 흘리며 아뢰기를 "북송(北宋)이 만일 금(金)에 땅을 떼어 주자고 한 이방언(李邦彦) 등을 베어 죽였다면 틀림없이 위급한 화(禍)가 없었을 것입니다.[7] 전하께서도 오늘날 서둘러 왕법(王法)을 바로잡지 않는다면 대의(大義)가 밝아지지 않아서 사기(士氣)를 진작시킬 수 없을 것입니다."라고 하였는데, 임금께서 말씀하기를 "나라의 일이 이 지경에 이르렀으니, 여러 말 하지 말라."라고 하였다.

이윽고 오랑캐가 보낸 글이 너무나도 패악하고 거만하였는데, 화친을 주장하는 자가 항서(降書)를 쓰니 김 문정공(金文正公 김상헌(金尚

7 북송(北宋)이……것입니다 : 송나라 흠종(欽宗) 때 금(金)나라의 침입을 받자, 종사도(種師道)와 이강(李綱)은 모두 싸우고자 하였고 이방언(李邦彦, ?~1127)과 오민(吳敏) 등은 강화를 주장하였다. 《宋史 卷352 李邦彦列傳》

憲))이 통곡하면서 그 글을 찢어 버렸다.[8] 공이 다시 입대하여 청하기를 "친히 성문에 나아가서 오랑캐의 글을 불사르고 우리 군사와 백성에게 반드시 싸우다가 죽겠다는 의리로 일깨우시면 혹 회복될 가망이 있을 것입니다."라고 하였다. 공이 국서(國書)에 차마 모 자(某字 신(臣) 자)를 쓰지 못하고 목숨을 걸고 간쟁하려고 하였는데 사람들에게 저지당하여 실행하지 못했다.

오랑캐가 또 척화신(斥和臣)을 색출하게 하자, 논의하는 자들이 또 척화신 수십 명을 잡아다가 오랑캐의 군전(軍前)으로 보내려고 하였는데, 공이 급히 상소(上疏)하여 아뢰기를 "북송(北宋) 말년에도 없었던 일을 도리어 오늘날에 보게 될 줄 생각이나 했겠습니까. 사람들은 더러 밖으로 오랑캐의 세력을 끼고서 그 사사로운 마음을 펼치려 한다고 말하던데, 지금 과연 그 말이 증명되었습니다. 전하께서도 처음에는 광해군(光海君)이 오랑캐와 서로 내통한 것을 하나하나 열거하여 나무라셨습니다. 지금 척화하는 자에게 무슨 죄가 있습니까. 천지의 상경(常經)을 알고 있을 뿐입니다. 그런데 저 화친을 주장하는 자들이 감히 세자를 협박하여 오랑캐의 소굴에 던져 넣고 싶으나 그 죄가 무겁다는 것을 스스로 알고 있으므로 만약 애당초의 계책을 속히 실행하지 못하면 목숨도 보존하지 못할 것이라고 생각한 것입니다. 그러므로 오랑캐

8 화친을……버렸다 : 병자호란 당시 남한산성에서 최명길(崔鳴吉)이 항복하겠다는 국서를 쓴 뒤 청의 진영에 가져가려 하자 김상헌(金尙憲)이 보고서 그 종이를 찢어버리고는 입대(入對)하여 아뢰기를 "명분이 정해진 뒤에는 저들이 군신(君臣)의 의리를 요구할 것이고, 그 다음에는 성에서 나올 것을 요구할 것이며, 한번 성문을 나서게 되면 또한 북쪽으로 행차하게 되는 치욕을 면하기 어려울 것입니다."라고 설득하며 주벌하기를 청하였다. 《仁祖實錄 15年 1月 18日》

의 세력이 약할 때에는 시일을 끌면서 사기(事機)를 저지하다가 저 도적의 지원군이 대거 도착한 뒤에는 의심하고 두려워하며 싸우지는 못하고 괜히 공갈을 부리면서 성상의 마음을 동요시켜서 반드시 우리 양성(兩聖 인조와 세자)에게 청의(青衣)를 입게 하고자 하면서,[9] 또한 이 기회를 이용하여 한 시대의 명류(名流)들을 다 제거하고자 합니다. 신은 백마(白馬)의 화(禍)가 청성(青城)의 치욕에 아무런 보탬이 되지 못할 것을 알고 있습니다.[10] 신은 차라리 진동(陳東)처럼 죽을지언정[11]

9 우리……하면서 : 인조와 세자를 청나라의 포로로 삼고자 한다는 말로, 진 회제(晉懷帝)가 오랑캐 유총(劉聰)의 포로가 되어 연회에서 청의를 입고 술을 따르는 치욕을 당한 데서 나온 말이다. 《晉書 卷5 孝懷帝紀》

10 백마(白馬)의……있습니다 : 백마는 황하(黃河) 강가의 역(驛)으로, 당(唐)나라 소선제(昭宣帝) 때 주전충(朱全忠)이 당시의 명사인 배추(裵樞) 등 수십 명을 살해하여 시체를 황하에 내버렸는데, 그의 좌리(佐吏) 이진(李振)이 "이들은 스스로 청류(淸流)라 하였으니 흐린 황하에 던져 넣어 영원히 탁류(濁流)로 만들어야 합니다." 하니, 주전충이 웃으면서 허락했던 고사를 말한다. 《新唐書 卷140 裵遵慶列傳 裵樞》 청성(靑城)은 북송(北宋) 때 재궁(齋宮)으로, 하남성(河南省) 개봉현(開封縣)에 있었다. 금(金)나라가 쳐들어와 청성에 군대를 주둔하고 휘종(徽宗)과 흠종(欽宗)의 항복을 받아냈는데, 휘종과 흠종은 이곳에서 포로로 잡혀가 흑룡강 주위에 있는 오국성(五國城)에 갇혀 있다가 죽었다. 또한 후에는 금나라의 말제(末帝)가 청성에서 원(元)나라의 포로가 되었다. 《宋史 卷22 徽宗本紀, 卷23 欽宗本紀》《金史 卷18 哀宗下》 여기서는 조선의 임금이 청나라의 포로가 되는 것이 국가에 아무 보탬이 되지 않는다는 말이다.

11 진동(陳東)처럼 죽을지언정 : 진동(1086~1127)은 송(宋)나라 사람으로, 흠종(欽宗) 때 금(金)나라의 침략에 대항하여 척화론(斥和論)을 주창한 이강(李綱)이 파직 당하자, 유생 수만 명을 이끌고 글을 올려 복직하게 하였으며, 고종(高宗) 때 이강이 조정에서 떠나게 되자, 또 글을 올려 유임(留任)시키기를 청하였다가 황제의 노여움을 사서 사형 당했다. 《宋史 卷455 忠義列傳 陳東》 유계가 척화를 주장하는 편에 서 있기 때문에 진동의 고사를 인용한 것이다.

그들과 함께 살고 싶지 않습니다."라고 하였다. 대가(大駕)가 세자(世子)와 함께 맹단(盟壇)에 이르자 오랑캐가 10여 명만 배종(陪從)하도록 하니 공이 말하기를 "군부(君父)가 호랑이의 소굴로 들어가시는데, 어찌 배종하지 않을 수 있겠는가?"라고 하고, 마침내 두려움을 무릅쓰고 들어가 세자를 따라 주선(周旋)하였다.

세자가 북쪽으로 떠나게 되었을 때 공이 스스로 생각하기를 '내가 이번에 죽지 않았으니 오직 세자를 따라가서 죽을 뿐이다.'라고 하였고, 세자 또한 공이 스스로 따라가기를 청할 것이라고 생각했는데 상이 엄한 교지(敎旨)를 내려서 허락하지 않았다. 또 '만약 이 사람을 보내면 틀림없이 나라를 팔아먹는 일이 있을 것이다.'라는 말도 있었다. 세자가 북행길을 떠나게 되었을 때 공이 말고삐를 잡고 수백 보를 호종하다가 통곡하면서 절하고 하직하니, 세자도 눈물을 흘렸다.

공이 돌아와 대궐 밑에서 명을 기다렸는데 척화인(斥和人)의 죄를 다스리라는 명이 내려져 공이 임천(林川)에 유배되었다. 공은 이때부터 세상사에 관심을 끊고 오직 경적(經籍)만을 읽으며 즐기다가 3년이 지난 기묘년(1639, 인조17)에 사면을 받았다. 마침내 금산(錦山)의 마하산(麻霞山) 밑에 집을 짓고 날마다 사우(士友)들과 함께 아침저녁으로 경전을 강송(講誦)하였다.

갑신년(1644)에 다시 서용되어 주서(注書)에 복직하였고 이어서 사국(史局)의 천거가 있었으나 사양하였다. 마침내 전적(典籍)으로 승진하고 병조 좌랑(兵曹佐郎)으로 옮겨갔으나 곧 고향으로 돌아왔다. 이어 전라 도사(全羅都事)에 제수되었으나 부임하지 않았다. 당시 효종대왕(孝宗大王)께서 세자로 책봉되었는데, 공에게는 마침 예조 정랑(禮曹正郎)과 삼자함(三字銜 지제교(知製敎))을 겸하라는 명이 있었다.

이 때문에 세자 책례(冊禮)에 나아가지 않을 수 없었으므로 마침내 조정으로 돌아왔다. 명에 따라 호서(湖西)에서 선비들을 시험 보였고, 전조(銓曹)에서 연달아 청요직에 의망(擬望)되었는데 공이 당(黨)을 비호한다며 상이 배척하였으나 조석윤(趙錫胤) 공이 차자를 올려서 그렇지 않다고 논변하였다.[12]

병술년(1646, 인조24) 봄에 협중(峽中 충청도 이산(尼山))에서 반란의 경계[13]가 있자, 가족을 거느리고 다시 임천(林川)으로 돌아왔다. 얼마 뒤 무안 현감(務安縣監)에 제수되어, 정사를 엄하고 명확하게 하면서도 인자함과 관용을 베풀었고 좋아함과 미워함을 분명히 하여 선비의 습속을 바르게 하였다. 사송(詞訟)에 있어서는 경서(經書)를 인용하고 예문(禮文)을 근거로 하였으므로 이민(吏民)들이 경외하면서 사랑했고 가까운 고을의 수재(守宰)까지도 두렵게 여겨 감히 그른 일을 하지 못하였다.

무자년(1648)에 벼슬을 그만두고 돌아왔고, 기축년(1649) 봄에 홍문관 수찬(弘文館修撰)에 제수되자 대궐에 나아가 사양하는 소장을 올리고, 이어 마음을 다스려 병통을 보양하는 방법을 극론하였다. 또 큰 뜻을 분발하려면 마땅히 경연(經筵)에서부터 시작해야 한다고 말하였는데 그 대략에 "전하께서는 뛰어난 영무(英武)로 커다란 공렬을 세

12 조석윤(趙錫胤)……논변하였다 : 조석윤(1606~1655)의 본관은 배천(白川), 자는 윤지(胤之), 호는 낙정재(樂靜齋), 시호는 문효(文孝)이다. 유계가 척화를 주장했던 일로 인해 유배를 당했을 때 그 억울함을 풀어주기 위해 노력하였으며 이 일로 파직이 되기도 하였다. 《承政院日記 孝宗 1年 11月 3日・5日》

13 병술년……경계 : 1646년 3월, 유탁(柳濯)과 진사 권대용(權大用)이 충청도 이산현(尼山縣)에서 반란을 도모하였던 것을 말한다. 《仁祖實錄 24年 3月 28日》

우셨는데 여러 신하가 이를 받들어 찬양하지 못하였으므로 나라의 형세가 깎이고 약해졌습니다. 병자년(1636, 인조14)과 정축년(1637) 이후로는 청나라의 세력에 억압되어 미봉책을 마련하기에도 겨를이 없었으므로 전하의 초심이 좌절되어 임시로나마 안일한 데로 나아가게 되었으니, 신이 매양 한밤중에 일어나 생각할 적마다 저도 모르게 눈물이 줄줄 흘러내립니다."[14]라고 하였다. 또 아뢰기를 "성현의 말씀은 훈계가 깊고 간절하며, 사적(史籍)에 치란(治亂)의 역사가 밝게 드러나 있으니, 여기에 마음을 깊이 담그고 생각해 본다면 병통을 치료하는 데 어찌 큰 공효가 없겠습니까. 시험 삼아 격물치지(格物致知)와 성의정심(誠意正心)의 설(說)[15]에서 살피고 실천하여 항상 청명한 기운이 몸에 있게 하고 물욕에 가려지지 않게 하신다면, 모든 일에 나타나는 바가 절로 광명정대(光明正大)해져서 무기력하거나 구차한 데 빠지지 않을 것입니다."라고 하였다. 이때 임금께서 오랫동안 건강이 좋지 못하여 경연을 열 수 없었고 또 변고를 겪은 뒤로는 한결같이 결단을 내리지 못하고 머뭇거리고 있었기 때문에 공의 상소가 이와 같았던 것인데, 임금께서 넉넉히 대우하는 비답을 내려 가상하게 받아들였다.

이 무렵 적신(賊臣) 김자점(金自點)이 가까이에서 총애하는 이들과 한통속이 되어 한창 악행을 부리고 있었으므로 공이 남김없이 말하고

14 전하께서는……흘러내립니다 : 자세한 내용이 《시남집(市南集)》 권8 〈경연을 열기를 청하는 상소〔請開經筵疏〕〉에 보인다.

15 격물치지(格物致知)와 성의정심(誠意正心)의 설(說) : 격물치지는 《대학장구》의 팔조목(八條目) 중 첫 번째로, 사물에 나아가 이치를 궁구하여 앎을 지극하게 하는 것을 말한다. 성의정심(誠意正心)은 치국평천하(治國平天下)의 근본이 되는 마음을 바르게 갖고 처음 발동할 때의 뜻을 성실하게 하는 것이다. 《大學章句 經1章》

끝까지 논의하여 해이해진 정사를 도우려고 하였는데,[16] 인조께서 승하하셨다. 공이 대행대왕(大行大王)의 습렴(襲殮)에 대신(大臣)과 예관(禮官)이 들어가 보지 못하는 것은 예가 아니라고 하며 《주례(周禮)》를 인용하여 간쟁하니, 효종대왕(孝宗大王)께서 윤허하셨다. 이때부터 이것이 마침내 정해진 법제가 되었다.

여러 신하가 대행대왕의 휘호(徽號)를 올렸는데 공이 상소하기를 "이미 인종(仁宗)이 계시는데, 지금 똑같이 인(仁) 자를 사용하는 것은 온당치 않습니다."라고 하니, 임금께서 언짢게 여기고 간직(諫職)에서 해임하는 것을 윤허하였다. 승정원에서 이를 분석해 변호해서 다시 아뢰었으나 공이 힘써 사직하자, 마침내 정언(正言)으로 체직시켰다.

병조 정랑(兵曹正郎)을 거쳐 교리(校理)로 승진하여 다시 시사(時事)를 논하자, 특별히 장려하는 유지를 받았다. 그러나 이의(異議)가 사방에서 발생하므로 공이 마침내 향리(鄕里)로 돌아갔다. 이 때문에 임금께서 더욱 싫어하여 여러 번 공이 의망되었으나 그때마다 임명하지 않았다. 이에 김 문경공(金文敬公)[17]이 "유계는 남들이 말하지 못하는 것을 말하였고, 또 그 재능이 쓸 만합니다."라고 말하였으며, 상공(相公) 조익(趙翼)도 뒤를 이어 말하였다. 그러나 임금께서 노하여

16 김자점(金自點)이……하였는데 : 김자점(1588~1651)의 본관은 안동(安東), 자는 성지(成之), 호는 낙서(洛西)이다. 인조의 총애를 받으면서 사리사욕을 채우고 뇌물을 받는 등 권세를 부린 일로 여러 신하의 탄핵을 받았다. 유계 또한 상소하여 양사(兩司)의 논의에 따라 김자점의 죄상을 살피고 국가의 기강을 회복할 것을 아뢰었다. 《孝宗實錄 卽位年 6月 16日, 7月 14日》《市南集 卷10 玉堂請快從兩司箚》

17 김 문경공(金文敬公) : 김집(金集, 1574~1656)으로, 본관은 광산(光山), 자는 사강(士剛), 호는 신독재(愼獨齋)이다. 아버지는 사계(沙溪) 김장생(金長生)이다.

이르기를 "옛날 송 인종(宋仁宗)이 황후 곽씨(郭氏)를 폐한 것은 잘못이었으나 그 뒤에 그의 시호를 의논하는 데 대해서는 이의가 없었는데, 지금 유계는 옳지 않다고 말하면서 '인(仁)이라는 것은 천리(天理)를 보존하고 인욕(人欲)이 없어야 한다.'라는 등의 말까지 하고 다시 소장까지 올렸으므로 내가 마음이 상한 지 오래되었다."라고 하셨다. 상공 이경여(李敬輿)가 여러 신하와 함께 합사(合辭)하여 공을 거듭 구원하려 하였으나 모두 실패하였다. 마침내 멀리 귀양 보내라는 명이 내려지자 여러 대신(大臣) 이하가 번갈아 가며 간쟁하므로, 임금께서 다시 공의 소(疏)를 열람해 보고 나서 귀양 보내지 말라고 명하였다. 공은 일찍이 소장을 거듭 올린 적이 없고, 또 인(仁)자 등의 말은 다른 사람이 임금의 덕에 대해 범범히 의논한 말에서 나온 것인데, 참소하는 자들이 은근히 끌어다 붙여서 상의 뜻을 격동시켰던 것이다.

공은 중도에서 되돌아왔다. 그런데 얼마 뒤에 왈가왈부하는 자들로 인해 임금의 노여움이 다시 일어나서, 처음에는 잡아다가 국문(鞫問)할 것을 명하였고 결국에는 온성(穩城)으로 귀양 가게 되었다. 양사(兩司 사헌부와 사간원)에서 한 달이 넘게 이를 간쟁하였고, 또 김 문경공도 상소하여 자신과 함께 죄주기를 청하였으나 모두 소용이 없었다.

공은 배소(配所)에 이르러 날마다 주자(朱子)의 글을 읽는 것을 일과로 삼았고 손수 《주례(周禮)》를 베껴서 그 의의를 연구하였으며, 수재(守宰)들이 먹을 것을 보내오면 의(義)에 맞는지를 헤아려서 받았다. 또 북방 풍속에 자식을 기르지 않는 경우가 많았는데, 공이 천륜(天倫)을 가지고 말하자 이로부터 조금 고쳐졌다.

공은 사람을 가르칠 적에 반드시 충효(忠孝)와 예의(禮義)를 주장하였고 관혼(冠昏)·상제(喪祭)와 향음례(鄕飮禮)와 향사례(鄕射禮),

산수(算數)의 문장까지도 상세하게 알지 못하는 것이 없었으므로 북방 사람들이 풀이 바람에 쓸리듯이 감화되어, 공이 별세한 뒤에는 사당을 짓고 제사를 지냈다.

신묘년(1651, 효종2)에 영월(寧越)로 옮겨 유배되었다가 임진년(1652)에 석방되었다. 그 뒤에 임금께서 강관(講官)으로 가장 뛰어난 자가 누구냐고 묻자 송준길(宋浚吉)이 공(公)이라고 대답하였다. 이듬해에 미천한 신하인 내가 다시 그 사람이 쓸 만하다고 힘주어 말하고 이어서 거취(去就)를 들어 간쟁하였더니, 상께서 비로소 윤허하였다. 그리고 바로 탑전(榻前)에서 공을 문학(文學)에 제수하였고, 사예(司藝)·검상(檢詳)·사인(舍人)·필선(弼善)을 역임하였다.

기해년(1659)에 대신들의 의견에 따라 등급을 뛰어넘어 병조 참지에 임명하고 비변사제조(備邊司提調)를 겸하였다. 이어서 대신들에게 전교하기를 "모든 공사(公事)를 전담하게 하라."라고 하였다. 공은 항상 군정(軍丁)에게 급박한 일이 있음을 근심하여 직책이 있는 사람으로부터 벼슬하지 않는 사람에 이르기까지 모두 다 1필(疋)의 베를 내게 하고 아이에게 받는 베 또한 면제시키려 하였다. 임금께서 그 일을 조목별로 열거하게 하고 비답하기를 "이는 실로 평범한 일이 아니므로 내가 가상히 여긴다."라고 하였다. 그러나 대신들이 다 불편하게 여겼으므로 결국 시행하지 못했다. 하지만 아이에게서 베를 받는 일은 공의 의견에 따라 줄여주게 되었다.

대사간(大司諫)에 제수되었다가 체직하고 공조 참의(工曹參議)에 제수되었다. 상께서 특별히 경연에 출입하게 하고, 승지 겸 승문원제조(承旨兼承文院提調)에 옮겨 임명하였다. 헌납(獻納) 민유중(閔維重)이, 아비를 장사 지낼 때 참람되게 수도(隧道)를 사용한 김좌명(金佐

明)을 논핵(論劾)했는데,[18] 상께서 그 뒤를 이어 논핵하는 자를 자못 물리치자 공이 그 일의 옳지 않은 점을 간하니 상께서 가상히 여겨 받아들였다.

5월에 상께서 승하하시자 공이 애통해하고 추모하기를 매우 지극히 하였고, 또 당시 일을 갑자기 당한 터라 크고 작은 의절(儀節)을 공에게 물어서 행하지 않은 것이 없었다. 그리고 비변사에서 한직(閑職)으로 옮겨서 비변사의 일을 전담하게 하기를 청하니, 이에 대사성(大司成)에 제수하였다. 부제학(副提學)에 전임되어서는 동료들과 함께 첫 정사에 대한 경계를 지극히 아뢰니 듣는 이마다 감격의 눈물을 흘렸다. 관학(館學) 유생이 이 문성공(李文成公 이이(李珥))과 성 문간공(成文簡公 성혼(成渾))을 성묘(聖廟)에 종사(從祀)하기를 주청하니, 공이 상소하여 그 청을 따를 것을 청하였다. 공이 말하기를 "사망한 이를 보내고 살아있는 이를 섬기는 것은 나의 의리이다."라고 하고는 이로부터 모든 일에 충성을 다하고 이해(利害)를 따지지 않았다. 처음에 조정에서 의논하기를 "대행대왕은 순서가 차적(次適 차적장자)이니, 대왕대비(大王大妃)가 삼년복을 입어서는 안 된다."[19]라고 하여 기년복으로 정했는

18 헌납(獻納)……논핵(論劾)했는데 : 김좌명(金佐明)이 아버지인 김육(金堉)의 장례에 수도(隧道)를 만들었다 하여 1659년(효종10)에 헌납 민유중(閔維重)이 그에게 죄를 주고 개장(改葬)할 것을 아뢰었다.《孝宗實錄 10年 4月 8日》

19 대행대왕은……된다 : 1659년에 발생한 1차 예송(禮訟)을 두고 말한 것이다. 효종이 승하하자 자의대비(慈懿大妃)의 복상 기간을 기년(朞年)으로 할 것인가 3년으로 할 것인가에 대한 논쟁이 시작되었는데, 이 논란에서 송시열(宋時烈) 등이 주장한 기년복이 채택되었다. 효종이 인조의 차적 장자(次適長子)이므로 '차적 장자는 기년의 복을 입는다.'라는 예제를 적용한 것이다.

데, 진선(進善) 윤휴(尹鑴)가 장령(掌令) 허목(許穆)에게 재차 상소하게 하여 옳지 않다고 하였다.[20] 윤선도(尹善道)가 기회를 노려서 소를 올리니, 상께서 그들의 음흉하고 간사함을 미워하여 즉시 물리쳐 내쫓으라 명하였고, 공이 멀리 내쫓기를 청하니 그대로 따랐다.

윤휴가 종통(宗統)에 관한 말을 하여 여러 사람을 격동시키고 또 위태로운 말로 헌의(獻議)하여 은밀하게 임금의 뜻을 동요시키니,[21] 위로 벼슬아치에서부터 아래로 벼슬하지 않는 평민에 이르기까지 의심하고 두려워하지 않는 자가 없었다. 이에 공이 마침내 차자를 올렸으니, 그 대략에 "오늘날 크게 불행한 것은 종통에 관한 말에서 예(禮)를 논하는 것을 핑계 삼아 온 세상을 공갈하고 협박하며, 깊은 함정을 만들어 놓고 있으므로 이를 변론하지 않을 수 없습니다. 아, 국가의 종통은 하늘에 태양이 있는 것과 같아서 아래에 있는 자가 감히 이동시켜 높이거나 낮출 수 있는 것이 아닙니다. 복제(服制)는 정미(精微)한 것이어서 함부로 의논할 것이 아니지만, 부모가 자식에게는 오직 4세(世)의 적장자가 되어야만 삼년복을 입는 것이며, 차적(次適)으로 승

20 진선(進善)……하였다 : 송시열의 기년복설에 대해, 허목(許穆)은 효종이 차자로서 장자가 되었다는 차장자설(次長子說)에 따라 삼년복을 주장했고, 윤휴(尹鑴)는 신모설(臣母說)에 따라 삼년복을 주장했다. 《宋子大全 卷26 大王大妃服制議》 《국역 현종실록 7년 3월 25일》 《白湖全書 卷20 顯宗純文肅武敬仁彰孝大王行狀》

21 윤휴가……동요시키니 : 송시열은 인조의 비인 조 대비(趙大妃)가 소현세자(昭顯世子)를 위해 장자복(長子服)을 입었기 때문에 효종을 위해서는 서자복(庶子服)을 입어야 한다고 주장하였다. 《宋子大全 卷26 大王大妃服判議》 여기에 대해 윤휴가 효종은 인조의 자리를 이어받아 임금이 되었으니 당연히 장자복을 입어야 한다면서 송시열이 효종을 서자라 한 것은 '종통을 낮추고 지존을 깎아내리는 것〔卑宗夷尊〕'이라고 공격하였다. 《白湖集 卷6 引黃世禎疏辭職疏》

중(承重)한 이는 그 형이 젊은 나이로 요절한 것이 아니면 다시 삼년복을 이중으로 입는 이치는 없습니다. 그러나 꼭 삼년복을 입은 뒤에야 그 종통이 전해진다면, 국가의 종통이 끊이지 않는 경우가 거의 드물 것입니다. 《의례(儀禮)》의 주소(註疏)를 낸 자들이 참최복(斬衰服)을 입지 않는 네 종류의 설(說)을 열거해 놓았으므로 제사를 주관하고 후손에게 제사를 잇게 하는 의의가 그 사이에 환히 나타나 있으니, 어찌 복제(服制)의 경중(輕重) 때문에 종통이 갈라지거나 끊기는 혐의가 있겠습니까."라고 하니, 임금께서 너그럽게 받아들였다.

경연의 신하들이 상께 아뢰니 공이 모시고 강할 수 있도록 특별히 명하였다. 가뭄이 들자 차자를 올려서 사치를 금지하여 풍속을 맑게 하고, 기강을 세워서 조정을 바로잡고, 현준(賢俊)한 이를 초빙하여 천위(天位)를 함께하고, 간쟁(諫諍)을 받아들여 언로(言路)를 열 것을 청하였다.

또 경연을 오래 폐지한 데 대하여 아뢰기를 "상의 건강이 편치 않으시더라도 평상시 규례에서 벗어나 유신(儒臣)을 접견하여 그들에게 고금의 일을 강론하게 하고 안석에 기대어 들으시면 이로움이 없지 않을 것입니다."라고 하였다. 또 아뢰기를 "발동하기 쉽지만 제어하기 어려운 것은 노여워하는 것보다 더한 것이 없으니, 청컨대 노여움을 잊고 이치를 관찰하소서."라고 하였다.

승지(承旨)에 환직되자 대신(大臣)들이 본직에서 체차하여 한직(閑職)을 맡긴 다음 진휼하는 일을 전담하게 할 것을 청하였다. 공조 참의(工曹參議)·예조 참의(禮曹參議)를 거쳐 부제학(副提學)으로 돌아갔다.

당시 해를 이어 큰 흉년이 들어서 백성의 생활이 곤궁하고 초췌하였으며, 참소하는 말이 여기저기에서 어지럽게 일어나 선비들이 마음속으로 불안해하고 두려워하였다. 공은 밤낮으로 노심초사하면서 거리낌 없이 모두 말하였는데 여러 의론이 서로 맞지 않아 헐뜯고 비방하는 말이 어지럽게 일어났다. 공이 마침내 물러나기를 구하였으나 뜻대로 되지 않았다. 또 아뢰기를 "세도(世道)가 없어진 것은 실로 사사로운 뜻에서 말미암은 것이니, 전하께서는 마땅히 황극(皇極)[22]을 세우고 사적인 관계를 단칼에 두 동강으로 만들 듯 끊어내신다면 천덕(天德)과 왕도(王道)[23]가 여기에서 벗어나지 않을 것입니다."라고 하였다.

임금께서 재변으로 인하여 억울한 옥사를 심리하게 하였는데 제공(諸公)들이 윤선도(尹善道)의 석방을 청하자, 공이 아뢰기를 "그렇게 하시면 사특한 의논을 하는 자들이 더욱 기세를 떨칠 것입니다."라고 하였다. 뒤에 임금께서 다시 공의 말을 채택하여 조경(趙絅)·조수익(趙壽益)을 파직하여 체차시켰으니, 이들이 윤선도를 비호하였기 때문이다.

종묘(宗廟)에 조부(祧祔)하는 예식이 있자, 공이 아뢰기를 "송시열의 논의가 옛 도에 매우 합당합니다. 그 하나는 종묘에 협실(夾室)을 짓는 것이며, 또 하나는 형제는 소목(昭穆)을 함께할 수 없다는 것입니다."라고 하였다. 임금께서 묻기를 "숙부가 조카를 아버지로 제사 지내고 형이 아우를 아버지로 제사 지내는 것이 주대(周代)의 예(禮)인가?"

22 황극(皇極) : 기자(箕子)가 만든 홍범구주(洪範九疇)에 다섯 번째가 황극이다. 《서경》 〈홍범(洪範)〉에 "황극은 군주가 극(極)을 세우는 것이요.〔皇極者, 君之所以建極也.〕"라고 하였다.

23 천덕(天德)과 왕도(王道) : 천덕은 임금이 하늘의 뜻을 알아 그 이치와 일치하는 것이고, 왕도는 하늘과 일치하는 천덕을 가지고 정치에 임하는 것이다.

라고 하시자, 공이 아뢰기를 "옛날의 예법은 다 그러합니다. 그렇게 하지 않은 것은 말세(末世)의 잘못입니다."라고 하였다. 이때에 공이 홀로 군국(軍國)의 정무(政務)를 담당하여 나가서는 알리고 들어와서는 의논하였는데, 위에서는 시끄럽고 아래서는 다투므로 정사가 날로 복잡해지자 큰 병통이 이미 시작되었다.

임인년(1662, 현종3) 가을에 휴가를 청하여 성묘하였고, 겨울에는 이조에서 체직되어 승지가 되었다. 예조에서 다시 이조로 들어가 참의가 되었다가 얼마 뒤 가선대부(嘉善大夫)로 특별히 승진하였다. 이어서 국자감(國子監)의 장관이 되고 예문관 제학과 춘추관(春秋館)·의금부(義禁府)의 일을 겸임하였다. 얼마 후에 대사헌(大司憲)에 제수되어 또한 뜻을 세우고 욕심을 줄여 소민(小民)들의 요구를 화합시키기 위해서 논의하였고, 다시 이조 참판이 되었다가 한성부 좌윤(漢城府左尹)과 우윤(右尹)·부제학(副提學)·도승지(都承旨)를 역임하였다. 당시 공의 병이 더욱 심해졌으나 군주의 덕행과 중요한 정사의 급무에 대해서는 간절하게 진언하지 않은 적이 없었다.

갑진년(1664) 2월에 대신(大臣)이 그의 병환을 아뢰니 상이 약물(藥物)을 지급하라고 명하였고, 마침내 이달 25일에 졸(卒)하자 상이 치제(致祭)하고 장례 물품을 내렸다. 5월에 임천(林川) 선영 아래에 장사 지냈다.

공은 타고난 성품이 청명하고 감식이 뛰어났으며 일찍부터 경학(經學)으로 주장을 삼고 널리 각종 책을 모두 읽었기 때문에 체(體)가 확립되고 용(用)이 두루 갖추어졌다.[24] 집에 있을 때는 윤리를 바루고

24 체(體)가……갖추어졌다 : 체는 학문과 경륜에 기본이 세워진 것을 말하고, 용

은의(恩義)를 돈독히 하는 것을 요점으로 삼았으며, 조정에 있을 때는 임금의 마음을 바루고 백성의 곤궁함을 구제하는 것으로 임무를 삼았다. 일에 임해서는 이해(利害)를 따지지 않고 오직 의리만을 보았기 때문에 병자년(1636, 인조14)의 위급한 때에도 마치 물이 만 길 아래로 떨어지듯 거침없고, 천 길 높이가 되는 절벽 위에 서 있는 듯이 우뚝하였다. 문장은 풍부하여 모든 일을 처리하는 데는 마치 소매 속에서 물건을 꺼내듯 하였다. 젊어서부터 남을 구제하고 이롭게 하려는 마음이 있어서 버림을 받아 배척받는 상황일지라도 항상 이를 강구하여 마지않았다.

영고(寧考 효종(孝宗)) 말년부터는 알아줌이 매우 융숭하였으므로 마음과 힘을 다하여 국사에 이바지하기를 스스로 자임하여 결과의 성패(成敗)에 연연하지 않았다. 금상 전하(今上殿下 현종(顯宗))께서도 공의 순수한 충성을 살펴 지극히 신임하였다. 공이 위로는 군덕(君德)을 돕고 가운데로는 국사(國事)에 진력하고 아래로는 사류(士類)를 보호하여 은연중에 태산북두(泰山北斗)와 같은 명망을 받았는데, 공이 별세한 뒤에는 호랑이가 떠나면 여우가 날뛴다는 탄식만이 남게 되었다.

대저 공이 태어날 적에는 별자리의 상서로운 조짐이 있었고, 공이 진퇴(進退)하고 굴신(屈伸)할 적에는 일관(日官)이 반드시 그 좋고 나쁨을 미리 점쳤다. 공이 이 세상에 나온 것은 우연한 일이 아니었는데, 그 쓰임을 다하지 못하였으니 안타깝다. 공의 저술로 문집(文集) 10권과 《여사제강(麗史提綱)》·《가례원류(家禮源流)》·《강거문답(江居問答)》이 집에 소장되어 있다.

(用)은 나에게 이미 체가 갖추어져, 그 바탕에서 모든 사물을 처리할 수 있음을 말한다.

증조 함(涵)은 진사(進士)로 찬성(贊成)에 추증되었고, 조부 대경(大儆)은 군수(郡守)로 이조 판서에 추증되었다. 아버지 양증(養曾)은 참봉(參奉)으로 이조 참판에 추증되었고, 어머니 남씨(南氏)는 정부인(貞夫人)에 추증되었는데 참판(參判) 이신(以信)의 딸이다. 부인 이씨(李氏)는 세종대왕(世宗大王) 9세손(孫)으로, 부친은 산악(山岳)이다. 부인은 천성이 효성스럽고 부지런하였으므로 남 부인(南夫人)이 항상 말하기를 "나를 잘 섬긴다."라고 하였다. 가난한 상황에서도 힘을 다하여 공을 섬겼고, 공이 귀하게 된 뒤에도 더욱 조심하고 가다듬어 조금도 공에게 누를 끼치지 않았으며, 여러 아들을 가르치는 데는 엄격한 법칙이 있었다. 겨우 공의 상을 마치고 다음 해인 정미년(1667, 현종8) 12월 17일에 세상을 떠났다.

아들 명윤(命胤)은 문과(文科)에 급제하여 시종관(侍從官)이 되었고, 명필(命弼)은 진사시(進士試)에서 장원하였고, 명흥(命興)은 유업(儒業)에 종사하였다. 딸은 윤구(尹捄)에게 시집갔다. 명윤은 장령(掌令) 윤형성(尹衡聖)의 딸과 혼인하여 1남 1녀를 낳았으니 아들은 상기(相基)이고, 딸은 송무석(宋茂錫)에게 시집갔다. 명필은 목사(牧使) 민도(閔燾)의 딸과 혼인하여 1남 2녀를 낳았으니 아들은 경기(敬基)이고 장녀는 이후곤(李厚坤)에게 시집갔다. 명흥은 참판(參判) 윤문거(尹文擧)의 딸에게 장가들어 2남 2녀를 낳았으니 아들은 하기(夏基)와 진기(晉基)이고 딸들은 어리다.〔자손에 대한 기록은 추후에 기록함.〕

삼가 생각건대, 옛날에는 문장과 사업이 모두 이 학문에서 나왔는데 후세에 와서는 관련 없는 물건으로 간주하여, 학문이 그만 쓸데없는 빈말이 되어 버렸다. 공의 도가 크게 드러나지는 못했으나 사람들로 하여금 문장과 사업이 모두 이 학문에서 근본하는 것임을 알게 하였으니 이른바 학(學)이 끝내 관련 없는 사물이 되지 않았다. 그 공로가 어찌 얕고 적다고 하겠는가.

나는 공과 교유한 지 매우 오래되었고, 공에게 감복한 것이 매우 깊었으며, 공이 세상을 떠날 때에는 글로써 경계해 보이기를 마치 소강절(邵康節)이 이천(伊川)을 면려한 것[25]처럼 하였다. 내가 감히 이를 감당할 수는 없으나 군자가 사람을 사랑하는 마음은 죽은 뒤에야 그친다는 것을 알 수 있었다. 공이 시행한 규획(規畫)으로서 정사에 나타난 것들은 이미 국승(國乘)에 적혀 있기 때문에 다시 기록하지 않고, 다만 위에 말한 세 가지가 결국 하나로 일치된다는 사실만을 대략 기록하여 묘에 새긴다. 명(銘)은 다음과 같다.

별들이 정기 품어	星宿孕精
큰 사람 태어났네	碩人降生
애초부터 바른길 따라	爰初發軔
힘껏 여러 경서 탐독하고	力探群經
제자백가 두루 읽어	泛濫諸家
과녁을 관통하고 칼날을 휘둘렀네[26]	的破刃迎

25 소강절(邵康節)이……것 : 소강절은 소옹(邵雍, 1011~1077)으로, 자는 요부(堯夫), 호는 안락선생(安樂先生), 시호는 강절이다. 소옹이 임종시에 두 손을 벌리고는 정이(程頤)에게 부탁하기를 "앞길이 너무 좁으니, 제발 잘 개척해 주시오."라고 말하였다.

26 과녁을……휘둘렀네 : 사리 판단이 명쾌하다는 뜻이다. 과녁을 관통한다는 것은 화살이 과녁을 관통하듯 판단이 적중한다는 말이고, 칼날을 휘둘렀다는 것은 《장자》 〈양생주(養生主)〉에 "소를 잡는 백정은 날이 보이지 않는 칼날을 가지고 힘줄의 빈틈만을 가르기 때문에 아무리 휘둘러도 무뎌지지 않는다."라고 한 것을 말한다.

조정에서 벼슬한 뒤로	旣立王朝
난리를 만나	亂離是丁
산이 무너지고 하늘이 기우는데	岳摧天傾
맨손으로 외로이 받들었네	隻手孤擎
한단의 옥 같은 용모	玉貌邯鄲
묵묵히 노성을 사수하였지[27]	墨守魯城
나는 그 의리를 바로잡았는데	我正其義
우매한 자들 밝은 이를 시기하네	群昏忌明
연잎 의상과 혜초 패물로	荷衣蕙佩
초나라 물가에서 깨어있었네[28]	楚水之醒
임금께서 내 마음 헤아려주셔서	荃乃揆予

27 한단(邯鄲)의……사수하였지 : 한단의 옥 같은 용모는 제(齊)나라의 고사(高士) 노중련(魯仲連)을 높여 이른 말이다. 한단은 조나라의 수도이다. 노중련이 조(趙)나라에 머물러 있을 적에 진(秦)나라가 한단을 포위하였는데 그때 조나라에 와 있던 신원연이 조나라로 하여금 진나라 왕을 황제로 추대하여 군대를 철수하게 하려고 하였다. 그러자 노중련이 신원연을 만나서 말하기를 "만일 진나라를 황제로 추대한다면 나는 동해에 빠져 죽을지언정 진나라 백성이 되지는 않을 것이다."라고 하니, 진나라 군사들이 퇴각하였던 일을 말한다. 《史記 卷83 魯仲連列傳》

28 연잎……깨어있었네 : 연잎 의상과 혜초 패물은 굴원(屈原)의 《이소(離騷)》에 "마름과 연잎을 마름질해 저고리 짓고 연꽃을 모아 치마를 짓네. 나를 알아주지 않아도 그 또한 그만이니 실로 내 마음 꽃다운 것이로다.〔製芰荷以爲衣兮, 集芙蓉以爲裳, 不吾知其亦已兮, 苟余情其信芳.〕"라고 한 것과 "이미 날 버려 혜초 띠를 매고도 다시 거듭하여 구리때를 매네.〔旣替余以蕙纕兮, 又申之以攬茝.〕"라고 한 것을 인용한 것으로, 자신의 깨끗하고 향기로움을 비유한다. 초나라 물가에서 깨어있었다는 것은 굴원의 〈어부사(漁父辭)〉에 "세상은 모두 혼탁한데 나만 홀로 맑고, 사람들 모두 취했는데 나만 혼자 깨어 있네.〔擧世皆濁我獨淸, 衆人皆醉我獨醒.〕"라고 한 말을 인용한 것이다.

밝은 조정으로 돌아왔도다	返之明庭
잠시 외진 고을을 다스리며	暫涖褊城
인자함 베풀고 형벌을 엄숙히 하였네	舒仁肅刑
효종 초기에	聖考之初
신하들 대행대왕을 논의하다가[29]	臣議大行
삼 년 동안 귀양살이 하면서	居夷三載
충과 신을 환하게 보았으니[30]	忠信前衡
떠돌아 다니면서 괴로웠으나	流離空苦
옥 같은 사람으로 거듭났네[31]	是維玉成
만년에 다시 서용되어	晩復起廢
큰 계책을 시행하였고	大猶是程
밤낮으로 게을리하지 않으니	夙夜匪懈
한결같은 마음 검은 몸으로	赤心黧形

29 효종……논의하다가 : 1649년(효종 원년) 5월 23일에 유계가 대행대왕(大行大王)인 인조의 시호인 '인(仁)' 자가 인종(仁宗)의 시호와 같은 자를 쓴 것을 문제 삼은 일을 가리킨다. 《孝宗實錄 卽位年 5月 23日》

30 충과……보았으니 : 《논어》 〈위령공(衛靈公)〉에 자장(子張)이 일찍이 행해짐〔行〕을 물은 데 대하여 공자가 이르기를 "말이 충성스럽고 미더우며 행실이 돈독하고 공경스러우면 오랑캐의 나라에서도 행해질 수 있거니와 말이 충신하지 못하고 행실이 독경하지 못하면 주리(州里)에선들 행해질 수 있겠는가. 일어서면 충신 독경이 눈앞에 드러나는 것을 볼 수 있고, 수레에 있으면 충신 독경이 멍에에 기대 있음을 볼 수 있어야 하니, 그런 다음에야 행해질 수 있는 것이다."라고 한 말을 인용한 것이다.

31 옥……거듭났네 : 인격이 바람직하게 성취되는 것을 뜻한다. 송(宋)나라 장재(張載)의 〈서명(西銘)〉에 "그대를 빈궁하게 하고 시름에 잠기게 하는 것은 장차 그대를 옥으로 만들어 주려 함이다.〔貧賤憂戚, 庸玉汝於成也.〕"라고 하였다.

위로는 국명이 영원하기를 기원하였고	上祈永命
아래로는 피폐한 백성을 불쌍히 여겼네	下隱疲氓
서로 다른 것을 바로잡고	維匡同異
사람마다 조화롭게 하니	有和其錙
임금도 그 충심을 아꼈고	上眷其忠
국가는 그 공정함에 의지하였네	國依其平
얼마 뒤 임금이 승하하니	俄值天崩
통곡하며 몸 가누지 못하였고	痛糜五情
죽은 이를 보내고 산 사람 섬길 제	送往事居
온갖 시름이 한번에 일어났네	百罹來幷
군국은 겁먹고 시들해지고	軍國怯弱
음양은 서로 다투었네	陰陽互爭
홀로 서서 부르짖다가	獨立呼號
머리털 몇 가닥 남지 않았고	愁髮幾莖
고향 땅 그윽하고	故山幽深
호숫물 맑은데	湖水空淸
어찌 그곳으로 돌아가서	豈不懷歸
작은 땅 경작할 생각 않았겠는가마는	十畝是耕
국가 왕실 돌아보건대	瞻顧王家
이 위태함을 누가 구제할까	孰扶其傾
마음 애태우고 생각 다하니	心焦思竭
손가락은 문들어지고 어깨는 벌개졌네	指禿肩赬
질병이 이틈에 일어나	疾病乘之
갑자기 동쪽 추녀로 올라가니[32]	遽皐東榮

성주는 깊이 슬퍼하고	聖主哀深
사림은 눈물을 흘렸네	士林涕零
옛날 공이 올 때에	昔公之來
한 마리 말로 쓸쓸했는데	一馬伶仃
지금 공이 돌아갈 적에는	今公之歸
사람들 길을 메워 늘어섰네	萬人闐駢
공의 평생을 떠올려 보건대	我思終始
참으로 명리에서 벗어났으니	實出於名
자질은 고상하고 학문은 발랐으며	資高學正
근본은 원대하고 흐름은 충만하였네	源遠流盈
공의 받고 씀을 생각해 보면	惟其受用
주자에게 본받은 것인데	蓋由考亭
태산이 무너지고	山頹岱宗
북두는 떨어지니	星隕魁衡
내가 그 행적을 모아서	我撮其跡
공의 무덤에 새기노라	以銘其塋

32 동쪽 추녀로 올라가니 : 유계가 별세하였다는 뜻이다. 《의례(儀禮)》에 "초혼(招魂)을 하는 자가 당 앞의 동쪽 처마를 통해 지붕으로 올라가서 지붕의 중앙으로 나아간 다음 북쪽을 바라보고 서서 죽은 자의 옷을 흔들면서 초혼하는데 '아무개는 돌아오시오.'라고 세 번을 소리친다. 그런 다음 초혼한 옷을 당 앞쪽으로 던진다."라고 하였다.

묘지명 문인 파평 윤증

墓誌銘 門人坡平尹拯

숭정(崇禎) 기원후 37년 갑진년(1664, 현종5) 2월 25일에 시남 선생이 졸하여 5월 무진일에 호서 가림(嘉林) 칠산(七山) 임좌(壬坐)의 언덕에 장사 지냈다. 나의 선친(先親 윤선거(尹宣擧))이 행장(行狀)을 지어 그의 평생을 기술하였는데, 선생의 막내아들 명흥(命興)과 장손 상기(相基)가 묘 앞에 지석(誌石)을 묻으려고 다시 나에게 묘지(墓誌)를 지어달라고 하였다. 그러므로 삼가 세계(世系)와 자손과 관직을 역임한 시기를 격식대로 서술하고 이어서 명(銘)을 짓는다.

선생의 휘는 계(棨), 자는 무중(武仲), 성은 유씨(兪氏), 본관은 기계(杞溪)이다. 휘 의신(義臣)은 신라의 세신(世臣)으로서 고려에 복종하지 않다가 강등되어 현(縣)의 호장(戶長)이 되었으니 이분이 시조(始祖)이다. 4대를 내려와 휘 여해(汝諧)에 이르러 비로소 현달하였고 그 뒤로 고관대작이 끊이지 않았다. 우리 왕조에 이르러 휘 여림(汝霖)은 예조 판서를 지내고 경안(景安)이라는 시호를 받았으며, 휘 강(絳)은 호조 판서를 지내고 숙민(肅敏)이라는 시호를 받았으니 연달아 두 부자가 우리 중종(中宗)과 명종(明宗) 두 조정에 이르러 명신(名臣)이 되었다. 경안공의 둘째 아들인 부사(府使) 휘 진(縝)은 숙민공(肅敏公)의 둘째 아들인 휘 함(涵)을 후사로 삼았는데 의정부 좌찬성(左贊成)에 추증되었으니 곧 선생의 증조이다. 조부 휘 대경(大儆)은 통정대부(通政大夫)로서 군수를 지내고 이조 판서에 추증되었다. 부친 휘 양증(養曾)은 예빈시 참봉(禮賓寺參奉)을 지내고 이조 참판에 추증되였다. 비(妣) 의령 남씨(宜寧南氏)는 병조 참판 이신(以信)의 딸이다.

선생은 만력(萬曆) 정미년(1607, 선조40) 2월 25일에 태어났다. 계해년(1623, 인조1)과 병인년(1626)에 연달아 모친상과 부친상을 당하였다. 상복을 벗은 뒤 경오년(1630)에 진사시에 합격하였고, 계유년(1633) 문과(文科)에 급제하여 승문원(承文院)에 선발되어 예속되었고 중림 찰방(重林察訪)에 제수되었다. 병자년(1636)에 추천받아 승정원 주서에 제수되었다가 시강원 설서로 옮겼다. 이해 겨울에 어가(御駕)를 호종하여 남한산성으로 들어가 상소를 올려 나라를 그르친 신하들의 죄를 바로잡기를 청하였다가, 이듬해 정축년(1637)에 이 일로 귀양을 갔다. 3년 후 사면을 받았고 갑신년(1644)에 서용되어 주서로 복직하였다. 사국에 천거되었으나 응하지 않았고, 성균관 전적으로 승진하고 병조 좌랑(兵曹佐郎)으로 옮겼다.

을유년(1645) 봄에 전라 도사(全羅都事)에 제수되었고 여름에는 예조 정랑에 임명되어 지제교를 겸하였다. 가을에 왕명을 받들어 호서(湖西)에서 선비들에게 시험을 보였다. 병술년(1646) 여름에 무안 현감(務安縣監)에 제수되었고, 무자년(1648)에 해임되어 돌아왔다. 기축년(1649) 봄에 홍문관 수찬에 제수되었고, 여름에 효종께서 즉위하시자 사간원 정언(正言)으로 옮겼으며, 가을에는 병조 정랑을 거쳐서 다시 교리가 되었고, 겨울에는 체직되어 고향으로 돌아왔다.

처음에 선생이 상소하여 시호를 논하다가 임금의 뜻을 거슬러 여러 차례 전랑(銓郎)과 삼사(三司)에 의망되었으나 등용되지 못하였고, 경인년(1650, 효종1) 여름에 온성(穩城)에 유배하라는 엄중한 교지가 내려졌다. 여러 신하가 변론해준 덕분에 중지되었으나 겨울이 되고 결국 이전의 명령이 다시 내려져 이듬해 영월(寧越)로 옮겨 유배했다가, 또 이듬해에 석방되어 향리로 돌아오게 되었다.

무술년(1658, 효종9)에 다시 기용되어 시강원 문학(侍講院文學)으로 소환되었다. 필선(弼善)으로 승진하고 얼마 뒤 성균관 사성(成均館司成)을 거쳐 추천 받아 의정부 검상(議政府檢詳)에 제수되었고, 이어서 사인(舍人)으로 승진하여 필선(弼善)을 겸직하였다. 기해년(1659) 정월에 발탁되어 병조 참지(兵曹參知)에 제수되었고 비변사 부제조(備邊司副提調)에 차임되었다. 이때가 곧 효종 말년이었는데 장차 크게 등용될 것이라고 믿었지만 그렇게 되지 못했다. 대사간과 공조 참의, 승정원 동부승지를 역임하였고 승문원 부제조(承文院副提調)를 겸하였다. 5월에 현종(顯宗)께서 즉위하시자 성균관 대사성에 옮겨 제수되었다가 또 홍문관 부제학에 옮겨 제수되었다.

경자년(1660, 현종1) 7월에 우부승지로 옮겼다가 좌부승지로 승진하였다. 공조 참의와 예조 참의를 역임하고 다시 홍문관 부제학으로 돌아가 진휼청을 겸하여 담당하였다. 임인년(1662) 정월에 이조 참의에 제수되었다가 병으로 인해 체차되었다. 또 예조 및 승지를 거쳐서 다시 이조로 돌아왔다. 겨울에는 승진하여 예문관 제학에 제수되었고, 이어서 대사성에 제수되어 동지춘추관사와 동지의금부사를 겸임하였다. 얼마 뒤에 대사헌으로 옮겨 제수되었다가 또 이조 참판으로 옮겼다. 7월에 병으로 체차되었다가 또 한성부 우윤과 부제학, 도승지를 역임하였다. 겨울에는 다시 이조에 제수되었는데 당시 선생의 병이 이미 위독하여 우윤으로 옮겼다. 갑진년(1664) 정월에 또 다시 이조에 제수되었는데 모두 사양하여 체차되었다. 세상을 떠날 때 나이가 겨우 58세였다.

정부인(貞夫人) 완산 이씨(完山李氏)는 임영대군(臨瀛大君)의 7세손 산악(山岳)의 딸이다. 무신년(1608, 선조41) 11월 28일에 태어나 정미년(1667, 현종8) 12월 17일에 졸하였다. 선생의 무덤 왼쪽에 부장(祔葬)하였다. 3남 1녀를 두었는데 장남 명윤(命胤)은 이조 정랑으로, 1남 1녀가 있으니 아들은 바로 상기(相基)이고 사위는 송무석(宋茂錫)이다. 차남 명필(命弼)은 진사시에서 장원으로 합격하였으며, 또한 1남 1녀가 있었으니 아들은 경기(敬基)이고 사위는 이후곤(李厚坤)이다. 첫째와 둘째는 모친상을 치르면서 지나치게 몸이 상하여 연이어 운명하였고, 경기 또한 장가들었으나 요절하였다. 막내 명흥(命興)은 진사로, 2남 2녀를 두었으니, 아들은 하기(夏基)와 진기(晉基)이고 딸은 어리다. 선생의 딸은 윤구(尹捄)에게 시집을 갔다.

아, 선생은 나의 선친 및 숙부 석호공(石湖公)[33]과 성은 다르지만 형제나 다름없었다. 내가 성동(成童)이 되기 전부터 가르침을 받고 섬긴 것이 23년이다. 재주는 보잘것없고 학문은 천박하여 끝내 선생의 기대하는 뜻에 부응하지 못하였으니, 지금 선생의 성대한 덕과 큰 업적에 대하여 어찌 감히 나의 몽매한 학식으로 참람되게 논설할 수 있겠는가. 다만 그 광채가 밖으로 드러나서 사람들이 보고 들은 것을 대략 비석 말미에 기록하지 않을 수 없으니, 사람들이 선생을 상상하고 본받아 그 중 한두 가지라도 얻기를 바란다.

선생의 총명함이 특출난 것은 타고난 바탕이 뛰어난 것이며, 어질고 남의 입장을 이해하고 진실되고 믿음직스러운 것은 덕행이 아름다운 것이며, 풍모와 계책과 기국과 식견은 왕을 보좌할 만한 재주이며,

33 석호공(石湖公) : 윤문거(尹文擧, 1606~1672)로, 자는 여망(汝望), 호는 석호(石湖), 시호는 충경(忠敬)이다.

경술과 문장은 순수한 유자의 자질이다. 본체에 밝고 실용에 알맞은 것은 안정(安定)의 학문과 같으며,[34] 세상을 경영하고 만물을 구제하는 것은 희문(希文)의 뜻과 같다.[35] 포위된 성에서 바른 의논을 내어 간사한 재상을 참할 것을 청한 것은 호전(胡銓)의 곧음과 같으며,[36] 경서를 인용하고 예법에 근거하며 홀로 묘당의 의논에 간쟁한 것은 우무(尤袤)의 바름과 같으며,[37] 정성을 다하고 굶주린 자를 진휼하며, 굶어 죽는 자에게도 은택이 두루 퍼지게 한 것은 자산(子産)의 은혜와 같

34 본체에……같으며 : 안정(安定)은 호원(胡瑗, 993~1059)으로, 자는 익지(翼之), 호는 안정이다. 북송 태주(泰州) 해릉(海陵) 사람이다. 《근사록(近思錄)》 권10 〈정사(政事)〉의 주(註)에 "호안정(胡安定)이 학자를 가르칠 때 경술(經術)에 통달하고 시무를 익혀서 본체에 밝고 실용에 알맞게 하도록 했기 때문에 그의 문인(門人)들이 모두 계고(稽古)와 애민(愛民)을 일삼았으니, 계고는 위정(爲政)의 법이요 애민은 위정의 근본이다."라고 하였다.

35 세상을……같다 : 희문(希文)은 범중엄(范仲淹, 989~1052)으로, 자는 희문, 시호는 문정(文正)이다. 그는 좋은 전지(田地) 수천 묘(畝)를 사들여 그 조세를 거두어 저축해 두었다가 족인(族人)들 중에 혼가(婚嫁)나 상장(喪葬)을 치르지 못하는 자에게 공급해 주었다. 《宋史 卷314 范仲淹列傳》

36 포위된……같으며 : 호전(胡銓, 1102~1180)은 송나라 충신으로, 자는 방형(邦衡), 호는 담암(澹菴), 시호는 충간(忠簡)이다. 고종(高宗) 때 금(金)나라의 침입을 당하여 진회(秦檜)가 화친을 주장하자, 상소하여 진회를 벨 것을 청하는 등 시종 척화(斥和)를 주장하여 금나라 군사를 물리치려 하였다. 《宋史 卷374 胡銓列傳》

37 경서를……같으며 : 우무(尤袤, 1127~1194)는 송나라의 대신(大臣)이다. 송 고종(高宗)의 묘호를 논의할 때 우무는 '고종'이라고 할 것을 주장하였고 홍매(洪邁)는 '세조(世祖)'라고 할 것을 주장하였는데, 우무가 역대 왕의 묘호를 예로 들면서 아들이 조(祖)가 되고 아버지가 종(宗)이 되는 것은 소목(昭穆)의 차례를 잃는 것이라는 논리를 들어 반박하자 결국 우무의 의견대로 '고종'으로 묘호를 정하였던 일을 말한다. 《宋史 卷389 尤袤列傳》

다.[38] 군주를 인도하여 도에 맞도록 하고 경연의 자리에서 언책을 한 것은 순부(淳夫)의 강론과 같으며,[39] 현자를 높이고 간사한 이를 물리쳐 사전(祀典)에 차례하기를 청한 것은 강후(康侯)의 상주(上奏)와 같았다.[40] 영릉(寧陵 효종(孝宗)) 말년 추관(樞筦)에 위임을 받아 존왕양이(尊王攘夷)의 정책을 가까이에서 보좌한 것은 제갈량(諸葛亮)이 임무를 받은 것과 같고,[41] 현묘(顯廟) 초년에 몸소 세도(世道)를 담당하여 몸을 사리지 않고 국가에 목숨을 바친 것은 군실(君實)이 편당을 짓지 않은 것과 같았다.[42]

38 정성을……같다 : 자산(子産)은 춘추시대 정(鄭)나라의 대부(大夫)인 공손교(公孫僑)이다. 자산이 정나라의 정사를 담당할 때에 자기가 타는 수레로 진수(溱水)와 유수(洧水)에서 사람들을 건네주었던 일이 있고, 어떤 이가 공자에게 자산에 대해 묻자, 공자가 은혜로운 사람이라고 대답하였다. 《孟子 離婁下》《論語 憲問》

39 군주를……같으며 : 순부(淳夫)는 송나라 때 사람인 범조우(范祖禹)의 자이다. 그는 강학(講學)할 적에 바른 도리를 지키고 정론에 의거하여 진언하였는데, 말은 간략하면서도 뜻은 아주 명백하였으므로 소식(蘇軾)은 그를 강관(講官) 중에 제일이라고 하였다. 또한 정이(程頤)는 그가 경연에서 강독하는 모습에 대해 "온화한 기색으로 시비를 개진하여 임금의 뜻을 잘 인도한다."라고 칭찬하기도 하였다. 《宋史 卷337 范祖禹列傳》《言行龜鑑 卷1 學問門》

40 현자를……같았다 : 강후(康侯)는 호안국(胡安國, 1074~1138)으로, 자는 강후, 시호는 문정(文定)이다. 송나라 건주(建州) 숭안(崇安) 사람이다. 정이(程頤)가 삭직되고 부주(涪州)로 귀양 가는 등 액운을 겪었는데, 호안국이 그에게 봉호(封號)를 가하고 사전(祀典)에 실을 것을 특별히 청하였다.

41 제갈량(諸葛亮)이……같고 : 삼국 시대 촉한(蜀漢)의 정치가이자 전략가인 제갈량이 위(魏) 땅을 정벌하고자 하였던 일을 말한다. 이때 촉 땅을 떠나면서 임금에게 지어 올린 글이 〈출사표(出師表)〉이다.

42 군실(君實)이……같았다 : 군실은 송나라 사마광(司馬光)이다. 자는 군실, 호는 우부(迂夫)·우수(迂叟), 시호는 문정(文正)이다. 산서성(山西省) 하현(夏縣) 사람

지극한 효성과 우애로써 집안을 다스려 종족이 화목하였으며, 널리 사랑하고 모두 포용하니 고을에는 원망하는 사람이 없었다. 사람들을 가르칠 적에는 반드시 정성을 다하여 게을리함이 없었으며, 책을 저술할 때에는 무익한 빈말을 적지 않았다. 백가(百家)를 꿰뚫고 여러 책을 섭렵하고도 스스로 박식하다고 여기지 않았고, 갖가지 일에 널리 통달하여 두루 쓰이지 못할 곳이 없는데도 자신이 능력 있다고 여기지 않았다. 북쪽으로 유배되고 동쪽으로 좌천되어 온갖 험한 고생을 겪었는데도 근심하지 않았고, 임금의 두터운 은혜를 입어 만년에 높은 벼슬에 올랐어도 영화롭게 여기지 않았다. 한결같은 마음으로 삼재(三才 하늘, 땅, 사람)의 도(道)에 참여하였고, 내 하나의 몸으로 사해(四海)의 근심을 떠맡았다. 물러나서 초야에 있을 때는 자제들이 선생의 가르침에 따르고 마을 사람들이 그 교화를 입었으며, 벼슬에 나아가 조정에 서면 임금께서 선생의 충성심을 신임하였고 백성이 그 복을 받았다.

이러한 것에 근거하여 말해 보면, 선생은 옛사람이 말하는 '당대에 이름을 날린 인물'[43]에 해당하지 않겠는가. 후대에 옛일을 논하는 선비가 있다면 우리 당파에서 사사로이 하는 말이라고 여기지는 않을 것이다. 명(銘)은 다음과 같다.

이다. 송나라 철종 때 낙당(洛黨), 촉당(蜀黨), 삭당(朔黨) 등 붕당이 한창 성했는데, 오직 여대방(呂大防), 범조우(范祖禹), 사마광만이 당을 세우지 않았다고 하였다. 《古事比 朋黨》

43 당대에……인물 : 《맹자》 〈공손추 하(公孫丑下)〉에 "오백 년에 반드시 왕자(王者)가 나오니, 그 사이에 반드시 세상에 이름을 떨치는 자가 있다."라고 한 말을 인용한 것이다.

산도 때로는 평평해지기도 하고	山或有時而夷
골짜기도 때로는 흙에 묻히기도 한다네	谷亦有時而陻
이곳은 우리 선생의 무덤이니	此爲我先生之幽宅
이로써 후대의 사람에게 알려 주노라	以告爾後人

시남집

부록 제3권

祭文 제문
挽章 만장
通文 통문
疏 소
祝文 축문
書 서

제문 祭文

사제문

賜祭文

지제교(知製教) 동부승지(同副承旨) 이경휘(李慶徽)가 짓다.

유세차 갑진년(1664, 현종5) 4월 계사삭(癸巳朔) 21일 계축(癸丑)일에 국왕이 신 예조 좌랑 조정우(曺挺宇)를 보내어 별세한 전 참판 유계의 영전에 제사를 지내노라.

오직 경은	惟卿
충효가 전하는 이름난 가문에서	忠孝家聲
시와 서를 평소 업으로 삼았지	詩書素業
품부 받은 재능은 총명했으며	稟才通亮
학식은 해박하였네	種學博洽
식견이 깊고	淵淵其識
문채는 화려하며	蔚蔚其華
몸가짐 삼가고 행실을 힘쓰니	飭躬礪行
이른 나이에 명경과 급제하였네[1]	早闡經科
어찌 따뜻하고 배부르고자 해서 였겠는가	豈在溫飽

제 쓰임을 다하고자 한 것이었지　將以致用
외로운 성에서 상소하니[2]　抗疏孤城
말은 충직하고 뜻은 용감하였고　言忠志勇
위험 속에서 죽음을 맹서하여　臨危誓死
국가만 생각하고 일신은 돌보지 않았네　有國無身
아, 선왕[3]께서　於惟寧考
자나 깨나 현인을 생각하시자　寤寐賢人
두세 명의 신하가　有二三臣
동류들과 함께 조정에 나아갔고　拔茅彙征
경은 초야에서 오니　卿來自野
거듭 성대한 시절을 만났도다　重際休明
비로소 뭇 관료의 천거를 따라　始循僉擧
마침내 주연[4]에 자리했는데　遂置胄筵
심오한 뜻을 분석하고　剖析奧旨
아름다운 말을 해 주었도다　諷誦嘉言
경이 정성을 다 바치매　卿旣竭誠
나 또한 가슴에 새겼으니　予亦服膺
일깨워 가르친 공로를　啓誨之功

1 이른……급제하였네 : 1633년(인조11)에 명경 을과(乙科)에 급제하여 승문원(承文院)에 소속되었다.

2 외로운 성에서 상소하니 : 유계가 설서(說書)로 있던 1636년(인조14)에 올린 〈급히 남한산성을 수리하여 분조를 만들기를 청하는 상소〔請急修南漢爲分朝疏〕〉를 말한다.

3 선왕(先王) : 효종(孝宗)을 가리킨다.

4 주연(胄筵) : 서연(書筵)을 가리킨다.

어느 때인들 잊을 수 있겠는가 寧忘寢興
성상께서도 가상하게 여겨 聖心攸嘉
자급을 뛰어넘어 승진시켜서 進不循資
이에 병조에 발탁하고 爰擢西銓
비변사에 힘이 되게 하셨지[5] 協贊籌司
대중은 인재를 얻었다 기뻐하여 衆喜得人
귀한 보옥처럼 여겼네 如寶璵璠
승정원과 홍문관 銀臺玉署
국자감과 사간원에서 일하는 동안 國子薇垣
명망과 실제가 모두 드높았으니 望實俱隆
무슨 일을 한들 알맞지 않겠는가 何施不當
참으로 국가의 대들보이니 允矣邦楨
총애가 비상했도다 眷毗非常
뛰어난 재능으로 일을 맡고 才諝任用
문학하는 유학자로 받은 총애와 영화는 文儒寵榮
동 시대에서 찾아보면 求諸一代
함께 경쟁할 자 없었도다 莫有與爭
내가 왕위를 계승하자 迨予嗣服
충성과 노고 더욱 바쳤고 益竭忠勤
선왕에 대한 그리움으로 先后之思
과인을 권면하였지 以勖寡人

5 이에……하셨지 : 1659년(효종 10)에 병조 참지를 맡고 있던 유계가 비변사 부제조를 겸하게 되었다. 《承政院日記 孝宗 10年 1月 17日》

문원에서 작질을 더하고　增秩文苑
팔좌의 이경이 되었으며　貳卿八座
사헌부와 이조에서는　柏府天官
대사헌과 이조 참판을 지냈지[6]　是長是佐
밤낮으로 부지런히 움직여　夙夜匪懈
정의가 더욱 믿음직스러웠기에　情意愈孚
그 능력을 모두 베풀어서　庶究厥施
함께 어려움을 구제하길 바랐도다　共濟艱虞
마음과 힘을 다하여　心殫力盡
노고가 쌓여 병이 되었고　積勞成瘁
운이 막혀 세상을 떠났으니　運否人亡
나의 애통함 어찌 끝이 있으랴　予痛曷已
나이도 늘그막에 이르지 않았고　年未及耆
지위도 덕에 걸맞지 못하였는데　位不滿德
어찌하여 수명을 조금 더 주지 않고　胡不少延
이렇게 빨리 앗아갔는가　而乃奪速
조정은 충성스러운 신하를 잃었고　朝喪藎臣
선비들은 훌륭한 유자를 잃었도다　士失師儒
누가 경서의 뜻을 강독할 것이며　孰講經義
누가 다스릴 계책을 아뢸 것인가　孰陳治謨

6 문원(文苑)에서……지냈지 : 문원은 홍문관과 예문관을 말한다. 유계는 홍문관 부수찬과 예문관 제학, 사헌부 대사헌, 이조 참판을 역임하였다.《承政院日記 仁祖 27年 2月 26日, 顯宗 3年 11月 27日, 12月 30日, 顯宗 4年 3月 3日》

옛날과 지금을 생각함에	俯仰今昔
내 마음에 서글픔만 더해지도다	增予心愴
부의를 넉넉히 보내지 않으면	不腆賵襚
무엇으로 구천을 빛낼 것인가	詎賁泉壤
이에 예관을 명하여	玆令禮官
조촐한 제수를 올리게 하노니	替奠泂酌
어둡지 않은 영령이 있다면	不昧者存
이렇게 술잔 올리고 고하는 말을 들으리라	聽此侑告

시남 선생에 대한 제문 은진 송시열

祭市南先生文 恩津宋時烈

아, 넓고 한산한 들판과 고요한 물가는 바로 형이 편안히 여기던 바였고, 당우(唐虞)[7]의 법과 공자의 말씀은 바로 형이 즐거워하던 것이었는데, 어찌하여 편안히 여기시던 것을 버리고 즐거워하시던 것을 버리셨습니까. 시사(時事)를 깊이 걱정하고 세상일에 핍박되어 고향으로 돌아가려 하였으나 그렇게 하지 못하고 끝내 널에 누워 돌아왔단 말입니까. 형을 모르는 세상 사람들은 지극히도 신중했던 형의 진퇴에 의심을 품기도 합니다. 아, 어찌 형을 모르는 자와 말할 것이 있겠습니까. 그러나 형이 자신의 몸을 돌보지 않고 종국(宗國)에 뜻을 두어 그 힘이 부족한 줄을 알지 못하던 것은 대개 사람마다 엿보아 헤아릴 수 있는 것이 아니니 그렇다면 그들이 의심하는 것도 이상할 것이 없습니다.

옛날 회옹(晦翁 주희(朱熹))이 세 명의 인자(仁者)에 대하여 의논하되 '지성측달(至誠惻怛)'이라고 했을 뿐이니,[8] 어찌 이것을 벗어나서 인자

7 당우(唐虞) : 태평성세를 가리킨다. 당(唐)은 요(堯)가 다스리던 나라 이름이고 우(虞)는 순(舜)이 다스리던 나라 이름이다. 《논어》 〈태백(泰伯)〉에 "당우의 시대가 주나라보다 인재가 홍성하였다."라고 하였다.

8 옛날……뿐이니 : 《논어》 〈미자(微子)〉에서 "미자(微子)는 떠났고, 기자(箕子)는 종이 되고, 비간(比干)은 간언하다가 죽었다. 공자께서 '은(殷)나라에 세 명의 인자가 있었다." 하였는데 주희(朱熹)의 주(注)에 "세 사람의 행동이 같지 않으나, 모두 지성측달(至誠惻怛)한 뜻에서 나왔다."라고 하였다.

(仁者)의 마음을 구할 수 있겠습니까. 그렇다면 외로운 산성(山城)에 포위되어 곤욕을 당할 때에 절개를 지켜서 흔들리지 않은 것[9]이 형의 충성이라 할 것이 못 되며, 성조(聖祖)의 시호(諡號)에 대하여 바른말을 하다가 귀양 간 것[10]이 형의 정절(貞節)이라 할 것이 못 되는데, 세상에서 스스로 형의 뜻을 안다고 말하는 자들이 곧 여기에서 만족하려 하고 있으니 이것은 세상에 성덕(盛德)을 갖춘 온전한 사람이 없기 때문입니다.

아, 형께서 죽지 않았다면 모든 일상에서 도움이 되는 것은 볼 수 없다고 하더라도 형의 지성측달한 효험은 거의 오랜 뒤에는 상고할 수 있었을 것인데, 하늘이 형을 남겨두지 않아서[11] 백성들이 그 은택을 입지 못하게 되었으니, 이것이 바로 형이 눈을 감기가 어려운 이유이며 식자들이 깊이 슬퍼하는 바입니다. 비록 그렇지만 추위가 이른 뒤에 오히려 갈포(葛布) 옷을 입어 본 다음에야 솜옷과 무명옷의 공을 알 수 있으며, 흉년이 들어서 나물만을 먹어 본 다음에야 콩과 보리가 중요한 것임을 수 있으니, 과거에 형의 뜻을 모르던 사람들도 이제는

9 외로운……것 : 1636년 병자호란이 일어났을 때 유계가 어가(御駕)를 호종하여 남한산성으로 들어갔으며, 이내 설서(說書)로 있으면서 〈급히 남한산성을 수리하여 분조를 만들기를 청하는 소〔請急修南漢爲分朝疏〕〉를 올려 청(淸)에게 저항했던 일을 말한다.

10 성조(聖祖)의……것 : 인조(仁祖)의 시호를 논의하던 중 '인(仁)' 자가 인종(仁宗)의 시호와 같은 글자라는 것을 문제 삼은 일을 가리킨다. 유계는 이 일로 귀양을 갔다가 3년 만에 석방되었다. 《孝宗實錄 卽位年 5月 23日, 1年 4月 3日》

11 하늘이……않아서 : 하늘이 국가를 위해서 유계와 같은 원로를 이 세상에 남겨두려 하지 않는다는 말이다. 《시경》 〈시월지교(十月之交)〉에 "원로 한 분을 아껴 남겨두어서, 우리 임금을 지키게 하지 않는구나."라고 한 말을 인용한 것이다.

형의 뜻을 알게 되었을 것입니다.

나처럼 어리석은 사람도 오랫동안 인정과 아낌을 받았으니 형께서 절절한 경계와 책망을 하려 하지 않더라도 삼밭에 난 쑥대처럼 저절로 곧아질 수 있는 유익함[12]에 있어서는 대개 숫자로 계산할 수 없는 점이 있습니다. 그런데 이제부터는 나의 병통을 누가 치료해 주고 나의 허물을 누가 다스려 주겠습니까. 오늘날 벼슬아치와 유자들이 서로 조의하면서 눈물을 흘리지 않는 사람이 없으나 기가 꺾이고 애통한 마음은 나보다 심한 자가 없을 것입니다. 더구나 형이 임종할 때에도 나를 비루하게 여기지 않고 나에게 이르기를,

"두 벗〔二友 송준길(宋浚吉)과 이유태(李惟泰)〕과 함께 경계를 해주면서 각각 병통에 따라 약석(藥石)을 주어라."

하였습니다. 아, 말세의 번잡한 말들이 진실로 매우 해괴하고 의아한데 또한 저는 보잘것없는 사람으로 사람들에게 신임을 받지 못해서 이 때문에 형에게 걱정을 끼쳤으니 이미 부끄럽고 또 두려워서 스스로 몸 둘 바를 모르겠습니다. 그리고 그 격려한 말씀은 실로 소자(邵子)가 임종하던 날에 이천(伊川)을 권면한 격언(格言)[13]과 같은 것인데 나같이 우매하고 답답한 사람이 어찌 감히 감당할 수 있겠습니까. 그러나

12 삼밭에……유익함 : 좋은 사람과 사귀면 절로 바른 사람이 된다는 뜻이다. 《순자(荀子)》 〈권학(勸學)〉에 "쑥대가 삼밭에서 자라면 붙잡아 주지 않아도 곧게 자라고, 흰 모래가 검은 진흙 속에 있으면 진흙과 함께 검어진다."라고 하였다.

13 소자(昭子)가……격언(格言) : 소자는 소옹(邵雍, 1011~1077)으로, 자는 요부(堯夫), 호는 안락선생(安樂先生), 시호는 강절(康節)이다. 이천(伊川)은 송나라 학자 정이(程頤)의 호이다. 소옹이 임종시에 두 손을 벌리고는 정이에게 부탁하기를 "앞길이 너무 좁으니, 제발 잘 개척해 주시오."라고 한 일을 말한다.

하늘의 영령에 힘입어 나이를 조금 더 연장해 주어서 늦게나마 실효를 거두게 되고, 중화(中和)[14] 속에 충분히 침잠하여서 조금이나마 성급하고 편협하며 거칠고 사나운 기질을 바꿀 수 있다면 거의 형의 지극한 뜻을 저버리지 않을 것입니다. 하지만 또한 옛 걸음걸이가 한 번 어긋나면 한단학보(邯鄲學步)[15]를 이루기 쉽고, 이미 함홍(含弘)[16]의 지경에 이르지 못하고서 도리어 혹 구차하고 저속한 데로 흐르게 될까 염려스럽습니다. 이 때문에 의심하고 두려워하면서도 미처 서거하시기 전에 나아가 바로잡지 못하였으니 홀로 방황하며 슬픔만 더할 뿐입니다.

아, 큰 집이 기울어지는데 누가 한 기둥의 역할을 해 주겠습니까. 무덤의 뼈는 쉽게 마르지만 국가의 수치는 없애기가 어렵습니다. 편벽된 말과 음담한 말이 사방에서 일어나고 괴이한 일들이 백방에서 나와서, 경법(經法)을 속일 수 있고 이치를 역행할 수 있다고 하니, 붙들어 세우고자 하나 누가 나를 도와주겠습니까. 홀로 서서 길게 탄식하니 내 몸과 그림자만 서로 위로할 뿐입니다. 형께서 지각이 있다면 반드시 나를 불쌍히 여겨 슬퍼하실 것입니다.

14 중화(中和) : 《중용장구》 제1장에 나오는 말이다. "중(中)과 화(和)를 지극히 하면 천지가 제자리를 편안히 하고 만물이 잘 생육(生育)된다."라고 하였다.

15 한단학보(邯鄲學步) : 한단의 걸음을 배운다는 뜻으로, 남의 것을 본받으려다 이루지 못하고 도리어 자기 것까지 잊게 됨을 비유하는 말이다. 전국 시대 연(燕)나라의 청년이 조(趙)나라 서울 한단에 가서 한단 사람들의 한아(閑雅)한 걸음걸이를 배우다가 걸음걸이가 아직 익숙해지기 전에 중도에 그만두고 고향으로 돌아갈 적에는 자기 고향 본래의 걸음걸이도 잊고 한단의 걸음걸이도 제대로 배우지 못하여 결국은 엉금엉금 기어갔다는 고사가 있다. 《莊子 秋水》

16 함홍(含弘) : 《주역》 〈곤괘(坤卦) 단(彖)〉에 "포용하고 너그러우며 빛나고 위대하여 만물이 다 형통하다."라고 한 것을 말한다.

아, 애통한 일입니다. 옛날 내가 여기에 왔을 때는 대나무는 푸르고 국화는 노랗게 피었는데 상을 마주하고 앉아 며칠 밤을 놀면서 시를 읊조리기도 하고 술을 마시기도 하였습니다. 그 후에는 나에게 도연명(陶淵明)[17]에게 화답한 짧은 글을 주시어 크게 중도를 지킬 것을 면려하면서 잊지 말라 하셨습니다. 지금 제가 여기에 와서 보니 풀과 나무는 황량하고, 들어가 널 앞에서 곡을 하려니 심장이 미어집니다. 영령(英靈)이 어둡지 않으시다면 나의 정성을 살펴주소서. 그대의 음성 들을 길 없어 술을 따르며 눈물도 함께 쏟습니다. 아, 애통합니다.

17 도연명(陶淵明) : 동진(東晉)의 고사(高士) 도잠(陶潛, 365~427)으로, 자는 연명, 호는 오류선생(五柳先生), 시호는 정절(靖節)이다. 시상(柴桑) 출신으로, 일찍이 팽택 영(彭澤令)이 된 지 겨우 80여 일 만에 벼슬을 버리고 전원으로 돌아가 시와 술을 벗 삼아 살았다.

시남 선생에 대한 제문 파평 윤문거[18]

祭市南先生文 坡平尹文擧

영령께서는	惟靈
하늘의 청명함을 받아	受天清明
이 정순함을 품부하였으니	稟玆精淳
자애롭고 화락하며	慈良豈弟
총명함이 뛰어났도다	聰悟絶倫
일찍이 스스로 초탈하여	早自超脫
고상한 행보로 원대하게 보았지	高步遠視
가장 먼저 이기를 탐색하여	首探理氣
이미 대의를 알았고	已識大意
제자백가를 섭렵하면서도	貫穿百家
육경에서 돌이켜 찾았지	反求六經
젊은 나이에 조정에 이름 날리고	妙齡揚庭
장성해서 행하는 데에 뜻을 두더니[19]	志存壯行
포위된 성에서 절의를 지키고	圍城抗節

18 윤문거(尹文擧) : 1606~1672. 본관은 파평(坡平), 자는 여망(汝望), 호는 석호(石湖), 시호는 충경(忠敬)이다. 김집(金集)의 문인으로 송시열(宋時烈)·송준길(宋浚吉) 등과 교유하였으며, 조익(趙翼)·김상헌(金尙憲) 등에게도 배웠다. 저서로는 《석호유고(石湖遺稿)》가 있다.

19 장성해서……두더니 : 《맹자》 〈양혜왕 하(梁惠王下)〉에 "사람이 어려서 배우는 것은 장성하여 행하고자 해서이다."라고 한 말을 인용한 것이다.

묘호를 정할 때는 곧음을 견지하였지[20] 廟禮秉直

십 년 동안 황야에 은둔하고 十年遯荒

만 번 죽을 고비 겪으며 북방으로 유배 가니[21] 萬死投北

궁벽한 지방인들 무슨 상관이랴만 僻遠何傷

곤궁한 시름이 일어났도다 窮愁有作

통달한 재주와 식견이 通才達識

실로 증진되었도다 實增以益

정당한 의론이 오랫동안 막혔더니 讜議久鬱

사면령이 갑자기 내려졌고 雷雨旋釋

궁벽한 땅에서 발탁되어 洗拔九地

조정에 등용되고 登擢天衢

세자[22]가 즉위하매 離日繼明

예우가 더욱 특별하였지 禮遇愈殊

경연을 전담하도록 하였고 責專經幄

비변사에서 계책을 내었도다 謨主籌司

문장은 예문관 제학을 겸하였고 文兼藝苑

20 묘호를……견지하였지 : 유계가 인조의 묘호를 정할 때 '조(祖)'자의 사용을 반대하고 '종(宗)'자를 주장했던 일을 말한다.

21 만 번……가니 : 유계가 인조가 죽은 뒤 묘호를 정할 때 '조(祖)'자의 사용을 반대하고 '종(宗)'자를 주장했던 일로 인해 1650년(효종 1)에 함경도 온성(穩城)에 유배되었던 일을 말한다. 1년 뒤 강원도 영월(寧越)로 양이(量移)되고, 이후 1년 만에 석방되어 1658년(효종 9) 시강원 문학에 제수되기까지 약 8년간 고향에서 강학을 하며 은거하였다. 《承政院日記 孝宗 1年 4月 4日·10月 29日, 孝宗 2年 9月 2日》

22 세자 : 현종(顯宗)을 말한다. 1659년에 즉위하였다.

명망은 유자의 스승으로 중하였지	望重儒師
얼굴빛 바로하고 해치관 썼고[23]	正色峨豸
이조에서 인물을 등용하니[24]	甄物衡銓
고상한 뜻은 유창하게 통하고	雅懷洞達
법도는 깊었도다	軌範玄淵
슬프게도 거듭된 기근에	恫此荐饑
나라의 근본이 불안하였는데	邦本鮠陒
해마다 임무를 받고	受委頻年
마음과 생각을 다하였네	心殫慮竭
곤궁한 백성을 널리 구제한 것은	顚連弘濟
실로 만물을 사랑하는 마음에서 나왔지	實藉愛物
개연히 생각건대 세상천지에	慨念天地
티끌 덮이고 요사한 기운 가득하여	塵蒙氛塞
백 년 동안 지켜온 예의가	百年禮義
침체해 사라졌지만	淪胥以溺
다행히 한 두 신하가	幸玆一二
성상의 정책을 협력하니	聖謨協同
스스로 떨쳐 일어나	庶幾自奮
동주를 이룩하길 기대하였네[25]	以興周東

23 얼굴빛……썼고 : 1662년(현종3)에 사헌부 대사헌을 지냈던 것을 가리킨다.《承政院日記 顯宗 3年 12月 30日》

24 이조에서 인물을 등용하니 : 1663(현종4)에 이조 참판을 지냈던 것을 가리킨다.《承政院日記 顯宗 4年 3月 3日》

일이 뜻대로 되지 않아　事有不如
변고가 여기저기 일어나니　變故橫生
여러 현자들 숨기 바쁘고　群賢奔屛
온갖 괴이한 일 다투어 일어났지　百怪交爭
민심은 붕괴되고　衆情崩潰
모든 일 허망해지니　大小墮虛
마음 맞는 이와 손잡고　豈無携手
떠날 생각 어찌 없었겠는가[26]　與子同車
공만은 크게 근심하여　公惟大慼
조정에 나가 우직하게 일하면서　出執其愚
열심히 주선하고　黽勉周旋
좌우에서 부지하였도다　左持右扶
어찌 큰 이익을 기대했으랴만　豈望大益
오히려 현명하게 조금씩 보태었도다　猶賢小補
우러러 성상을 바라보며　仰瞻宸極
조정에서 두려워하였네　中朝而懼
앞선 조정을 슬피 생각하매　痛念先朝

25 동주(東周)를 이룩하길 기대하였네 : 동주는 곧 동쪽 노(魯)나라에 주(周)나라의 도(道)를 일으키겠다는 뜻으로, 《논어》 〈양화(陽貨)〉에서 공자가 "만일 나를 써주는 이만 있으면 나는 동주를 만들 것이다."라고 한 말을 인용한 것이다.

26 마음……없었겠는가 : 《시경》 〈북풍(北風)〉에 "사랑하여 좋아하는 이와 손을 잡고 함께 타고 가리라."라고 하였는데, 이는 백성들이 위태로운 나라를 피하여 고향을 등지고 떠나가면서 부른 노래이다. 여기서는 병자호란으로 나라가 혼란스러우므로 누구나 나라를 버리고 떠나고자 하는 생각이 들었을 것임을 말한다.

죽은 뼈에 살 붙이는 은혜[27] 베푸셨으니　死骨恩肉
덕에 보답하고자 하지만　欲報之德
공의 마음 돌이 아니라네[28]　我心非石
공을 아는 자는 근심하는데　知我者憂
공이 슬퍼하는 뜻은 알지 못하네　不知其噫
힘들다 말하지도 못하고　不敢告勞
날로 쌓이는 업무 어찌 꺼리랴　寧憚日埤
오직 근심 때문에 늙으니[29]　惟憂用老
터럭은 백발이고 형체는 구부러졌네　髮白形僂
문득 큰 병에 걸리니　大疾奄乘
보전하지 못할 것을 잘 알고 있네　懸知不保
사람들은 나를 헤아려주지 않고　人言不諒
늘 공경하기를 요구하네　責我常敬
억지로 일어나 조정에 나갔으나　强起造朝

27 죽은……은혜 : 죽은 사람을 되살려 백골에 새살이 돋게 한다는 뜻으로, 매우 두터운 은택을 말한다. 《춘추좌씨전》 소공(昭公) 25년 기사에, 평자(平子)가 "만약 나에게 다시 군주를 섬길 수 있는 기회를 만들어준다면, 이른바 '죽은 사람을 되살려 백골에 새살이 돋게 하였다.'는 것입니다."라고 하였다.

28 공의……아니라네 : 《시경》 〈백주(柏舟)〉에 "내 마음은 돌멩이가 아니라서 굴려 볼 수도 없고, 내 마음은 돗자리가 아니라서 돌돌 말 수도 없네."라고 하였는데, 이는 자신의 마음을 바꿀 수 없음을 말한다.

29 오직……늙으니 : 《시경》 〈소변(小弁)〉에 "잠시 졸던 중에도 길이 탄식하니 근심 때문에 늙는구나. 마음에 근심하는지라 병이 들어 머리가 아픈 듯하노라."라고 하여, 주나라 말엽에 나라가 망해 가는 상황을 보고 근심으로 잠 못 이루는 심정을 읊은 내용을 인용한 것이다.

마침내 다툼만 더하였지	遂致增競
하늘은 어찌 인자하지 않아서	天胡不仁
우리 백성의 목숨을 앗아갔나	奪我民命
구중궁궐에서 크게 슬퍼하시고	九重震悼
사림의 마음은 끊어지네	士林摧萎
사후에 내려진 은전에	哀榮之典
길 가는 사람도 감격의 눈물 흘리네	行路感涕
내 평생을 돌아보건대	顧我平生
외람되이 친구로 의탁하였지	猥托末契
젊어서 옷을 함께 입으니[30]	少壯同袍
정의는 형제와 같았지	情匀兄弟
학업도 놀이도 함께 즐기고	業共遊同
모든 행동거지 함께 하면서	行幷止偕
지금까지 삼십육 년 동안	邇來三紀
서로가 형체를 잊었다오	兩忘形骸
공은 재능이 많고 풍부하였으며	公多而富
나는 적고 부족하였고	弟寡而窶
공은 통달하고 널리 알았으나	公通而普
나는 막히고 고루하였는데	弟窒而陋

30 젊어서……입으니 : 《시경》 〈무의(無衣)〉에 "어찌 옷이 없어서, 그대와 속옷을 함께 입으리오. 왕명으로 군대를 일으키거든, 우리 무기들을 수선하여, 그대와 함께 나가리라."라고 한 말을 인용한 것이다. 속옷을 함께 입는다는 것은 서로 생사(生死)를 같이할 만큼 친밀한 사이임을 의미한다.

나를 어리석게 여기지 않고	不我爲愚
나에게 더욱 후하게 대해 주었지	視我愈厚
옛날에 두려움 속에서 미혹되었을 때	昔迷于畏
공은 나를 용서하였고	公則恕我
중간에 동쪽에 칩거했을 때는	中屛于東
공은 나를 찾아와 주었지	公則就我
나는 한 가지도 잘한 일 없는데	我無一善
공의 마음은 더욱 도타웠지	公意益彌
공이 북쪽으로 귀양가자	公遷于北
내 마음 서쪽에서 슬펐고	我心西悲
공이 조정으로 돌아왔을 땐[31]	公反于朝
나는 남쪽에서 병들었네	我病南爲
영해의 나무와 강의 구름처럼	嶺樹江雲
십 년을 떨어져 그리워하였고	十載離思
이 병든 사람이	惟此殘疾
죽는 날만 기다리자	拭巾待期
공은 항상 염려하면서	公常念念
위중한 나를 측은히 여겼는데	惻我惟幾

31 공이……땐 : 유계는 인조의 묘호를 논의하는 과정에서 '인(仁)' 자를 쓰면 인종(仁宗)의 묘호와 중첩된다는 문제를 거론하는 상소를 올린 일로 인해 함경도 온성(穩城)으로 유배를 갔다. 그 후 약 10년 동안 지방에서 머무르다가 1657년(효종 8) 송준길(宋浚吉)의 천거와 1658년 송시열(宋時烈)의 천거로 시강원 문학에 제수되었는데, 이 일을 말하는 것이다.《承政院日記 孝宗 1年 4月 4日, 10月 29日, 孝宗 2年 9月 2日, 孝宗 9年 9月 12日》

도리어 나보다 먼저 세상을 떠나니　公反先我
이것이 또한 무슨 이치란 말인가　此又何理
어제 공의 편지 받고　昨日公書
나는 수레에 기름을 하였도다　我轄已脂
가을바람 불기를 손꼽아 기다리면서　指期秋風
고향으로 돌아가려 하였고　蓴鱸不負
내 발자국 소리 기다리면서　企予跫音
노년을 기약하였는데　相期歲暮
누가 알았겠는가 이런 날에　誰知此日
문득 천고의 이별을 하게 될 줄을　奄隔千古
공의 병환을 들은 뒤로　自聞公病
나는 매일 묵묵히 기도하면서　我日默禱
공 대신 백 명의 몸을 버려서라도[32]　惟思百身
이 왕도에 은혜롭게 되기를 생각했건만　惠此王道
공은 조금도 머물지 않고　公不少留
기수와 미수 별에 올라탔구려[33]　上騎箕尾
나로 하여금 외롭게 서서　令我畸立

32 공……버려서라도 : 훌륭한 사람이 죽는 것을 몹시 애석해하는 말이다. 《시경》 〈황조(黃鳥)〉에 "저 푸른 하늘이여 우리 훌륭한 사람을 죽이도다. 만일 바꿀 수 있을진댄 사람마다 그 몸을 백번이라도 바치리로다."라고 하였다.

33 기수(箕宿)와……올라탔구려 : 기수와 미수(尾宿)는 28수(宿)에서 동쪽에 있는 별자리를 말하는 것으로 위인의 죽음을 가리킨다. 《장자(莊子)》 대종사(大宗師)에 옛날 은 고종(殷高宗)의 현상(賢相) 부열(傅說)이 죽은 뒤에 이 별들 사이로 올라가서 별이 되었다고 하였다.

이승과 저승을 방황하게 하니 彷徨人鬼
어찌 나의 사사로움 때문이리오 豈伊吾私
세상의 운기에 관계된 것이로다 關世運氣
귀신도 상서롭지 않고 鬼神不祥
하늘도 아득하구나 旻天冥漠
하늘 향해 부르짖어도 들리지 않고 上號無聞
땅을 쳐보지만 누구에게 의지할까[34] 擊地誰極
의미 없이 살아온 지 이미 오래 罔生已久
공과 종유한 세월 그 얼마인가 從公幾時
오직 혼인을 하는 일은 惟此託親
두 노인이 이미 아는 데다 兩翁已知
이미 공에게 고했으니 諒已告公
지금 또 어찌 사양 하겠는가 今又何辭
애오라지 약속을 이행하여 聊申成說
공의 생각을 풀어주겠네[35] 以抒公思
공의 상여가 길을 지나는데 公輀過路
나가서 곡하는 것도 끝내 못하고 出哭終違
공의 장지는 물 건너인데도 公葬隔水

34 누구에게 의지할까 : 《시경(詩經)》 〈재치(載馳)〉에 "대국에 하소연하고 싶다마는 누구에게 달려가며 누구에게 의지할꼬."라고 한 말을 인용한 것이다.

35 오직……풀어주겠네 : 유계의 막내 아들과 윤문거의 딸이 혼인하는 일에 대해 살아있을 때 구두로 약속하였는데, 혼인하기 전에 유계가 죽자, 약속은 지킬테니 걱정하지 말라는 뜻으로 한 말이다. 원문의 성설(成說)은 《시경》 〈격고(擊鼓)〉에 "죽든 살든 멀리 떨어져 있든 그대와의 약속 이루자고 하였노라."라고 한 말을 인용한 것이다.

장지에 가서 영결도 못하네	臨訣永阻
아득한 나의 회포를	悠悠我懷
구원에서나 토로할 수 있으리	九原可露
조카를 대신 보내 고하게 하면서	替姪陳告
눈물 마르고 말도 궁하며	淚盡語窮
제수도 넉넉히 차리지 못하였으나	不腆綿醴
작은 정성을 돌보아 주시게	尙顧微衷
아 애통하여라	嗚呼哀哉

시남 선생에 대한 제문 파평 윤문거

祭市南先生文 坡平尹文擧

아	嗚呼
용이 사라지고 봉황이 숨은 지	龍亡鳳藏
세월 많이 흘렀네[36]	日月悠徂
서호에 은거해 살면서	漳濱西湖
강 하나 사이에 두었건만[37]	一水伊阻
흰 수레 타고 면주[38] 가지고	素車綿酒
칠 년 만에야 찾아 왔도다	七年始來
나는 실로 의리를 저버렸으나	余實負義
공은 나의 슬픔을 알겠지	公知余哀
내 노둔한 자질을 돌아보건대	顧余鈍根
취할만한 재능이 없는데	無所取財

36 용이……흘렀네 : 용과 봉황이 숨었다는 것은 훌륭한 사람이 세상을 떠난 것을 의미하는 것으로, 여기서는 유계(兪棨)의 죽음을 가리킨다. 유계가 죽은 지 7년 만에 찾아와서 지은 제문이므로 이렇게 말한 것이다.

37 서호(西湖)에……두었건만 : 유계의 무덤은 부여군 임천(林川)에 있고 윤문거의 거주지는 논산시 노성(魯城)에 있으므로 금강을 사이에 두고 거주하고 있기 때문에 이렇게 말한 것이다.

38 면주(綿酒) : 솜뭉치에 적신 술이라는 뜻으로, 변변찮은 제수(祭需)를 뜻한다. 서주(絮酒)라고도 한다. 후한(後漢) 때 서치(徐穉)가 먼 곳에 조문하러 갈 때 미리 솜에 술을 적셔서 햇볕에 말린 다음에 묘소 앞에 왔을 때 다시 물에 적셔서 제사를 올림으로써 술 기운이 우러나오게 했다는 고사에서 나온 것이다.《後漢書 卷53 徐穉列傳》

공의 과중한 허여를 받아 荷公過與
외람되이 금란지교를 맺었지 猥託金蘭
마니주가 흐린 물 맑게 하고[39] 摩尼濁水
가리운 사람에게 큰 볼거리 제공하였으니 豐蔀大觀
어찌 벗이라고 할 수 있겠는가 豈敢友云
참으로 나의 스승 자질이로다 實我師資
높은 산과 큰길처럼[40] 高山景行
우러르고 의지하였네 是仰是依
어울려 지낸 지 爾來簪盍
거의 사십여 년 四十年幾
거센 바람과 맹렬한 우레에 震風迅雷
누군들 현혹되지 않으리오 人誰不迷
흐름을 타거나 모래섬을 만나는 상황에서[41] 乘流得坻
누군들 갈피를 잡을 수 있겠는가 疇執其倪
춥고 덥고 배고프고 배부름이 寒溫飢飽

39 마니주(摩尼珠)가……하고 : 마니는 불교 용어로, 보주(寶珠)의 음역이며, 말니(末尼)라고도 한다. 사람이 이 구슬을 가지고 있으면 해를 입지 않는다고 한다. 《열반경 9(涅槃經 九)》에 "마니주를 흐린 물에 던지면 물이 맑아진다."라고 하였다. 여기에서 마니주는 유계를 비유하고 흐린 물은 윤문거 자신을 비유한 것이다.

40 높은 산과 큰길처럼 : 《시경》 〈거할(車舝)〉에 "저 높은 산봉우리 우러러보며, 큰길을 향해 나아가노라."라고 한 말을 인용한 것이다.

41 흐름을……상황에서 : 가의(賈誼)의 〈복조부(鵩鳥賦)〉에 "흐름을 타면 내려가고, 구덩이를 만나면 그친다."라고 한 데서 온 말로, 전하여 환경의 순역(順逆)에 따라 진퇴 행지(進退行止)를 정하는 것을 의미한다. 《漢書 卷48 賈誼傳》

무엇도 맞는 것이 없는데 莫適其可
공은 항상 나를 일깨우고 公常牖我
나를 위해 슬퍼하고 근심하였네 悲我憂我
나약한 나의 체질을 가여워하고 憐我蒲柳
내가 먼저 죽을까 염려하여[42] 懼我先秋
나와 기약하기를 몇 해 뒤 期我數年
만년에 한가로이 노닐자고 하였지 晩節優游
강과 호수에서 서로 잊고 지내면서[43] 江湖相忘
초복[44]으로 돌아가길 바랐는데 庶尋初服
어찌하여 이 날에 如何此日
나만 홀로 남겨 두었는가 令我獨立
나의 막내 아우[45]도 공의 벗이라 余季公友

42 나약한……염려하여 : 원문의 포류(蒲柳)는 일찍 늙고 쇠하는 허약한 체질을 비유하는 말이다. 진(晉)나라 고열지(顧悅之)가 간문제(簡文帝)와 동갑이었는데도 이른 나이에 머리칼이 하얗게 세자 황제가 그 이유를 물으니 "신은 포류와 같은 체질이라서 가을이 가까워지기만 해도 벌써 낙엽이 지고 맙니다."라고 하였다. 《世說新語 言語》

43 강과……지내면서 : 초야에서 유유자적하며 지낸다는 뜻이다. 《장자(莊子)》 〈대종사(大宗師)〉에 "샘물이 말라 물고기들이 뭍에 있으면서, 입 안의 습기로써 서로 불어 주고 거품으로써 서로 적셔 주는 것이 강호에서 서로 잊고 사는 것만 못하다."라고 하였다.

44 초복(初服) : 《초사(楚辭)》 〈이소경(離騷經)〉에 "물러가 장차 다시 내 초복 손질하리."에서 나온 말로, 관직을 버리고 처음 은거하던 상황으로 돌아가는 것을 말한다.

45 나의 막내 아우 : 윤선거(尹宣擧, 1610~1669)를 가리킨다. 본관은 파평(坡平), 자는 길보(吉甫), 호는 미촌(美村)·노서(魯西)·산천재(山泉齋), 시호는 문경(文敬)이다. 김집(金集)의 문인이다. 1636년 청나라 사신이 입국하자 성균관의 유생들을 규합하여 사신의 목을 베어 대의를 밝힐 것을 주청하였고, 병자호란이 일어나자 강화도로

나처럼 공의 뒤를 따랐는데　亦從公後
공이 세상을 떠나자　公乘箕尾
좋아하던 그대와 손잡고 함께 떠났네[46]　惠好携手
공은 천성을 회복하여 노닐고　得天眞遊
더러운 속세를 벗어났는데　蟬蛻濁俗
나는 유독 무슨 허물이 있어　余獨何辜
깊은 골짜기에서 방황하는가　彷徨中谷
하늘의 때와 사람의 일이　天時人事
날마다 상도를 벗어나니　日以異常
모르겠구려 이 곤궁한 삶에　不知鮮生
또 무슨 재앙이 있을는지　更有何殃
조용히 언급한 명분과 도리는　靜言名理
참으로 신령스런 거북 같았고　信若靈龜
소장에 분명하게 드러낸 것은　章疏炳炳
원대한 계책과 큰 법도 였으니　遠猷弘規
이것으로 임금을 높일만 하고　可以尊主
이것으로 백성을 보살필 만하였는데　可以庇民
누가 거듭하고 반복하여　誰能申覆

피신하였다가 평민을 가장하여 탈출하였다. 이 일로 훗날 송시열에게 비난을 샀고, 유계와 공편한 《가례원류(家禮源流)》의 발문이 시비가 되어 노소(老少) 당쟁의 불씨가 되었다. 저서에 《노서유고(魯西遺稿)》, 《계갑록(癸甲錄)》 등이 있다.

46 좋아하던……떠났네 : 《시경》 〈북풍(北風)〉에 "사랑하여 나를 좋아하는 이와 손잡고 함께 돌아가리라."라고 하였다. 여기서는 유계가 세상을 떠난 지 얼마 되지 않아 아우 윤선거 또한 세상을 떠난 것을 말한다.

이 어려움을 구제할 것인가　濟此艱難

지금의 법을 해치지 않고　不害今法

함께 공적을 이루어야 하는데　可與爲功

그야말로 수레를 밀었던 일[47]과 같으니　正類推車

모름지기 나란히 함께 했음을 알아야 하네　須知比同

이웃들 쟁기와 보습 가지고 나가는데　豈必耒耟

어찌 굳이 우리집까지 나갈 것 있으랴[48]　四隣吾家

오솔길이 좁을 때는　路逕窄時

절로 찾아오는 이 없지　自無人過

중요한 것은 배를 잡을 적에는　所貴操舟

먼저 경중을 알아야 하니　先知重輕

사슴을 쫓다가 태산을 보지 못하였고　太山逐鹿

장과 곡은 양을 잃어버렸다오[49]　臧穀亡羊

47 수레를 밀었던 일 : 합심하여 군주를 보필하고 국정을 다스림을 이른다. 북송의 명재상인 위공(魏公) 한기(韓琦)가 말하기를 "범희문(范希文)과 부언국(富彦國)이 함께 앞에서 정사를 논할 때에는 서로 다투다가도 각기 헤어져서 궁전만 나서면 마치 다툰 적이 없는 것처럼 서로 화기(和氣)를 잃지 않으니, 이는 마치 수레를 밀어 주는 사람과 같아서 그 마음은 항시 수레를 가게 하는 데에 있을 뿐이요, 자신을 위하지 않기 때문이다."라고 하였다. 《春秋左氏傳 成公2年》

48 이웃들……있으랴 : 남들과 굳이 똑같이 행동할 필요는 없다는 말이다. 두보(杜甫)의 시 〈대우(大雨)〉에서 "사방의 이웃이 쟁기와 보습을 들고 나간다고 해서, 어찌 구태여 내 집에서까지 그것을 잡을 필요가 있겠는가."라고 하였다.

49 장(臧)과……잃어버렸다오 : 《장자》 〈병무(駢拇)〉에 "장과 곡(穀) 두 사람이 똑같이 양을 치다가 모두 자기 양을 잃어버렸다. 장에게 무슨 일로 양을 잃었느냐고 묻자 책을 손에 들고 읽다가 잃었다 하고, 곡에게도 무슨 일로 양을 잃었느냐고 묻자 윷놀이

공평함과 소통함 현명함 넓음 중에	公通明普
하나라도 없으면 행하지 않아서	舍一不行
높아도 자처하지 않고	高而不居
넓으면서도 이름을 내세우지 않으니	廣而無名
시기하는 자들도 진심으로 심복하고	猜嫌誠服
강폭한 자들도 마음을 주었네	剛狠輸情
선을 인정하고 유능한 자에게 양보하며	與善讓能
권세를 부리고 공을 드러내는 일 중에	使勢推功
내 무엇을 바라겠는가	吾何求焉
나라를 이루기 위해 행동할 뿐이니	要以成邦
군자가 마음 쓰는 것은	君子用心
만물을 사랑하는 것 뿐이로다	愛物而已
덕을 스스로 드러내지 않으니	德不自顯
세상에 공을 알아주는 이 없었네	世無人知
이제는 볼 수 없으니	今焉不見
서로 역경에 빠져서 두루 미치도다[50]	淪胥以痡
애통하여라 어린 백성은	哀恫下民
누구에게 호소할 것인가	于誰告訴
사람들은 공의 법도를 생각하매	人思其軌

를 하다가 잃었다고 하였다. 이 두 사람이 한 일은 서로 달랐지만 양을 잃은 것은 똑같았다."라고 하였다.

50 서로……미치도다 : 《시경》 〈우무정(雨無正)〉에 "하늘이 사나운지라 차분히 생각하고 계획하지 않네. 저 죄 있는 이들은 이미 죄를 받아서 그만이지만, 이 죄 없는 자들을 어찌하여 두루 죽음에 이르게 한단 말인가."라고 한 말을 인용한 것이다.

사모하고 공경함이 더욱 간절하여라　顚倒彌切

알지 못하는 바는　所不能知

아득한 천도로다　天道冥漠

공이 세상을 떠난 것이 언제인가　公歿幾時

두 검이 연진 나루에서 만났지만[51]　劍逐延津

두 용은 재앙을 당하니[52]　二龍夭椓

우애롭던 형제 곤궁해졌네　棣萼顚連

아득하게 어린 고아들만 남아　藐諸孤幼

온갖 일이 쓸쓸하게 되었으니　萬事零丁

이 또한 무슨 이치란 말인가　是亦何理

나로 하여금 눈물 짓게 하네　令我涕零

공의 아름다운 덕은　惟此懿德

영원히 잊지 못하니　百世不忘

융숭히 보답하는 예를　崇報之禮

먼 지방에서 먼저 창도하였네　遠方先倡

이 지역의 논의는　此邦之論

51 두 검이……만났지만 : 진(晉)나라의 뇌환(雷煥)이 용천(龍泉)과 태아(太阿)라는 두 보검을 가지고 있다가 하나를 잃어버렸는데, 우여곡절 끝에 연진 나루에서 두 칼이 만나게 되었다고 한다. 이후 부부가 다시 합쳐지는 인연이나 죽은 뒤에 합장함을 뜻한다. 《晉書 卷36 張華列傳》

52 두 용은……당하니 : 유계의 맏아들 유명윤(兪命胤)과 둘째 아들 유명필(兪命弼)이 죽은 일을 가리킨다. 이들은 어머니의 상을 당해 효성을 다해 집상(執喪)하다가 여차(廬次)에서 나흘 차이로 세상을 뜬 것으로 기록되어 있다. 《明齋遺稿 卷43 進士兪君行狀》

또한 기대하는 바가 있거니와	亦有所待
장차 묘표를 세우는 일은	將謀表墓
약간의 동지와 상의하겠네	若而同志
천도가 어긋나지 않는 건	不僭之天
하늘에 질정할 수 있으니	可質在上
공에게 무슨 상관이 있으랴마는	於公何與
이 도가 영원하기 때문이로다	斯道之永
내가 격렬한 말을 잡으니	余操危辭
노래하고 곡하는 것보다 심해지고	甚於歌哭
한 잔 술을 올리매	余薦一觴
강석에서 대하는 듯하여라	如對丈席
공의 영령이 방불하시거든	公靈彷佛
강림하기를 바랍니다	尙冀臨格

시남 선생에 대한 제문 파평 윤선거[53]

祭市南先生文 坡平尹宣擧

아, 형이 병이 들었을 때 나는 도중(都中)으로 들어가 하룻밤 다정하게 이야기를 나누고 헤어졌고, 형이 상을 당했을 때 나는 영동(嶺東)에 있으면서 천 리 멀리서 부고를 듣고 곡을 하였습니다. 위독한 날에 악수하고 영별하지 못하였고 발인하는 날 저녁에는 상여끈도 잡지 못하였습니다. 임종에 다다랐을 때 멀리 부쳐온 편지를 눈물을 흘리며 읽었고 망자를 애도하는 슬픈 말을 인편을 통해 전달하였습니다. 지금 임강(林江)[54]에 도착했는데 기일이 다가와 형을 장사지내려 하니 나는 끝내 어디에 의지해야 합니까. 애통하고 애통합니다.

옛날에 주 부자(朱夫子 주희(朱熹))는 여 저작랑(呂著作郎)[55]을 곡하면서 말하기를, "도학(道學)을 장차 누구로 하여금 떨치게 할 것이며 군덕(君德)을 장차 누구로 하여금 회복하게 할 것이며, 후생(後生)을 장차 누구로 하여금 가르치게 할 것이며, 사민(斯民)을 장차 누구로

53 윤선거(尹宣擧) : 1610~1669. 본관은 파평(坡平), 자는 길보(吉甫), 호는 미촌(美村)・노서(魯西)・산천재(山泉齋), 시호는 문경(文敬)이다. 김집(金集)의 문인이다. 저서에 《노서유고(魯西遺稿)》, 《계갑록(癸甲錄)》 등이 있다.

54 임강(林江) : 충청남도 부여군 임천(林川)을 가리킨다. 유계(兪棨)는 1664년(현종5) 2월 25일에 성남(城南) 죽동(竹洞)에서 졸하였고 임천에서 장사지냈다.

55 여 저작랑(呂著作郎) : 여조겸(呂祖謙, 1137~1181)으로, 저작랑은 그가 지낸 벼슬이다. 중국 남송(南宋)의 학자로, 자는 백공(伯恭), 호는 동래(東萊)이다. 주희(朱熹), 장식(張栻) 등과 교유하며 강학에 힘써 '동남삼현(東南三賢)'이라 불리기도 하였다. 저서에 《동래박의(東萊博議)》・《동래집(東萊集)》 등이 있다.

하여금 행복하게 할 것이며, 경설(經說)을 장차 누구로 하여금 계승하게 할 것이며, 사기(事記)를 장차 누구로 하여금 이어가도록 할 것인가. 점을 쳐서 맞추는 듯한 지혜가 있으면서 어리석은 듯이 처세하고, 강물과 같은 언변이 있으면서 어눌한 듯이 몸가짐하고, 의(義)를 가지고 제 몸을 단속하되 꼿꼿하게 됨을 수치스러워하였고, 할 말을 다하면서 충성을 바치되 남의 허물을 들추어 낼까 봐 부끄러워하였다."[56]라고 하였는데, 아, 형의 덕업(德業)과 문행(文行)은 참으로 세도와 사문(斯文)의 중대한 일을 맡을 만하니, 또한 지금의 저작랑(著作郞)이라고 이를만 합니다.

또한 유 추밀(劉樞密 유공(劉珙))을 곡하며 말하기를, "하늘은 어찌하여 공에게 뛰어난 재능을 부여하면서 겸하여 장수할 수 있는 나이를 빌려주지 않고, 공에게 추밀사라는 중대한 직임을 주면서 마침내 임금을 보좌하는 권한은 주지 않으신 것인가. 이름은 부귀하여 부족한 것이 없는 듯하지만 실제로는 근심 속에 일생을 마쳤으니, 이것이 중외의 의리에 뜻을 둔 선비들이 공의 죽음을 듣고 실성통곡하여 서로 조문하면서 자기도 모르게 눈물을 줄줄 흘리는 까닭이다."[57]라고 하였습니다. 아아. 오늘날 형의 상을 듣고서 실성하고 눈물을 흘리는 자가 어찌 유추밀 보다 못하겠습니까.

56 주 부자(朱夫子)는……부끄러워하였다 : 《회암집(晦庵集)》 권87 〈여백공 저작에 대한 제문〔祭呂伯恭著作文〕〉에 해당 내용이 보인다. 백공(伯恭)은 여조겸(呂祖謙)의 자이다.

57 유 추밀(劉樞密)을……까닭이다 : 《회암집》 권87 〈유공보 추밀에 대한 제문〔祭劉共父樞密文〕〉에 해당 내용이 보인다. 공보(共父)는 유공(劉珙, 1122~1178)으로, 유자우(劉子羽)의 아들이다.

나의 외조 우계(牛溪 성혼(成渾)) 선생이 율곡 선생의 제문을 짓기를 "형과 내가 약관의 나이에 서로 벗이 된 뒤로 지금까지 삼십 년이 되었습니다. 처음 형을 만나고 조금 들은 바가 있은 뒤로 스승으로 섬기려고까지 하였습니다. 근래에 늙어가면서 정의가 서로 신뢰하여 더욱 깊어지고, 강마함에 서로 도움이 되면서 더욱 절실해 졌으니, 나에게 형이 없었다면 스스로 서지 못했을 것이 분명합니다."라고 하였는데, 아, 나의 몽매한 학문은 감히 스스로 설 수 있다고 말할 수는 없지만 형의 정의와 강마의 유익함으로 말하면 나의 외조가 율곡(栗谷)에게 느꼈던 것과 같을 뿐만이 아닙니다.

또한 나의 개인적인 애통함은 또한 옛날보다 심한 점이 있습니다. 난리통에 함께 돌아가서 여산(廬山)의 모임[58]을 십 년 간 함께하며 세한(歲寒)의 지조를 기약하여 구덩이에 버려짐을 잊지 않았는데,[59] 뜻밖에 서로 떨어져 각자 남쪽과 북쪽으로 헤어졌습니다. 그러다가 형이

58 여산(廬山)의 모임 : 마음이 맞는 사람들이 서로의 우정을 나눈다는 의미이다. 진(晉)나라 때 스님 혜원(惠遠)이 여산에 은거하며 호계(虎溪) 밖으로 나가지 않았다는 고사를 말한다. 진나라의 승려 혜원 법사는 여산의 동림사(東林寺)에 머물며 손님을 배웅할 때에도 절대로 호계 밖으로 나가지 않았는데, 어느 날 도사 육수정(陸修靜)과 시인 도잠(陶潛)이 찾아와 두 사람을 배웅할 때 이야기에 심취한 나머지 호계를 지나쳐 버려 세 사람이 크게 웃었다고 한다. 《廬山記 卷2》

59 세한(歲寒)의……않았는데 : 세한의 지조는 의지를 굳게 가져 어려움에도 변하지 않는다는 뜻이다. 《논어》 〈자한(子罕)〉에 "날씨가 추워진 뒤에야 소나무와 측백나무가 늦게 시듦을 안다."라고 하였다. 구덩이에 버려진다는 것은 자신의 신념을 지키다가 죽더라도 한스럽게 여기지 않는 것을 말한다. 《맹자》 〈등문공 하(滕文公下)〉에 "지사(志士)는 자신의 시신이 구렁에 버려질 것을 잊지 아니하고, 용사(勇士)는 자신의 머리를 잃을 것을 잊지 않는다."라고 한 데서 온 말이다.

가림(嘉林)에서 살고 나는 석강(石江)[60]에 집을 지으니 강 하나를 사이에 두고 서로 바라보며 이에 마땅한 곳을 얻었는데 나는 큰 재앙을 당하고 형은 또 유배를 가니 전후로 벗을 잃은 한탄은 모두 나의 궁액 때문입니다. 영고(寧考 효종)께서 훌륭한 일을 함에 미쳐 군자가 줄줄이 조정에 등용되니 형은 나아가서 복록을 받고 나는 물러나서 은거하여 누구는 벼슬하고 누구는 은거하며 누구는 말하고 누구는 묵묵히 있었으나 두 사람의 마음은 같고 도는 부합하였으니, 최주평(崔州平)과 공명(孔明)의 관계[61]와 추지완(鄒志完)과 전화(田晝)의 관계[62]나 다름 없었습니다. 제가 비록 재능은 부족하지만 혹 옥을 다듬기를 기약하였습니다. 이러한 뜻은 변함이 없었으나 속마음을 털어놓을 곳이 없어 개탄하였는데 형만이 저를 헤아려 주어 시종 막역하니 변하는 온갖 세태에도 난초의 향기는 어긋나지 않았습니다.

60 석강(石江) : 지금의 충청남도 공주(公州)와 홍성(洪城) 사이에 있던 고을인 석성(石城)을 말한다. 《석호유고(石湖遺稿)》 권5 〈유시남에게 주다〔與兪市南〕〉에 따르면 유계가 1652년에 석강의 서쪽에 살고 있었다.

61 최주평(崔州平)과 공명(孔明)의 관계 : 최주평은 제갈량(諸葛亮)이 초야에서 지낼 때의 절친한 친구이다. 제갈량이 훗날 재상이 되었을 때 말하기를 "내가 처음에 최주평과 사귀었는데 누차 나의 잘잘못을 말해 주었고, 뒤에 서원직(徐元直)과 사귀었을 때는 힘껏 충고와 가르침을 주었다."라고 하였다. 《三國志 卷35 蜀書 諸葛亮傳, 卷39 董和傳》

62 추지완(鄒志完)과 전화(田晝)의 관계 : 추지완(1060~1111)은 북송 말기의 인물인 추호(鄒浩)이다. 지완(志完)은 그의 자이다. 송나라 철종 때 추호와 전화가 친하게 지냈는데, 당시 철종이 황후(皇后) 맹씨(孟氏)를 폐하고 현비(賢妃) 유씨(劉氏)를 황후로 책봉한 일이 있자, 전화가 혹자에게 말하기를 "지완이 이번 일에 간언을 드리지 않으면 그와 절교할 것이다."라고 하였는데, 추호가 과연 황후 폐립(廢立)의 잘못된 처사에 대하여 극간(極諫)하고 마침내 장돈(章惇)의 탄핵을 입어 유배를 갔다.

지난겨울 끝자락 긴긴밤에 자다 깨다 하면서 하지 못한 말이 없었고 질정하지 않은 일이 없었습니다. 이미 오랫동안 생각하고 되돌아 보기도 하고 또한 가만히 탄식하며 깊이 애석하기도 하면서 사림(士林)이 의심을 품는 것을 안타까워하고 세속의 혼탁함을 통감하였으니, 이는 형이 평소 마음속에 담아두었던 것을 나에게 거듭 말하면서 저절로 멈추지 않았던 것입니다. 나는 형이 물러나는 것을 권면하고 형은 곧바로 나의 말을 허락하였습니다. 형의 이러한 병이 화복을 어찌 알겠는가마는 계획을 원대히 하고 때에 따라 고해주는 일을 하되 아침부터 저녁까지 힘드는 일을 굳이 할 필요는 없고 의사를 찾아 조용히 조섭하면 허물이 없이 생긴 병은 고칠 수 있다고 생각하였습니다. 내가 동쪽으로 나가서 몇 개월 동안 소식을 듣지 못하면서 생각하기를 형이 편안해져 약을 쓰지 않게 된 것이라고 여기고 편지를 쓰고 시에도 화답하여 서울로 보냈는데, 성 남쪽에서의 하룻밤을 보낸 기쁨이 갑자기 천고의 유명을 달리하게 될 줄을 어찌 알았겠습니까. 바다를 임해 통곡하고 수성(水城 수원(水原)의 옛 이름)을 대하여 눈물을 흘립니다. 자장(子長 사마천(司馬遷))의 유람을 본받아 삼 개월 만에 다시 돌아오는데 북쪽 변방을 바라보고 넋이 놀라고 동월(東越)을 지나오면서 마음이 꺾였습니다. 나의 벗이 남긴 자취를 밟으매 이 마음의 슬픔을 더하고, 평생의 마음을 서술하니 고인이 먼저 깨달은 것을 적었습니다. 말은 지지엽엽 쓸 수 없고 사연은 넘치지 않아야 합니다. 백 장의 종이를 다하더라도 기나긴 애통함은 다 표현하기 어렵습니다. 아, 총명한 견해와 통달한 식견과 박학한 문장과 관통한 학문과 화락한 풍도와 아름다운 덕을 이제 다시는 볼 수 없어 길이 탄식하지만 무슨 소용이겠습니까. 애통하고, 애통합니다.

시남 선생에 대한 제문 월성 이유태[63]

祭市南先生文 月城李惟泰

아, 주 부자(朱夫子)가 체계통(蔡季通)을 일러 "정밀한 식견과 뛰어난 재주, 꺾을 수 없는 지조와 무궁한 변론을 다시는 볼 수 없게 되었다."[64]라고 하였는데, 오직 공만이 그것을 소유하였습니다. 호담암(胡澹庵)[65]이 남쪽으로 건너간 뒤 첫 번째 올린 상소에는 "비록 일월(日月)과 그 빛을 다툴만하다고 말하더라도 괜찮다."라고 하였는데 오직 공이 그러하였습니다. 말년에 성대한 시대를 만나 군신의 의리에 감동하였고, 일이 어그러진 뒤에도 오히려 다시 왕실에 정성을 쏟으면서 차마 대번에 떠나지 못하고 서울에서 벼슬하다가 서울 집에서 별세하였으니 공의 뜻이 슬프고도 가련하다고 할 수 있습니다.

나는 황량한 산 적막한 물가에서 뒤늦게 공과 몇 년 동안 종유하였는데 서로 어울리는 뜻이 천년 뒤를 기약하는 사람 같았다. 늘그막에

63 이유태(李惟泰) : 1607～1684. 본관은 경주(慶州), 자는 태지(泰之), 호는 초려(草廬)이다. 유일(遺逸)로 천거를 받아 인조 때 세자 사부(世子師傅)를 지냈다. 효종 즉위 후 송시열(宋時烈)·송준길(宋浚吉) 등과 함께 북벌계획(北伐計畫)에 참여했다. 문집에 《초려집(草廬集)》 등이 있다.

64 체계통(蔡季通)을……되었다 : 체계통은 채원정(蔡元定, 1135～1198)으로, 계통은 그의 자이고, 호는 서산(西山)이다. 서산 선생(西山先生)이라 불렸다. 건주(建州) 건양(建陽) 사람이다. 《宋史 卷434 儒林列傳 蔡元定》

65 호담암(胡澹庵) : 송나라 호전(胡銓, 1102～1180)으로, 담암은 그의 호이다. 자는 방형(邦衡), 시호는 충간(忠簡)이다. 송 고종(宋高宗) 때 직간(直諫)을 잘하기로 유명했다. 《宋史 胡銓列傳》

이르러서는 그 뜻이 더욱 견고해져서 그사이 한 사람은 은거하고 한 사람은 벼슬을 하여 길을 달리하는 일이 있었지만 끝내는 난만하게 귀결을 함께 하였으니[66] 살고 죽는 건 누가 먼저건 부끄러울 것이 없을 듯하였습니다.

내가 갑진년(1664, 현종5) 3월에 금강 가에서 공의 관을 맞이하고 들에서 한 차례 곡을 하고는 공의 장례날에 장지(葬地)로 나아가서 영원히 이별하고자 하였는데, 아이가 죽어서 빈소에 있었던지라 매우 애통한 나머지 상여에 달려갈 겨를이 없게 되어 마침내 가지 못했습니다.

어느덧 시간이 지나고 계절도 여러 번 바뀌어 봄바람을 맞은 풀이 또한 삼 년을 자랐습니다. 나는 병이 들어 침석에 누워 있느라 또한 아직 거두지 않은 궤연에서 한 번 곡을 하는 것도 하지 못했습니다. 서울로 들어갔던 날에 거취(去就)와 엄속(淹速)의 절도에 대해 논한 적이 있었는데 상자 속에 보관한 것이 수십 수백 장 일 뿐만이 아니었으니 나를 아끼는 마음이 얕지 않았음에 감동하였습니다. 열람하다 보니 나도 모르게 눈물이 줄줄 흘렀습니다. 특히 절명을 앞두고 쓴 편지는 우리 세 사람을 경계하는 뜻이 진실로 깊었고, 더욱이 나의 허물을 절실히 경계해 준 것은 매번 일이 있을 때마다 문득 공의 말이 생각나서 마음이 상하는 바가 많았습니다. 그러나 기질적인 문제는 모조리 제거

66 난만하게……하였으니 : 한유(韓愈)가 양의지(楊儀之)를 보내며 지은 시부(詩賦)에 "처음에는 들쭉날쭉 의견을 달리하다가, 나중에는 질펀하게 흐름을 같이했네."라고 한 말을 인용한 것이다. 《昌黎文集 卷1 別知賦》 유계와 이유태(李惟泰)가 생전에는 노선을 달리하였지만 결국에는 같은 길을 갔다는 뜻이다.

하지 못하고 오히려 남의 노여움을 사기도 하니 저승에 있는 공을 저버린 부끄러움이 없지 않습니다.

아, 훌륭한 인물이 세상을 떠난 뒤에 나라는 더욱 쇠잔해졌고 천재(天災)와 시변(時變), 만물의 괴상함과 사람의 요상함이 거듭해서 층층이 일어났으나 우려할만한 단서가 천 가지 만 가지일 뿐만이 아닙니다. 공은 크게 누워서 어둡고 오묘한 곳에서 변화를 관찰하면서 어찌 만사가 모두 잘못되는 것을 잊을 수 있겠는가마는, 하루를 조금 더 늦추는 것에 무슨 보탬이 있겠습니까. 아, 끝났도다. 제문을 짓고 술을 부쳐서 공이 나의 이 말을 들어주기를 바랍니다. 슬픕니다.

시남 선생에 대한 제문 풍양 조복양[67]

祭市南先生文 豐壤趙復陽

아, 무중(武仲 유계(兪棨)) 형이 참으로 돌아가신 것입니까. 하늘이 이 세상에 형을 낸 것은 우연이 아니었고, 세상에서 형에게 기대한 것 또한 여기에 그치지 않았는데 갑자기 돌아가실 줄 어찌 생각했겠습니까. 형님이 병을 얻은 지 2년 남짓 되었습니다. 반복해서 고질이 되어 위태로워졌으니 우려하는 마음이 어찌 끝이 있었겠습니까. 그래도 나이가 아직 젊고 신명(神明)이 도와주는 분이라는 것으로 날마다 다시 일어나기를 기대하였습니다.

이별한 뒤로 두 달 동안 편지가 재차 이르렀는데, 하나는 이미 저승의 문턱에 이르렀다고 하였고, 하나는 괴롭게도 속히 죽지 않는다고 하였습니다. 이어서 아드님의 편지를 보고 병을 어찌 할 수 없다는 것을 알고는 마음이 방아를 찧는 듯이 놀랍고 슬펐습니다. 조정에 들어가 아뢰려고 서둘러 출발한 것은 또한 병세를 살피기 위함이기도 했는데, 배를 서울 입구에 정박했을 때 형이 이미 일어나지 못하게 되었다는 소식을 들었습니다. 놀라 부르짖으며 달려가서 곡을 하니 어떤 이가, 형이 임종을 앞두고 저에게 이별을 고하는 편지를 쓰려고 했는데 쓰지 못하였다고 말해주었습니다. 당당했던 칠척의 몸이 널 하나에

67 조복양(趙復陽) : 1609~1671. 본관은 풍양(豐壤), 자는 중초(仲初), 호는 송곡(松谷), 시호는 문간(文簡)이다. 조익(趙翼)의 아들이며, 김상헌(金尙憲)의 문인이다. 저서로 《송곡집(松谷集)》이 있다.

거두어지니 들어가도 볼 수 없고 불러도 응답이 없어, 그저 고아들을 마주하고 피눈물이 마구 쏟아졌습니다. 세상에 이런 일이 있을 줄 어찌 알았겠습니까.

아, 무중 형이 세상을 떠났습니다. 사람이라면 누군들 죽지 않으랴마는 죽고 나서 사람들을 애달파 하게 만드는 이가 몇이나 있겠습니까. 오직 형의 생사는 실로 시운(時運)과 관련됩니다. 나라 안에서 형을 아는 사람이건 모르는 사람이건 듣고서 놀라고 슬퍼하며 서로 말하고 위로하지 않는 이가 없습니다. 더구나 나와 형은 의리로는 친구이고 정의로는 친형제보다 더하여 그야말로 천륜이 있는 친척과도 같으니 공적으로나 사적으로나 애통해하는 마음이 마땅히 어찌 끝이 있겠습니까.

아, 무중 형님이 세상을 떠났습니다. 우리의 도를 이제 누가 붙들어 주며 군주의 덕을 이제 누가 보좌하고 인도하며, 후생을 이제 누가 가르치며, 백성에게는 이제 누가 은택을 베풀겠습니까. 저같이 우매한 사람은 잘못을 하면 누가 경계를 해주겠으며 의문나는 것이 있으면 누가 함께 질정을 해주겠습니까. 이 세상을 돌아보건대 나를 아끼는 사람이 누가 있습니까. 그렇다면 어찌 내가 황천(黃泉)에 사무치게 눈물을 흘리고 하늘을 향해 부르짖으며 길이 애통해하게 하지 않겠습니까.

아, 형의 총명하고 순수한 자질로 일찌감치 도를 듣고, 힘껏 학문을 익혔으며 마음가짐은 정직하고 독실하게 선을 좋아하였습니다. 효성스럽고 우애롭고 충성스럽고 믿음직스러운 행실과, 성실하고 간절한 정성과, 깊고 박식한 문장, 넓고 통달한 식견은 지금 세상의 현사(賢士)와 군자 중에 형보다 뛰어난 자가 누가 있겠습니까.

어찌 재능은 그리도 풍부한데 수명은 그리도 인색하였습니까. 일찍이 명경과(明經科)에 나아가 바로 현달한 자리에 오르셨습니다.[68] 곧은 말과 바른 논의는 일에 저촉되어 좌절하니 남쪽 고을과 북쪽 황무지로 전후로 귀양가셨습니다.[69] 기구한 운명으로 침체하기를 십 수 년 만에 뒤늦게 군신이 의기투합하는 시대를 만나 승진 발탁되어 여러 관직 역임하니 아경(亞卿)에서 장관에 오른 곳은 양대(兩臺)와 경연이었고 임금 가까이 비변사에서 보좌하며 실로 군국(軍國)의 일에 참여하였습니다. 이조의 참판과 홍문관 부제학이 되고 겸하여 국자감의 우두머리를 맡으니 세상에서 보기 드문 경우였습니다. 조정에서는 훌륭한 유자(儒者)를 얻고 선비들은 훌륭한 스승을 얻으니 7, 8년 사이에 혁혁한 명성이 크게 드러났습니다.

조정에서 응당 크게 쓰일 것이라 생각하고 그 배운 바를 모두 다 펼치는 모습을 보기를 기다렸는데 큰 냇물을 건너기 전에 큰 노를 잃고[70] 먼 길을 가는 도중에 훌륭한 말을 잃어버렸습니다. 이는 실로 선한 사람들의 불행이자 나라가 쇠퇴하는 것이니 어찌 다만 우리들만 가슴

68 명경과(明經科)에……오르셨습니다 : 1633년(인조11)에 명경 을과(乙科)에 급제하여 승문원(承文院)에 소속되었던 일을 말한다.

69 남쪽……귀양가셨습니다 : 남쪽으로 유배간 일은 1636년(인조14)에 설서(說書)로 있던 중 병자호란이 일어나자 척화를 주장했다가 화의가 성립되자 임천(林川)에 유배되었던 일을 말하고, 북쪽으로 유배간 일은 인조의 묘호를 논의하는 과정에서 '인(仁)' 자를 쓰면 인종(仁宗)의 묘호와 중첩된다는 문제를 거론하는 상소를 올린 일로 인해 함경도 온성(穩城)으로 유배를 갔던 일을 말한다. 《承政院日記 孝宗 1年 4月 4日, 10月 29日, 孝宗 2年 9月 2日》

70 큰……잃고 : 《서경》 〈열명 상(說命上)〉에 "만약 쇠라면 너를 숫돌로 삼으며, 만약 큰 냇물을 건넌다면 너를 배와 돛대로 삼겠다."라고 한 말을 인용한 것이다.

아파할 일이겠습니까.

아, 슬프고 애통하고 애통합니다. 저의 노둔한 자질로 어찌 감히 형이 나를 비루하게 여기지 않으시기를 바라겠습니까만 나를 지기(知己)로 인정해 주셨습니다. 홍문관과 금문(金門)에서 함께 나란히 있으면서 옛날의 일을 담론하고 당대의 시비를 분별하였습니다. 형이 곤액을 당하고 있을 때 내가 형을 위해 변호하였는데 한밤중 어전에 나아가 거듭 꺼리는 일을 저촉하였습니다. 성상의 위엄이 크게 진동하여 형은 먼 곳으로 유배를 가고 나도 글을 잘못 지어서 수원에서 유배생활을 하였습니다.

그러나 서찰과 시를 주고 받으니 천 리 멀리 떨어져 있는 것 같지가 않았습니다. 내가 곤궁하였을 때 포곡(浦曲)에서 거상하고 있었는데 형은 그때 유배가 풀려 돌아와서 자주 찾아와 위로해 주고 왕복하며 유숙하면서 근심과 염려가 지극하였습니다. 경사에서 다시 만난 것은 처음에는 예측하지 못했던 일이었지요. 앞서거니 뒤서거니 따라다니면서 출입하며 주선하였고 외정(外廷)에서 모시고 의논할 적에는 성상 앞에서 계책을 아뢰었습니다. 경자년(1660, 현종1)과 신축년(1661)에 팔도에 큰 흉년이 들고 기근에 역병까지 돌아 만백성이 죽어나갈 적에 실질적으로 진휼을 주관한 사람은 형과 나였습니다.[71] 자는 것도 먹는 것도 잊은 채 온갖 방법으로 계책을 내어 먹여주고 구제하니 백성이

71 경자년(庚子年)과……나였습니다 : 1660년과 1661년에 큰 가뭄이 들었을 때 조복양과 유계가 소장을 올려 진휼의 방안을 아뢰었다.《顯宗實錄 2年 10月 14日, 3年 1月 23日》

다행히도 소생하였지요. 조금이라도 사심이 있다면 이 일은 해결되지 않았을 것입니다. 내가 이 말을 하자 형께서도 정말 그렇다고 하셨습니다.

장차 협심하고 일을 도모하여 당시의 어려움에서 함께 벗어나려고 하였습니다. 무릇 서로 생각하고 강구한 것들이 군주를 높이고 백성을 보호하고자 하는 데에서 나오지 않은 것이 없었으니, 세도의 책임이 여기에 있는 것입니다. 그런데 나는 이미 조정에서 편안하지 않았고 형은 또 복이 없어 세상을 떠났습니다.

천명인 것입니까 운명인 것입니까. 이것이 무슨 운수란 말입니까. 평생을 돌이켜 생각해보면 본말을 찾을 수 있습니다. 어려운 상황에서도 지조를 잃지 않기를 기약하고 이 마음을 저버리지 않으며 지려와 언론은 서로 통하여 거스르지 않았고 출처와 진퇴도 대략 서로 비슷하였습니다.

사마공(司馬公)이 범촉공(范蜀公)을 논하기를, "나와 경인(景仁)은 살아서는 뜻을 같이하고 죽어서는 함께 전해질 것이다."라고 하였습니다.[72] 나와 같이 보잘것없는 사람을 감히 옛날의 현자에게 비할 수는 없지만 교의(交誼)를 가지고 말하면 또한 간혹 부끄럽지 않을 만도 한데, 지금 형을 잃었으니 나는 이제 누구에게 의지해야 합니까. 자피

72 사마공(司馬公)이……하였습니다 : 범촉공은 범진(范鎭)으로, 본관은 화양(華陽), 자는 경인(景仁), 시호는 충문(忠文)이다. 범백록(范百祿)의 숙부이자 범조우(范祖禹)의 종조부(從祖父)로, 1038년 진사가 되어 한림 학사(翰林學士), 판태상시(判太常寺) 등을 지냈으며, 촉군공(蜀郡公)에 봉해졌다. 사마광(司馬光)과 일생 동안 두터운 우정을 유지하였다. 《緇衣集傳 卷3 壹類章》

(子皮)[73]가 죽자 자산(子産)이 애통해하면서 말하기를 "나는 누구를 위해서 좋은 일을 한단 말인가 오직 부자(夫子)만이 나를 알아주었다." 라고 하였는데[74] 아, 이것이 오늘날 내가 처한 상황과 똑같습니다.

나는 옛날에 형과 함께 벼슬을 그만둘 뜻이 있었는데 어떤 사람이 이를 듣고는 성상께 아뢰기까지 하였습니다. 일찍이 윤지(胤之)[75]와도 이런 약속을 한 적이 있었는데 윤지는 이미 죽고 형마저 저세상 사람이 되었으니, 아, 이 세상에서 누구와 다시 훗날을 기약하겠습니까. 사람의 마음은 얼굴처럼 다 다르고 세상사는 날로 험해지는데 여생은 고독하니 보이는 것마다 슬픔을 가중시킵니다.

아, 끝났습니다. 만사가 끝났습니다. 내가 이 삶을 마칠 때까지 형을 볼 수 없습니다. 어느덧 시간이 흘러 상여가 출발하려 하는데 강도(江都)에서 관직에 매여있어 가서 상여끈을 잡지 못합니다. 제문을 봉하고 제물을 보내어 이를 따라 영영 작별 인사를 합니다. 동쪽을 바라보며 크게 울부짖으니 천지가 아득합니다. 끝없는 슬픔과 통한을 한 편의 글에 부치니 혼령이 어둡지 않으시다면 이 마음을 살펴 주시기 바랍니다. 아, 애통합니다.

73 자피(子皮) : 대본에는 '子太叔'으로 되어 있는데, 《춘추좌씨전(春秋左氏傳)》 소공(昭公) 13년 기사에 의거하여 '子太叔'을 '子皮'로 바로잡아 번역하였다.

74 자피(子皮)가……하였는데 : 《춘추좌씨전(春秋左氏傳)》 소공(昭公)13년 기사에 해당 내용이 보인다.

75 윤지(胤之) : 조석윤(趙錫胤, 1606~1655)으로, 본관은 배천(白川), 자는 윤지, 호는 낙정재(樂靜齋), 시호는 문효(文孝)이다. 《宋子大全 卷162 樂靜趙公神道碑銘》

시남 선생에 대한 제문 풍산 홍주원[76]

祭市南先生文 豐山洪柱元

아 애통하여라	嗚呼哀哉
하늘이 인재를 세상에 냄은	天之降材
진실로 시대의 필요 때문이니	亶爲需時
공을 낸 것도 우연이 아니어서	生公不偶
자질이 우뚝하였네	有卓其資
비유하자면 좋은 옥에	譬如良玉
한 점의 티도 없는 것과 같으며	一點無玼
또 위의를 갖춘 봉황이	又如威鳳
오색 빛깔을 보이는 것과 같도다	五彩其儀
벼슬하지 않을 때부터	自從韋布
화려한 명성 일찍이 퍼졌는데	華譽早馳
학식을 쌓고 문장을 닦음에	種學績文
경술을 기반으로 하였고	經術爲基
대과에 급제한 뒤에는	裒然大科
곧바로 세자를 보좌하였네	旋侍明离
얼마 뒤 병자년에	粤在丙子

76 홍주원(洪柱元) : 1606~1672. 본관은 풍산(豐山), 자는 건중(建中), 호는 무하당(無何堂), 시호는 문의(文懿)이다. 예조 참판 홍영(洪靈)의 아들이며, 이정귀(李廷龜)의 외손이다. 1623년(인조 원년) 선조의 딸 정명공주(貞明公主)에게 장가들어 영안위에 봉해졌다. 《宋子大全 卷163 永安尉洪公神道碑銘》

국가의 운명이 위태로워져서	國步阽危
급히 남한산성으로 들어가니	蒼黃南漢
공이 임금을 호가하여	公乃執羈
행궁에서 눈물을 흘렸고	雪涕行宮
밤에는 성을 지켰네	夜守城陴
묘당이 대책 없이	廟堂無策
오로지 기미책만 연구하자	專講羈縻
공이 당시 소장을 올려	公時抗章
바른 논의와 엄정한 말을 하니	正論嚴辭
명성이 담암[77]처럼 높았는데	名高澹菴
몸은 유배를 당했네	身作湘累
충청도에서 유배생활 하면서	一縶湖中
더위와 추위를 만났고	寒暑載罹
잠시 기용되어 벼슬살이 하니	乍起爲官
남쪽 변방의 지방관이었지[78]	炎荒一麾
앞선 조정에서 새로운 교화 베풀자	先朝新化
경연에서 임금 보좌하는 직책 맡으니	職親經帷
누가 알았으랴 엄한 견책을 받고서	誰知嚴譴
또 북쪽으로 유배를 갈 줄을[79]	又投北陲

77 담암(澹菴) : 송나라 때의 명신(名臣) 호전(胡銓)의 호이다. 그는 일찍이 금(金)나라와의 화의(和議)를 적극 반대하여, 당시 화의를 주장하던 진회(秦檜)·손근(孫近)·왕륜(王倫) 등의 목을 베라는 상소를 올렸다. 《宋史 卷374 胡銓傳》

78 남쪽 변방의 지방관이었지 : 유계가 무안 현감(務安縣監)에 제수된 일을 말한다. 《承政院日記 仁祖 24年 4月 12日》

영외로 멀리 갔지만　　間關嶺外
신의 도움 입었고　　賴神扶持
구사일생 살아 돌아오니　　萬死生還
수염이 예전보다 좋아졌도다　　勝昔其髭
자취는 시골에 은거하였지만　　跡屛丘園
뜻은 더럽히지 않았고　　志不磷緇
군자 가운데 벗이 있어　　君子有朋
친구인 동시에 스승으로 삼으니　　以友兼師
능력은 더욱 증진되고　　增益其能
포부는 더욱 뛰어났네　　抱負采奇
성상의 마음이 돌아와서　　天心乃回
현자의 길이 처음 평탄해지자　　賢路初夷
잔디를 뽑으면 뿌리까지 뽑히듯이[80]　　拔茅連茹
훌륭한 선비들이 서로 따르며 진출하여　　群彦相隨
의리를 궁구하고　　硏窮義理
날마다 임금을 모셨지　　日侍丹墀
중서성에서 발탁되었고　　擢自中書

79 또……줄을 : 유계는 인조의 묘호를 논의하는 과정에서 '인(仁)' 자를 쓰면 인종(仁宗)의 묘호와 중첩된다는 문제를 거론하는 상소를 올린 일로 인해 함경도 온성(穩城)으로 유배를 갔다. 《承政院日記 孝宗 1年 4月 4日, 10月 29日, 孝宗 2年 9月 2日》

80 잔디를……뽑히듯이 : 군자가 나아갈 때 반드시 동료들과 서로 끌어당겨 연결되어 일어나는 것처럼 함께 나아가서 도를 행한다는 뜻이다. 《주역》 〈태괘(泰卦) 초구(初九)〉에 "띠풀의 엉켜 있는 뿌리를 뽑는 것과 같아 동류들과 함께 감이니, 길하다"라고 한 말을 인용한 것이다.

병조 참지에 제수되어	西省參知
바야흐로 힘을 합해	方期戮力
함께 훌륭한 정치를 협찬하기로 기약했는데	共贊至治
국상이 일어나	國有巨創
임금께서 승하하셨네	弓劍莫追
당저에 이르러	逮際當宁
더욱 은총을 내려주시니	益篤眷毗
삼사[81]의 수석을 맡을 이	三司首席
공이 아니면 누구이겠는가	舍公其誰
마침내 이조 참판이 되어	遂亞選部
선한 이와 악한 이를 감별하였고	鑑別妍媸
선비들의 기대를 받아	士望攸屬
스승의 자리를 겸하였으며	席並皐比
홍문관 부제학이 되었던 건	提衡藝苑
오히려 늦게 제수된 거라오	主盟猶遲
지신사로서 임금에게 간언 올리니	知申獻替
간절한 충언이었고	懇懇忠規
비변사에서 부지런히 일하면서	籌邊密勿
탁월한 계책이 있었네	綽有猷爲
모든 일에 통달해서	萬務該貫
널리 베푸는 가운데	斯普厥施
밤낮으로 수고롭게 일하면서	夙宵盡瘁

81 삼사(三司) : 사헌부(司憲府), 사간원(司諫院), 홍문관(弘文館)을 가리킨다.

피곤하다는 말 한 번 하지 않았네	曾不言疲
우리 공이 조만간	謂公早晩
정승에 오를 것이라 생각했는데	可陟台司
갑자기 몸이 병에 걸려	病忽纏身
날마다 야위어 갔지	日覺瘥羸
일 년 넘게 낫지 않고	沈綿經歲
점차 난치병이 되었네	漸至難醫
성상이 귀한 약재 하사하여	藥物分珍
특별한 은혜 받았으나	特荷恩慈
갑진년에 이르자	歲屬于辰
철인이 별세하셨네	哲人其萎
아 애통하여라	嗚呼哀哉
공의 통달한 재주는	公之通才
알맞지 않은 곳이 없었고	無所不宜
문장의 전아함은	文章典雅
임금을 보좌하기 충분하였으며	黼黻宗彝
식견의 해박함은	識見博洽
점을 치듯 정확하였네	若稽蓍龜
염락[82]으로 근원을 거슬러 올라가	泝源濂洛
탐구하지 않은 것이 없고	靡不探窺
멀리 요순 시대를 추숭하여	遠追唐虞

82 염락(濂洛) : 염계(濂溪)에 살았던 송나라 주돈이(周敦頤)와 낙양(洛陽)에 살았던 정호(程顥)와 정이(程頤) 형제를 지칭한다. 전하여 성리학을 의미한다.

다스림을 논함이 훌륭하였지 論治不卑
백성들의 고충에 마음을 쏟아 留心民瘼
작은 일까지 세세히 관찰하였으며 細察毫釐
시대의 어려움을 말할 때면 語到時艱
저절로 눈물이 흘러 내렸네 自然涕洟
집에서는 효성과 우애 있어 居家孝友
시종일관 변함 없었고 終始不衰
조정에서는 청백하여 立朝清白
세상의 추앙을 받았는데 爲世所推
지금은 모두 끝났구나 今皆已矣
어찌 다시 볼 수 있으리 寧復見之
아 애통하여라 嗚呼哀哉
내가 공을 알게 된 건 我之識公
처음에 난리를 호종할 때인데[83] 初從亂離
취향이 같아 교유하였고 交因臭味
나이도 비슷하였네 齒不差池
중년에 이별하여 中年闊焉
하늘 끝으로 멀리 떨어졌지만 落落天涯
버려진 공이 다시 기용되어 當公起廢
만날 기약 있게 되었고 會合有期

83 처음에……때인데 : 1637년 병자호란을 겪는 중에 홍주원(洪柱元)은 영안위(永安尉)로 있고, 유계는 설서(說書)로 있으면서 인조를 호종하였던 일을 말한다. 《承政院日記 仁祖 15年 2月 29日》

반갑게 다시 만나니　青眼重逢
양쪽 귀밑머리 모두 하얘졌다오　兩鬢俱絲
공이 이웃으로 산 것이　公寓比隣
지금까지 몇 해인가　幾歲于茲
술 마시고 시 지으며 어울리니　酒賦從遊
형제처럼 화목하였지　迭唱壎篪
흉허물 없이 지내고　胸鋤畦畛
마음속에 허례를 제거하였으니　心去毛皮
이따금 소식이 막히면　有時貽阻
허전하여 거듭 굶주린듯했네　惄如調飢
공이 도남[84]에서　公從道南
병든 몸 이끌고 이사 가고　扶病而移
나 또한 병에 걸려　我亦嬰疾
몸이 줄에 묶인 듯하였네　身似縶維
오랫동안 안부 묻지 못하여　候問久曠
항상 스스로 부끄러웠는데　常自忸怩
어이해 이러한 날에　云胡此日
영영 모습을 볼 수 없게 된 것인가　永隔風姿
인자한 공께서　以公之仁

84 도남(道南) : 벗과 가까이에서 살았던 것을 말한다. 진(晉)나라 때 완함(阮咸)과 그의 숙부인 완적(阮籍)은 도남(道南)에 살았고 다른 완씨(阮氏)들은 도북(道北)에 살았는데 도남의 완씨는 가난하고 도북의 완씨는 부유했다는 고사가 있다. 《晉書 卷49 阮咸列傳》

장수하지 못하였고　壽不及耆
후덕한 공께서　以公之德
지위가 여기에서 그쳤구려　位止於斯
유림이 쓸쓸해졌고　儒林索莫
조야에서 탄식하도다　朝野嗟咨
국가를 걱정해서 애통한 것이니　殄瘁之痛
어찌 다만 개인적인 인연 때문이랴　奚獨吾私
그나마 위안 삼을 수 있는 건　所可慰者
집안에 있는 세 아이들이　庭有三兒
가업을 이을 수 있어　青箱舊業
경서를 남겨 준 것이라오　一經以遺
공이 세상을 떠난 뒤로　自公之逝
벌써 달이 찼다 기울어　月已盈虧
봄볕이 흐드러지고　春光爛熳
시물은 무성해졌네　時物華滋
벗들이 모인 자리에 이를 때마다　每到朋筵
어디에선들 생각나지 않겠는가　何處不思
이제 먼길을 떠나야 해서　今當卽遠
상여가 떠날 차비를 마쳤네　已戒靈輀
붉은 명정 어디로 가는가　丹旌何向
호해의 물가도다　湖海之湄
온 가족이 널을 받드니　全家奉櫬
눈에 보이는 것마다 슬픔에 젖어드네　觸事酸悲
이 많은 회한을　多少此懷

어찌 애사에 다 담을 수 있으랴　詎盡哀詞
내가 와서 공을 곡하니　我來哭公
공연히 흰 장막만 드리웠구려　素幔虛垂
영령이 모르지 않는다면　靈如不昧
나의 한 잔 술을 흠향하소서　歆我一巵
아 애통하여라　嗚呼哀哉

시남 선생에 대한 제문 안동 권준[85]

祭市南先生文 安東權儁

아아. 애통하여라. 어찌 그리도 학문이 넓으며, 어찌 그리도 식견이 밝으며, 어찌 그리도 말이 바르며, 어찌 그리도 행실이 곧은가. 지혜는 어찌 그리도 주밀(周密)하며 재능은 어찌 그리도 훌륭하며 여사(餘事)인 문장에 대해서도 어찌 그리도 성대하였는가.

아, 애석하여라. 공의 학식과 언행, 공의 재지(才智)와 문장으로 창성한 시대에 태어났으니 세상에서 크게 쓰일 것이라 생각했는데, 아아. 어찌 그리도 오랫동안 침체하였고 어찌 그리도 빨리 목숨을 앗아갔는가. 거울이 없어지고 노가 부러졌으니[86] 국가는 어디에 힘입을 것이며, 산이 무너지고 대들보가 꺾였으니 후학들은 어디에 의지할 것인가. 나는 일찍이 공의 인정을 받았지만 공은 벗이 아닌 스승이었네. 나의

85 권준(權儁) : 1610~1665. 본관은 안동(安東), 자는 수부(秀夫)이고, 호는 월천(月川)이다. 1664년(현종5)에 사도시 정(司䆃寺正)에 제수되었다. 윤선거의 매부(妹夫)이자 윤휴의 처형(妻兄)이 된다.《魯西遺稿 卷20 司䆃寺正月川權公行狀, 韓國文集叢刊 120輯 406d》

86 거울이……부러졌으니 : 거울이 없어졌다는 것은 훌륭한 신하의 죽음을 말한다. 당 태종(唐太宗) 때의 명신 위징(魏徵)이 죽자 태종이 말하기를 "구리를 거울로 삼으면 의관을 바르게 할 수 있고, 옛일을 거울로 삼으면 흥망성쇠를 알 수 있고, 사람을 거울로 삼으면 득실을 밝힐 수 있는 것인데, 내가 일찍이 이 세 가지 거울을 다 가져서 속으로 나의 과실을 방지했는데 지금은 위징이 죽고 없으니, 한 거울이 없어진 셈이다."라고 했던 데서 온 말이다. 노가 부러졌다는 것 또한 곁에서 보필하는 귀중한 현신을 잃었다는 뜻이다.

우매함을 깨우쳐주고 나의 단점을 보완해주었으며, 우리 선조의 묘지명을 써주어 우리 선인의 세덕(世德)을 영원하게 해주었다. 아, 내가 공의 은혜를 입은 것이 이미 깊고도 후하지 않은가.

나는 악이 쌓이고 재앙이 가중되어 자녀를 먼저 떠나보내는 일을 거듭 당하였다. 슬픔에 겨워 매장을 하고 정신이 혼란하여 이 때문에 부탁한 만사를 또한 제때 주지 못하였으니 유명(幽明) 간에 부끄러워 무슨 말을 해야 할지 모르겠다. 아, 말은 끝이 있으나 마음은 끝이 없으니 한번 영연(靈筵)에 곡하고 만고에 길이 작별하노라.

시남 선생에 대한 제문 문인 파평 윤증[87]

祭市南先生文 門人坡平尹拯

아아! 선생이시여. 어찌하여 이런 상황에 이르렀단 말입니까. 소자는 항상 '선생께서 각건(角巾)을 쓰고 야인(野人)의 복장을 하고서 벼슬을 그만두고 남쪽으로 돌아오실 것이니, 나는 책 상자를 등에 지고 궤장(几杖)을 손에 들고서 산림으로 찾아가 문후 올리고 강이나 바닷가에서 백년 토록 즐거움을 함께할 것이다.'라고 생각했었습니다. 그런데 어찌 생각이나 했겠습니까. 선생께서 조금도 머물지 않으시고 우리를 버리고서 갑자기 올해에 세상을 떠나 소자로 하여금 그저 상여를 쓰다듬으며 줄곧 통곡하여 산이 무너져 내리는 듯한 비통한 심정[88]을 영원히 지니게 하실 줄을 말입니다.

아아, 마음과 몸을 다 바쳐 나랏일에 이바지하고, 폐하께 충성하고 선제(先帝)의 은혜에 보답한 것은 제갈공명(諸葛孔明)의 마음으로, 이

87 윤증(尹拯) : 1629~1714. 본관은 안동(安東), 본관은 파평(坡平), 자는 자인, 호는 명재(明齋), 시호는 문성(文成)이다. 성혼(成渾)의 외증손이고, 윤선거(尹宣擧)의 아들이다. 소론(少論)의 영수로 추대되어 노론인 송시열과 대립하였다. 문집으로 《명재유고(明齋遺稿)》가 전한다.

88 산이……심정 : 스승이나 현철의 죽음을 슬퍼하는 말로, 공자가 세상을 떠나기 일주일 전에 아침 일찍 일어나 뒷짐을 진 채 지팡이를 끌고 문 앞에서 서성이며 노래하기를 "태산이 무너지고, 대들보가 꺾이고, 철인이 쓰러질 것이다."라고 하니, 자공(子貢)이 이를 듣고는 "태산이 무너지면 우리가 장차 어디를 우러를 것이며, 대들보가 꺾이고 철인이 쓰러지면 우리가 장차 어디에 의지할 것인가. 선생님께서 아마도 병이 나실 모양이다."라고 한 말을 인용한 것이다.

는 귀신도 감읍할 만합니다. 그리고 '나의 뜻이 행해질 수 있다면, 구차하게 거취(去就)를 깨끗이 하지 않겠다.'라고 한 것은 명도(明道) 선생[89]의 지성(至誠)으로, 쇠와 바위도 뚫을 만하였습니다. 선생이 주상 가까이에서 머뭇거리며 차마 대번에 떠나지 못했던 것이 어찌 다른 의도가 있어서였겠습니까. 다만 이 군신의 의리 때문이었습니다. 제가 비록 명민하지는 못하지만 어찌 그것을 모르겠습니까. 그런데 감히 '늦가을 국화〔寒花晩節〕'라는 시구를 지난날에 말씀드렸던 것은, 실로 선생님이 기구한 벼슬길에 위태롭게 자리하여, 나아가서는 심오한 뜻을 펴 보지 못한 채 밤낮으로 고생만 하다가 희생되고, 물러나서는 후세에 이름을 전하지 못하게 되실까 걱정되었기 때문입니다.

아, 그러나 지위가 여기에서 그친 것도 시운(時運)이고 수명이 여기에서 그친 것도 천명(天命)인 것입니다. 제갈공명이 먼저 죽고 명도 선생이 복이 없었던 것도 하늘의 뜻입니다. 시운이나 천명은 선생이 하늘에 요구하여 얻어 낼 수 있는 것이 아니므로 또한 선생께서 스스로 마음을 다하시면 되는 것이니, 시운에 맡기고 조화를 지켜본다면 거기에 다시 무슨 유감이 있겠습니까. 오직 이 소자가 걱정하는 것은 불행하게도 혹 그것이 천고의 한이 될까 하는 점인데, 그렇게 된다면 어찌 제가 영영 울부짖고 애통해하면서 스스로 그치지 못하게 되지 않을 수 있겠습니까. 아, 슬프기 그지없습니다.

저는 어려서부터 선생의 가르침을 받았고 선생의 인정과 사랑을 받

89 명도(明道) 선생 : 북송(北宋)의 학자 정호(程顥, 1032~1085)로, 자는 백순(伯淳)이다. 아우인 이천(伊川) 정이(程頤)와 함께 이른 나이에 주돈이(周敦頤, 1017~1073)에게 수업하여 북송 이학(理學)의 터전을 다졌다.

았습니다. 선생은 저를 아들이나 조카로 여기셨고 저는 선생을 부형으로 생각하고 섬겼으니, 은혜와 의리가 지극히 성대하였다고 할 만합니다. 그런데 인사를 차리지 못한 데다가 신병까지 걸려 선생의 병환이 한 달이 넘고 한 철이 지났는데도 끝내 직접 찾아뵙고서 임종을 모시지도 못했습니다. 매사에 조심하고 신중히 하라시던 말씀도 꿈에서나 받들었을 뿐, 버선을 벗고 달려가 조곡하는 것도 침문(寢門)에서 하지 못하였습니다. 이제서야 엉금엉금 하루 거리를 와서 영구를 영접하여 평소의 약속마저 저버리고 말았으니, 부끄럽고 비통한 마음을 금치 못하겠습니다. 도중이라 슬프고 경황이 없다 보니 말로는 마음을 모두 담아내지 못하겠습니다. 저승으로 떠나는 날을 기다려 다시 저의 마음을 다 말씀드리겠으니, 삼가 선생님께서는 굽어살펴 주시기 바랍니다. 아, 애통합니다.

시남 선생에 대한 제문 문인 파평 윤증

祭市南先生文 門人坡平尹拯

아 애통하여라 嗚呼哀哉
우리 영령께서는 惟靈
태어나며 우뚝한 기운을 받아 生稟偉氣
총명하고 정직하였지 聰明正直
여러 책을 모두 섭렵하여 學極群書
침잠하고 널리 공부하였네 沈潛廣博
문장은 은근하게 뛰어났고[90] 文惟菽粟
경술을 근본으로 삼았으며 根柢經術
경륜할 재주 갖추고 才實經綸
전대의 현인을 본받았네 步武前哲
식견은 고상하고 원대했으며 識高而遠
도량은 너그럽고 통창하였고 器周而達
품은 뜻은 넓고도 단단하였으며 志弘而毅
행실은 올곧고도 깨끗하였네 行方而潔
조화를 이루되 시류에 영합하지 않았고 和不流俗
절개를 지키되 사람을 끊지 않았으며 介不絶物

90 문장은 은근하게 뛰어났고 : 포백숙속(布帛菽粟)의 준말로, 의식(衣食)의 주요 물품을 상징한다. 사람마다 필요로 하는 것이므로 전하여 극히 평범하면서도 하루라도 없어서는 안 되는 사물을 비유한다.

통창하되 구차하게 계산하지 않았고　通不枉尺

고수하되 고집은 부리지 않았지　守不膠瑟

체와 용을 모두 갖추면서도　有體有用

바탕에는 문채가 있었지　質有其文

아 우리 선생은　猗歟先生

옛것을 받들어 성인이 되셨네　將古成人

재상에 오르지는 못하셨대도　旣不台輔

어찌하여 장수마저 못하셨는가　何不黃耇

천명이 그리했나 인명이 그리했나　天乎人乎

무슨 허물이 있으신건가　孰執其咎

아 애통하여라　嗚呼哀哉

지난날 병자년 난리 겪을 때　往在柔兆

국가의 운명이 위태로웠고[91]　國步蒼黃

간신배 나랏일 그르친 것이　奸臣誤事

송나라 정강연간 비슷했는데[92]　有同靖康

공은 당시에 지위가 낮아　公時藐然

백관의 아랫자리 차지했었지　百僚之底

91 지난날……위태로웠고 : 유계는 1636년 병자호란이 일어나자 어가를 호종하고 남한산성으로 들어가 윤집(尹集), 오달제(吳達濟) 등과 함께 척화를 주장하였다. 그 뒤에 척화신으로 김상헌(金尙憲), 윤황(尹煌) 등과 함께 청군(淸軍)에 끌려갔다가 환도(還都)한 뒤에 임천(林川)에 유배되었다.

92 간신배……비슷했는데 : 정강(靖康)은 북송 흠종(欽宗)의 연호이다. 이때 채경(蔡京) 등이 정권을 농단하였는데, 그 결과 금나라의 침공으로 수도 변경(汴京)이 함락되고 휘종(徽宗)과 흠종이 잡혀가게 되어 북송의 멸망을 초래하였다.

떨치고 일어나서 상소 올리니 挺身一疏
간사한 당파들 두려워 떨었지 邪黨膽悸
배척당해 유배지로 가긴 했지만 雖取斥奔
선비들의 기운을 북돋우셨고 克壯士氣
삼 년 동안 강가에서 귀양을 살고 三霜澤畔
십 년 동안 산중에서 은거하였네[93] 十暑山中
내면의 덕과 업을 진보시키고 進德修業
곤궁해도 꿋꿋하게 절개지키며 貞固其窮
은거를 끝내고 잠시 조정에 나와 屈極暫伸
일어나 옥당에서 빛을 발했네 起盛玉堂
마침 묘당의 의론 일어나 適値廟議
또 한번 글 올려 시비 가리고 又獻否臧
북쪽과 동쪽으로 귀양을 가서 北竄東遷
온갖 험난한 일 경험하였지 備嘗險塗
하늘이 굴레를 벗겨주어서 天脫韁羈
고향으로 다시 돌아갔다네[94] 自放江湖
효종 말년에는 寧考末年
성스러운 뜻 크게 분발하여 大奮聖志
자나 깨나 어진 이를 생각하였고 寤寐賢豪

93 삼 년……은거하였네 : 유계는 1637년(인조15)에 임천에 유배되었다가 3년 만에 석방되었다. 1641년에는 금산(錦山)의 마하산(麻霞山)에 산천재(山泉齋)를 짓고 강학(講學)에 전념하였는데, 이 무렵에 명재가 와서 수학하였다. 그 뒤 1644년에 다시 서용되었다. 《韓國文集叢刊解題3 市南集》

94 하늘이……돌아갔다네 : 1652년(효종3)에 유배에서 풀려나 고향으로 돌아갔다.

품계를 뛰어넘어 대우하였네　　待以不次

공 또한 무리 중에 발탁되어서　　公擢徒中

주사의 직임을 담당하였지[95]　　籌司是處

백발에 조정으로 돌아가　　華髮歸朝

일편단심으로 노고하니　　丹心彌苦

군신이 정성을 모아　　君臣聚精

나라의 치욕을 씻어 내었네　　國恥可灑

영안에서 중도에 서거하니　　永安中道

만사가 산산이 부서졌도다[96]　　萬事瓦解

죽을 힘을 다하여 몸 바치니　　盡瘁死已

선왕에게 보답하기 충분하였네　　足報先王

뜻있는 선비로 성공한 이 드무니[97]　　志士少成

어찌 길이 서글프지 않겠는가　　寧不永傷

옛날에 마음고생 하였던 것은　　昔者困衡

95 주사(籌司)의 직임을 담당하였지 : 주사는 비변사의 별칭이다. 1659년에 병조참지 겸 비변사부제조(兵曹參知兼備邊司副提調)에 제수되었다. 《承政院日記 孝宗 10年 1月 17日》

96 영안(永安)에서……부서졌도다 : 영안은 촉한(蜀漢)의 선주(先主) 유비(劉備)가 백제성(白帝城)에 세운 궁전 이름이다. 궁전을 세운 이듬해 유비가 오(吳)나라를 치다가 크게 패하여 영안궁에서 서거했는데, 이때 제갈량에게 후사(後事)를 부탁했으나 제갈량마저도 9년 만에 죽음으로써 촉한이 멸망하였다. 《三國志 卷35 諸葛亮傳》 여기서는 효종이 북벌할 계획을 품고 있었으나 중도에 서거한 것을 말한다.

97 뜻있는……드무니 : 왕안석(王安石)의 시 〈독당서(讀唐書)〉에 "지사(志士)도 때 못 만나면 성공하기 어렵고 보통 사람도 세상 따르면 공명 이룬다."라고 하였다. 《王安石集 卷32》

큰 사람 되기 위한 고난이라 하였지　將謂降任
넘어졌다가도 다시 일어나는건　跲而復興
아마도 하늘의 뜻이네　殆亦天心
쓰임은 어찌하여 미약하기만 하고　用之何淺
목숨은 어찌하여 서둘러 앗아 갔는가　奪之何亟
시운인 것인가 운명인 것인가　時耶命耶
누가 그 이치를 따질 것인가　孰詰其理
아 슬프도다　嗚呼哀哉
공과 우암[98]은　公與尤翁
벼슬길에 나간 시기 비슷했으니　其進實同
의리상 물러남도 함께 해야 하므로　義當同退
한결같이 평생을 같이 했는데　一其始終
공께서는 나랏일 걱정되어서　公惟慼然
차마 구차하게 떠나지 못했네　不忍苟潔
걱정하고 사랑하는 일념이　憂愛一念
가슴에 맺힌 듯 잊히지 않아　耿耿如結
임금을 곁에서 보좌하였고　庶補袞職
선비들의 의견을 수렴했으며　庶收士類
왕업을 이어나가고　庶綿綴旒
피폐한 백성을 살리려 했네　庶活疲瘵
비록 그 조처한 것이　雖其施措

98 우암(尤菴) : 송시열(宋時烈, 1607~1689)로, 본관은 은진, 자는 영보(英甫), 호는 우암·우재(尤齋)이다. 《寒水齋集 卷31 尤菴先生墓表》

좌우의 견제를 당하여 右牽左掣
임금을 높이고 백성을 돕는 일이 尊主庇民
한결같이 뜻대로 되지 않았으나 一未如意
온 힘을 다하여 庶冀致力
국력을 키우고 외세를 곤란케 하고자 强此艱彼
널리 바로잡고 구제하여 周旋匡救
어려워하거나 게을리하지 않았네 不以難懈
옛날의 인자 세 명[99]은 古稱三仁
각기 행적은 달랐으나 各殊其跡
오직 그 지성은 惟其至誠
마음 먹은 바가 한 가지였네 所心則一
저 옹졸한 자들은 彼哉硜硜
저마다 속내가 따로 있었으나 各有腸肺
공은 또한 너그러운 마음으로 公且曠懷
경계를 두지 않았네 不設涯際
논의가 반드시 같은 것도 아니었지만 論無必同
구차하게 다르게도 하지 않았지 亦無苟異
어찌 다른 이유 있겠는가 豈其有他

99 인자(仁者) 세 명 : 은(殷)나라 말기에 있었던 세 사람의 인자로, 미자(微子), 기자(箕子), 비간(比干)을 이른다. 기자와 비간은 각기 은나라 마지막 임금 주(紂)의 백부와 숙부이고 미자는 그 서형(庶兄)인데, 미자는 주의 무도함을 보고 떠나서 종사를 보전하였고, 기자와 비간은 간쟁을 하여, 기자는 거짓으로 미친 체하여 욕을 당하고, 비간은 죽음을 당하였다. 이들의 행적을 두고 공자가 "은나라에 세 사람의 인자가 있다." 라고 칭송하였다. 《論語 微子》

공심이고 애국심이었다네	公耳國耳
공의 병은 날로 심해지고	病旣日深
시대마저 더 어려워	時亦益艱
개탄하며 물러나 쉴 것을 생각하고	慨念退休
시골로 돌아오려 했는데	復我林泉
귀향하는 수레에 기름도 안 묻힌 채로	歸轄未脂
갑자기 세상과 이별하셨네	易簀已遽
집안일은 아이에게 맡긴다지만	家事付兒
나랏일은 누구에게 맡기겠는가	國事誰付
살아서 나갔다가 죽어 돌아왔으니	生行死歸
스스로 돌아볼 겨를도 없었네	不印自恤
이 세상 하늘 아래	惟此海內
누가 공의 깊은 마음 알겠는가	孰知心曲
공이 쌓은 평소의 업은	公有素業
모두 고요히 침잠한 데서 나온 것이고	儘在靜裏
완미하고 즐거워하며	有玩有樂
전술하고 기록하였네	有述有記
만일 공이 몇 년을 더 살아서	倘假公年
공의 뜻을 다 펼쳤더라면	以究公志
심오한 것을 밝혀내어	庶有發明
후세에 은택을 베풀었을 것인데	惠我後人
나아갈 길은 이미 막혔고	進旣嗇施
물러나서는 전할 것이 없었네	退未有傳
이 때문에 공이 여기에 그쳤으니	以公止此

누군들 천명이 아니라고 할까　　孰云非天
아 슬프다　　嗚呼哀哉
나의 선친께서는 공과　　家尊於公
도의로 교분을 맺었고　　道義交契
성씨는 다르셨지만　　姓惟不同
정의는 형제와 같으셨지　　情實昆弟
두 집안의 자식들도　　兩家之子
어려서부터 함께 어울리고　　髫齔同隊
똑같이 돌보고 길렀으며　　均撫以育
함께 가르치고 교육하였네　　共敎以誨
서로 제 자식처럼 여기고　　相視猶子
아버지처럼 섬기었었지　　亦父以事
나는 잘난 것도 없는데　　小子無似
받은 사랑 유독 지극하였네　　荷愛獨至
곁에서 손잡고 이끌어 주고　　提携誘掖
날마다 부지런히 힘써주셨지　　日惟亹亹
공의 노여운 모습 보지 못했고　　不見公怒
공의 기뻐하는 모습만 매번 뵈었네　　每見公喜
공께서 사람을 교육하실땐　　公之敎人
그 사람 재능을 살려주시고　　善於開發
명리를 모두 섭렵하셔서　　名理會通
고금의 치란을　　古今治忽
종횡으로 모조리 꿰고 계셨고　　橫竪羅穿
능숙하고 시원하게 알고 계셨지　　刃游河決

매번 공의 말씀을 들을 때마다	每聞公言
가슴이 뚫리는 듯 시원하였고	心竅便豁
공께서 금산을 떠나게 되어	自離錦峽
각자 고향으로 되돌아가고	各還故里
강 하나 사이에 두고 바라만 보니	一水相望
어찌 가깝지 않다고 하겠는가	亦豈不邇
오히려 아쉬운 것은	猶恨親依
옛날처럼 모시지 못함이라네	不如曩時
공께서 조정으로 돌아가시고	公返于朝
더욱이 만나 뵙기 어려웠으나	益以睽違
그래도 믿었던 것은	尙恃公齡
공의 나이 아직 늙지 않았다는 것	未至頤耋
공이 다시 돌아오셔서	待公來歸
편안히 장수하고 계시면	壽考休佚
때마다 책 들고 가 가르침 받아	於時負笈
내 학업 끝마치길 기대했는데	以卒吾業
이렇게 될 줄을 누가 알았나	誰料此計
이미 저 세상으로 떠나가셨네	已墮冥漠
그 모습 영원히 멀어졌으니	儀刑永隔
기침하시는 소리도 들을 수 없어라	謦欬難奉
태산이 무너진다는 한 말씀이[100]	山頹一語

100 태산이……말씀이 : 스승의 죽음을 의미한다. 공자(孔子)가 자신이 별세할 꿈을 꾸고 아침에 일찍 일어나 뒷짐을 지고 지팡이를 끌은 채 문 앞에서 한가로이 거닐며

천고의 지극한 통한이라네 千古至痛
아 애통하도다 嗚呼哀哉
소자는 평생토록 小子平生
마음속에 아픔이 있을 것이니 隱痛在中
은거할 것을 맹세하고 自矢屛藏
내 몸을 마칠 것이네[101] 以畢吾躬
당초에 과거의 뜻 접었을 적에 當初廢科
공께서 나를 위해 근심하시며 公爲我憂
겉으로는 감추고 안으로는 지켜라 外晦內守
나를 위해 충고하였지[102] 爲我忠謀
소자는 꽉 막힌 사람인지라 小子株滯
내려주신 가르침을 안 따랐는데 不克遵戒
공께선 더 이상 강요치 않으시고 公不復强
나를 더욱 장려해주셨네 更加奬勵
그래도 오히려 나를 위하여 然猶爲我

노래하기를 "태산이 무너지겠구나. 들보가 부러지겠구나. 철인이 죽게 되겠구나."라고 하였다. 《禮記 檀弓上》

101 소자는……것이네 : 명재(明齋) 윤증(尹拯)의 부친 윤선거(尹宣擧)는 병자호란 당시에 강화도에서 대의를 지켜 죽지 못하고 성이 함락되기 전에 미복 차림으로 탈출한 일을 두고 평생 자책하면서 벼슬길에 나아가지 않았는데, 명재도 그로 인해 마음에 고통을 지니고 있었으므로 평생 은거하기로 마음먹은 것을 말한다.

102 당초에……충고하였지 : 윤증이 세상에 나갈 생각을 버리고 성리학에 전념하고 있었는데, 1650년(효종1) 봄에 유계가 편지를 보내 "과거에 응시하여 출사하되 겉으로는 드러내지 말고 내면을 지켜가는 방도를 모색하라."라고 권면한 것을 말한다. 《국역 명재유고 12 명재연보 23년 경인》

염려를 거두지 않으시고	念之不置
헛된 명예가 있음을 보시곤	見有虛譽
나를 위해 기뻐하지 않으시면서	不我爲喜
거듭해서 편지를 보내	札翰申申
매양 도움을 내려주셨네	每蒙提掇
요 몇 년 사이에는	數年以來
만나기를 간절히 원하였는데	見期彌切
공의 인정이 늘 감사했지만	每感公知
보답할 줄을 알지 못하고	罔知報答
나도 공의 사직을 권면하여	亦勸公退
만년을 보내시길 바랐지[103]	以完晚節
어찌 몰랐겠는가 우리 공께서	豈不知公
갑자기 떠나지 못하실 줄을	未能便訣
나는 공을 위한 계책으로	我爲公計
다른 건 생각할 여유 없었네	他不暇及
그런데 작년에	乃於昨年
공이 손수 나를 천거하시니[104]	公手薦我

103 나도……바랐지 : 당시에 조정이 다스려지지 않고 사류가 분열되었기 때문에 유계도 물러나 돌아갈 뜻을 가졌으나, 성상의 지우에 머뭇거리며 결정을 짓지 못하는 상황이었다. 명재가 이를 우려하여 1664년(현종5) 3월에 유계에게 편지를 보내 결단을 내리고 귀향하기를 촉구하였는데, 이를 말한다. 《국역 명재유고 12 명재연보 37년 갑진》

104 그런데……천거하시니 : 1663년에 명재의 명망이 더욱 높아지자 유계는 사마광(司馬光)이 자신의 명망 있는 제자 유안세(劉安世)를 직접 천거했던 고사를 본받아 명재를 학행으로 천거하였다. 《국역 명재유고 12 명재연보 36년 계묘》

나는 그 소식을 듣고서　小子聞之
시종 놀랍고 의아하였네　始驚終訝
말세를 표방하는 일로　末世標榜
옛날에 나를 위해 염려하셔서　昔公我慮
이익을 좇는 것 원치 않으셨고　利征非願
명예가 과한 것 부끄러워 하였네　名過爲恥
공은 나를 아끼시니　公惟愛我
이렇게 하는 것은 마땅치 않아　不宜有此
뵙지 못한 오랜 기간 동안　豈以久違
진보함이 있으리라 생각하셨고　慮其有進
공무를 사무보다 우선시하여　先公後私
나를 위해 진념하지 않으시었네　不我顧軫
공의 뜻은 몹시도 간절하였고　公意甚勤
공의 의리 몹시도 훌륭했으니　公義甚盛
모든 문생에게　擧其門生
또한 지나간 행실이 있었네　亦有往行
어찌하여 나의 이 어리석음은　柰此昏庸
십 년이 지나도 처음과 같고　十年猶初
기질의 쓰임은　氣質之用
소인의 유자 같은가　小人之儒
공의 맑은 감식안에 누를 끼치고　累公水鏡
공의 높은 지위를 욕되게 했네　辱公華袞
유명 간에 숨기기 어려운지라　幽明難隱
그 부끄러움 끝이 없어라　負媿何盡

부디 초심을 견고히 하여	庶堅初心
나날이 망가지지 않도록 하여	不至日亡
혹 훗날에	或免異日
문하를 더럽히는 일 없어야 하리	終汚門墻
아 이 마음을	嗟惟此志
어찌 보장할 수 있겠는가마는	亦豈敢保
그래도 공의 영령에 의지하여	尙賴公靈
묵묵히 인도하길 바라네	默相以導
빈소가 이미 열리고	殯幰已啓
무덤에 나아가려 하니	窀穸將就
끝났구나 이 세상에서는	已乎此世
다시는 공을 볼 수 없겠구나	不可復覩
정성껏 제수를 진설하고	陳誠侑奠
글로는 말을 다 할 수 없어	辭不盡言
한번 통곡하고 재배하고	一慟再拜
영원히 공과 이별을 하노라	永訣終天
아 애통하여라	嗚呼哀哉

시남 선생에 대한 제문 황산서원 유생 소집중[105] 등

祭市南先生文 黃山書院儒生蘇執中等

아 애통하여라	嗚呼哀哉
영령께서는	惟靈
기운이 충만하면서도 맑으며	氣厚而淸
식견은 민첩하면서도 통달하였으니	識敏而達
상제께 받은 것이 돈독하였네	帝畀之篤
고상한 재주와 해박한 학문은	高才博學
천고에 우뚝하여	卓越千古
그 명성이 자자하였지	厥聲藹蔚
젊은 나이에 재능을 떨쳐	早歲蜚英
과거에 급제하여 진출해서	進以科第
한 국가의 모범이 되었는데	羽儀王國
험난한 시대를 만나	逢時之陂
파천하게 되니	國步播粤
삼강이 거의 끊어졌다오	三綱幾絶

105 황산서원(黃山書院) 유생(儒生) 소집중(蘇執中) : 황산서원은 지금의 논산시 강경읍에 있는 서원이다. 이이(李珥)와 성혼(成渾)을 기리기 위해 1626년에 세웠고 그 뒤에 사계 김장생을 배향하였다. 1663년(현종 4)에 조광조(趙光祖)와 이황(李滉)의 위패를 봉안하고, 우암(尤庵) 송시열(宋時烈)을 마지막으로 봉안하였다. 1665년에 '죽림(竹林)'이라는 편액을 하사받아 이후로는 죽림서원이라 불렀다. 소집중(1615~1682)의 본관은 진주(晉州), 자는 윤경(允卿)이다.

공이 이때 분개하고 일어나서	公時奮慨
소장을 올려 의리를 논함에	尺疏抗義
곧은 기운 열렬하였네	正氣烈烈
고향에 은거하고	卷懷桑鄕
시골에서 소요하면서	婆娑丘壑
이에 마땅한 곳을 얻으셨네	爰得我直
스승과 벗을 함께 하면서	從容師友
경서를 강구하는 데에	講究墳典
더욱 힘을 쏟으시자	益肆其力
황이 중심에 있어 이치에 통하고[106]	黃中通理
내면에 쌓여서 외면으로 드러나니	內積外暢
하늘이 길러준 것이로세	天爲之畜
성고가 처음 등극하셨을 때	聖考初服
여러 선비들이 조정에 등용되자	群彦彙征
공은 시종신이 되었는데	處公帷幄
별자리를 관측하는 관리가	星官有言
재앙이 예신에게 있다고 말해[107]	災在禮臣

106 황(黃)이……통하고 : 《주역》 〈곤괘(坤卦) 문언(文言)〉에 "군자가 황(黃)이 중심에 있어 이치에 통달하여 정위(正位)에서 체(體)에 거처한다."라고 하였는데, 정이(程頤)의 전(傳)에 "황중은 중덕(中德)을 안에 지니고 있는 것이니 '황(黃)' 자의 뜻을 풀이한 것이고, 비록 높은 자리에 있더라도 하체에 거처하니 '상(裳)'자의 뜻을 풀이한 것이다." 하였다.

107 재앙이……말해 : 인조(仁祖)의 시호를 논의하던 중 '인(仁)' 자가 인종(仁宗)의 시호와 같은 글자라는 것을 문제 삼은 일을 가리킨다. 유계는 이 일로 귀양을 갔다가

공은 북으로 귀양가셨네[108]	公竄于北
성상의 진노 오래가지 않아	霆無竟日
집으로 돌아가기를 허락하시니	許歸蓬蓽
예전처럼 시골에 기거하였네	園林依昔
곤궁함에 처해서도 형통하고	處困而亨
거듭 위험한 상황에서도 편안하여	習坎而安
편안할 때나 험난할 때나 한결같았네	夷險若一
비괘가 기울어 태괘가 오고	否傾而泰
박괘가 다하여 복괘가 나오니[109]	剝盡而復
성상께서 분발하시어	聖心奮發
삼대 시대를 감탄하면서	喟然三代
오매불망 현자를 찾기를	寤寐賢豪
굶주리고 목 마른 사람처럼 하셨네	如飢如渴
같은 덕을 가진 이들 서로 믿고	同德相孚

3년 만에 석방되었다. 《孝宗實錄 卽位年 5月 23日, 1年 4月 3日》

108 공은 북으로 귀양가셨네 : 유계는 인조의 묘호를 논의하는 과정에서 '인(仁)' 자를 쓰면 인종(仁宗)의 묘호와 중첩된다는 문제를 거론하는 상소를 올린 일로 인해 함경도 온성(穩城)으로 유배를 갔다. 《承政院日記 孝宗 1年 4月 4日, 10月 29日, 孝宗 2年 9月 2日》

109 비괘(否卦)가……나오니 : 비괘, 태괘(泰卦), 박괘(剝卦), 복괘(復卦)는 모두 《주역》의 괘(卦) 이름으로, 두 구절은 불운이 절정에 달하면 행운이 돌아오듯 세상의 성쇠가 번갈아 일어나는 이치를 말한다. 비괘는 천지의 기운이 서로 소통하지 못하여 꽉 막혀 있는 상황을 나타내고, 태괘는 천지의 기운이 서로 교감하며 잘 소통되는 상황을 나타낸다. 박괘는 음이 성하여 양이 쇠하는 것이고, 복괘는 음이 극에 달하여 양이 돌아오는 것이다.

여망이 모이다 보니 輿望有歸
공께선 한가로이 지낼 수 없었네 閑他不得
옥당에서는 공을 훌륭하게 여기고 盛公玉堂
금성에서는 공에게 의지하니 倚公金省
부지런히 계책을 올리셨지 訏謨密勿
누군들 공만 하였겠는가 誰之不如
좌우가 모두 마땅하니 左右俱宜
중외에서 눈을 씻고 바라보았네 中外拭目
이조의 높은 직질에 오른 건 天官峻秩
은혜가 날로 융성하고 恩顧日隆
바라는 마음 더욱 간절한 것이었네 期望愈切
한번 경륜을 펼치면서 試手經綸
장차 포부를 펼치고자 하니 將布厥蘊
만인의 이목이 쏠렸도다 萬指如簇
우뚝하게 멋대로 흐르는 물줄기에서 屹然橫流
경수와 위수를 나누려고 하였으니[110] 擬分涇渭
한 조각의 붉은 충정이어라 一片忠赤
그 조짐이 爲之兆也
큰 일을 할 듯 하였는데 若將有爲
일과 마음이 어긋났구나 事與心咈

110 경수(涇水)와……하였으니 : 경수는 탁한 물이고 위수(渭水)는 맑은 물인데 이 두 강물은 서로 합류해도 본래 청탁(淸濁)이 뒤섞이지 않으므로, 옳고 그름과 청탁(淸濁)에 대한 분별이 분명함을 이른다.

근력이 닿는 곳과	筋力所及
정신이 미치는 바에	精神所逮
힘을 다하지 않을 수 없어	不敢不竭
몸은 고되고 기운은 꺾였나니	形勞氣剟
귀신은 사납고 하늘은 높아라	鬼惡天高
생민이 복이 없구나	生民無祿
나라 위해 온 힘을 다한 뒤에야 그만두고	盡瘁乃已
조화를 따라 돌아가시니	乘化而歸
공에게 무슨 유감이 있겠는가	在公何憾
시경에서는 진췌장을 노래하였고[111]	詩興殄瘁
선비들은 어디를 우러를지 슬퍼하는데	士悲安仰
하늘을 보매 막막할 뿐이로다	視天漠漠
황호의 서원은	黃湖之院
사체가 중대한데	事大體重
공의 법도를 숭상하였지요	推公准的
저희를 비루하게 여기지 않고	不鄙我陋
취향을 바르게 하고	期正其趨
많은 의혹을 깨우쳐 주기를 바랐습니다	牖此群惑
지난해 겨울	去歲之冬
사당을 중건하고	廟貌重新

111 시경에서는 진췌장(殄瘁章)을 노래하였고 : 《시경》 〈첨앙(瞻卬)〉에 "현인이 사라져 나라가 모두 병들도다."라고 하였다. 여기서는 유계의 죽음을 슬퍼하는 말로 쓰였다.

성대한 의례를 빠뜨리지 않았나이다 縟儀無闕
오히려 백년 토록 尙謂百年
스승으로 모시고서 陪侍丈席
예악을 주선하였는데 周旋禮樂
하늘이 현인을 남겨두지 않아서[112] 天之不憖
갑자기 의지할 곳을 잃어 遽失帡幪
선생이 돌아가셨습니다 皐比已輟
원근에서 함께 슬퍼하나 遠邇同悲
우리 무리는 특히 슬퍼서 吾黨甚焉
죽을 때까지 은택을 잊지 못할 것입니다 沒世思澤
황강은 유유히 흐르고 黃江沄沄
푸른 절벽은 우뚝한데 蒼壁嶷嶷
공의 모습 뵙는 듯합니다 儀刑若覿
산도 슬퍼하고 바다도 추모하니 山哀浦思
한 글자 쓸 때마다 천 줄기 눈물이 흐릅니다 一字千涕
삼가 흠향해 주소서 尙賜歆格
아 애통합니다 嗚呼哀哉

112 하늘이……않아서 : 하늘이 국가를 위해 원로를 아껴 세상에 남겨 두지 않는다는 말이다. 《시경》 〈시월지교(十月之交)〉에 "원로 한 분을 아껴 남겨 두어서 우리 임금을 지키게 하지 않는구나."라고 하였다.

시남 선생에 대한 제문 성곡서원[113] 유생 한수신 등

祭市南先生文 星谷書院儒生韓秀臣等

아	嗚呼
빼어난 자질과	英偉之資
원대한 역량으로	遠大之器
기가 완전하고 뜻이 수립되었으며	氣完志植
행동은 방정하고 재주는 갖추어지셨네	行方才備
학문은 천인의 이치를 꿰뚫고	學貫天人
마음은 성리학에 침잠하니	心潛性理
확충하고 수양해서 터득함이 있었고	充養有得
문장은 그 여사였지	文章餘事
이른 나이에 과거에 급제하여	早歲策名
조정에서 여러 관직 역임했는데	雲衢歷敭
불행한 시대를 만나	遭時不幸
절의가 더욱 빛나셨네	節義彌彰
산성에서 한번 상소하니[114]	山城一疏

113 성곡서원(星谷書院) : 충청남도 금산군 남이면 성곡리에 있었던 서원이다. 1617년(광해군9)에 김신(金侁) · 윤택(尹澤) · 길재(吉再) · 김정(金淨) · 고경명(高敬命) · 조헌(趙憲)의 덕행과 충절을 추모하기 위하여 창건하였다. 1663년(현종4)에 '성곡(星谷)'이라고 사액되었는데, 1871년(고종8)에 흥선대원군의 서원철폐령으로 훼철되어 복원하지 못하고 지금은 유허지만 남아 있다.

114 산성에서 한번 상소하니 : 유계가 설서(說書)로 있던 1636년(인조14)에 올린 〈급

천지간에 삼강을 강조하셨네　天地三綱
몸은 곤궁해도 뜻은 형통하여　身困志亨
산림에서 오랜 시간 보내셨네　山林日長
진퇴가 어찌 일정하리오　進退何常
오직 의에 맞게 행동하셨지　惟義之從
두 조정에 충성을 바쳤으나　兩朝輸忠
곧은 도는 용납받기 어려워　直道難容
남쪽으로 유배되고 북쪽으로 귀양갔지만[115]　南遷北役
신명의 도움을 받았고　神明所扶
가슴에 품은 뜻 더욱 분명해　寸心愈明
죽을 고비에도 변하지 않으셨네　九死未渝
다행히 밝으신 성상을 만나　幸値聖明
개연히 큰 뜻을 품으시자　慨然大志
현자들 무리지어 나가고　群賢彙征
우리 공도 다시 일어났네　我公復起
의지하고 신뢰함이 더욱 중해지니　倚毗旣重
풍운지회이며 수어지교로다[116]　風雲魚水

히 남한산성을 수리하여 분조를 만들기를 청하는 상소〔請急修南漢爲分朝疏〕〉를 말한다.

115 남쪽으로……귀양갔지만 : 남쪽으로 유배간 일은 1636년(인조14)에 설서(說書)로 있던 중 병자호란이 일어나자 척화를 주장했다가 화의가 성립되자 임천(林川)에 유배되었던 일을 말하고, 북쪽으로 유배간 일은 인조의 묘호를 논의하는 과정에서 '인(仁)' 자를 쓰면 인종(仁宗)의 묘호와 중첩된다는 문제를 거론하는 상소를 올린 일로 인해 함경도 온성(穩城)으로 유배를 갔던 일을 말한다. 《承政院日記 孝宗 1年 4月 4日, 10月 29日, 孝宗 2年 9月 2日》

비상한 사업을	非常事業
머지않아 이룩할 수 있었는데	指日可期
하늘이 성상을 데려가	天之大喪
세상을 다스리려 하지 않았네	未欲平治
영안궁에 통한을 남겼고[117]	永安遺痛
공은 백발의 구신이 되었네	白首舊老
선조의 은덕 갚지 못한 것을	先朝未報
오늘날 보답하리라 생각하고	今日思效
남아서 애써 노력하면서	黽勉遲回
감히 돌아간다 아뢰지 못하니	不敢告歸
자나 깨나 호산을 생각했지만	夢寐湖山
초심은 어긋났네	初心則違
하늘은 어찌 공을 남겨두지 않고[118]	天胡不憖

116 풍운지회(風雲之會)이며 수어지교(水魚之交)로다 : 모두 한 시대에 성군(聖君)과 현신(賢臣)이 서로 감응하여 회합하는 것을 이른 말이다. 풍운지회는《주역》〈건괘(乾卦) 문언(文言)〉에 "구름은 용을 따르고, 바람은 범을 따른다."라고 한 데서 온 말이고, 수어지교는 물과 고기의 사귐이란 뜻으로, 고기가 물을 떠나서는 잠시도 살 수 없는 것과 같은 관계를 말한다.

117 영안궁(永安宮)에 통한을 남겼고 : 영안(永安)은 촉한(蜀漢)의 선주(先主) 유비(劉備)가 백제성(白帝城)에 세운 궁전 이름이다. 궁전을 세운 이듬해 유비가 오(吳)나라를 치다가 크게 패하여 영안궁에서 서거했는데, 이때 제갈량에게 후사(後事)를 부탁했으나 제갈량마저도 9년 만에 죽음으로써 촉한이 멸망하였다.《三國志 卷35 諸葛亮傳》여기서는 효종이 북벌할 계획을 품고 있었으나 중도에 서거한 것을 말한다.

118 하늘은……않고 : 하늘이 국가를 위해서 유계와 같은 원로를 이 세상에 남겨 두려 하지 않는다는 말이다.《시경》〈시월지교(十月之交)〉에 "원로 한 분을 아껴 남겨 두어

갑자기 이렇게 데려갔는가	而遽有斯
석인이 시드니	碩人其萎
나라가 병이 드는구나	邦國之瘁
임금은 거울을 잃었고[119]	聖主亡鑑
사림은 뿌리를 잃었네	士林失柢
어디를 우러를까 하는 탄식[120]을	安仰之歎
원근에서 모두 똑같이 내뱉고 있도다	遐邇共辭
이 지방을 돌아보건대	顧玆弊方
공이 옛날에 노닐었던 곳이니	公昔來遊
문회당[121]에 자취가 남았고	文堂跡在

서, 우리 임금을 지키게 하지 않는구나."라고 한 말을 인용한 것이다.

119 임금은 거울을 잃었고 : 훌륭한 신하의 죽음을 말한다. 당 태종 때의 현신(賢臣)인 위징(魏徵)이 죽자 태종이 탄식하기를 "구리로 거울을 만들면 의관(衣冠)을 바르게 할 수 있고, 옛 역사를 거울로 삼으면 흥망을 알 수 있고, 사람을 거울로 삼으면 득실을 밝힐 수 있다. 짐이 항상 이 거울 세 개를 보존하여 나의 허물을 방지하였는데, 이제 위징이 세상을 떠났으니 거울 하나를 잃었다."라고 하였다. 《舊唐書 卷71 魏徵列傳》

120 어디를……탄식 : 의지할 곳이 없어졌다는 뜻으로 스승이나 훌륭한 인물의 죽음을 형용하는 말이다. 《예기》 〈단궁 상(檀弓上)〉에 나오는 말로, 공자가 세상을 떠나기 일주일 전에 "태산이 무너지는구나. 대들보가 꺾이는구나. 철인이 시드는구나."라고 노래하였는데, 자공(子貢)이 이 노래를 듣고는 "태산이 무너지면 우리가 장차 어디를 우러러보며, 대들보가 꺾이고 철인이 시들면 우리가 장차 어디에 의지하겠는가."라고 한 말을 인용한 것이다.

121 문회당(文會堂) : 유계가 금계(錦溪)에 있을 때 이유택(李惟澤, 1600~1668)의 다섯 형제와 교유하며 들렀던 그들의 서재이다. 이유택의 본관은 경주(慶州), 자는 택지, 호는 유곡(柳谷)이다. 김장생(金長生)과 김집(金集) 문하에서 배웠고, 대흥 현감(大興縣監) 등을 지냈다. 동생으로 이유부(李惟孚)·이유태(李惟泰)·이유익(李惟

성곡서원에 이름이 남았지요	星院名留
은혜를 받은 것이 이미 큰데	荷賜旣厚
어찌 잊을 수 있겠습니까	何可忘之
돌아가셔서 몹시 애통한 마음은	云亡深慟
저희들이 가장 절절할 것입니다	最切吾私
상여가 막 내려옴에	柳車初下
황급히 달려와서	顚倒來臨
한 잔 술 올리며	爲侑一巵
감히 작은 정성 올립니다	敢貢微忱
아 애통합니다	嗚呼哀哉

謚)·이유겸(李惟謙)이 있었다. 《草廬集 卷22 伯氏柳谷李公行狀》유계가 지은 〈문회당기(文會堂記)〉가 《시남집(市南集)》 권19에 실려 있다.

시남 선생에 대한 제문 문인 파평 윤추[122]

祭市南先生文 門人坡平尹推

아 선생이 돌아가신 지	嗚呼先生觀化
지금 얼마의 세월이 지났나요	今幾月日
눈 깜짝할 사이에	轉眄之頃
사 년이 되었습니다	歲已四閱
뜨락의 홰나무는 여전히 새로운데	庭槐尙新
무덤의 풀은 이미 묵었으니	丘草已宿
소자는 어디를 우러러야 합니까	小子安仰
법도가 영영 막혔습니다	儀刑永隔
옛날 선생을 생각해 보면	念昔先生
우리 아버지와	與我家嚴
서로 손잡고 띠집 엮어서	相携結茅
금산 남쪽에 사셨습니다	于錦之南
그때 소자는	于時小子
비로소 바깥 스승에게 배우는 나이가 되어[123]	年始就傅
공의 자제들과 어울리면서	間我紀諶
번갈아 공을 곁에서 모셨습니다	迭侍左右

122 윤추(尹推) : 1632~1707. 본관은 파평(坡平), 자는 자서(子恕), 호는 농은(農隱)·농와(農窩)·농와(聾窩)·청송재(靑松齋)이다.

123 바깥……되어 : 《예기》〈내칙(內則)〉에 "나이 10세가 되면 바깥 스승을 모시고 밖에서 자며 글씨와 셈을 배운다."라고 한 말을 인용한 것이다.

장성해서도 오히려 이와 같은데　　壯猶如此
더구나 어릴 적에는　　矧其幼少
자식처럼 대하는 은혜로　　子視之恩
성내지 않고 가르쳐주셨습니다　　非怒伊教
병술년 봄에　　丙戌之春
각각 고향으로 돌아가　　各返桑鄕
서쪽으로 가림을 바라보니　　西望嘉林
아득히 멀었습니다　　其遠莽蒼
책을 옆에 끼고 옷자락 걷고서　　挾冊摳衣
다시 공의 적막한 거처를 찾아가니　　更尋寂寞
어찌 진보함이 있었다고 말하겠습니까　　豈曰有進
오래 배우다 보면 얻는 게 있기를 바란 것이지요　　庶久能得
선생은 나를 일러　　先生謂余
너는 게으르고 경솔하다　　汝惰而輕
만일 경솔함을 고치고 게으름을 일깨우지 않으면　　苟不矯警
무슨 일인들 성취할 수 있겠느냐　　何業可成
너의 지기를 세우고　　立爾志氣
너의 용모와 절도를 견지하며　　持爾容節
너의 말을 안정시켜　　安定爾辭
너의 덕에 부합하라 말씀하셨지　　以符爾德
마음 미루니 두려워　　推心惕然
부끄럽고 송구한 마음이 교대로 일어났습니다　　愧懼交幷
십 년이 지난 지금도　　至今十年
감히 나태하거나 잊어버리지 않았지만　　靡敢怠忘

아 제 기량은 噫此伎倆
썩은 나무요 거름을 바른 담장과 같으니[124] 朽木糞墻
옛일을 고요히 말함에 靜言疇昔
저도 모르게 진땀이 흐릅니다 不覺汗漿
공이 세상 떠나실 때 易簀之際
저는 병이 한창 위태로워 賤疾方殆
줄곧 칠 년 동안 首尾七載
사람의 도리를 모두 폐하였습니다 人理都廢
상여끈 잡는 예를 행하지 못하고 禮缺執紼
산소 마당에 집을 짓지도 못했으니[125] 情負築場
끝났습니다 이 삶에서 已矣此生
애통한 마음 어찌 끝이 있겠나이까 含痛何窮
조촐하게 닭과 술 올리매 鷄醪薄奠
새 무덤에 비와 이슬이 내리니 雨露新塋
곡할래도 할 수 없어 欲哭不可
속마음을 고할 뿐입니다 唯以告衷
아 애통합니다 嗚呼哀哉

124 썩은……같으니 : 자신을 겸손하게 말한 것이다. 《논어》 〈공야장(公冶長)〉에 "재여(宰予)가 낮잠을 자자, 공자가 말하기를 '썩은 나무는 조각할 수 없고 거름흙으로 쌓은 담장은 흙손질을 할 수 없다.' 하였다."라고 한 말을 인용한 것이다.

125 산소……못했으니 : 스승이 돌아가신 뒤에 무덤가에 움막을 짓고 거상(居喪)하는 것을 말한다. 《맹자》 〈등문공 상(滕文公上)〉에 "공자께서 돌아가시자 3년이 지난 다음 문인들이 짐을 챙겨 돌아갔지만, 자공(子貢)은 다시 돌아와 묘 마당에 집을 짓고서 홀로 3년을 거처한 다음에 돌아갔다." 하였다.

만장 挽章

시남 선생 만사 송시열[126]

市南先生挽 宋時烈

거친 주먹이든 지극한 정성[127]이든 상관없이　不繫麤拳與至誠
예로부터 뛰어난 사람은 성취 없었네　由來賢聖故無成
당시 맑은 물가에서 우연히 일어났는데[128]　當年偶起淸波臥

126 송시열(宋時烈) : 1607~1689. 본관은 은진(恩津), 자는 영보(英甫), 호는 우암(尤菴)·우재(尤齋), 시호는 문정(文正)이다. 저서로는 《송자대전(宋子大全)》 등이 있다. 《鳳谷集 卷5 祖考尤庵先生家狀》

127 거친……정성 : 유계가 이단(異端)을 배척하고 유학을 진흥시키려고 힘썼다는 뜻이다. 추권(麤拳)과 지성(至誠)은 주희(朱熹)가 진량(陳亮)에게 준 편지에 "공자가 어찌 지극히 공정하고 지극히 정성스럽지 않았으며, 맹자가 어찌 거친 주먹을 휘두르고 크게 발길질하지 않았겠는가."라고 한 데서 나온 말이다. 《晦庵集 卷28 答陳同夫書》

128 맑은……일어났는데 : 효종이 즉위하자마자 재야학자인 산림을 대거 기용하면서 송시열을 초빙하였고 송시열과 송준길의 천거로 유계는 세자시강원 문학(世子侍講院文學)에 임명된 것을 가리킨다. 《孝宗實錄 9年 9月 12日》 사마광(司馬光)과 여공저(呂公著)가 왕안석(王安石)의 변법(變法)에 반대하여 벼슬을 버리고 물러나 낙양에 은거하였다. 얼마 뒤 여공저가 다시 벼슬길에 오르자 사마광과 정호(程顥)가 복선사(福先寺)에서 그를 전송하였다. 이때 정호가 "두 용이 낙수(洛水) 맑은 물가에 한가로이 누워 있었는데, 오늘 도성 문에서 홀로 전별하네."라는 시를 원용하였다. 《二程文集 卷1 明道

훗날 대악의 이름 부질없이 남겼구나[129]　　他日空留岱嶽名

세상일 지금 머리 아픈 것을 달게 여기고　　世事秖今甘首疾

인간 세상 어디든 놀라지 않을 것이 없구나　　人間無處不心驚

외로운 생 강호에서 통곡하니　　孤生慟哭江湖裏

어찌 친한 벗이 옛정 생각할 뿐이겠는가　　豈獨交親念舊情

文集1 贈司馬君實》

129 대악(岱嶽)의……남겼구나 : 대악은 대종(岱宗), 즉 태산(泰山)을 말하는데, 고대에 태산은 천손(天孫)으로서 사람의 혼백(魂魄)을 주관하며 수명의 장단(長短)을 맡아본다는 전설이 있었다. 유계가 세상을 떠났다는 말이다.

시남 선생 만사 송준길[130]

市南先生挽 宋浚吉

가생의 재주와 육공의 무리[131]로다 賈生才調陸公倫
고성에 상소하니 일월이 밝았네[132] 尺疏孤城日月新
시련 겪은 것 하늘이 임무 주기 위함이고[133] 橫慮困心天降任
심후한 인덕은 따뜻한 봄 햇살이었지 深仁厚德物爲春
도가 행해져 시대가 태평해지려 했는데 方看道長時將泰
어찌 진년에 현자 죽을 줄 생각했겠는가[134] 豈料賢嗟歲在辰

130 송준길(宋浚吉) : 1606~1672. 본관은 은진(恩津), 자는 명보(明甫), 호는 동춘당(同春堂), 시호는 문정(文正)이다. 《宋子大全 卷182 同春堂宋公墓誌》

131 가생(賈生)의……무리 : 가생은 한 문제(漢文帝) 때의 재사 가의(賈誼)를 이르고, 육공(陸公)은 당 덕종(唐德宗) 때의 한림학사로 논리가 뛰어나 주의(奏議)를 잘 지었던 육지(陸贄)를 이른다.

132 고성(孤城)에……밝았네 : 고성은 남한산성을 이른다. 척소(尺疏)는 상소이니, 인조가 청군(淸軍)에 항복하기에 앞서 척화신(斥和臣)들을 잡아 청군 진영으로 보내려 할 때 유계가 올린 〈청물집송척화제신소(請勿執送斥和諸臣疏)〉를 이른다. 유계가 이 소를 올리자 남한산성에 대의가 일월처럼 밝아졌다는 말이다.

133 시련……위함이고 : 사람에게 모진 고통을 주어 그 사람을 단련시키는 것은 하늘이 장차 그에게 큰 임무를 주기 위함이라는 말이다. 《맹자》 〈고자 하(告子下)〉에 "하늘이 이 사람에게 큰 임무를 내리려면 반드시 먼저 그 사람의 심지를 괴롭게 하고 그 육체를 수고롭게 하며, 배를 곯게 하고 몸을 곤궁하게 하여 모든 행위가 뜻대로 되지 않게 하니, 이는 그 사람으로 하여금 외부의 영향으로 마음에 감동을 일으키고 성질을 견인(堅忍)하게 하여 부족한 것을 보완하게 하기 위해서이다."라고 하였다. 원문의 횡려곤심(橫慮困心)은 생각이 막히고 마음에 곤란을 느끼는 것으로 역시 하늘이 주는 시련이다.

이제 세상만사 모두 끝났으니	萬事卽今俱已矣
백년의 슬픔과 한으로 수건 적시네	百年悲恨但沾巾

근래 세상사 극심히 어지러울 때	邇來世事劇紛紛
범람하는 물의 지주[135]처럼 당신에게 의지하였네	砥柱橫波賴有君
해내에 친구 간의 우정 담담하였고	海內交親猶嚼蠟
인간 세상 논설은 뜬 구름과 같았지	人間論說似浮雲
회덕에서 이별할 때의 말 정성 담겼고	懷鄉別語衷誠在
병중에 보낸 편지 경계의 뜻 은근하였네[136]	病裏情書誡意勤
한 자 쓸 때마다 한바탕 눈물 흘리니	一字眞堪一涕淚
들보에 걸린 달[137]을 보며 남은 향기 우러르네	屋梁殘月揖餘芬

134 어찌……생각했겠는가 : 진년(辰年)에 현자(賢者)가 죽는다는 예언이 맞을 줄은 생각지도 못했다는 말이다. 북제(北齊) 유화(劉晝)가 정현(鄭玄)에 대해 예언하기를 "진(辰)은 용이고 사(巳)는 뱀이니, 세성이 용사에 머무는 해에 현인이 죽을 것이다."라고 하였는데, 정현의 꿈에 공자가 와서 "일어나라. 금년에는 세성이 '진'에 있고 내년에는 '사'에 있다."라고 하였다. 정현은 꿈에서 깨어 유화의 예언과 맞춰 보고서 자기가 죽을 것을 알았다고 한다. 《管城碩記》 유계는 갑진년(1664)에 세상을 떠났다.

135 범람하는 물의 지주(砥柱) : 지주는 돌기둥이라는 뜻으로 중국의 산서성(山西省) 평륙현(平陸縣) 동남쪽에 있는 산 이름인데, 황하(黃河)가 침식하여 흙이 모두 씻겨 나가고 이 돌산이 홀로 황하의 중류에 버티고 있다. 이 때문에 지절(志節)이 크고 높은 사람이나 혼란한 세상에 책임을 지고 난국(亂局)을 헤쳐 나가는 사람을 뜻한다.

136 병중에……은근하였네 : 《시남집》권12 〈송영보·송명보·이태지에게 주는 편지〔與宋英甫宋明甫李泰之書〕〉를 말한다. 유계가 1664년 2월 20일 병중에 쓴 유서로, 송시열과 송준길, 이유태에게 나랏일과 세도에 대해 걱정하며 각각에게 당부하는 말을 쓴 것이다.

137 들보에 걸린 달 : 두보(杜甫)가 이백(李白)을 그리워하며 지은 시에 "들보에 가득

재실의 벽에 현인들 칭송하는 글 썼고　飛齋題壁盛群賢

경연에서 함께 지낸 것 인연[138]이 있는 듯하네　經幄聯襟若有緣

죽은 뒤에 항상 그리워할 사람 몇이나 되겠는가　存歿幾人常在念

죽고 사는 것은 예로부터 하늘의 뜻이 아니겠는가　升沈從古孰非天

한스럽게도 의와 표 모두 죽었고[139]　堪嗟毅豹均爲死

형과 범도 각각 보전하지 못했도다[140]　定識荊凡各未全

기쁘게도 아드님들 구업을 이었으니[141]　尙喜諸郎承舊業

한 지는 달, 그대의 얼굴인지 의심해 본다."라고 한 데서 유래하여, 상대방을 그리워한다는 말이다. 《杜少陵詩集 卷7 夢李白》

138 경연(經筵)에서……인연 : 정유년(1657, 효종8)에 송준길이 찬선(贊善)에 임명되었는데 효종이 강관(講官)으로 제일인 사람을 추천하자 유계를 추천한 일이 있다.

139 한스럽게도……죽었고 : 의(毅)와 표(豹)는 춘추 시대 노(魯)나라의 장의(張毅)와 단표(單豹)이다. 《장자》 〈달생(達生)〉에 "장의는 명문가나 빈한한 집을 막론하고 왕래하였으나, 나이 40세에 내열병(內熱病)으로 죽었고, 단표는 산중에 살면서 사람들과 이익을 다투지 않았으나, 나이 70세에 호랑이에게 잡아먹혔다. 장의는 외면, 곧 몸을 기르다가 속에 병이 생겨 죽었고, 단표는 내면을 수양하다가 몸이 호랑이의 밥이 되었으니, 이는 모두 자신의 부족한 부분을 보완하지 않았기 때문이다." 하였는데, 여기서는 양생(養生)의 방법을 찾기 어렵다는 뜻으로 쓰였다.

140 형(荊)과……못했도다 : 형(荊)과 범(凡)은 국명(國名)으로, 서주(西周) 때의 초(楚)나라와 범(凡)나라이다. 《장자》 〈전자방(田子方)〉에 "초왕(楚王)이 범군(凡君)과 앉았을 때 초왕의 좌우가 '범나라가 망할 것이다.'라고 세 차례 말하자, 범군이 '범나라가 망하더라도 나의 보존을 멸망시킬 수는 없다. 나의 보존을 멸망시킬 수 없다면 초국의 보존도 그 보존을 보장할 수 없다. 이로써 본다면 망한다 해서 망하는 것이 아니고 보존된다 해서 보존되는 것이 아니다.' 하였다."라고 하였는데, 여기서는 존망(存亡)이 무상(無常)하다는 뜻으로 쓰였다.

141 아드님들 구업을 이었으니 : 유계의 맏아들 유명윤(兪命胤, 1629~1669)은 1657년(효종8) 문과에 급제하였고, 둘째 아들 유명필(兪命弼, 1640~1669)은 1660년(현종

훗날에 내가 무덤에 찾아 가리다[142] 他年一劍倘吾懸

1) 증광시 진사에 합격하였다. 《明齋遺稿 卷43 進士兪君行狀》

142 훗날에……가리다 : 춘추시대 오나라 왕 수몽(壽夢)의 넷째 아들인 계찰(季札)이 사신(使臣)으로 가는 길에 서군(徐君)을 방문(訪問)하였는데, 서군이 계찰의 보검(寶劍)을 갖고 싶어 하는 기색이 있자, 계찰은 지금은 상국(上國)으로 사신 가는 중이므로 줄 수 없지만 돌아오는 길에는 주리라고 마음먹었다. 돌아오는 길에 서주(徐州)에 당도해 보니, 서군이 이미 죽었으므로 계찰은 마음속으로 했던 약속을 지키기 위해 그 칼을 무덤가 나무에 걸어 놓고 떠났다고 한다. 《史記 卷31 吳太伯世家》

시남 선생 만사 정유성[143]

市南先生挽 鄭維城

맑고 바른 정기 모여 빼어남은　清淑鍾精秀
전적으로 당신이 타고난 기품이었도다　惟君稟氣專
큰 재주는 늦은 나이에 기대하니　大才期晩歲
학문을 연구하고 수양함 이미 여러 해였지　窮養已多年
학업에 힘써 서책 본 것 많고　學業縑緗富
문장은 화려하니　詞華黼黻宣
서리 밟은 발굽으로 천리마 걸음 재촉하고　霜蹄催驥步
바람에 날개짓하여 붕새 날아오름 빨랐다오[144]　風翮倏鵬騫
거듭 이조 참판에 오르고[145]　再躡銓衡亞
삼사의 직책 성은을 유독 받았네　三司雨露偏
좋은 시대 만나기란 원래 세상에 드문데　遭逢元不世
성상의 예우 또한 전에 없던 일　眷遇亦無前
훌륭한 군신의 만남 감격하여[146]　爲感風雲會

143 정유성(鄭維城) : 1596~1664. 본관은 영일(迎日), 자는 덕기(德基), 호는 도촌(陶村), 시호는 충정(忠貞)으로, 정몽주(鄭夢周)의 9대손이다. 저서로 《은대일기(銀臺日記)》가 있다.

144 서리……빨랐다오 : 이 구절은 두보의 시에 "서리 밟는 발굽으로 달리는 천리마이고 바람 날갯짓하며 하늘까지 오르는 붕새로다."라는 시구를 원용하였다. 《杜詩詳註 卷1 贈特進汝陽王二十韻》

145 거듭……오르고 : 유계가 1663년과 1664년에 이조 참판에 제수된 것을 말한다.

한 목숨 바칠 것을 길이 생각했네　　長懷性命捐
마음을 수고롭게 하여 보좌할 것 기약하는데　　心勞期補綴
충성스러운 마음 어찌 구애되리오　　忠格柰拘攣
정성 쏟으매 마음 온통 괴롭고　　誠竭神全惱
근심 깊어 병에 갑자기 걸렸네　　憂深病忽纏
지난 가을 담소 나누며　　前秋供笑語
한나절 동안 병석을 위문했건만　　半日慰沈綿
놀랍게도 들보가 부러지듯 별세하니[147]　　大夢驚摧屋
조정에서 현신 잃음을 애통해하네　　明庭痛失賢
참으로 운수에 관계한 것임을 알지만　　固知關氣數
오히려 하늘을 또 원망하노라　　猶復怨皇天
친한 벗들 달려가 곡하고　　匍匐親朋哭
성주께서 가련히 여겨 사후의 영예[148] 내리셨네　　哀榮聖主憐
훌륭한 인재가 묘지에 돌아가니　　英華歸夜壑
규벽은 별빛이 어두워졌구나[149]　　奎壁晦星躔

146 훌륭한……감격하여 : 원문의 풍운회(風雲會)는 훌륭한 군주와 신하의 만남을 의미한다. 《주역》 〈건괘(乾卦) 문언(文言)〉에 "구름은 용을 따르고 바람은 범을 따른다."라고 한 데서 유래하였다.

147 들보가 부러지듯 별세하니 : 원문의 최옥(摧屋)은 양최(樑摧)와 같은 말로, 대들보가 부러진다는 말이다. 《예기》 〈단궁 하(檀弓下)〉의 "태산이 무너지겠구나. 들보가 부러지겠구나. 철인이 죽게 되겠구나."라는 공자의 말에서 유래하여 흔히 스승의 죽음을 가리키는데, 여기서는 유계의 죽음을 의미한다.

148 사후의 영예 : 원문의 애영(哀榮)은 임금이 신하에 대해서 생전과 사후 모두 영광스럽게 되도록 해 주었다는 말이다. 《논어》 〈자장(子張)〉에 "살아 계시면 영광스럽게 여기고 돌아가시면 슬퍼한다."라고 하였다.

문채 나는 봉황 처음 날개 떨치니[150]	彩鳳翎初振
집안의 업은 길이 전해지리[151]	靑氈業永傳
서울에 옛 자취 남았고	洛中遺舊跡
호서에 새 무덤 마련하였구나	湖外卽新阡
강가에 뜬 달 참담하고	慘憺江天月
무덤 가 숲 안개 처량하도다	凄涼壟樹煙
나라의 인재 잃은 것 길게 탄식하며[152]	長吁邦殄瘁
흰머리 늙은이 두 줄기 눈물 흘리노라	白首淚雙懸

149 규벽(奎壁)은 별빛이 어두워졌구나 : 유계가 이제 세상을 떠나 그 기운이 어두워졌다는 뜻이다. 규벽은 이십팔수(二十八宿) 중 규성(奎星)과 벽성(壁星)을 함께 일컫는 말로, 이 두 별은 모두 문운(文運)을 관장한다.

150 문채……떨치니 : 채봉(彩鳳)은 봉모(鳳毛)를 뜻하는 말이다. 진(晉)나라 명신(名臣)인 왕도(王導)의 아들 왕소(王劭)의 어렸을 때 자(字)가 대노(大奴)였는데, 그 풍채가 부친처럼 비범하였기 때문에 환온(桓溫)이 그를 보고는 "대노가 봉의 터럭을 가지고 있는 것이 원래 당연하다.〔大奴固自有鳳毛〕"라고 찬탄했다는 고사가 있다. 《世說新語 容止》 유계의 자식들이 부친의 자질을 이어 뛰어났다는 말이다. 유계의 맏아들 유명윤(兪命胤, 1629~1669)은 1657년(효종8) 문과에 급제하였고, 둘째 아들 유명필(兪命弼, 1640~1669)은 1660년(현종1) 증광시 진사에 합격하였다. 《明齋遺稿 卷43 進士兪君行狀》

151 집안의……전해지리 : 청전(靑氈)은 선대(先代)로부터 전해진 귀한 유물을 가리킨다. 진(晉)나라 왕헌지(王獻之)가 누워 있는 방에 도둑이 들어와서 물건을 모조리 훔쳐 가려 할 적에, 그가 "도둑이여, 그 푸른 모포는 우리 집안의 유물이니, 그것만은 두고 가는 것이 좋겠다."라고 하자, 도둑이 질겁하고 도망쳤다는 고사가 있다. 《晉書 卷80 王羲之列傳 王獻之》

152 나라의……탄식하며 : 원문의 진췌(殄瘁)는 끊기고 병든다는 말이다. 《시경》〈첨앙(瞻卬)〉의 "현인이 이제 보이지 않게 되었으니, 나라가 장차 병들게 되었도다."라는 말이 있다.

시남 선생 만사 윤강[153]

市南先生挽 尹絳

청류의 훌륭한 명망 넉넉하였고	淸流雅望屬休休
여사인 문장으로 또한 왕명을 빛냈네	餘事文章亦煥猷
세 번 쫓겨난 것[154]은 원래 곧은 도 때문이요	三黜元來由直道
참판 되었어도 끝내 좋은 계책 다 펼치지 못했네	貳卿終不盡良籌
훌륭한 아들이 마땅히 왕씨의 물건 지킬 테고[155]	佳兒宜保王家物
검소한 덕은 안자의 갖옷도 보기 어려웠네[156]	儉德難看晏子裘
애석하구나 하늘은 어찌 빨리 데려 갔는가	可惜彼蒼何奪速
노신은 심히 조정을 위해 근심한다오	老臣偏爲聖朝憂

153 윤강(尹絳) : 1597~1667. 본관은 파평(坡平), 자는 자준(子駿), 호는 무곡(無谷)이다. 《宋子大全 卷167 吏曹判書尹公神道碑銘 幷序》

154 세……것 : 유계는 1637년(인조15) 병자호란 때 세자시강원 설서(世子侍講院說書)로 있으면서 척화를 주장한 죄로 임천(林川)에 유배되었다. 그 후 1650년(효종1) 선왕(先王)을 욕되게 하였다는 죄로 온성(穩城)에 유배되었고, 1651년 영월(寧越)로 양이(量移)되었다가 1652년에 풀려났다.

155 훌륭한……테고 : 유계의 아들이 선대(先代)로부터 전해진 가업을 잘 지킬 것이라는 말이다. 진(晉)나라 왕헌지(王獻之)와 관련한 청전(靑氈) 고사를 가리킨다.

156 검소한……어려웠네 : 유계가 검소한 생활을 한 것을 비유한 말이다. 춘추 시대 제(齊)나라의 재상 안영(晏嬰)이 포의(布衣)와 녹구(鹿裘)를 착용하고 조회(朝會)할 정도로 절검(節儉)·역행(力行)하기로 유명하였는데, 이와 관련하여 공자의 제자 유약(有若)이 "안자는 30년 동안 호구 한 벌만을 입었다."라고 말한 기록이 《예기》 〈단궁 하(檀弓下)〉에 보인다.

시남 선생 만사 조복양[157]

市南先生挽 趙復陽

통달한 재주 심오한 학문은 조정에서 으뜸	通才邃學冠金閨
훌륭한 사람 태어날 때 응당 규성에 모였으리[158]	間出元來應聚奎
평생토록 영욕이 무상하게 뒤바뀌었으나	寵辱平生翻是幻
요순의 군민[159] 만들려는 오랜 뜻 마침내 품었다오	君民夙志竟云齎
친구들과 호유에 짝할 만큼 정의 돈독하고[160]	交親誼篤胡劉匹
못난 나는 이두와 이름 나란히 하여[161] 부끄럽구나	薄劣名慙李杜齊

157 조복양(趙復陽) : 1609~1671. 본관은 풍양(豐壤), 호는 송곡(松谷)이다. 좌의정 조익(趙翼)의 아들이며, 김상헌(金尚憲)의 문인이다. 저서로는 《송곡집》이 있으며, 시호는 문간(文簡)이다.

158 규성(奎星)에 모였으리 : 규성은 28수(宿)의 하나로 문운(文運)을 주관한다는 별이다. 송나라 섭채(葉采)의 〈진근사록표(進近思錄表)〉에 "하늘이 빛나는 송나라 시대를 열어 주니, 뭇별들이 문장을 주관하는 규성에 모여들었다."라고 하였다.

159 요순(堯舜)의 군민(君民) : 탕(湯)이 사람을 시켜 폐백을 가지고 초빙하자 이윤(伊尹)이 아무런 욕심이 없이 자득(自得)한 모습으로 말하기를 "내 어찌 탕의 폐백을 받으리오? 내 어찌 초야에 묻혀 이대로 요순(堯舜)의 도를 즐기느니만 하리오?"라고 하였다. 탕이 세 번이나 사람을 보내 초빙하자 이윽고 이윤이 생각을 바꾸어 말하기를 "내가 초야에 묻혀 이대로 요순의 도를 즐기는 것보다 내 차라리 이 임금을 요순과 같은 임금으로 만드는 편이 낫지 않겠으며, 내 차라리 이 백성을 요순의 백성으로 만드는 편이 낫지 않겠으며, 내 자신이 직접 그러한 치세(治世)를 보는 편이 낫지 않겠는가?"라고 하였다. 《孟子 萬章上》

160 친구들과……돈독하고 : 원문의 호유(胡劉)는 호헌(胡憲, 1068~1162)과 유자휘(劉子翬, 1101~1147)를 말한다. 주희(朱熹)의 부친인 주송(朱松)의 친구로 주희의 스승이다.

훌륭한 명망 뛰어난 자태 어찌 다시 볼까	雅望英姿那復見
흰머리에 석양 강가 서쪽에서 통곡하네	白頭呼痛暮江西

조야에서 모두 진췌시로 탄식하니[162]	朝野同嗟殄瘁詩
진년에 과연 어진 사람 죽었구나[163]	辰年果見哲人萎
충성으로 임금 바로잡는 마음 다하지 못했고	忠誠不盡匡君志
사업은 백성 구제함을 겨우 보았네	事業纔看濟衆時
원백은 정녕 이별의 한 남았고[164]	元伯定留臨絶恨

161 이두(李杜)와……하여 : 이두는 이응(李膺)과 두밀(杜密)로, 각각 '천하의 모범 이원례〔天下楷模李元禮〕'와 '천하의 보필 두주보〔天下良輔杜周甫〕'라는 칭호를 받은 명신(名臣)들로, 영제 건녕(建寧) 2년에 환관들로부터 당고(黨錮)의 화를 당하여, 이응은 옥사하고 두밀은 자결하였다. 범방(范滂)이 죽음의 길로 떠나면서 모친에게 마지막 인사를 드리자, 모친이 "네가 이제 이응, 두밀과 더불어 이름을 나란히 할 수 있게 되었으니, 죽는다 한들 또 무슨 유감이 있겠느냐."라고 위로하며 격려한 고사가 전한다. 《後漢書 卷97 黨錮列傳 范滂》

162 조야에서……탄식하니 : 진췌시(殄瘁詩)는 임금을 훌륭히 보좌할 현인이 없어 나라가 위태롭게 된 것을 한탄한 《시경》 〈첨앙(瞻卬)〉을 말한다.

163 진년(辰年)에……죽었구나 : 진년에 현자가 죽었다는 말이다. 북제(北齊) 유화(劉晝)가 정현(鄭玄)에 대해 예언하기를 "진(辰)은 용이고 사(巳)는 뱀이니, 세성이 용사에 머무는 해에 현인이 죽을 것이다."라고 하였는데, 정현의 꿈에 공자가 와서 "일어나라. 금년에는 세성이 '진'에 있고 내년에는 '사'에 있다."라고 하였다. 《管城碩記》 유계는 갑진년(1664)에 세상을 떠났다.

164 원백(元伯)은……남았고 : 유계가 한이 되어 머무르며 떠나지 못할 것이라는 말이다. 원백은 후한(後漢) 장소(張劭)의 자이다. 장소는 범식(范式)과 우의가 지극히 돈독하여 죽을 때까지 교분이 변치 않았다. 원백이 죽은 뒤 뒤늦게 범식이 장례일에 찾아왔는데 그의 상여가 움직이지 않다가 범식이 원백의 영구 앞에서 조문하기를 "원백이여, 이제 떠나시게나. 죽음과 삶의 길은 다르니, 이것으로 영영 이별이구나."라고

의조는 어찌 차마 홀로 살아서 슬퍼하는가[165]	議曹那忍獨生悲
가련하구나 우리 도 이제 누구에 의탁할까	可憐吾道今誰托
멀리 붉은 명정 보내며 눈물 가득 흘리노라	遙送丹旌涕滿頤

하면서 상여 끈을 잡고 이끄니 그제야 상여가 움직였다고 한다. 《後漢書 卷111 獨行列傳 范式》

165 의조(議曹)는……슬퍼하는가 : 공수(龔遂)는 자가 소경(少卿)이고 중국 산양군(山陽郡) 사람으로 일찍부터 강직하기로 명성이 높았다. 70여세가 되었을 때 발해(渤海) 지역에 재해가 일어나고 농민이 기의(起義)하자 선제(宣帝)가 그를 발해 태수(渤海太守)로 삼아 이를 진압하게 하였는데, 공수가 부임하여 도적들을 교화시켜서 모두 농상(農桑)에 종사하게 하니 드디어 발해가 크게 다스려졌다. 무제가 사자(使者)를 보내 공수를 부르자 의조(議曹 군수에 딸린 속리) 왕생(王生)이 같이 가겠다고 나섰다. 왕생은 공수에게 무제가 발해를 안정시킨 방법을 묻거든 "모두 성군의 덕이지 신의 힘이 아닙니다."라고 응대하도록 조언하였다. 무제가 공수의 응대를 흡족하게 여기자 공수는 왕생의 조언이라고 아뢰었다. 무제는 공수를 수형 도위에 제수하고 왕생을 수형 승에 제수하여 공수를 현양한 일이 있다. 여기서 의조는 조복양 자신을 가리킨다. 유계는 1662년 이조 참의(吏曹參議)에 제수 되었을 때 조복양과 함께 진휼하는 일을 주관하였다. 조복양의 문집에는 儀가 議로 되어있으므로 수정하여 번역하였다. 《漢書 卷89 龔遂傳》《松谷集 卷2》

시남 선생 만사 홍주원[166]

市南先生挽 洪柱元

호해에서 부름 받고 벼슬길에 나아가	徵書湖海起沈淪
한결같은 절개로 세 조정에서 영욕 맛보았네	一節三朝寵辱身
박학함으로 성상 보좌함을 보았고	博學已看資黼黻
통달한 재주는 경륜을 돕는데 제격이었네	通才端合贊經綸
누가 진사년에 세상 떠나[167] 애통해 할 줄 알았으랴	誰知辰巳云亡痛
더욱이 돌아간 날이 공이 태어난 생일이었네[168]	更屬庚寅以降春
고향 선영으로 돌아가 장사지내는 곳[169]에	想得松楸歸葬地

166 홍주원(洪柱元) : 1606~1672. 본관은 풍산(豐山), 자는 건중(建中), 호는 무하당(無何堂)이다. 1623년(인조1)에 선조(宣祖)의 딸 정명공주(貞明公主)에게 장가들어 영안위(永安尉)에 봉해졌다. 저서로는 《무하당유고(無何堂遺稿)》가 전한다. 《宋子大全 卷163 永安尉洪公神道碑銘》

167 진사년(辰巳年)에 세상 떠나 : 진년에 현자가 죽었다는 말이다. 북제(北齊) 유화(劉晝)가 정현(鄭玄)에 대해 예언하기를 "진(辰)은 용이고 사(巳)는 뱀이니, 세성이 용사에 머무는 해에 현인이 죽을 것이다."라고 하였는데, 정현의 꿈에 공자가 와서 "일어나라. 금년에는 세성이 '진'에 있고 내년에는 '사'에 있다."라고 하였다. 《管城碩記》 유계는 갑진년(1664, 현종5)에 세상을 떠났다.

168 돌아간……생일이었네 : 유계가 생일에 세상을 떠났다는 말이다. 굴원의 〈이소(離騷)〉에 "인년(寅年)의 정월이요, 정월 경인일에 내가 태어났네."라고 하여 경인일은 생일을 가리킨다. 유계는 2월 25일 무오일(戊午日)에 태어났고 2월 25일 무오일에 세상을 떠났다. 《市南集 附錄 卷1 有明朝鮮嘉善大夫吏曹參判……市南俞公行狀行狀》

169 장사지내는 곳 : 유계는 1664년 2월 운명하여 그해 5월 임천의 선영에 장사 지냈다. 《市南集 附錄 卷1 有明朝鮮嘉善大夫……市南俞公行狀》

소거 타고 와 곡하는 이 모두 명사들이겠지[170]	素車來哭摠名人
도의를 연마하는 벗이자 스승이었으니	磨礱道義友兼師
사람들은 강회에 또 사기가 있다고 하였네[171]	人謂江淮又四夔
모든 일에 통달하니 어찌 막힘이 있겠는가	萬務疏通寧有滯
일시에 발탁된 것도 안타깝게도 늦은 거라오	一時遷擢却憐遲
사람들은 그야말로 정승감으로 기대했는데	輿情政爾期爰立
하늘은 어찌하여 베푸는 데 인색하였나	天意如何嗇厥施
성대한 업적 참으로 서책에 빛나리니	盛業定知光簡冊
명신전에 공과 같은 사람 누구인가	名臣傳裏似公誰

170 소거(素車)……명사들이겠지 : 후한(後漢)의 범식(范式)은 장소(張劭)와 절친한 벗이었는데, 장소가 죽어 장례를 치르는 날 상여가 움직이지 않다가 천리 밖 산양(山陽) 땅에 있던 범식이 백마(白馬)와 소거를 타고 이르러 조상하자 상여가 비로소 움직였다는 고사를 인용한 것이다. 《後漢書 卷81 獨行列傳 范式》

171 사람들은……하였네 : 기(夔)는 순(舜) 임금 때에 음악을 관장한 현신(賢臣)인데, 당나라의 최조(崔造), 한회(韓會), 노동미(盧東美), 장정칙(張正則)이 서로 절친한 친구가 되어 왕좌(王佐)의 인재들로 자부하였으므로, 사람들이 사기(四夔)라고 불렀다고 한다. 《新唐書 卷150 崔造列傳》

시남 선생 만사 박장원[172]

市南先生挽 朴長遠

물처럼 담박한 사귐 삼십 년 우정인데	淡交如水卅年情
중간에 험난과 고난 각자 실컷 겪었네	艱阻中間各飽更
임천에 묻혀서 전적 궁구하다가	滞跡林泉窮典籍
홍문관에서 재능 발휘해 이름 드날렸네	蜚英蓬館振聲名
가을바람에 헤어질 때 아프다고 하여 놀랐는데	秋風告別驚斯疾
봄날 조정에 돌아올 때 이 세상을 떠났구나[173]	春日歸朝隔此生
그대가 왕실을 말하는 것 다시 들을 수 없으니	無復聞君話王室
흰머리로 세상 근심하며 강물처럼 눈물 쏟네	白 頭憂世淚河傾

172 박장원(朴長遠) : 1612~1671. 본관은 고령(高靈), 자는 중구(仲久), 호는 구당(久堂)·습천(隰川)·사검와(師儉窩)·구파(久皤), 시호는 문효(文孝)이다. 《久堂集 附錄 卷1 有明朝鮮國贈大匡輔國崇祿大夫……贈諡文孝公久堂朴公神道碑銘 并序》

173 봄날……떠났구나 : 박장원은 개성 유수(開城留守)로 있다가, 유계가 세상을 떠난 뒤 2월 27일에 대사헌(大司憲)에 제수되어 조정으로 돌아오게 되었다. 《承政院日記 顯宗 5年 2月 27日》

시남 선생 만사 이일상[174]

市南先生挽 李一相

훌륭한 인물 지금 오랫동안 드문데	人物於今久眇然
우리 중에 누가 감히 그대보다 앞서겠나	我曹誰復敢君先
많은 재주 두루 통달하여 막힘 없었고	旁通衆藝無惉懘
여러 책 널리 궁구하여 꿰뚫었네	博究諸書備貫穿
한 시대 풍미한 문장은 빛이 났고	一代文章光焰在
영원토록 서책에 성명이 전해지리라	千秋竹帛姓名傳
외로운 성에서 올린 당당한 상소문은	堂堂尺疏孤城裏
당시에 동해에서 죽겠다던 노중련의 기풍이네[175]	東海當年有魯連
만 번 죽을 지경의 영해에서 돌아와	嶺海歸來萬死餘
훌륭한 선비들을 따라 띠 풀 뽑듯 나아갔네[176]	晩隨群彦拔茅茹
명군과 현신이 성대히 만남에 감격하고	風雲感激遭逢盛

174 이일상(李一相) : 1612~1666. 본관은 연안(延安), 자는 함경(咸卿), 호는 청호(靑湖), 시호는 문숙(文肅)이다. 《南溪集 續集 卷21 禮曹判書贈右議政李公神道碑銘》

175 외로운……기풍이네 : 노중련(魯仲連)은 전국 시대 제(齊)나라 사람으로, 진(秦)을 황제로 높이자는 신원연(新垣衍)의 제안을 받고 "내가 동해에 몸을 던져 죽을지언정 진나라의 백성이 될 수는 없다."라고 하였다. 《史記 卷83 魯仲連列傳》 여기서는 유계가 1636년과 1637년에 척화와 관련해 상소를 올린 것을 말한다.

176 띠……나아갔네 : 《주역》 〈태괘(泰卦)〉에 "초구는 엉켜 있는 띠풀의 뿌리를 뽑는 것과 같아 동류들과 함께 감이니, 길하다."라고 한 데서 온 것으로, 군자가 벗들과 함께 나아간다는 말이다.

낭묘에서 활약하면서 정무에 통달하였네	廊廟周旋政務疏
당대에 이미 중용됨을 보았지만	當代已看重簡擢
전부터 오히려 크게 펼치길 기대했다오	向時猶望大鋪舒
누가 인간사를 구제할 수 있겠는가	誰能濟了人間事
예로부터 항상 마음처럼 되지 않았다네	從古尋常意不如

시남 선생 만사 김좌명[177]

市南先生挽 金佐明

일찍부터 조정의 간쟁하는 신하되었고	早向明廷作諍臣
하후씨의 유학[178]처럼 더욱 참되고 순수하였네	夏侯儒術更眞醇
매번 명사 중에 헛된 선비 없음 감탄했으니	每嘆名下無虛士
어찌 조정에서 이 사람을 다시 얻겠는가	安得朝端復此人
당시에 강연에서 제일로 뽑힌 몸	當日講筵推第一
훗날 서책에 천 년 동안 빛나리라	異時編簡照千春
옥당과 왕의 측근에 모두 쓸쓸하니	玉堂宥密俱寥寂
말세에 인재 얻기 어려워 곱절로 눈물 흘리네	叔世才難倍濕巾

177 김좌명(金佐明) : 1616~1671. 본관은 청풍(淸風), 자는 일정(一正), 호는 귀계(歸溪)·귀천(歸川), 시호는 충숙(忠肅)이다. 저서로 《귀계유고(歸溪遺稿)》가 있다. 《息庵遺稿 卷23 先考輔國崇祿大夫……經筵春秋館事府君墓誌》

178 하후씨(夏侯氏)의 유학 : 하후씨는 전한(前漢) 때 유학 경전학(經典學)에 큰 업적을 남겼던 하후승(夏侯勝)과 하후건(夏侯健)을 일컫는 말이다. 한(漢) 나라 때 《금문상서(今文尙書)》를 전공한 하후승과 그의 조카 하후건을 각각 대하후(大夏侯)와 소하후(小夏侯)라고 칭하는데, 하후승은 하후건의 학문을 "장구(章句)나 일삼는 소유(小儒)로서 대도(大道)를 무너뜨리고 있다."고 비판하고, 하후건은 하후승의 학문에 대해서 "너무 소략(疎略)하여 두루 적용할 수가 없다."고 비판하는 등, 《상서(尙書)》에 대해 각기 다른 학풍을 세웠다. 《漢書 卷75 夏侯勝傳)》여기서는 시남 유계가 경학에 조예가 깊었다는 말이다.

시남 선생 만사 윤순거[179]

市南先生挽 尹舜擧

끝났구나 하늘은 치평할 뜻이 없고	已乎天不欲治平
애통하구나 남명으로 반쯤 가다가 그쳤네[180]	慟矣南圖輟半程
백년의 예악[181]을 기대함이 마침 심원한데	禮樂百年期正遠
만국의 수레와 문자 바야흐로 걱정스러워라[182]	車書萬國慮方成
중요한 관직 맡은 이들 원대한 도모 내던지고	任專樞轄拋長算
문단에서 명망 있으나 하나의 명예 사양하였네	望屬詞壇讓一名
법연[183]에서 임금의 생각 안정시키던 걸 생각하니	政想法筵凝睿思

179 윤순거(尹舜擧) : 1596~1668. 본관은 파평(坡平), 자는 노직(魯直)·효직(孝直), 호는 동토(童土)이다. 저서로는 《동토집(童土集)》·《노릉지(魯陵志)》가 있다. 《明齋遺稿 卷40 仲父童土府君神道碑銘》

180 남명(南溟)으로……그쳤네 : 유계가 자신의 포부와 경륜을 다 펼치지 못했다는 말이다. 《장자(莊子)》 〈소요유(逍遙遊)〉에 "북명(北溟)에 길이가 몇 천 리인지 알 수 없는 큰 물고기가 있는데 그 이름이 곤(鯤)이다. 이 곤이 변화하여 새가 되는데, 그 이름이 붕(鵬)이다. 이 새가 남명으로 옮기려면 물 위를 3천 리를 치고 달리다가 날아올라 6개월 동안 9만 리를 날아가 쉬게 된다."라는 이야기가 나온다.

181 백년의 예악(禮樂) : 한(漢)나라 고조(高祖) 때에 숙손통(叔孫通)이 국가의 의례를 바로잡기 위해 노나라의 선비들을 초치하였는데, 그중 2명은 "예악을 일으키기 위해서는 덕을 100년간 쌓아야 하는데, 갑자기 예악을 일으키려 하니 그대가 하는 일을 따를 수 없다."라고 하고 응하지 않았다. 《史記 卷99 叔孫通列傳》

182 만국의……걱정스러워라 : 나라가 어수선한 상태임을 표현한 말이다.

183 법연(法筵) : 본래 불가(佛家)에서 고승(高僧)이 불법(佛法)을 강설(講說)하는 자리를 말하는데, 전하여 임금이 예식을 갖추고 신하를 접견하던 자리, 즉 조정이나

자리에 나아가 민생을 말할 사람 또 누구리오	更誰前席說蒼生
위난에 소장 올리는 주운 적고[184]	臨危抗疏朱雲少
이경변지의 업적 큰 유향이 가벼워라[185]	奕業離經劉向輕
중산처럼 덕을 행하여[186] 효도하며 우애하고	擧德仲山仍孝友

경연을 가리킨다.

184 위난에……적고 : 유계가 1636년에 척화와 관련해 올린 상소를 말한다. 주운(朱雲)은 한(漢)나라 성제(成帝) 때 사람이다. 임금의 총애를 믿고 간교한 행위를 하는 장우(張禹)를 미워하여 임금에게 "상방검(尙方劍)을 빌려 주시면 영신(佞臣)의 목을 베어 올리겠습니다."라고 하였다. 임금이 "누구를 베겠다는 말인가?"라고 하자 "장우입니다."라고 하였다. 임금이 노하여 "낮은 지위에 있는 자가 높은 지위에 있는 사람을 비평하는 것은 용서할 수 없다."라고 하고, 어사(御使)에게 주운을 끌어내리게 했다. 주운이 대전 난간을 잡고 끝까지 간하였는데 결국 그 난간이 부러졌다. 그 후 임금은 그 흔적을 그대로 두게 하여 강직한 신하의 징표로 삼았다고 한다. 《漢書 卷67 朱雲傳》

185 이경변지(離經辨志)의……가벼워라 : 이경변지(離經辨志)는 《예기》 〈학기(學記)〉에 보이는데, 진호(陳澔)는 《예기집설(禮記集說)》에서 "이경(離經)은 경서의 구두를 떼는 것이고, 변지(辨志)는 추향(趨向)의 간사하고 바름을 분별하는 것이다."라고 해설하였다. 유향(劉向)은 전한(前漢) 말기 초 원왕(楚元王)의 현손(玄孫)으로, 초명은 갱생(更生), 자는 자정(子政)이다. 문장에 능통하고 경술(經術)에 조예가 깊었으며, 선제(宣帝) 때 광록대부(光祿大夫)가 되어 여러 차례 봉사(奉事)를 올려 시정(時政)의 득실을 논하였는데 말이 매우 강직하였다. 원제(元帝) 때 중루교위(中壘校尉)가 되었는데 왕망(王莽)이 권세를 천단하여 중용되지 못하였다. 《漢書 卷36 楚元王傳》

186 중산(仲山)처럼 덕을 행하여 : 중산은 중국 주(周)나라 선왕(宣王) 때의 현대부(賢大夫)이다. 노(魯)나라 헌공(獻公)의 둘째 아들로, 이름은 전해지지 않으며 중산보(仲山甫)는 그의 자이다. 《시경》 〈증민(烝民)〉에 "덕이 터럭처럼 가벼우나 백성이 그것을 들 수 있는 자가 드물다."라고 하였다. 일반 백성들 중에 덕(德)을 들어 거행할 수 있는 이가 거의 없는데, 중산보가 이 덕을 잘 거행했음을 칭송하는 내용으로 여기서는 유계가 덕을 잘 실천했음을 비유한 것이다.

관로처럼 때를 알아[187] 매우 총명하였네	知時管輅儘聰明
한유의 필력 능히 오를 밀어내지만[188]	韓公筆力能排奡
두보의 문장은 고래를 끌어내지 못했네[189]	杜子文章未掣鯨
세상에 진월씨[190]를 만나기 어려움 탄식하노니	慨世難逢秦越氏
말년에 소갈병 든 장경[191]을 어찌할까	沈年病渴柰長卿

용사의 해에 현인이 세상 떠나 탄식하고	龍蛇歲轉嗟賢替

187 관로(管輅)처럼 때를 알아 : 관로(209~256)는 삼국 시대 위(魏)나라 평원(平原) 사람으로, 자(字)가 공명(公明)인데, 천문(天文), 지리(地理), 역점(易占), 상술(相術) 등에 정통하였고, 특히 예언을 잘했다고 한다.《三國志 卷29 魏書 管輅傳》

188 한유(韓愈)의……밀어내지만 : 한유의 〈천사(薦士)〉에 "허공을 가로지르듯 경어를 구사하나니, 그 어려운 글자를 온당하게 놓는 힘은 오(奡)를 밀어낼 정도일세."라고 하였다. 오는 고대의 장사로, 육지에서 배를 끌고 다닐 정도로 힘이 셌다고 한다.《東雅堂韓昌黎集註 卷2 薦士》

189 두보(杜甫)의……못했네 : 원문의 체경(掣鯨)은 바다 속의 고래를 끌어올린다는 뜻으로, 문장의 기세가 매우 웅건함을 비유하는 말로 쓰인다. 당나라 두보의 시 〈재미삼아 절구 여섯 수를 짓다〔戲爲六絶句〕〉 가운데 넷째 수에 "혹 난초 위에 앉은 비취 새는 볼지라도, 푸른 바다 속에서 고래를 끌어올리진 못하리라."라고 한 데서 온 말이다.《杜少陵詩集 卷11》

190 진월씨(秦越氏) : 춘추 시대 명의인 편작(扁鵲)을 가리킨다. 성은 진씨(秦氏)이고 노(盧) 땅에 살았으며 이름이 월인(越人)이기 때문에 진월씨 혹은 진월인이라고 일컬었다. 편작은 원래 황제 때의 인물인데, 뒤에 진월인(秦越人)의 의술이 신묘하여 그를 편작이라고 하였다.《史記 卷105 扁鵲列傳》

191 소갈병 든 장경(長卿) : 장경은 한(漢)나라 사마상여(司馬相如)의 자(字)이다. 그는 말은 더듬었으나 글을 잘 지었으며 항상 소갈병이 있었는데, 탁문군(卓文君)과 결혼한 뒤로 생활이 풍족해지자 벼슬길에 나가려 하지 않고 병을 이유로 물러나서 한가로운 생활을 하였다.《史記 卷117 司馬相如列傳》

진췌시 읊으며 철인의 죽음 애통해하네[192]	殄瘁詩稱痛哲傾
같은 기질에 절로 형제의 의리 지녔고	同氣自存兄弟義
난초와 같았으니 어찌 벗의 마음뿐이겠는가[193]	似蘭奚啻友朋情
안개 낀 석강에서 함께 배 탔던 일 추억하고[194]	石江煙艇追同載
황량한 금산에서 같이 밭 갈던 일 떠올리네[195]	錦里荒園憶耦耕
동쪽 골짜기에서 지금 흰머리만 남아	東峽只今餘白髮
서쪽으로 고개 돌리며 거듭 울음 삼키네	西方回首重呑聲

192 용사(龍蛇)의……애통해하네 : 유계가 세상을 떠난 것이 안타깝다는 말이다. 용사에 해당하는 진년(辰年)과 사년(巳年)은 현인(賢人)에게 불행이 닥치는 흉년으로 일컬어졌다. 진췌시(殄瘁詩)는 임금을 훌륭히 보좌할 현인이 없어 나라가 위태롭게 된 것을 말한다.

193 같은……마음뿐이겠는가 : 윤순거가 유계와 함께 마음을 나누고 깊게 교유하며 형제처럼 지냈다는 말이다. 《주역》 〈계사전 상(繫辭傳上)〉에 "두 사람이 마음을 함께하면 그 예리함이 쇠를 자를 만하고 마음을 함께 한 말은 그 향기가 난초와 같다."라고 한 데서 온 말이다.

194 석강(石江)에서……추억하고 : 석강은 충남 부여군 석성면(石城面)을 흐르는 금강(錦江)의 별칭이다.

195 금산(錦山)에서……떠올리네 : 유계는 1640년(인조18) 유배에서 풀려나 1641년 금산으로 거처를 옮겨 마하산(麻霞山) 산천재(山泉齋)에서 강학과 예론에 전념하였다. 산천재는 유계와 윤선거(尹宣擧, 1610~1669) 형제가 제자들과 함께 강학한 곳이다. 《市南集 附錄 卷1 有明朝鮮嘉善大夫吏曹參判……市南兪公行狀》

시남 선생 만사 윤문거[196]

市南先生挽 尹文擧

온 세상이 상심한 날	天下傷心日
군왕께서 창을 베고 누우시니[197]	君王卽枕戈
원통한 선비[198] 기용하여	起來盆下士
궁궐의 시종신으로 삼았네[199]	留作禁中頗
성패에 있어 하늘의 뜻 서글퍼라	利鈍悲天意
환란의 시기에 어려움 많은데	艱虞足浪波
세상 떠나 헛되이 이미 끝났으니	殲身空已爾

196 윤문거(尹文擧) : 1606~1672. 본관은 파평(坡平), 자는 여망(汝望), 호는 석호(石湖), 시호는 충경(忠敬)이다. 저서에 《석호유고(石湖遺稿)》가 있다. 《宋子大全 卷162 石湖尹公神道碑銘幷序》

197 온……누우시니 : 원문의 침과(枕戈)는 창을 베고 누워 편히 자지 못한다는 말로, 나라를 수복하려는 굳센 의지를 표현한 것이다. 진(晉)나라 유곤(劉琨)이 친구인 조적(祖逖)과 함께 중원(中原)을 수복하려는 뜻을 품었는데, 친구에게 보낸 편지에서 "나는 창을 베고 아침이 오기를 기다리면서 역적의 머리를 효시하려는 생각뿐인데, 항상 조생이 나보다 말채찍을 먼저 쥘까 걱정이라네."라고 한 데서 온 말이다. 《晉書 卷62 劉琨列傳》 여기서는 병자호란 때 인조(仁祖)가 삼전도(三田渡)에서 굴욕을 당한 일을 의미하는 것으로 보인다.

198 원통한 선비 : 원문이 분하(盆下)는 엎어놓은 화분의 아래를 뜻하는데, 억울한 처지를 비유한다.

199 궁궐의 시종신(侍從臣)으로 삼았네 : 원문의 금중파(禁中頗)는 금중 파목(禁中頗牧)으로, 파목은 전국 시대 조(趙)나라의 명장인 염파(廉頗)와 이목(李牧)을 병칭한 말인데 문무(文武)를 겸비한 조정의 시종신을 뜻하는 말이다.

종려를 잃어 한스럽구나[200] 遺恨失種蠡

200 종려(種蠡)를 잃어 한스럽구나 : 종려는 춘추 시대 월왕(越王) 구천(句踐)의 신하인 문종(文種)과 범려(范蠡)로, 구천을 도와 20년 동안 지혜를 다해 부국강병을 하여 끝내 오(吳)나라를 멸망시키고 회계(會稽)에서 당한 치욕을 씻음으로써 큰 공을 세웠다. 여기서는 유계의 죽음을 뜻한다.

시남 선생 만사 윤선거[201]

市南先生挽 尹宣擧

삼대에 걸친 외로운 충정은 마음속에 있었으니	孤忠三世一心存
모르는 일 없고 알면 반드시 말하였네	靡事不知知必言
어리석은 사람에게 꿈 이야기를 말 것이니[202]	未許癡人前說夢
어찌 일찍이 부처 없는 곳에서 세존을 일컫는가[203]	何嘗無佛處稱尊
그동안 깨거나 취함에는 좋아하는 것 따랐고[204]	向來醒醉從吾好
예로부터 어짊과 사악함에는 정론이 있었네	終古賢邪有定論

201 윤선거(尹宣擧) : 1610~1669. 본관은 파평(坡平), 자는 길보(吉甫), 호는 미촌(美村)·노서(魯西)·산천재(山泉齋), 시호는 문경(文敬)이다.

202 어리석은……것이니 : 유계의 식견과 격조가 매우 높으므로 어리석은 사람에게 꿈 이야기를 해주면 잘못 알아듣는다는 말이다. 《냉재야화(冷齋夜話)》에 "승가가 장강과 회하 사이의 지방을 유람하면서 아주 기이한 행적을 남겼는데, 그때 어떤 이가 그에게 묻기를 '네 성이 무엇이냐?' 하자 '성이 무엇이다.'라고 대답하므로, 또 묻기를 '어느 나라 사람이냐?' 하자, 또 대답하기를 '어느 나라 사람이다.'라고 하였다. 당나라 이옹이 비문을 지으면서 그들이 주고받은 말을 이해하지 못하여 전기에 쓰기를 '대사의 성은 하이고 하국 사람이다.'라고 하였으니, 이것이 이른바, 어리석은 사람에게 꿈을 이야기한 격이라는 것이다."라는 내용이 보인다.

203 어찌……일컫는가 : 《속등록(續燈錄)》에 "석상자명선사(石霜慈明禪師)가 경사(京師)에 와서 부마도위(駙馬都尉) 이준욱(李遵勗)을 만나보자, 이(李)는 묻기를 '사(師)가 떠나올 적에 한 구절을 뭐라고 지었지요?' 하니 '무불처작불(無佛處作佛)'이라 하였다."라는 말이 있다.

204 깨거나……따랐고 : 전국 시대 초나라 굴원(屈原)의 〈어부사(漁父辭)〉에 "온 세상이 흐린데 나만 홀로 맑고, 뭇사람들은 모두 취했는데 나만 홀로 깨어 있다."라는 말을 원용한 것이다. 《古文眞寶 後集 卷1》

고락 속에 안석의 뜻을 함께했기에[205]	憂樂耐同安石志
부질없이 곽태로 하여금 상심하게 하는구나[206]	空教郭泰倍傷魂

멀리 천 리를 다니다 강릉에 도착했는데	遠遊千里到江陵
동지의 편지를 받고 슬픔 견디지 못하네[207]	同志書來慟不勝
굳세기는 금강석이요 통달함은 바다이며	介似金剛通似海
온화하기는 봄비요 늠름하기는 얼음이라네	和如春雨凜如氷
높은 산 흐르는 물처럼 여음이 있고	高山流水餘音在
밝은 달 맑은 바람처럼 온갖 감정 일으켰지	朗月淸風百感興
삼색 공부 평생의 후천설은	三索平生後天說
지금 누구에게 가르침 받을까[208]	秪今誰與更提承

205 고락(苦樂)……함께했기에 : 안석(安石)은 동진(東晉)의 재상(宰相) 사안(謝安)의 자이다. 그는 경륜과 지략이 뛰어나 명망이 높았는데 회계의 동산에 은거하자, 당시 사람들은 "안석이 세상에 나오지 않으니, 창생들을 어찌하려는가."라고 말하였다. 《晉書 卷79 謝安列傳》 여기서는 유계와 윤선거가 산천재에서 함께 강론하며 은거한 것을 이른다.

206 곽태(郭泰)로……하는구나 : 후한(後漢)의 고사(高士) 곽태는 환제(桓帝) 때 당고(黨錮)의 사건이 일어나 천하의 명현이라고 하는 사람들이 모두 구당(鉤黨)으로 지목받고 남김없이 멸절당하는 상황에서 몸을 깨끗이 하여 벼슬길에 나아가지 않고 말을 겸손히 하여 환관(宦官)들의 중상을 면함으로써 끝까지 화를 당하지 않았다. 《後漢書 卷68 郭泰列傳》 여기서는 윤선거 자신을 말한 것이다.

207 천 리……못하네 : 윤선거는 1664년(현종5)에 당시 영월 군수(寧越郡守)로 부임했던 형 윤문거(尹文擧)를 따라갔다가 관동지역을 유람하던 중 강릉(江陵)에서 유계의 부음을 들었다. 《魯西遺稿 年譜》

208 삼색(三索)……받을까 : 삼색은 《주역》의 팔괘를 말한다. 유계는 윤선거와 편지로 후천설 등에 대한 학문적인 토론을 수시로 주고받았다.

시남 선생 만사 윤선거

市南先生挽 尹宣擧

그대의 상여가 서울에서 나오는 날	君車出洛日
나는 간성을 떠났는데	我行離杆時
벗과 함께 선대에 올라	携朋上仙臺
남쪽 바라보며 함께 울며 탄식했네[209]	南望同涕咨
우리들은 어디에 의지할까	吾黨欲何依
홀로 푸른 바다 위태로운 곳에 섰노라	獨立滄溟陲
평생 유유민처럼 지냈는데	平生劉遺民
내가 종자기로 여겼네[210]	得我鍾子期
어찌 조정의 신하가 될 줄 알았으랴	爭知廊廟具
스스로 시운이 기이함을 탄식했네	自嘆時命奇

209 벗과……탄식했네 : 당시에 정양(鄭瀁, 1600~1668)이 간성 군수(杆城郡守)였고 신석번(申碩蕃, 1596~1675)은 양양(襄陽)의 상운도(祥雲道) 찰방(察訪)이었는데, 윤선거는 이들과 함께 관동지역을 유람하던 중 강릉에 이르러 유계의 부음을 들었다. 선대(仙臺)는 청학산(靑鶴山) 은신암(隱身庵)으로, 윤선거가 이곳에서 유계에세 곡하였다. 《魯西遺稿 年譜》

210 평생……여겼네 : 유유민(劉遺民)은 진(晉)나라 정지(程之)로, 효성이 지극하였으며 벼슬을 줘도 나가지 않고 여산의 원공대사(遠公大師)에게 의탁하였다. 혜원법사(慧遠法師)와 함께 여산(廬山)의 동림사(東林寺)에서 백련사(白蓮社)를 결성하기도 하였다. 《宋書 卷93 隱逸列傳》 중국 춘추 시대 초(楚)나라의 음악가인 백아(伯牙)가 친구 종자기(鍾子期)의 죽음에 거문고 줄을 끊어 버리고 다시는 거문고를 타지 않았다는 고사를 원용한 것이다.

한 번 호서로 귀양 갔고	一謫西湖畔
두 번 북해 물가에 던져졌네[211]	再投北海湄
충신함을 어찌 의심하고 비방하는가	忠信柰疑謗
기강을 누가 부지할 것인가[212]	友紀誰扶持
금대에서 어진 선비 급히 모으니[213]	金臺急賢士
구름 날개 천지를 두드렸네	雲翼搏天池
북으로 중원 정벌할 계획 세웠는데	中原北定計
영안궁에서 남긴 조서 구슬프네[214]	永安遺詔悲
하늘의 뜻은 참으로 상서롭지 못하고	天意固不祚
국론은 도리어 갈라짐 많구나	國論還多岐
굳센 뜻이 없지 않았으니	非無介石志
홀로 원대한 뜻의 시를 애송했네[215]	獨愛訏謨詩

211 한 번……던져졌네 : 유계가 임천에 유배되었다가 함경북도 온성(穩城)에 유배되었고 다시 1651년 가을 강원도 영월(寧越)로 양이되었다는 말이다.

212 기강을……것인가 : 《시경》 〈운한(雲漢)〉에 "산만해서 기강이 없다."라고 하였는데, 여기에서 우(友)는 어조사로 학자에 따라 '유(有)' 자로 보기도 한다.

213 금대(金臺)에서……모으니 : 금대는 황금대(黃金臺)로, 전국 시대 연(燕)나라 소왕(昭王)이 천하의 현사(賢士)들을 맞이하기 위하여 역수(易水) 동남쪽에 천금을 들여 황금대를 건립했던 일을 가리킨다. 《戰國策 燕策1》

214 북으로……구슬프네 : 영안궁(永安宮)은 촉한(蜀漢)의 선주(先主) 유비(劉備)가 백제성(白帝城)에 세웠던 궁전 이름이다. 그 이듬해 선주가 영안궁에서 서거했는데, 제갈량(諸葛亮)에게 후사(後事)를 부탁하고 또 후주(後主) 선(禪)에게 조서(詔書)를 내려 승상(承相) 제갈량을 아버지처럼 섬겨 통일을 이룩하라고 명하였다. 그러나 9년 만에 제갈량이 죽고, 선주의 유명(遺命)을 이루지 못한 채 촉이 망하고 말았다. 《三國志 卷35 諸葛亮傳》 여기서는 효종(孝宗)이 북벌(北伐)을 결행하려는 뜻을 품고 있었으나 이를 추진하던 도중에 죽은 것을 말한다.

보국하는 마음으로 정성껏 힘쓰고　　報德在盡瘁
왕사를 견고히 하느라[216] 피로함 잊었네　　靡盬忘身疲
육십 세에 세상을 떠나니　　行年六十化
그대의 도는 남이 따라가기 어렵구나　　子道人難追
지극한 계획은 시초에서 얻고　　至計蓍龜得
밝은 식견 운무를 헤치는 듯　　明見雲霧披
종유를 첫 번째로 본받았고　　宗儒第一法
문장은 여사로 여겼지　　餘事其文辭
음양과 흑백으로 분별하니　　陰陽白黑辨
누가 다시 대궐에서 논쟁하리오　　誰復論彤墀
강호에서 지내며 문답했는데[217]　　江居舊問答
안타깝게도 펼치지 못했구나　　鬱鬱無所施
경중이 이미 없으니　　敬仲既不在
강 서쪽이 끝내 오랑캐가 되었고[218]　　江左終爲夷

215 홀로……애송했네 : 《시경》 〈억(抑)〉의 "계책을 크게 하고 명령을 살펴 정하며 계획을 장구히 하고 때맞추어 고한다."라는 구절을 인용한 것이다.

216 왕사(王事)를 견고히 하느라 : 《시경》 〈보우(鴇羽)〉에 "왕사를 견고히 하지 않을 수 없는지라, 서직(稷黍)을 심시 못하니."라는 구절을 인용한 것이다.

217 강호에서 지내며 문답했는데 : 《시남집(市南集)》 권17에 실려 있는 〈강거문답(江居問答)〉으로, 1569년 율곡(栗谷) 이이(李珥)가 독서당(讀書堂)에서 사가독서(賜暇讀書) 하면서 왕도정치에 대한 경륜(經綸)을 문답체로 서술해 선조(宣祖)에게 올린 〈동호문답(東湖問答)〉의 뜻에서 취한 것이다.

218 경중(敬仲)이……되었고 : 경중은 중국 제(齊)나라 관중(管仲)의 자(字)이다. 《논어》 〈헌문(憲問)〉에 "관중이 없었다면 우리는 머리를 풀고 옷깃을 왼쪽으로 하였을 것이다."라고 하였는데, 주희(朱熹)의 주에 "머리를 풀고 옷깃을 왼쪽으로 하는 것은

부질없이 동해의 선비는　空令東海士

길이 서산에서 굶주리게 되었네[219]　永作西山飢

이적(夷狄)의 풍속이다."라고 하였다. 여기서는 청나라에 패배하여 인조(仁祖)가 굴욕적인 강화를 맺은 것을 말한다.

219 부질없이……되었네 : 동해의 선비는 전국 시대 제(齊) 나라의 고사(高士) 노중련(魯仲連)으로, 노중련은 진(秦)나라를 황제로 받들자는 신원연(新垣衍)의 제의를 거부하면서 "진나라가 참람하게 제(帝)를 칭한다면 동해에 빠져 죽겠다."라고 하였다. 《史記 卷83 魯仲連列傳》 서산(西山)은 곧 수양산(首陽山)으로, 은(殷)나라가 주 무왕(周武王)에게 멸망당하자 백이(伯夷)와 숙제(叔齊) 형제가 주나라 곡식을 먹지 않겠다면서 수양산으로 들어가 〈채미가(采薇歌)〉를 부르며 고사리만 뜯어 먹다가 굶어 죽은 고사가 전한다. 《史記 卷61 伯夷列傳》

시남 선생 만사 윤원거[220]

市南先生挽 尹元擧

하늘은 어찌 조금 늦게 데려가지 않으시나	天奪胡爲不少遲
백성들은 복이 없고[221] 사림은 서글퍼하네	蒼生無福士林悲
빨리 승진하여 암랑의 기대 다하지 못했고[222]	九遷未極巖廊望
세 번 쫓겨나도 일찍이 마음은 대궐에 있었지[223]	三黜曾深魏闕思
묵은 자취된 옛 동산[224]엔 봄이 지나가고	陳迹古園春去後
푸른 산 붉은 명정 펄럭이는데 해는 뉘엿뉘엿	青山丹旐日斜時
한번 이별이 천고 이별 될 줄 어찌 알았으랴[225]	何知一別成千古
눈물 뿌리며[226] 부질없이 꿈속에 준 시 읊조리네	灑涕空吟夢贈詩

220 윤원거(尹元擧) : 1601～1672. 본관은 파평(坡平), 자는 백분(伯奮), 호는 용서(龍西)이다. 《明齋遺稿 卷44 堂叔父龍西先生行狀》

221 복(福)이 없고 : 윤원거의 《용서집(龍西集)》 권2에 '복'은 '倚'로 되어 있다.

222 빨리……못했고 : 유계가 정승에 오를 인물이었는데 그렇게 되지 못했다는 말이다. 원문의 구천(九遷)은 1년에 아홉 번 승진하는 것으로, 매우 빨리 승진하는 것을 말한다. 당(唐)나라 한유(韓愈)의 〈상장복야서(上張僕射書)〉에 "날마다 천금의 하사를 받고, 1년에 아홉 번 그 관직이 오르다."라고 하였다. 암랑(巖廊)은 높고 큰 낭무(廊廡)로, 정승들이 모여 있는 의정부(議政府)를 가리킨다.

223 세 번……있었지 : 유계가 세 번 쫓겨났어도 마음은 항상 조정을 생각했다는 말이다. 춘추 시대 위(魏)나라 공자(公子) 모(牟)가 "몸은 강호에 숨어 살면서도 마음은 언제나 위나라 궁궐 아래에 가 있다."라고 하였다. 《莊子 讓王》

224 옛 동산 : 윤원거의 《용서집》 권2에 '古'는 '故'로 되어 있다.

225 어찌 알았으랴 : 윤원거의 《용서집》 권2에 '何'는 '誰'로 되어 있다.

226 눈물 뿌리며 : 윤원거의 《용서집》 권2에 '灑'는 '雪'로 되어 있다.

시남 선생 만사 이유태[227]

市南先生挽 李惟泰

뜻을 같이한 한 두 사람	一二人同志
천년을 기약했건만	相將千載期
그대 갑자기 떠나 탄식하고	嗟君遽不起
도는 어찌 그리 쇠하는지 한탄하네	嘆道一何衰
사류들은 들보가 부러짐을 애통해하고[228]	士類梁摧痛
나라에서는 현인의 죽음을 슬퍼하네[229]	邦家殄瘁悲
세상 떠날 때[230] 보낸 편지 받았는데	封來臨絶語
읽기도 전에 먼저 눈물이 흘렀네	未讀淚先垂

227 이유태(李惟泰) : 1607~1684. 본관은 경주(慶州), 자는 태지(泰之), 호는 초려(草廬), 시호는 문헌(文憲)이다. 《草廬集 卷26 行狀》

228 사류(士類)들은……애통해하고 : 《초려집》 권10에는 '士子樑摧痛'으로 되어 있다.

229 사류들은……슬퍼하네 : 원문의 양최(梁摧)는 대들보가 부러진다는 말로, 《예기》 〈단궁 하(檀弓下)〉의 공자의 말에서 유래한 것으로 뛰어난 사람의 죽음을 가리킨다. 진췌(殄瘁)는 현인이 죽어 나라가 쇠하게 되었다는 의미이다.

230 세상 떠날 때 : 《초려집》 권10에는 '絶'이 '別'로 되어 있다.

시남 선생 만사 윤증[231]

市南先生挽 尹拯

덕 높은 이 떠나 세상 점차 쇠퇴하다가	名德淪徂世漸陵
근래 선생께서 홀로 다시 일으켰도다	近來夫子獨重興
문장은 본래 경전에서 근원하였고	文章本自根經得
기량과 덕업 학문으로 높아짐을 알았네	器業元知用學增
한밤중까지 깊이 걱정하며 백년대계 보존했고	中夜深憂存大計
한 시대의 종주로서 진붕이 되었네[232]	一時宗主作眞朋
지위와 나이 충분하지 못했는데 생을 마치니	位年未滿身先盡
애통함 아득한데 하늘의 이치 알 수 없구나	此痛悠悠理莫徵
호서에서 십 년 동안 지내며 생 마칠 듯했는데	十年湖海若將終
늦은 나이에 나라에 몸을 바쳐 일했네[233]	晩節王朝竟匪躬

231 윤증(尹拯) : 1629~1714. 본관은 파평(坡平), 자는 자인(子仁), 호는 명재(明齋)·유봉(酉峰), 시호는 문성(文成)이다. 《一庵遺稿 卷3 祖考文成公家狀》

232 한……되었네 : 진붕(眞朋)은 도의(道義)로써 서로 맺은 무리라는 뜻이다. 구양수(歐陽脩)의 붕당론(朋黨論)에 "인군(人君)된 자가 소인(小人)의 위붕(僞朋)을 물리치고 군자의 진붕을 쓰기만 한다면 국가가 잘 다스려질 것입니다."라고 하였는데, 여기서는 유계(兪棨)가 이이(李珥)와 김장생(金長生)의 학통을 잇고 예론(禮論)에서 송시열(宋時烈)을 중심으로 하는 노론의 전위적인 역할을 담당하였기 때문에 이렇게 말한 것이다.

233 몸을 바쳐 일했네 : 원문의 비궁(匪躬)은 《주역》 〈건괘(蹇卦) 육이(六二)〉에 "왕의 신하가 국가의 어려움에 충성을 다하는 것은 자신의 연고 때문이 아니다."라고 한

옥으로 만들고자 성고께서 힘썼건만[234] 王汝實惟勤聖考
세상 떠나니 어찌 하늘 원망스럽지 않겠나 奪吾那不怨皇穹
가슴속에 쌓인 경륜 아직 펼치지 못했으며 經綸未展胸中蘊
남모르는 깊은 공부 저술로 다 못 남겼네 著述空虧靜裏功
옛사람의 피발이란 말에 눈물 흘리니[235] 流涕古人披髮語
나의 마음 아는 자 세상에 누가 있으리오 我懷天下有誰同

어려서부터 직접 가르침을 받으면서 親依教育自髫年
못난 나 지나친 사랑 받아 늘 부끄러웠네 恒愧愚庸荷愛偏
영예로운 천거는 군실의 의리와 같았으나 華剡固同君實義
미천한 재주 기지의 어짊을 저버렸도다[236] 微才忝負器之賢
세모에 강가에서 뵈려고 했는데 方期歲暮從江上

데서 온 말로, 신하가 일신을 돌보지 않고 임금과 나라에 충절을 바친다는 뜻이다.

234 옥으로……힘썼건만 : 《시경》 〈민로(民勞)〉에 "왕이 너를 옥으로 만들고자 하므로, 이 때문에 크게 간하노라."라고 하였는데, 이것은 옥을 쪼고 갈아야 그릇이 되듯이 사람을 단련시켜 훌륭한 인물을 만드는 것을 말한다. 성고(聖考)는 효종(孝宗)으로, 유계가 효종에게 지우(知遇)를 입은 일을 두고 한 말이다.

235 피발(披髮)이란……흘리니 : 세상을 구제하는 데 급급하여 다른 것을 돌볼 겨를이 없음을 뜻한다. 《맹자》 〈이루 하(離婁下)〉에 "지금 한집에 같이 사는 사람이 싸운다면, 비록 머리를 풀어 헤치고 갓끈만 매고 급히 달려가서 말려도 괜찮다."라고 하였다.

236 영예로운……저버렸도다 : 군실(君實)은 송(宋)나라의 사마광(司馬光)이고, 기지(器之)는 유안세(劉安世)이다. 유안세가 사마광에게서 학문을 배웠는데, 사마광이 재상으로 조정에 들어가서 그를 천거하여 비서성 정자(秘書省正字)로 임명하였다. 《宋史 卷344 劉安世列傳》 여기서는 명재 윤증의 스승인 유계가 윤증을 학행(學行)으로 천거하였기 때문에 이렇게 말한 것이다. 《明齋年譜 卷1》

오늘 아침 널 앞에서 절할 줄 누가 생각했겠나	誰謂今朝拜柩前
앞으로의 보은은 욕되지 않는 것뿐이니	此後報恩惟不忝
보살펴주어 허물이 없게 해주소서	願垂陰佑俾無愆

시남 선생 만사 민정중[237]

市南先生挽 閔鼎重

옛날 국운이 위급할 때에	國步昔艱厄
공이 당시에 홀로 붓을 떨쳐	公時獨奮筆
종횡무진 천여 글자	縱橫千餘字
하나하나 심혈을 토해냈네[238]	一一刳瀝出
의리 곧고 글 절로 엄정하니	義直辭自嚴
온 조정이 아연실색하였지	擧朝色相失
외로운 성 죽어가는 기운 되살리고	孤城回死氣
도적들의 간악한 계책 격파했으니	賊謀破奸譎
천년토록 호자의 글[239]과 같아	千秋胡子書

237 민정중(閔鼎重) : 1628~1692. 본관은 여흥(驪興), 자는 대수(大受), 호는 노봉(老峯), 시호는 문충(文忠)이며 송시열(宋時烈)의 문인이다. 저서로 《노봉집》·《노봉연중설화(老峯筵中說話)》 등이 있다. 《老峯集 卷12 墓表陰記》

238 옛날……토해냈네 : 유계가 작성한 〈척화를 주장한 여러 신하들을 잡아 보내지 말기를 청하는 상소〔請勿執送斥和諸臣疏〕〉를 가리킨다. 인조가 청나라에 항복하기에 앞서 척화신들을 보내려 할 때, 이의 부당함을 지적하며 올린 상소문이다. 《市南集 卷8》

239 호자(胡子)의 글 : 호자는 남송(南宋) 시대의 직신(直臣)이었던 호전(胡銓)을 가리킨다. 자는 방형(邦衡), 호는 담암(澹庵), 시호는 충간(忠簡)이다. 추밀원 편수관(樞密院編修官)으로 있을 때 상소를 올려 금(金)나라와의 주화파(主和派)인 왕륜(王倫), 진회(秦檜), 손근(孫近) 등을 참수(斬首)하라고 강력히 주장하여, 진회의 노염을 사 원지(遠地)에 유배되었다. 《宋史 卷374 胡銓列傳》

예나 지금이나 해를 뚫을 만하네　古今同貫日
이후에 도보로 돌아와서　從此徒步歸
마음은 오두막에 편히 살고자 하여[240]　意欲安蓬蓽
만권의 책을 다 읽었고　讀盡萬卷書
옛 성현을 법도로 삼았으니　古賢爲法律
동산[241]에 머물러 누웠으나　迹滯東山臥
명성은 이응과 두밀[242]을 짝했다네　名與李杜匹
선왕께서 큰 뜻을 떨치시고　先王奮大志
군자들이 무리지어 나아가니[243]　君子彙征吉
우리 공께서는 첫 번째로 부름 받아　我公首被召
어수지교[244] 같은 사귐 긴밀하였지　魚水契合密

240 마음은……하여 : 유계가 병자호란 뒤 척화죄(斥和罪)로 임천(林川)에 유배되었다가, 1639년(인조17) 사면을 받게 되자 금산(錦山)의 마하산(麻霞山) 아래에 초가집을 짓고 아침저녁으로 경전을 강송(講誦)하며 살았던 일을 가리킨다.

241 동산(東山) : 진(晉)나라 사안(謝安)이 회계(會稽)의 동산에서 20여 년 동안 은거하면서 조정의 부름에 응하지 않자, 백성들이 "안석이 나오려 하지 않으니 장차 창생을 어찌할꼬."라는 노래를 불렀다. 《晉書 卷79 謝安列傳》

242 이응(李膺)과 두밀(杜密) : 원문의 이두(李杜)는 이응과 두밀을 가리킨다. 후한 영제(靈帝) 때 환관들의 전횡을 막기 위해 환관들을 모살하려다 실패해서 이응은 옥사하고 두밀은 자결하였다. 《後漢書 卷97 黨錮列傳 李膺, 杜密》

243 군자들이 무리지어 나아가니 : 원문의 휘정길(彙征吉)은 《주역》 〈태괘(泰卦) 초구(初九)〉의 "서로 엉켜 있는 잔디의 뿌리를 뽑듯, 어진 동류(同類)들과 함께 나아가니 길하다."라는 구절에서 나왔다. 여기서는 은거한 학자를 불러들인 일을 가리킨다.

244 어수지교(魚水之交) : 임금과 신하가 서로 감응하여 의기투합하는 것을 말한다. 유비(劉備)가 제갈량(諸葛亮)을 얻고 나서 "물고기가 물을 만난 것처럼 기쁘다."라고 말한 고사에서 유래한 것이다. 《三國志 卷35 蜀書 諸葛亮傳》

성군께서 계승함을 만나　　迨逢聖嗣作
권면하고 경계함 계술[245]에 두어　　勸戒在繼述
나아가나 물러나나 마음에 잊지 못해[246]　　進退心不忘
정성껏 임금의 잘못을 보필했는데　　懇懇君違弼
어찌하여 불치병이 들어[247]　　云何二豎嬰
갑자기 만사가 끝나나 것입니까　　奄忽萬事畢
내가 옛날 공을 미처 뵙기 전에　　我昔未見公
상소를 얻어 단숨에 읽었는데　　得疏讀之疾
늠름해서 머리털 바짝 서고　　凜凜髮上指
상상만 해도 기운이 절로 엄숙하였네　　想望氣自栗
찾아가 책상 아래에서 절하는데　　及至床下拜
키는 일곱 자가 채 되지 않고　　身不滿尺七

245 계술(繼述) : 선조의 뜻을 계승하고 선조의 일을 그대로 따르는 것으로, 《중용장구》 제19장의 "효도란 부모의 뜻을 잘 계승하고 부모의 일을 잘 따르는 것이다."라는 말을 축약한 것이다. 여기서는 뒤이어 등극한 현종(顯宗)이 효종(孝宗)의 유지를 잘 받들었다는 말이다.

246 나아가나……못해 : 범중엄(范仲淹)의 〈악양루기(岳陽樓記)〉에 "묘당(廟堂)의 높은 곳에 있을 때는 백성을 걱정하고, 강호(江湖)의 먼 곳에 있을 때는 임금을 걱정하는지라, 이것이 바로 나아가서도 걱정하고 물러나서도 걱정하는 것이다."라고 하였다. 《范文正公集 卷7》

247 불치병이 들어 : 원문의 이수(二豎)는 병을 일컫는다. 춘추 시대 진 경공(晉景公)이 병들어 의원을 불러다가 병을 보이려 하였는데, 경공의 꿈에 "그 사람은 용한 의원이라 우리를 해치리니, 우리는 어디로 도망치랴."라고 한 병마가 말하자, 다른 병마가 "고황(膏肓) 사이에 붙어 있으면 자기가 어찌하겠는가."라고 하는 말을 들었다. 뒤에 의원이 이르러서 하는 말이 과연 "병이 고황에 들어 치료할 수 없다." 하므로, 경공은 그 의원을 명의라 칭송하고 후대해서 돌려보냈다고 한다. 《春秋左氏傳 成公10年》

공손해서 나약한 선비 같았으나	巽退若懦夫
강직함은 타고난 자질이셨네	剛直自天質
순수해서 겉으로 꾸밈없어도	粹然無外飾
난초 향기 방 안에 가득했으며	蘭臭滿其室
온축함 많아 질문하면 끝없이 말씀해주어	畜多叩不竭
공허한 사람을 배부르게 하셨습니다	虛者飽以實
내가 다행히 이 분을 만나	我幸及斯人
나만큼 공을 아는 이 없는데	知公莫我悉
하늘은 어찌하여 공을 일찍 빼앗아 갔습니까	天胡奪之速
이 이치 끝내 따지기 어렵습니다	此理終難詰
상여가 고향으로 돌아감에	喪車返故山
슬픈 바람 쓸쓸히 부는구나	悲風吹簫瑟
시를 지어 곡을 하고 보내니	題詩哭且送
서글퍼서 말 끝내지 못하겠습니다	惻惻語不卒

시남 선생 만사 이단상[248]

市南先生挽 李端相

세상에 통달한 인재 부족한 지 오래인데 世乏通才久
공이 이제 막 백 년 인생 시작하니 公生百歲纔
말을 하면 모두 통달한 식견이요 有言皆達識
모든 일에 겸비하지 않은 것이 없었네 無事不兼該
말하는 것이 시대와는 비록 달랐으나 做說時雖異
부지하고 바로잡는 뜻은 넓었도다 扶匡志則恢
정정당당한 왕도와 패도의 계책이여 堂堂王伯略
명망은 일찍이 삼공의 지위[249]였다네 名下望曾台

외로운 성에서 항거하는 소장 올리고 抗疏孤城日
먼 변방으로 귀양가게 되었네 投荒絶塞時
염락과 관민의 실마리요[250] 關閩濂洛緖

248 이단상(李端相) : 1628~1669. 본관은 연안(延安), 자는 유능(幼能), 호는 정관재(靜觀齋)·서호(西湖), 시호는 문정(文貞)이다. 좌의정 이정귀(李廷龜)의 손자이자 대제학 이명한(李明漢)의 아들이다. 민진후(閔鎭厚)와 농암(農巖) 김창협(金昌協) 등이 그의 사위이다. 양주의 석실서원(石室書院), 인천의 학산서원(鶴山書院)에 제향되었다.

249 삼공(三公)의 지위 : 태(台)는 별 이름인 삼태성(三台星)을 말하는데, 삼공의 지위에 있는 벼슬아치를 가리킨다.

250 염락(濂洛)과 관민(關閩)의 실마리요 : 송(宋)나라의 성리학(性理學)을 이었다는 말이다. 염계(濂溪)의 주돈이(周敦頤), 낙양(洛陽)의 정이(程頤), 관중(關中)의

한유와 유종원 사마천과 반고의 문장이라네[251] 韓柳馬班辭
널리 경서와 사서를 관통하고 博貫全經史
두루 복서와 의서에도 통달하였지 旁通到卜醫
원래 통달한 선비인데 從來洽達士
행실은 어찌 지식보다 못했는가 行豈讓於知

효종께서 흥기하여 떨치려 하니 寧考思興奮
판축하고 낚시질하던 어진 이들 등용되었네[252] 諸賢起築漁
무리 중에서 맨 먼저 발탁되고[253] 茅茹首簡擢
낭묘에서 능력 크게 펼쳤구나 廊廟大鋪舒
원대한 뜻을 주밀하게 보좌하고 密勿訏謨際
조용히 아뢰고 강론하였네 從容奏講餘

장재(張載), 민중(閩中)의 주희(朱熹)를 통칭한 것으로, 곧 송대(宋代)의 성리학(性理學)을 뜻한다.

251 한유(韓愈)와……문장이라네 : 한유(韓柳)는 당송팔대가(唐宋八大家) 중에 한유와 유종원(柳宗元)을 아울러 부른 말이다. 마반(馬班)은《사기》의 저자인 사마천(司馬遷)과 《한서(漢書)》의 저자인 반고(班固)를 합칭한 말이다.

252 판축(版築)하고……등용되었네 : 옛날 은(殷)나라 무정(武丁)이 부암(傅巖)에서 판축에 종사하고 있던 부열(傅說)을 찾아내어 재상으로 삼은 일이 있고, 주(周)나라 문왕(文王)이 위수(渭水)를 지나다가 반계(磻溪)에서 곧은 낚시로 고기를 낚던 강태공(姜太公)을 만나 기용한 일이 있는데 이에 비유한 것이다. 《書經 泰誓》

253 무리……발탁되고 : 모여(茅茹)는 《주역)》 〈태괘(泰卦) 초구(初九)〉의 "서로 엉켜 있는 잔디의 뿌리를 뽑듯 어진 동류(同類)들과 함께 나아가니 길하다."라는 말에서 나온 것이다. 유계가 뜻을 같이 하는 인사들이 함께 조정에 발탁되었을 때 먼저 등용되었다는 말이다.

천년에 한번 만날 만한 임금과 신하로 君臣千載會
태평성대 이루려는 뜻 펼 만 하였구나 致澤志堪攄

만고에 군주 승하하셔서 애통하니[254] 萬古崩天慟
빛나는 빛이 밝은 해를 이었네[255] 离暉繼照明
관직은 이어서 이조 참판에 오르고 官仍亞周宰
문장은 가히 문단을 주도할 만 했네[256] 文可主齊盟
조정에서 어찌 인재를 어긋나게 등용했나 朝豈才違用
당시에 도는 행해지지 못했구나 時將道未行
아득히 큰 어른 돌아가니[257] 飄然二老返
홀로 서서 누구와 함께 하리오 獨立與誰幷

명성 위대하니 도리어 누가 되고 名大還爲累

254 만고에……애통하니 : 원문의 붕천(崩天)은 하늘이 무너지는 것으로, 붕천의 애통이란 군주의 승하를 서글퍼함을 이른다. 효종(孝宗)이 세상을 떠난 것을 슬퍼하는 말이다.

255 빛나는……이었네 : 세자로 있던 현종(顯宗)이 왕위에 올랐음을 의미한다. 원문의 계조(繼照)는 왕세자를 말한다. 이명(离明)은 태양의 밝음을 말하는 것으로, 대개 임금을 가리키는데 여기서는 세자를 가리키는 말로 쓰였다. 《주역》〈설괘전(說卦傳)〉에 "이는 불이 되고 해가 된다."라고 한 데서 나온 말이다.

256 문장은……했네 : 원문의 주제맹(主齊盟)은 제 환공(齊桓公)이 맹주가 되었던 것처럼 문단을 주도함을 의미한다. 춘추 시대 제 환공이 제후를 규합하여 자신이 맹주가 되어 오패(五覇)의 우두머리가 되었다. 《史記 卷33 齊太公世家》

257 아득히……돌아가니 : 이로(二老)는 덕과 명망이 높은 나라의 큰 어른을 가리킨다. 《맹자》〈이루 상(離婁上)〉에 백이(伯夷)와 태공(太公)을 두고 표현한 말이 있다.

은혜 깊으니 스스로 곤란하게 여겼네　恩深轉自難
이에 알겠도다 나아가고 물러날 즈음에　從知進退際
반드시 처음과 끝을 온전히 하려 한 것을　必要始終完
구학의 맹약 여전히 남아 있어　丘壑盟仍在
풍진을 생각하는 마음 이미 차갑지만　風塵念已寒
아름답게도 종종걸음으로 복무하던 곳에　猶憐趨走地
나라에 붉은 충정 바쳤네　許國寸心丹

수고롭게 일하다 병을 오래 앓았지만　勞瘁經時病
병중에도 성상께 은혜 갚으셨네　沈綿報主身
죽고 사는 것은 원래 하나의 이치　死生元一理
오고 가는 것은 곧 때가 같도다　來去卽同辰
세상 떠난 소강절을 추모하고[258]　觀化追康節
수를 누리지 못한 백순을 애통해하네[259]　無年慟伯淳
정성스럽게 돌아가실 때 하신 말씀　諄諄臨絶語
부축하고 앉았는데 더욱 생기가 돌았지　扶坐更精神

특별히 임금께서 영광스러운 은전 갖춰주셔서　特賵哀榮備
남다른 은혜 죽은 뒤에 빛났네　殊恩死後光

258 세상……추모하고 : 강절(康節)은 중국 송(宋) 나라의 소옹(邵雍, 1011~1077)을 말하는데, 유계가 천문(天文)과 역수(易數) 등에 조예가 있었으므로 비유한 것이다.

259 수를……애통해하네 : 백순(伯淳)은 송나라의 유학자인 정호(程顥)의 자이다. 정호는 도와 덕이 매우 높았으나 몹시 가난하게 살다가 죽었다.

조정에서 거울을 잃어 애통해하고[260] 朝亡一鑑慟
사람들은 대신 죽을 수 없어 아파하네[261] 人贖百身傷
세상에서 인재 논하매 다하였고 宇宙論才盡
은거지의 자취 회상하면 썰렁해라 雲林撫迹涼
멀리서도 알겠구나 장사 지내는 곳에 遙知會葬地
여러 지역의 흰 수레 바삐 오겠지[262] 幾處素車忙

나이와 지위는 비록 매우 못 미치나 年位雖相絶
공께서 어린 아우처럼 대하셨지 公曾少弟看
만나면 성리를 이야기하고 逢迎談性理
경도되어 속마음 털어놓았네 傾倒吐心肝

260 조정에서……애통해하고 : 조정의 어진 신하가 죽었다는 뜻이다. 당 태종(唐太宗) 때의 명신 위징(魏徵)은 특히 직간(直諫)을 잘하여 임금을 적극 보좌했으므로, 그가 죽은 뒤에 태종이 한번은 조정에 나가서 탄식하여 이르기를 "구리를 거울로 삼으면 의관을 바르게 할 수 있고, 옛일을 거울로 삼으면 흥망성쇠를 알 수 있고, 사람을 거울로 삼으면 득실을 밝힐 수 있는 것인데, 내가 일찍이 이 세 가지 거울을 다 가져서 속으로 나의 과실을 방지했더니, 지금은 위징이 죽고 없으니, 하나의 거울이 없어진 셈이다."라고 한 데서 온 말이다. 《新唐書 卷97 魏徵列傳》

261 사람들은……아파하네 : 원문의 백신(百身)은 그대를 살려 낼 수만 있다면 백 번 죽는 한이 있어도 기꺼이 자신의 몸을 바치겠다는 말이다. 《시경》 〈황조(黃鳥)〉에 "대신 죽어 살려 낼 수만 있다면, 백 번 죽더라도 기꺼워하리라."라고 하였다.

262 멀리서도……오겠지 : 유계가 세상을 떠나니 절친한 벗들이 슬퍼하며 찾아올 것이라는 말이다. 후한(後漢)의 범식(范式)은 장소(張劭)와 절친한 벗이었는데, 장소가 죽어 장례를 치르는 날 상여가 움직이지 않다가 천리 밖 산양(山陽) 땅에 있던 범식이 백마(白馬)와 소거(素車)를 타고 이르러 조상하자 상여가 비로소 움직였다는 고사를 인용한 것이다. 《後漢書 卷81 獨行列傳 范式》

의문과 막힘 지금 비록 누구에게 물을까[263]	疑滯今誰質
아양의 거문고 소리 이미 끊겼도다[264]	峨洋已絶彈
사문에 눈물 그치지 않으리니	斯文不盡淚
새벽 차가운 강가에서 눈물 뿌리네	寄灑曉江寒

263 누구에게 물을까 : 저본에는 '雖質'로 되어 있으나 이단상의 《정관재집(靜觀齋集)》권3에는 '誰'로 되어 있는 것을 근거로 하여 수정하여 번역하였다.

264 의문과……끊겼도다 : 의문점을 물어볼 스승과 내 마음을 알아줄 지기(知己)가 사라졌다는 말이다. 아양(峨洋)은 거문고의 명인인 백아(伯牙)가 높은 산을 연주하면 친구인 종자기(鍾子期)가 "태산처럼 높고 높도다."라고 평하였고, 흐르는 물을 연주하면 "강하처럼 양양하도다."라고 평했다는 고사에서 유래하였다. 《列子 湯問》

시남 선생 만사 김수흥[265]

市南先生挽 金壽興

십 년의 우환으로 학술이 더욱 증진되었고	十年憂患學彌增
경세제민은 모두 출처에서 드러났지	經濟皆從出處徵
끝내 등용되지 못한 창려를 누가 애석해하나	誰惜昌黎終不用
곧바로 간의대부를 더욱 징계하지 못했네[266]	旋敎諫議更無懲
풍운의 만남에 감동해 다시 아름답게 모이니[267]	風雲感遇還嘉會
태산북두의 명성 마침내 치솟았구나	山斗聲名竟上騰
성상께서 선발하여 조정에서 계책 올렸고	廊廟謀謨承簡在
칭찬에 부합하게 경연에서 보필하였지	經筵啓沃協褒稱
왕명 받드는 승정원에서 참으로 진실하고	喉司獻納眞惟允

265 김수흥(金壽興 1626~1690) : 본관은 안동(安東), 자는 기지(起之), 호는 퇴우당(退憂堂)·동곽산인(東郭散人), 시호는 문익(文翼)이다. 김수항(金壽恒)의 형이다. 1689년 남인(南人)이 집권하자 장기(長鬐)에 유배되어 이듬해 배소(配所)에서 죽었다.

266 끝내……못했네 : 유계가 조정을 떠나 있는 동안 간관(諫官)이 직언하지 못한 것을 비유적으로 표현한 것이다. 창려(昌黎)는 당(唐)나라 한유(韓愈)의 호이다. 당나라 덕종(德宗) 때 양성(陽城)이 간의대부(諫議大夫)에 재직한 지 7년 동안이나 간쟁의 직분을 수행하지 않았으므로 한유가 〈쟁신론(爭臣論)〉을 지어 조롱한 일이 있다. 《韓昌黎集 卷14 爭臣論》

267 풍운(風雲)의……모이니 : 풍운제회(風雲際會)를 뜻하는데, 임금과 신하가 의기투합하는 것을 말한다. 《주역》 〈건괘(乾卦) 문언(文言)〉의 "구름은 용을 따르고 바람은 범을 좇는다."라는 말에서 나온 것이다.

인재 선발하는 이조에서 여러 번 직책 받았네	銓地陶甄卽屢膺
벼슬의 공적은 조정에서 크게 할 만 하고	宦業當朝宜可大
여사로 여긴 문장 또한 훌륭하였네	文章餘事亦云弘
마음이 넓고 커서 완악한 이 복종하고[268]	胸襟洞澈頑夫服
지조 얼음처럼 깨끗하여[269] 혼탁한 풍속 맑아졌네	操履氷淸濁俗澄
오랫동안 아팠던 건 온 힘을 쏟았기 때문이나	一疾沈綿由盡瘁
갑자기 유언 남기시니 믿기 어려워라	遺音倏忽柰難憑
임금께서 돌아보고서 사후의 영광 내리시고	宸情有眷哀榮備
선비들의 기대 높았으니 애통함 이어지네	士望方隆慟惜仍
저를 알아주신 고마움 얼마나 많겠습니까	小子幾多知遇感
타향에서 다행히 가르침을 받들었지요	異鄕曾幸緖言承
슬픔과 기쁨 다 겪은 것이 어제 같은데	悲歡閱盡思如昨
어느새 생사 갈리니 한을 어찌 감당하리오	存歿居然恨豈勝
상여를 끌고 싶어도 길이 멀어	欲挽靈車川路遠
동풍 부는 언덕에서 눈물 흘립니다	東風吹淚灑丘陵

268 완악한 이 복종하고 : 유계의 풍도를 들으면 탐욕스런 자들이 청렴하게 된다는 말이다. 《맹자》 〈만장 하(萬章下)〉에 맹자가 백이(伯夷)의 깨끗한 절의를 칭송하며 이르기를 "백이의 풍도를 들은 자들은 완악한 지아비가 청렴해지고, 나약한 지아비가 입지를 갖게 된다."라고 한 것을 차용한 것이다.

269 얼음처럼 깨끗하여 : 원문의 빙청(氷淸)은 빙벽(氷蘗)을 뜻하는데 얼음을 마시고 황벽나무를 먹는다는 말이다. 얼음은 깨끗하고 황벽나무는 맛이 쓰므로, 청고(淸苦)한 생활을 잘 감내하는 사람을 빙청 벽고(氷淸蘗苦)라고 칭하는 데서 온 말이다.

시남 선생 만사 김수항[270]

市南先生挽 金壽恒

유배지에서 기용되어 서연에 뽑혔으니[271]	起自江潭置冑筵
선왕의 성대한 덕이 하늘처럼 크도다	先王盛德大哉天
백성들의 숙원은 오늘날 안석이요	蒼生宿望今安石
옥 같은 모습과 높은 명성은 옛 노중련이라[272]	玉貌英聲舊魯連
시대 구제할 재주라 높은 관직 마땅한데	才要濟時宜峻秩
나라 걱정에 병이 들어 장수하지 못했네	病緣憂國失遐年
사문이 적막하니 장차 누구를 의지할까	斯文寂寞將誰托
예원의 앞자리에 못난 내가 있어 부끄러웠지	藝苑空慙粃在前

270 김수항(金壽恒) : 1629~1689. 본관은 안동(安東), 자는 구지(久之), 호는 문곡(文谷), 시호는 문충(文忠)이다.

271 유배지에서……뽑혔으니 : 1649년(효종 즉위년)에 유계(兪棨)가 홍문관 부수찬으로 있으면서 인조의 묘호(廟號)에 대해 조(祖)의 사용을 반대하고 종(宗)을 사용할 것을 주장하였다가 선왕을 욕되게 했다는 죄로 유배되었다. 그 후 유배에서 풀려나 송시열과 송준길의 추천으로 시강원 문학이 되었다. 《국역 효종실록 즉위년 5월 23일》

272 백성들의……노중련(魯仲連)이라 : 안석(安石)은 진(晉)나라 사안(謝安)의 자이다. 사안은 경륜과 지략이 뛰어나 명망이 높았는데 회계(會稽)의 동산(東山)에 은거하여 세상에 나오지 않자 당시 사람들이 "안석이 세상에 나오지 않으니, 창생들을 어찌하려는가."라고 하였다. 뒤에 환온(桓溫)의 부름을 받고 세상에 나가 외적(外敵)을 물리치고 내정(內政)을 닦는 데 탁월한 공을 세워 벼슬이 태보(太保)에 이르렀다. 《晉書 卷79 謝安列傳》 노중련은 전국 시대 제(齊)나라의 고사(高士)로 "진(秦)나라가 참람되게 제(帝)를 칭한다면 동해에 빠져 죽겠다."라고 하였다. 《史記 卷83 魯仲連列傳》

시남 선생 만사 김만기[273]

市南先生挽 金萬基

선왕께서 다스리신 무술년에[274]	先王在宥閹茂歲
상서로운 해 하늘 높이 떠서 온 천하가 개니	瑞日中天海宇霽
암혈에서 모두 찾아 의승[275]의 반열에 두는데	搜羅巖穴列疑丞
어찌 축대에서 빗자루 잡은 이를 헤아릴 수 있으랴[276]	寧數築臺與擁篲

273 김만기(金萬基) : 1633~1687. 본관은 광산(光山), 자는 영숙(永淑), 호는 서석(瑞石) 또는 정관재(靜觀齋)이다. 송시열의 문인으로 1652년 사마시, 이듬해 별시 문과에 을과로 급제했다. 1671년 딸이 세자빈이 되고, 1674년 숙종이 즉위하자 국구(國舅)로서 광성부원군(光城府院君)에 봉해졌다. 총융사(摠戎使)를 겸관해 병권을 장악했고 김수항(金壽恒)의 천거로 대제학이 되었다. 1680년 경신대출척 때 공을 세워 공신에 책록되었다. 아들 김진규(金鎭圭), 손자 김양택(金陽澤) 3대가 문형을 맡았다. 문집에 《서석집》이 있다.

274 선왕(先王)께서 다스리신 무술년에 : 원문의 재유(在宥)는 있는 그대로 내버려 두어 다스리는 것으로, 제왕(帝王)의 인정(仁政)이나 덕화(德化)를 표현하는 말로 쓰인다. 엄무(閹茂)는 술(戌)의 해로, 여기서는 무술년(1658, 효종9)을 말한다.

275 의승(疑丞) : 옛날 천자를 보필하던 신하를 가리킨다. 《예기(禮記)》 〈문왕세자(文王世子)〉의 집해(集解)에 "우·하·상·주 시대에는 사·보가 있고, 의·승이 있었다."라고 하였다.

276 어찌……있으랴 : 축대(築臺)와 옹수(擁篲)는 어진 자를 예(禮)로 초빙하는 것을 말한다. 연(燕)나라가 제(齊)나라에게 패한 뒤 소왕(昭王)이 즉위해서 자신을 낮추고 후한 폐백을 갖추어 어진 자를 초빙하고자 하였다. 이에 먼저 그다지 뛰어나지 않은 곽외(郭隗)를 위해 누대를 개축하고 스승으로 섬겼다. 그러자 악의(樂毅)가 위(魏)나라에서 오고, 추연(鄒衍)이 제나라에서 오고, 극신(劇辛)이 조(趙)나라에서 오는 등 선비들이 다투어 왔다. 《史記 卷34 燕召公世家》 옹수 역시 어진 자를 예로 대우함을

예로부터 같은 소리는 반드시 서로 응하니　古來同聲必相應
공이 초택에서부터 대궐에 입조하였네[277]　公從楚澤朝丹陛
조정에서 보필하는 책략 뛰어나고　夾輔朝廷籌策良
대의를 크게 펼치니 해와 별처럼 밝아라　恢張大義日星晳
〈거공〉이 내치에 근본함을 일찍 알아　早識車攻本內修
주나라 선왕이 왕도를 펼치도록 도왔네[278]　佇贊周宣展王猷
해내에서 머리 들어 지극한 정치 상상했는데　海內矯首想至治
아, 갑자기 기나라 사람의 근심을 안게 되었네[279]　嗚呼遽抱杞人憂
정호 어딘가에서 남은 활 바라보며 울고[280]　鼎湖何許泣遺弓

가리킨다. 옛날에 존귀(尊貴)한 이를 맞이할 때 비를 들고 문(門)을 쓸었던 데서 유래한 말이다.

277 공이……입조하였네 : 《효종실록》 9년 9월 12일 기사에 유계를 세자시강원(世子侍講院) 문학에 임명한 기록이 실려 있다.

278 거공(車攻)이……도왔네 : 〈거공〉은 《시경》의 편명으로, 주(周)나라 선왕(宣王)이 내치(內治)를 잘하고 이적(夷狄)을 물리쳐 문왕(文王)·무왕(武王) 때의 국경을 수복(收復)한 것을 읊은 시이다. 여기서는 유계가 임금을 잘 보필하였다는 말이다. 대본에 '王猶'로 되어 있는데 《서석집(瑞石集)》 권2에 근거하여 '王猷'로 바로잡아 번역하였다.

279 기(杞)나라……되었네 : 기나라 사람이 하늘이 무너질까 걱정하여 침식(寢食)을 전폐했다는 《열자(列子)》의 기인우천(杞人憂天)을 말하는데, 여기서는 효종의 죽음을 뜻한다.

280 정호(鼎湖)……울고 : 원문의 정호와 읍유궁(泣遺弓)은 모두 임금의 죽음을 뜻하는 말이다. 황제(黃帝)가 정호에서 선단(仙丹)을 만들어 이루어지자 곧 하늘로 올라갔다는 고사가 있는데, 용이 수염을 드리우고 내려와 황제를 맞이하자 황제가 올라탔는데, 이때 황제를 따랐던 신하들과 후궁들이 70여명이었다. 나머지 사람들은 오르지 못하여 용의 수염을 잡았으나 수염이 뽑혀 떨어지면서 황제의 궁검(弓劍)이 함께 떨어졌는데 남은 백성들은 곧 그 궁검을 끌어안고 우러러보며 울었다는 고사에서 유래한다.

빈 골짜기의 백구를 메어둘 사람 없네[281]　空谷無人縶白駒
조정에서 누가 다시 중망을 받았나　朝端誰復繫衆望
나라 위해 몸 바치는 공만 남았다오　盡瘁王家公獨留
시대 걱정하는 충심 괴로워 머리칼 하얘지고　憂時髮白丹心苦
한 손으로 광란의 물줄기를 막을 수 없어라　隻手莫挽狂瀾注
누가 하늘이 원로를 남겨두지 않을 줄 알았겠나[282]　誰謂顥蒼不憖遺
외로운 봉황 갑자기 저무는 붉은 하늘로 갔네[283]　孤鳳忽逝丹霄暮
동량이 꺾였으니 앞으로 누구를 의탁할까[284]　樑崩棟折將焉托
진췌의 시 지으매 마음은 끊어지네[285]　殄瘁詩成心斷絕

《史記 卷28 封禪書》 여기서는 효종의 죽음을 애통해 한다는 말이다.

281 빈……없네 : 효종이 승하하자 조정의 인재들이 은거했다는 말이다. 《시경》 〈백구(白駒)〉의 “희디 흰 백구가 저 빈 골짜기에 있다.”라는 구절을 인용한 것으로, 즉 현인(賢人)의 은둔을 말한다.

282 하늘이……알았겠나 : 하늘이 국가를 위해 원로를 남겨 두지 않고 빼앗아 가버린 것을 한탄한 말이다. 원문의 불은유(不憖遺)는 《시경》 〈시월지교(十月之交)〉에 “억지로라도 원로 한 분을 남겨 두어, 우리 임금을 지키게 하지 않는구나.”라고 하였다.

283 외로운……갔네 : 단소(丹霄)는 임금이 거처하는 곳을 뜻하는 말로, 조정을 가리킨다. 두보(杜甫)의 〈증촉승여구사형(贈蜀僧閭丘師兄)〉에 “봉황이 숨자 붉은 하늘도 어둑하고, 용이 떠나자 흰 물도 흐릿하다.”라는 구절을 원용한 것이다. 여기서는 효종의 죽음을 가리킨다.

284 동량(棟樑)이……의탁할까 : 선생을 잃게 되어 의지할 곳이 없다는 말이다. 공자가 장차 자신의 죽음을 예견하고서 “태산이 무너지고 대들보가 꺾이고 철인이 쓰러질 것이다.” 하자, 자공(子貢)이 듣고서 “장차 누구를 우러를 것이며, 장차 누구를 본받을 것인가.”라고 하였다. 《禮記 檀弓上》

285 진췌(殄瘁)의……끊어지네 : 《시경》 〈첨앙(瞻卬)〉에 “선한 사람이 죽으니 나라가 병들었네.”라고 하였는데, 훌륭한 인물이 죽어 나라가 큰 타격을 입는 것을 안타깝게 여긴 말에서 온 것이다.

천인의 이치 통달한 학문 북두성 같은 문장[286]이요	天人之學星斗文
왕을 보좌하는 뜻 몸을 돌보지 않는 절개[287]였네	佐王之志匪躬節
마땅히 영령은 우주에 머물며	應知英爽在宇宙
만물과 함께 소멸되지 않으리라	不與物化同消歇
육칠 년 동안의 일을 돌아보니	俯仰六七年間事
성쇠와 존망이 갑자기 이와 같구나	盛衰存亡遽如此
애통하도다 이 의리 마침내 적막해졌으니	哀哉此義竟寥闊
세상에서 지사의 눈물 멈추지 않으리라	不盡人間志士淚

286 북두성 같은 문장 : 유계 시문이 하늘에 늘어선 별들처럼 찬란하게 빛난다는 뜻이다. 송(宋)나라 장뢰(張耒)의 시 〈마애비후(磨崖碑後)〉에 수부랑(水部郞)을 지낸 당나라의 문장가 원결(元結)의 문장을 찬양하여 "수부의 가슴 속엔 별과 같은 문장이 빛나고, 태사의 붓 밑엔 용사 같은 글자가 꿈틀거리네."라고 하였는데, 여기서는 이를 변용한 것이다. 《古文眞寶 前集 卷7 磨崖碑後》

287 몸을……절개 : 원문의 비궁(匪躬)은 《주역》 〈건괘(蹇卦) 육이(六二) 효사(爻辭)〉의 "왕의 신하가 국가의 어려움에 충성을 다하는 것은 자신의 연고(緣故) 때문이 아니다."에서 온 말로, 신하가 국사를 돌봄에 있어서 자신의 안위는 생각하지 않고 오직 국사에만 힘을 다하는 것을 말한다.

시남 선생 만사 이상진[288]

市南先生挽 李尙眞

당신을 위해 차마 만시를 짓겠소	爲君忍題輓
안타까움과 안타깝지 않음만 말하리다	但陳恨不恨
장수 누리지 못한 것 안타깝지 않고	不恨年不長
지위 누리지 못한 것 안타깝지 않으나	不恨位不滿
다만 경세제민의 학술을	只恨經濟術
끝내 마음껏 펼치지 못해 안타깝구려	竟不如意展
문장만 부질없이 종이에 남았으니	文章空在紙
훌륭한 유자를 어찌 다시 볼 수 있으랴	儒雅寧復見
또 안타까운 건 영외의 나그네 되어	又恨嶺外客
아득히 호리의 전별[289] 막히니	遙阻蒿里餞
끝없는 나의 비통한 마음을	悠悠我心悲
상주에게 전하지 못함이라오[290]	不與棘人說

288 이상진(李尙眞) : 1614~1690. 본관은 전의(全義), 자는 천득(天得), 호는 만암(晩庵), 시호는 충정(忠貞)이다. 1645년(인조23) 별시 문과에 병과로 급제하고 벼슬이 우의정에 이르렀다. 1689년 기사환국으로 종성(鍾城) 등지에서 유배 생활을 하다가, 풀려나와 고향인 부여(扶餘)에서 별세하였다.

289 호리(蒿里)의 전별 : 호리는 태산(泰山) 남쪽에 있는 산의 이름인데, 사람이 죽으면 여기에 묻었던 고사에서 유래하여, 후세에 묘지(墓地)를 뜻하는 말로 쓰이게 되었다.

290 영외(嶺外)의……못함이라오 : 이상진이 당시 경상 감사(慶尙監司)로 나가 있었기에 문상가지 못함을 표현한 말이다. 이상진은 1664년까지 경상 감사를 역임하고 1664

또 하나 안타깝지 않은 것은	更有一不恨
온전히 돌아가면서 모든 할 일 마친 것이지만	全歸能事畢
뒤에 죽는 이를 돌아보면	回看後死者
앞으로 온전히 할 이 몇이나 될까	從今幾完缺
예로부터 황로[291] 아래에는	終古黃壚下
시비가 이를 수 없었지	是非到不得
이 언덕 또한 참 좋으니[292]	斯丘亦樂哉
등라에 걸린 달 천추토록 밝으리라	蘿月千秋白

년 6월에 이조 참판(吏曹參判)에 제수되었다. 《承政院日記 顯宗 5年 6月 16日》

291 황로(黃壚) : 황공주로(黃公酒壚)와 같은 말이다. 진(晉)나라 혜강(嵇康)과 완적(阮籍), 왕융(王戎) 등이 황공주로에서 술을 마시며 청담(淸淡)을 나누었는데, 왕융이 일찍이 황공주로를 지나다가 말하기를 "내가 옛날에 혜강과 완적과 함께 이곳에서 술을 마시곤 했었는데, 혜강과 완적이 죽은 지금에는 황공주로가 비록 가까이 있으나 산하(山河)처럼 멀게 여겨진다."라고 했다는 고사가 전한다. 《世說新語 傷逝》

292 이……좋으니 : 원문의 사구(斯丘)는 춘추 시대 위(衛)나라 대부였던 공숙문자(公叔文子)가 거백옥(蘧伯玉)과 함께 산책하다가 "참 좋구나, 이 언덕이여! 내가 죽으면 이곳에 묻히고 싶다."라고 말한 언덕인 하구(瑕丘)를 가리킨다. 《禮記 檀弓上》

시남 선생 만사 이경휘[293]

市南先生挽 李慶徽

비바람 몰아치는 외로운 성에 소장 올린 신하	風雨孤城抗疏臣
지금까지 충의가 가을하늘처럼 늠름하여라	至今忠義凜秋旻
거듭 험한 길 겪으며 온갖 고생 하다가	重經險路艱難備
다시 궁궐에 들어오니 좋은 시대 만났네	再入脩門際會新
힘을 다해 계책 올리매 몸을 아끼지 않았고	力竭訏謨身已瘁
깊은 정성으로 근심하고 사랑하는 말 정성스러웠지	誠深憂愛語猶諄
순응하고 편안한[294] 공이야 유감없겠지만	應知寧順公無憾
다만 사문 걱정에 눈물이 수건에 흥건하다오	秪爲斯文淚滿巾

293 이경휘(李慶徽) : 1617~1669. 본관은 경주(慶州), 자는 군미(君美), 호는 묵호(默好)・춘전(春田), 시호는 익헌(翼憲)이다. 1669년(현종10) 1월 이조 판서(吏曹判書)에 임명되었다.《明谷集 卷22 吏曹判書春田李公神道碑銘》

294 순응하고 편안한 : 원문의 영순(寧順)은 존순몰영(存順沒寧)의 준말로, 살아서는 순리대로 살고 죽어서는 편안함을 뜻한다. 장재(張載)의 〈서명(西銘)〉에 "살아서는 내 하늘에 순응하고 죽어서는 내 편안하다."라고 한 데서 유래하였다.

시남 선생 만사 이경억[295]

市南先生挽 李慶億

한밤중까지 선실 어전에서 모셨고[296]	宣室中宵御席前
이영에서 새로운 은택 금련촉 빛났네[297]	邇英新渥煥金蓮
영해에서 돌아오니 삼천 리 먼 길	歸來嶺海三千里
전후 영고의 세월 사십 년이네	先後榮枯四十年
임금 바로잡는 뜻 간절한데 재주 다 펴지 못하고	志切匡君才未究
부지런히 나라에 몸 바치느라 병 낫기 어려웠노라	身勞許國病難痊
포위된 성에서 피 쏟았던 당시의 일	圍城瀝血當時事
대의 밝고 밝아 역사에 빛나도다	大義昭昭照簡編

295 이경억(李慶億) : 1620~1673. 본관은 경주(慶州), 자는 석이(錫爾), 호는 화곡(華谷), 시호는 문익(文翼)이다. 저서로는 《화곡유고(華谷遺稿)》가 있다.

296 한밤중까지……모셨고 : 임금과 대면하여 총애 받음을 뜻한다. 선실(宣室)은 한(漢)나라 미앙궁(未央宮)의 정전(正殿)으로 보통 천자(天子)의 정실(正室)을 가리킨다. 가의(賈誼)가 좌천되어 장사왕(長沙王)의 태부(太傅)로 있다가 1년 남짓 만에 소명(召命)을 받고 조정으로 돌아오니, 문제(文帝)가 선실에 있다가 그에게 귀신의 본원(本源)에 대해 물었던 곳이기도 하다. 《史記 卷84 賈生列傳》 전석(前席)은 임금이 신하의 이야기를 더 잘 들으려고 앞으로 나와 바짝 다가앉는다는 의미로 임금의 총애를 받음을 뜻한다.

297 이영(邇英)에서……빛났네 : 이영은 송나라 때 금원(禁苑)에 있던 궁전 이름으로, 영재들을 친근히 한다는 뜻에서 이름을 취하였다고 한다. 금련(金蓮)은 금련촉(金蓮燭)으로, 신하에 대한 왕의 특별 예우를 표현할 때 쓰이는 말이다. 당나라 영호도(令狐綯)가 궁궐에서 밤늦게까지 황제와 대화를 나누다가 돌아갈 무렵에 촛불이 거의 다 꺼지자, 황제가 자신의 수레와 금련촉을 주어 보냈는데, 관리들이 이것을 보고는 황제의 행차로 여겼다는 고사가 있다. 《新唐書 卷166 令狐綯列傳》

시남 선생 만사 이시매[298]

市南先生挽 李時楳

경박한 풍속 통개한 이의 지조 바꾸기 어려우니[299] 薄俗難移介與通

한 시대의 명예 처음과 끝 같았네 一時聲譽始如終

황왕제패[300]의 사업 마음에 책략 있었고 皇王帝霸胸中策

예악과 시서는 손수 이루었다네 禮樂詩書手下功

하늘은 장차 이 세상 부지할 듯했으나 天意似將扶此世

조화옹은 어찌 갑자기 우리 공을 빼앗아 갔나 化工何遽奪吾公

현인 죽어 나라가 병들게 된 지금 人亡國瘁還今日

사적인 슬픔뿐 아니니 도가 궁함을 어찌하나 不獨私悲柰道窮

298 이시매(李時楳) : 1603~1667. 본관은 전주(全州), 자는 자화(子和), 호는 육은재(六隱齋)이다. 1629년(인조7) 정시 문과에 병과로 급제하였다. 경기 관찰사, 개성 유수, 한성부 우윤 등을 역임하였다. 시를 잘 지었다.

299 경박한……어려우니 : 소식(蘇軾)의 〈태수서군유통수맹형지개불음주이시희지(太守徐君猷通守孟亨之皆不飮酒以詩戲之)〉에 "맹가는 술을 즐기어 환온이 웃었고, 서막은 광언을 하여 조조가 의심했네.……그들 풍류는 절로 고상한 사람이 알아주었거니, 통개한 이가 어찌 세속을 따라 지조를 바꾸리오."라고 하였다. 즉 맹가, 서막 같은 이들은 술을 즐겨 마시고 풍류가 뛰어나서 절로 알아준 이가 있었다는 뜻인데, 통개는 특히 주호(酒豪)이기도 한 서막의 변치 않은 지조를 가리켜 한 말이다. 《東坡詩集註 卷21》

300 황왕제패(皇王帝霸) : 황(皇)과 왕(王)은 왕도(王道)로 다스리는 것을 말하고, 제(帝)와 패(伯)는 패도(霸道)로 다스리는 것을 말한다. 중국 고대의 정치에 삼대(三代)는 순수한 왕도요, 한(漢)은 패도를 섞었다고 한다. 소옹(邵雍)의 시에 "일월성신이 높이 떠서 밝게 빛나고, 황왕제패가 커다랗게 펴졌네."라고 하였다.

시남 선생 만사 이민서[301]

市南先生挽 李敏敍

임금 보필하여 왕의 정책 빛내	裁成黼黻煥王猷
당시 조정에서 뛰어난 명사 중 으뜸이었네	名勝當朝第一流
적벽에서 돌아오니[302] 재주는 더욱 노성하고	赤壁歸來才益老
동산에서 누워[303] 세상은 길함을 점쳤지	東山臥起世占休
평생 직언 바친 것은 자신 때문이 아니오[304]	平生謇謇非躬故
임종에 정성스럽게 한 말은 모두 나라 걱정이었네	臨絶諄諄摠國憂
진췌의 시 지음에 대신할 사람 없어 안타까운데	殄瘁詩成嗟莫贖
붉은 명정 아득히 옛 숲 언덕으로 향하네	丹旐遙指舊林丘

301 이민서(李敏敍) : 1633~1688. 본관은 전주(全州), 자는 이중(彝仲), 호는 서하(西河)이다. 영의정 이경여(李敬輿)의 아들이며, 도정 이후여(李厚輿)에게 입양되었다. 《西河集 附錄 家狀》

302 적벽(赤壁)에서 돌아오니 : 동파(東坡) 소식(蘇軾)이 황주(黃州)로 유배되어 적벽에서 두 차례 뱃놀이를 하고 전후(前後) 두 편의 〈적벽부(赤壁賦)〉를 지었다. 여기서는 유계가 온성(穩城)에 유배 간 것을 말한 것이다.

303 동산(東山)에 누우니 : 동산은 시골 은거지를 말한다. 진(晉)나라 사안(謝安)이 벼슬을 그만두고 회계(會稽)의 동산에 은거하며 소명(召命)에 응하지 않았던 '고와동산(高臥東山)'의 고사가 전한다. 《晉書 卷79 謝安列傳》 여기서는 유계가 임천에서 은거한 것을 말한다.

304 평생……아니오 : 《주역》 〈건괘(蹇卦) 육이(六二)〉에 "왕실의 신하가 곧은 말을 하는 것은 자신의 몸을 위한 것이 아니다."라고 한 것을 원용한 것이다.

시남 선생 만사 강백년[305]

市南先生挽 姜栢年

경세제민의 재주와 간쟁하는 자질 갖춰	經濟才兼諫諍姿
조정에서 존중하고 사림들이 추앙했네	朝家倚重士林推
의리로 《주역》을 탐구하고	剩將義理探羲易
몇 번이나 문장으로 초사 읊었던가[306]	幾把文章詠楚辭
《금감》을 반포한 은혜 태사가 전하고[307]	金鑑恩頒傳太史
명문가 유훈을 아들들에게 부탁했네	龍門遺訓托諸兒
명정이 급히 호서로 향해 가니	片旌催向湖西路
신선 학은 언제 조정으로 돌아올까	仙鶴何年返玉墀

305 강백년(姜栢年) : 1603~1681. 본관은 진주(晉州), 자는 숙구(叔久), 호는 설봉(雪峯), 시호는 문정(文貞)이다. 《雪峯遺稿 卷30 崇祿大夫判中樞府事……世子師雪峯姜公行狀》

306 몇……읊었던가 : 유계가 병자호란 당시 척화(斥和)를 주장했다는 이유로 임천(林川)에 유배되었고, 인조(仁祖)의 묘호를 정하는 문제로 효종(孝宗)의 노여움을 사서 온성(穩城)에 유배된 일이 있기에 한 말이다.

307 금감(金鑑)을……전하고 : 금감은 임금의 생일날에 신하가 올리는 축하의 글을 말한다. 당(唐)나라 현종(玄宗)의 생일에 재상 장구령(張九齡)이 역대 정치의 득실을 적어 거울로 삼도록 한 《천추금감록(千秋金鑑錄)》을 지어 바친 고사가 있다. 《舊唐書 卷99 張九齡列傳》

시남 선생 만사 윤형성[308]

市南先生挽 尹衡聖

길이 시남 원로를 애통해하니	長慟市南老
어찌 갑자기 이렇게 떠나셨는가	何遽至於斯
태어나는 것은 이미 우연이 아닌데	生也旣非偶
목숨 앗아감은 또 무엇 때문인가	奪之復奚爲
하늘은 참으로 믿을 수 없고	天固不可信
이치 또한 알 수 없다네	理亦不可知
선한 사람 복 받는 이치 끝내 모호하니[309]	福善竟冥漠
조물주는 참으로 어린 아이로다	造物眞小兒
오십의 나이 요절은 아니요	五十壽非夭
이품의 관직 낮은 것은 아니지	二品官非卑
임금의 은혜 세 조정에서 으뜸이었고	恩遇冠三朝
풍채는 한 시대를 진동하였네	風彩振一時
생전이나 사후 모두 영광이 극진하였고[310]	哀榮極死生

308 윤형성(尹衡聖) : 1608~1676. 본관은 남원(南原), 자는 경임(景任), 호는 기기재(棄棄齋)이다. 함평 현감(咸平縣監)을 역임하였다. 유계의 맏아들 유명윤(兪命胤, 1629~1669)이 윤형성의 둘째 딸과 혼인하였다. 《文谷集 卷19 晉州牧使尹公墓誌銘幷序》

309 선한……모호하니 : 선한 사람에게 복을 준다는 말이 허망하다는 한탄이다. 《서경》 〈탕고(湯誥)〉에 "하늘의 도는 선한 자에게 복을 내리고 음탕한 자에게 화를 내린다. 그래서 하나라에 재앙을 내려 그 죄를 드러낸 것이다."라고 하였다.

진퇴는 나라의 안위에 관계했네 進退關安危
인생에 달관하여 공은 이미 깨달았으니 達生公既悟
세상 떠나셔도 내 어찌 슬퍼하리오 乘化吾何悲
비록 그렇지만 온축한 바 있는데 雖然有所蘊
어찌하여 다 시행하지 못한 것인가 如何未盡施
일찍 학문에 힘을 쏟더니 早篤學問力
세상 경영할 자질이라고 모두 칭송했고 咸稱經濟姿
일찍이 타고난 재주 많아서 夙稟多才藝
여사인 글 짓는 재능 풍부하였네 餘事富藻思
읽지 않은 책이 없으며 有書無不讀
추론하지 않은 이치 없었지 有理無不推
언행은 법도에 맞고 言行中尺度
성명은 작은 것까지 궁구하였네 性命窮毫釐
효성과 우애는 본래 천성이요 孝友本天性
충성과 신뢰는 곧 떳떳한 본성이어라 忠信乃秉彝
말을 하면 문장이 되니 發而爲文章
드넓어 끝이 없었네 混乎無涘涯
행동거지는 모두 본받을 만하고 擧足皆可法
말은 모두 스승 삼을 만 하였네 出口皆可師
행실은 이미 여유가 있고 行之既有裕

310 생전이나……극진하였고 : 임금이 신하에 대해서 생전과 사후 모두 영광스럽게 되도록 해 주었다는 말인데, 《논어》 자장(子張)의 "살아서는 사람들이 모두 존경하고 죽어서는 사람들이 모두 애통하게 여긴다."라는 말에서 나온 것이다.

철저하여 마땅하지 않음이 없었네　到底靡不宜
곧은 절개는 역사에 드리우고　直節垂青史
준엄한 말[311] 대궐에 격동하였네　危言激丹墀
강호에 오랫동안 자취 감추고　江湖久蟄迹
풍상 속에 괴로워하며 괴물 막았네[312]　風霜困禦魑
몸은 막혔어도 뜻은 더욱 형통하고　身否志益亨
도는 위대하여 명성 절로 따랐네　道大名自隨
밝은 별 다투어 유쾌히 보고[313]　景星爭快睹
상서로운 봉황 홀연히 와서 춤추자[314]　祥鳳忽來儀
바른 얼굴빛으로 조정에 서서　正色立於朝
몸과 마음 바칠 것을 기약했네　盡瘁以爲期

311 준엄한 말 : 《논어》 〈헌문(憲問)〉에 "나라에 도가 행해질 때는 말과 행동을 모두 준엄하게 해야 하나, 나라에 도가 행해지지 않을 때는 행동은 준엄하게 하되 말은 낮춰서 해야 한다."라고 하였다.

312 풍상……막았네 : 원문의 어리(禦魑)는 순 임금이 사흉(四凶)을 쫓아내 괴물을 막게 했던 데서 유래하여 유배를 의미한다. 《춘추좌씨전》 문공(文公) 18년 기사에 "순이 요 임금의 신하가 된 뒤에 사방의 문에서 현자들을 빈례로 맞이하고, 혼돈, 궁기, 도올, 도찬 등 흉악한 네 사람을 사방의 먼 변방으로 내쳐 사람을 해치는 괴물을 막게 했다"라고 하였다.

313 밝은……보고 : 한유(韓愈)의 〈여소실이습유서(與少室李拾遺書)〉에 "조정의 선비들이 목을 죽 빼고 동쪽으로 바라보기를 마치 상서로운 별이나 봉황이 처음 나타났을 적에 서로 다투어 먼저 보는 것을 유쾌하게 여기듯이 한다."라고 한 데서 온 말로, 상서로운 별은 곧 걸출한 인재를 가리키는 것이다.

314 상서로운……춤추자 : 《서경》 〈익직(益稷)〉에 "생과 용을 번갈아 울리자 새와 짐승들이 춤을 추고, 소소를 아홉 번 연주하자 봉황이 와서 춤을 추었다."라고 하였는데, 이는 태평성대를 의미하는 말이다.

홍문관과 이조에서	玉堂與銓部
경연에서 비변사로	經幄仍籌司
여기저기 두루 역임하면서	居然歷敭遍
만나는 일을 담소하면서 지휘하였지	遇之談笑麾
성균관에서 가르치기를 즐거워하고	國子樂教育
어사로서는 기강을 넓혔으며	御史恢綱維
온화하게 풍속을 진정시키고	雍容鎭雅俗
구휼하여 외로운 과부까지 소생시켰네	振活蘇煢嫠
겸손하고 공손함으로 가득참을 경계하고[315]	謙恭戒盈滿
청렴결백으로 지조를 보이니	淸白見操持
사림의 영수가 되고	爲士林領袖
국가의 시귀가 되었네[316]	爲國家蓍龜
어진 사람의 이로움 너무도 넓어[317]	仁人其利博
헤아릴 수 없으니 어찌 다 말하리오	更僕寧殫辭
거의 시대가 이룰 만했으니	庶幾時月可
어찌 많아지는 정무를 꺼렸으랴	詎憚王事埤
이것이 공의 대략이니	於公此其槩
나의 말이 어찌 사사로운 것이랴	在我言敢私

315 가득참을 경계하고 : 원문의 영만(盈滿)은 극도의 부귀를 누리는 것을 말한다.

316 시귀(蓍龜)가 되었네 : 원문의 시귀는 점을 칠 때 쓰는 시초(蓍草)와 거북으로, 국가에서 그처럼 믿고서 의지할 수 있는 원로를 비유할 때 쓰는 표현이다.

317 어진……넓어 : 《춘추좌씨전(春秋左氏傳)》 소공(昭公) 3년에 "어진 사람의 말은 그 이로움이 넓도다."라고 한 것을 인용한 표현이다.

돌아보건대 나는 보잘것없는 사람이건만 自顧我無似
오랫동안 공은 나를 버리지 않았네 久荷公不遺
파 잎 부는 어릴 때부터 교분 맺고[318] 托契自吹葱
동기간처럼 사랑을 받았구려 見愛同連枝
사돈[319] 맺어 얼마나 다행이었나 何幸結姻好
일찍이 나와 너 구별하지 않았지 不曾論我伊
어려서부터 늙어서까지 小少至老大
정의는 변함이 없었네 情義無參差
은거하기로[320] 노년을 계획하고 菟裘存晩計
만년에 함께 한가히 지내려 했지 暮境同棲遲
세 오솔길에 소나무 국화를 대하며[321] 三逕對松菊
같은 골짜기에 띠 집 나란히 하고는 一壑聯茅茨
서적으로 담담히 근심 해소하고 書史淡消憂

318 파……맺고 : 원문의 취총(吹葱)은 아이들 놀이의 일종으로, 파 잎을 입으로 불어 삐삐 소리를 내는 것을 말한다. 송(宋)나라 유극장(劉克莊)의 시에 "어려서 파 잎 불 적엔 들을 만했었는데, 늙어서 호리병 그리긴 되레 익숙지 못하네."라고 하였다.

319 사돈 : 유계의 맏아들 유명윤(兪命胤, 1629~1669)이 윤형성의 둘째 딸과 혼인하였다. 《文谷集 卷19 晉州牧使尹公墓誌銘幷序》

320 은거하기로 : 원문의 도구(菟裘)는 춘추 시대 노(魯)나라의 지명인데 은거지를 뜻하는 말로 쓰인다. 《춘추좌씨전》 은공(隱公) 11년에 "은공이 '나는 장차 도구 땅에 집을 짓고 그곳에서 늙겠다.'라 하였다."라고 하였다.

321 세……대하며 : 집 주위에 오솔길을 만들고 은자의 삶을 지향한다는 말이다. 한(漢)나라 때 왕망(王莽)이 집권하자, 장후(蔣詡)가 벼슬을 버리고 두릉(杜陵)에 은거하여 집의 대밭 아래에 오솔길 세 개를 내고, 오직 구중(求仲)과 양중(羊仲) 두 사람과 교유한 사실이 전한다. 《蒙求 蔣詡三逕》

지팡이와 가죽신으로 모든 피로 잊는가하면	杖屨都忘疲
흥이 일면 문득 술 가져오게 하고	遇興輒呼酒
술잔 들고 시를 읊조리리라	把杯卽吟詩
고금의 득실을 이야기하고	談古今得失
제왕의 흥망성쇠를 논하게 되면	論帝王興衰
시원하게 강물을 터 놓은 듯	沛然江河決
준마가 달리는 것처럼 후련하리라	快若駿馬馳
인생 백년 이러한 즐거움 없을 것이니	百年無此樂
일생을 서로 함께하기를 기약했는데	一生期相追
벌레와 고니[322]처럼 부침이 다르고	蟲鵠異升沈
삼상[323]처럼 떨어지는 것을 원망하였지	參商怨別離
내가 낮은 벼슬을 하게 되어	逮我忝薄宦
공을 스승이라 믿고	恃公爲師資
어두운 길에서 지시해줌에 힘입어	冥行賴指示
가르침을 마음속에 새겼다오	誨語銘肝脾
군자의 편안함을 이제 막 보려는데	方看君子泰
누가 철인이 세상 떠날 줄 알았겠나	誰知哲人萎
이미 팔다리의 힘 다 썼으니[324]	旣竭股肱力

322 벌레와 고니 : 원문의 충곡(蟲鵠)은 서로 차이가 많음을 나타낸다. 《회남자(淮南子)》 〈도응훈(道應訓)〉에 "나를 선생과 비교하자면, 마치 고니와 벌레와도 같습니다."라고 하였다.

323 삼상(參商) : 서로 멀리 떨어져 있는 것을 뜻하는 말이다. 삼성(參星)은 동쪽 하늘에 있고 상성(商星)은 서쪽 하늘에 있어서, 각각 뜨고 지는 시각이 다른 관계로 영원히 서로 만날 수가 없는 데에서 유래된 것이다. 《春秋左傳 昭公元年》

어찌 고황을 치료할 수 있었으랴 安得膏肓醫
죽음도 돌아보지 않은 뜻 참으로 확고했지만 身殲志固決
도 잃었으니 사람들 누구에게 의지하리 道喪人倚誰
온전히 돌아감[325]에 절로 유감없고 全歸自無憾
굳건한 힘 속이지 않았음을 알겠도다 定力知不欺
외로운 충신 영영 끝났구나 孤忠長已矣
상쾌한 계절에 이제 어디로 가시는가 爽候今何之
선비들 존경하고 본받을 이 잃었고 多士失矜式
임금은 자문할 신하 잃었도다 聖后失詢諮
나라에 본받을 사람 없고 國無所取則
백성은 굶주림 호소할 사람 없어라 民無所籲飢
예는 어디에서 절충하며 禮於何折衷
국사는 어디에서 의혹을 분별할까 事於何稽疑
하늘이 사문을 망하게 해서 애통하고[326] 斯文痛天喪

324 이미……썼으니 : 원문의 고굉(股肱)은 임금을 충실히 보좌하는 신하를 말한다. 《서경》 〈군아(君牙)〉에 "지금 그대에게 당부하노니, 그대는 나를 도와 나의 다리와 팔과 심장과 허리가 되어, 옛날에 하던 일을 이어 그대의 조고를 욕되게 하지 말라."라고 하였다.

325 온전히 돌아감 : 원문의 전귀(全歸)는 생전에 신체에 손상을 끼치지 않고 자신을 욕되게 하지 않고 죽는 것이다. 증자(曾子)의 제자 악정자춘(樂正子春)이 "부모가 온전히 낳아 주셨으니, 자식이 온전하게 돌아가야만 효도라 할 것이다."라고 한 데서 유래하였다. 《禮記 祭義》

326 사문(斯文)을……애통하고 : 원문의 천상(天喪)은 하늘이 유교의 도를 없앤다는 말이다. 공자가 광(匡) 지방에서 위협을 당할 때 "문왕이 이미 돌아가셨으니 문이 나에게 있지 않겠는가. 하늘이 우리 유교의 도를 없애 버리려 하였다면 뒷사람인 내가 유교

날로 세도가 경박해짐을 탄식하네 世道嗟日漓
나는 가장 어리석고 몽매한 사람이라 最是我愚蒙
외로운 선비임을 더욱 느끼나니 更覺身孤畸
쓸쓸하게 세상을 곁눈질하고 牢落眄宇宙
지팡이 더듬으며 갈림길에서 헤매네[327] 擿埴迷路岐
붉은 명정 글자에 통곡하며 慟哭丹旌字
자지의 모습을 그리워하네[328] 想像紫芝眉
쓸쓸한 칠산의 집[329] 蕭條七山宅
경물은 처량하구나 風物生悽其
공이 탁한 기운 싫어하심을 아나니 知公厭氛濁
가고 가서 기미성을 타셨으리[330] 去去應騎箕

의 도를 듣지 못했을 것이다."라고 하였다. 《論語 子罕》

327 지팡이……헤매네 : 《법언(法言)》 〈수신편(修身篇)〉에 "지팡이로 땅을 더듬어 길을 찾아 어둠 속으로 나아갈 따름이다."라 하였고, 그 주에 "식(埴)은 땅을 말한 것인데, 맹인(盲人)이 지팡이로 땅을 더듬어서 길을 찾는 것은 보통 사람이 밤길을 걷는 것과 같다. 밤길은 깜깜하다는 뜻이다."라고 하였다. 그래서 후인이 학문의 길을 모르는 것을 명행(冥行)이라 하였다.

328 자지(紫芝)의 모습을 그리워하네 : 원문의 자지는 당나라 초기의 은사(隱士)인 원덕수(元德秀, 696~754)의 자이다. 미우(眉宇)는 아름다운 모습을 가리키는 말이다. 재상 방관(房琯)이 항상 덕수를 보며 탄식하기를 "자지의 미우를 보면 사람으로 하여금 명리(名利)의 마음이 다 녹아나게 한다."라고 한 고사에서 나온 표현이다. 《新唐書 卷194 卓行列傳 元德秀》

329 칠산(七山)의 집 : 현재 부여군 임천면(林川面) 칠산리를 말한다. 유계는 병자호란이 끝난 뒤에 척화를 주장한 일 때문에 임천으로 유배되었고, 풀려난 뒤에 임천 지남동(指南洞)에 집을 짓고 '시남(市南)'이라 자호(自號)하고는 그곳에서 1년을 살았다.

330 공이……타셨으리 : 원문의 기기(騎箕)는 유계가 세상을 떠났다는 말이다. 《장

아 뛰어난 식견이 없는 나는	嗟吾昧大方
슬퍼하며 부질없이 탄식하네	戚戚空齎咨
근심스레 석양 피리 소리 듣고[331]	愁聞夕陽篴
어찌 서주에서 바둑 둘 수 있으리오[332]	忍着西州棋
거친 말로 내 마음 다 표현하지 못하고	荒詞不盡意
늙은이의 눈물 붓 따라 핑그르르 도네	老淚隨筆滋

자(莊子)》 〈대종사(大宗師)〉에 부열(傅說)이 죽은 후에 "동유성와 기미성을 타고 뭇별과 나란히 있다."라고 하였는데, 사람이 죽어서 별이 된다는 설이 있었다.

331 근심스레……듣고 : 진(晉)나라의 상수(向秀)가 혜강(嵇康), 여안(呂安)과 산양(山陽)이란 곳에서 함께 살며 서로 가까이 지냈는데 두 벗이 죽은 뒤 산양의 옛터를 지나다가 이웃 사람이 부는 처량한 피리 소리를 듣고 옛날 벗들과 함께 놀던 것을 생각하여 죽은 두 벗을 위하여 〈인적부(隣笛賦)〉를 지었다는 고사를 원용하였다. 《晉書 卷49 向秀列傳》

332 서주(西州)에서……있으리오 : 진(晉)나라 양담(羊曇)은 외숙 사안(謝安)이 세상을 떠나자 다시는 사안이 살던 서주로 가지 않았다. 그러다가 술에 취한 사이 말이 제 발로 서주의 문으로 갔다. 양담은 "살아서는 화려한 집에 살더니 죽어서는 언덕으로 돌아갔네."라는 시를 읊고 통곡하였다. 《晉書 卷79 謝安列傳》

시남 선생 만사 박세견[333]

市南先生挽 朴世堅

외로운 성에서 한통의 소장으로 강상 세웠고	孤城一疏樹綱常
유배에서 돌아오니 양쪽 귀밑머리 세었네	瘴海歸來兩鬢霜
진퇴는 나라의 경중에 관계되길 기약하였고	進退方期輕重繫
애영[334]에 생사가 바쁠 줄 뉘 알았으리	哀榮誰料死生忙
구름 잠긴 푸른 바다에 신룡은 떠나고	雲沈碧海神龍逝
해 저무는 붉은 하늘에 고운 봉황은 숨었네[335]	日暮丹霄彩鳳藏
시대 바로잡을 재주 펼치지 못해 애석하나	可惜匡時才未展
훗날 사람들 응당 훌륭한 명성 칭송하리라	後人應誦姓名香

333 박세견(朴世堅) : 1619~1683. 본관은 반남(潘南), 자는 중고(仲固), 호는 단애(湍厓)이다. 박정(朴炡)의 아들로, 박세당(朴世堂)의 중형(仲兄)이다.

334 애영(哀榮) : 임금이 신하에 대해서 생전과 사후 모두 영광스럽게 되도록 해 주었다는 말이다. 《논어》 〈자장(子張)〉에 "살아 계시면 영광스럽게 여기고 돌아가시면 슬퍼한다."라고 하였다.

335 구름……숨었네 : 단소(丹霄)는 임금이 거처하는 곳을 뜻하는 말로, 조정을 가리킨다. 두보(杜甫)의 〈증촉승여구사형(贈蜀僧閭丘師兄)〉에 "봉황이 숨자 붉은 하늘도 어둑하고, 용이 떠나자 흰 물도 흐릿하다."라는 구절을 원용한 것이다.

시남 선생 만사 이익상[336]

市南先生挽 李翊相

용문에서 뫼시던 십 년 전 돌이켜보니[337]	龍門得御十年回
매번 이야기할 때마다 마음 트이게 해주셨지	每語能令意豁開
작은 기예인 문장은 사마천과 반고[338] 같았고	文似馬班還小技
학문은 염락[339]을 탐구하여 겸비하였네	學探濂洛又兼該
당시의 난국을 염려하느라 미간 항상 주름지고	時艱念處眉常皺
처리할 일 상소로 올라오면 칼날 절로 여유로웠네[340]	事務疏來刃自恢

336 이익상(李翊相) : 1625~1691. 본관은 연안(延安), 자는 필경(弼卿), 호는 매간(梅澗)이다.

337 용문(龍門)에서……돌이켜보니 : 이익상이 유계를 만나 뵌 것을 말한다. 후한의 이응(李膺)은 자가 원례(元禮)인데, 선비들이 그로부터 인정을 받으면 명성이 높아지므로 그의 접대를 받는 것을 등용문(登龍門), 즉 용문(龍門)에 오른다 하였다. 《後漢書 卷97 黨錮列傳 李膺》

338 사마천(司馬遷)과 반고(班固) : 전한(前漢)의 문장가로 《사기(史記)》를 지은 사마천과 후한(後漢)의 문장가로 《한서(漢書)》를 지은 반고를 가리킨다.

339 염락(濂洛) : 염계(濂溪)의 주돈이(周敦頤)와 낙양(洛陽)의 정호(程顥)·정이(程頤) 형제를 가리키는데, 이들은 모두 송대(宋代)의 저명한 성리학자이다. 주희는 그들의 학통을 이어 유학을 집대성한 인물로 평가된다.

340 처리할……여유로웠네 : 유계가 일을 처리함에 자유자재(自由自在)로 하는 것을 말한다. 《장자(莊子)》 〈양생주(養生主)〉에 포정(庖丁)이 문혜군(文惠君)을 위해 소를 잡는데, 소 잡는 솜씨가 매우 뛰어나 문혜군을 감탄하게 하였다. 포정이 소 잡는 도(道)를 말하면서 "두께가 없는 칼을 두께가 있는 틈새에 넣으니, 널찍하여 칼날을 움직이는 데에 있어 반드시 여유가 있습니다."라고 한 데서 온 말이다.

멀리서 생각건대 호서로 상여 돌아가는 날 遙想湖中歸櫬日

소거와 면주로 슬퍼할 이 얼마일까[341] 素車綿酒幾人哀

341 소거(素車)와……얼마일까 : 후한(後漢)의 범식은 자가 거경(居卿)으로 장소(張邵)와 절친한 벗이었는데, 장소가 죽어 장례를 치르는 날 상여가 움직이지 않다가 천리 밖 산양(山陽) 땅에 있던 범식이 백마(白馬)와 소거(素車)를 타고 이르러 조상하자 상여가 비로소 움직였다는 고사가 있다. 《後漢書 卷81 范式列傳》 면주(綿酒)는 솜에 적신 술로, 소박한 제수(祭需)를 뜻하는 말이다. 후한(後漢) 서치(徐稚)가 먼 곳으로 문상 갈 때 휴대하기에 간편하게 하기 위해 술을 솜에 적셔 닭 속에 넣어 가지고 갔던 고사에서 유래하였다. 《後漢書 卷53 徐稚列傳》 여기서는 모두 많은 벗들이 유계의 죽음을 슬퍼하며 조문할 것이라는 말이다.

통문 通文

임천서원[342] 영건할 때의 통문

林川書院營建時通文

윤증(尹拯)이 지었다

아래 글은 선정(先正) 시남 유 선생의 사당을 건립하는 일을 위한 것입니다.

옛날에 덕이 있고 학업이 있고 공적이 있어 사람들이 잊어서는 안 될 사람 은 곧바로 그의 고향이나 거처한 집, 그가 벼슬살이한 지방에 제사 지낼 장소를 두어 존숭하고 흠모하여 숭배하며 덕을 알리는 정성을 다하지 않음이 없었습니다. 전(傳)에 이른바 "죽으면 사당에서 제사를 지낸다."[343]라고 하는 것은 진실로 삼대(三代)의 남은 제도이지만 후세에 이르러서도 혹 폐하자는 사람이 없었습니다.

342 임천서원(林川書院) : 시남 유계(兪棨, 1607~1664)를 모신 임천의 칠산서원(七山書院)을 가리킨다. 현재 충청남도 부여군 임천면 칠산리에 있는 서원인데, 1687년(숙종13)에 건립되었고, 1697년에 사액 서원이 되었다.

343 전(傳)에……지낸다 : 한유(韓愈)의 〈송양소윤서(送楊少尹序)〉에 "'향선생이 세상을 뜨면 사에서 제사 지낸다.'라는 옛말이 이 사람의 경우에 해당한다."라는 말이 있는데, 이를 두고 한 말이다. 《別本韓文考異 卷21》 향선생은 향리에 사는 노인으로, 경대부(卿大夫)로 있다가 치사(致仕)한 사람을 말한다. 《儀禮注疏 士冠禮》

삼가 생각건대, 우리 선생이 사림의 맹종(盟宗)으로 한 시대의 태산북두(泰山北斗)가 됨은 학사(學士) 대부(大夫)가 진실로 귀와 눈으로 보고 들은 것입니다. 지금 감히 선생께 직접 가르침을 받은 것 한두 가지를 말해보겠습니다.

선생은 총명함이 특출하였으니 이는 타고난 자질이 뛰어난 것이요, 어질고 진실하였으니 이는 덕행이 아름다웠습니다. 품격과 도량은 제왕을 보좌할 자질이요, 경술과 문장은 순일(醇一)한 학자의 자질을 갖추었습니다. 사물의 체용(體用)을 밝히거나 적용한 그 학문은 안정(安定)[344]에 비견되고, 세상과 만물을 다스리려고 한 그 뜻은 희문(希文)[345]에 비견됩니다. 포위된 성 안에서 간사한 재상을 참수할 것을 청한 바른 의론은 호전(胡銓)[346]의 강직함이요, 경전과 예법에 의거하여 홀로 묘호(廟號)에 대한 논의를 간쟁한 것은 우무(尤袤)[347]의 올곧음과 같으며, 정성을 다해 기근을 진휼하여 그 혜택이 두루 미치게

344 안정(安定) : 송(宋)나라의 성리학자 호원(胡瑗, 993~1059)으로, 자는 실지(實之), 호는 안정이다. 저서로 《주역구의(周易口義)》, 《홍범구의(洪範口義)》가 있다.

345 희문(希文) : 송나라 범중엄(范仲淹, 989~1052)으로, 자는 희문, 시호는 문정(文正)이다. 저서로 《범문정공집(范文正公集)》이 있다.

346 호전(胡銓) : 1102~1180. 송나라 인물로 1138년에 금(金)나라와의 화친을 주장하는 왕륜(王倫), 진회(秦檜), 손근(孫近) 등을 참수하라는 상소를 올렸다가 진회의 노여움을 사서 원지(遠地)에 유배되었고, 진회가 죽은 뒤에 풀려나 복관(復官)되었다. 《宋史 卷374 胡銓列傳》

347 우무(尤袤) : 1127~1194. 송나라 인물로 성품이 강직하여 조정에서 과감하게 진언을 한 것으로 유명하다. 옛날 송 고종(宋高宗) 때 그 신하 홍매(洪邁)가 '조(祖)'로 칭하자는 논의를 비로소 주창하였으나, 우무가 반대하였기 때문에 끝내 '종(宗)'이라고 칭한 일이 있다.

한 것은 자산(子產)[348]의 은혜로움과 같았습니다. 임금을 도(道)에 맞게 인도하여 경연에 전념하도록 한 것은 순부(淳夫)[349]와 강론과 같으며, 어진 이를 받들고 사악한 것을 물리치며 사전(祀典)을 청한 것은 강후(康侯)[350]가 상주(上奏)한 것과 같았습니다. 영릉(寧陵)[351] 말년에 조정의 요직을 받아 존왕양이(尊王攘夷)의 정책을 가까이서 보좌한 것은 제갈(諸葛)[352]이 임무를 받은 것과 같고, 현종(顯宗) 초년에 선을 선양하고 악을 억누르며 온 힘을 다해 나라에 몸을 바친 것은 군실(君實)[353]이 편당을 짓지 않는 것과 같았습니다.

348 자산(子產) : 춘추(春秋) 시대 정(鄭)나라 정치가로, 성은 공손(公孫), 이름은 교(僑), 자산은 자이다. 중국 최초로 성문법을 만들고 농지를 정리하여 전부(田賦)를 설정, 나라의 재정을 재건했다.

349 순부(淳夫) : 송(宋)나라의 시강(侍講) 범조우(范祖禹)로, 순부는 그의 자이다. 그가 경연에서 강독하는 모습에 대해 정이(程頤)는 "온화한 기색으로 시비를 개진하여 임금의 뜻을 잘 인도한다."라고 칭찬하였고, 소식(蘇軾)은 "범순부의 강설(講說)은 경연의 강관(講官) 중에 제일이다. 말이 간략하면서도 합당하며 의리가 명백하니, 강사(講師)의 삼매(三昧)에 들었다."라고 칭찬하였다.《言行龜鑑 卷1 學問門》

350 강후(康侯) : 송나라의 학자 호안국(胡安國, 1074~1138)으로, 자는 강후, 호는 무이선생(武夷先生)이다. 저서에 《춘추전》, 《통감거요보유(通鑑擧要補遺)》 등이 있다. 정이(程頤)가 삭직(削職)되고 부주(涪州)로 귀양 가는 등 액운을 겪었는데, 호안국이 그에게 봉호(封號)를 가하고 사전(祀典)에 실을 것을 특별히 청한 것을 말한다.

351 영릉(寧陵) : 효종(孝宗)의 능호이다.

352 제갈(諸葛) : 삼국 시대 촉한(蜀漢)의 제상인 제갈량(諸葛亮)을 말한다. 자는 공명(孔明), 시호가 충무후(忠武侯)이다. 유비(劉備)를 도와 오(吳)나라의 손권(孫權)과 연합하여 남하하는 조조(曹操)의 대군을 적벽(赤壁)의 싸움에서 대파하고, 형주(荊州)와 익주(益州)를 점령하였다. 221년 한(漢)나라의 멸망을 계기로 유비가 제위에 오르자 승상이 되었다. 중국 역사상 가장 뛰어난 전략가로 알려져 있다.

353 군실(君實) : 송나라 명신 사마광(司馬光, 1019~1086)의 자이다. 신종(神宗)

지극한 효성과 우애로 집안을 다스려 종족들이 화목하게 지낸 것은 근본이 있어서입니다. 널리 사랑하고 포용하여 향당 사람들 가운데 원망하는 사람이 없었던 것은 믿음이 있어서입니다. 남들을 가르칠 때는 반드시 정성을 다하여 게을리 하지 않았으니 인재를 육성하는 진심이 있어서입니다. 책을 저술할 때는 쓸데없는 빈말을 쓰지 않았으니, 세상의 교화에 도움이 되려고 해서입니다. 제자백가(諸子百家)를 꿰뚫고 군서(群書)를 섭렵하고도 널리 보았다고 자부하지 않았고, 여러 가지 일에 두루 능통하여 무슨 일에나 쓰일 수 있었지만 재능이 있다고 생각하지 않았습니다. 북쪽으로 유배를 갔다가 동쪽으로 옮겨 온갖 험난한 일을 맛보아도 이를 서운하게 여기지 않았고, 임금의 은혜를 입어 만년에 높은 벼슬에 올랐어도 이를 영광으로 여기지 않았습니다. 선생의 한 마음으로 하늘, 땅, 사람의 도(道)에 참여하였고, 선생의 한 몸으로 사해(四海)의 근심을 해결하려고 자임하였습니다. 오직 이와 같았기 때문에 물러나 재야에 있을 때는 젊은이들이 선생의 가르침에 복종하고 향당 사람들이 그 교화를 입었으며, 벼슬에 나아가 조정에 서면 임금이 선생의 충성심을 믿어 주었고 백성이 그 혜택을 받았습니다. 살아계실 때에는 선류(善類)들이 믿고 의지함이 있었고 소인(小人)은 두려워하고 겁내는 바 있었으며, 돌아가셨을 때에는 세도(世道)는 용이 사라지는 탄식[354]이 일어나고 학자들은 산이 무너지는 슬픔[355]

때에 청묘조역법(靑苗助役法)의 불편을 말하다가 왕안석(王安石)의 미움을 받아 쫓겨났다가, 철종(哲宗) 때에 정승이 되어서는 신법(新法)의 해로운 것을 모두 없앴다. 일을 공평하게 처리하고 편당 짓지 않았다고 한다. 《宋史 卷336 司馬光傳》

354 용이 사라지는 탄식 : 군자가 세상을 떠나고 소인이 득세하게 된 것을 비유한 말이다. 소식(蘇軾)의 〈제구양문충공문(祭歐陽文忠公文)〉에 "깊은 산과 큰 못에 용이

을 갖게 되었습니다.

이것이 "몸에 쌓아두면 덕행이 되고 밖으로 행하면 사업이 된다."[356]라는 것입니다. 만물에 미치고 후대에 베풀어져 공적이 탁월하니 세상에 이름을 떨친다는 것[357]은 속일 수 없는 것입니다. 무릇 어찌 다만 우리 당의 사사로운 말이 될 뿐이겠습니까.

아, 선생이 세상을 떠난 지 지금 이미 일기(一紀)가 되었습니다. 부계(涪溪 온성 穩城)에 제향 하는 사당은 선생이 유배 때 거처하던 곳[358]이고, 면주(綿州 무안 務安)에서 영령을 봉안하려는 의논이 있으니 벼슬을 지냈던 지방입니다.[359] 오직 우리 가림(嘉林)[360]은 선생이 다니면서

사라지고 범이 떠나가면, 온갖 변괴가 발생하면서 미꾸라지와 뱀장어가 춤을 추고 여우와 살쾡이가 울부짖게 마련이다."라고 한 데에서 나온 말이다.

355 산이 무너지는 슬픔 : 훌륭한 스승이 죽은 것을 의미한다. 옛날 공자(孔子)가 아침 일찍 일어나 뒷짐을 지고 지팡이를 끌고 문 앞에 한가로이 노닐며 노래하기를 "태산이 무너지고 대들보가 꺾이고 철인(哲人)이 죽겠구나."라고 하였는데, 그 후 곧 별세하였다. 여기에서 연유하여 스승의 죽음을 산퇴 양최(山頹梁摧)라고 한다. 《禮記 檀弓上》

356 몸에……된다 : 주돈이(周敦頤)의 《통서(通書)》 〈누편(陋篇)〉에 "성인의 도를 귀로 듣고 마음속에 간직하여 그것을 몸에 쌓아 두면 덕행이 되고, 밖으로 행하면 사업이 된다. 저 문사만을 일삼는 사람은 비루하다."라는 말을 원용한 것이다.

357 세상에……것 : 《맹자》 〈공손추 하(公孫丑下)〉에 "5백 년의 세월이 흐르면 반드시 세상에 이름을 떨치는 자가 나오게 마련이다."라고 하였는데, 이 말은 5백 년마다 왕업을 이룩하는 사람이 나올 때 이 왕업을 보좌할 만한 인물이 함께 나와 세상에 크게 이름을 떨치게 된다는 말이다.

358 유배……곳 : 인조(仁祖)가 죽은 뒤에 그 묘호(廟號)를 정할 때 유계는 '조(祖)'를 반대하고 '종(宗)'으로 할 것을 주장하는 상소를 올렸는데, 결국 선왕을 욕되게 했다는 죄로 1650년(효종1)에 함경도 온성(穩城)으로 유배 갔고 이듬해에 다시 영월(寧越)로 이배(移配)되었다.

소요하던 곳이고 의관을 모신 곳이거늘 아직도 사당이 없다는 것은 감히 뒤쳐졌다는 것이 아닙니다. 대개 선생의 겸양의 덕(德)을 본받고 선생의 고아한 뜻을 알아서 감히 정중(鄭重)하지 않을 수 없었던 것입니다. 금옥(金玉)의 소리는 시일이 오래 되어도 끝내 잊을 수가 없고 연모하여 그리워하는 정성은 오래될수록 끝내 사라지지 않는 것입니다. 이에 칠산(七山)의 남쪽[361] 한 언덕에 사당을 세워 영령을 모실 것을 의논하니, 생각건대 이 사문의 일은 한 고을의 사사로운 것으로 이룰 수 있는 것이 아닙니다. 그러므로 삼가 본말을 갖추어 멀고 가까운 곳에 널리 알립니다. 무릇 우리 뜻을 같이 하는 선비들은 이 일에 상응하고 감흥할 것이니, 오히려 각자 도울 것을 생각하여 지적하여 가르쳐 줌이 있다면 매우 다행이겠습니다.

359 면주(綿州)에서……지방입니다 : 유계가 1646년(인조24) 40세 때에 무안 현감(務安縣監)을 지낸 일을 가리킨다. 《明齋遺稿 卷26 答露峯院儒》 무안의 송림서원(松林書院)에서 시남 유계를 배향하였다. 송림서원은 1630년(인조8)에 세웠고 1682년(숙종8)에 사액하였다. 《新增東國輿地勝覽 卷36 務安縣》

360 가림(嘉林) : 충청도 임천(林川)의 옛 이름이다. 가림(加林) 또는 임주(林州)라고도 불렸다.

361 칠산(七山)의 남쪽 : 유계는 1637년(인조15)에 임천에 유배되었다가 3년 만인 1640년에 유배에서 풀려났다. 그 뒤에도 임천에 그대로 남아 지남동(指南洞)에 집을 짓고 그곳에 머물며 강학에 전념하였다.

소疏

임천 유생이 서원 세우기를 청하는 상소
林川儒生請建書院疏

조지겸(趙持謙)[362]이 지었다.

삼가 아뢰옵니다. 신 등이 그윽이 생각건대 충현(忠賢)의 신하는 국가에서 추숭하여 보답하는 은전이 있고 도덕의 선비는 유림들이 존모하는 정성을 이루니, 곧 당대에 표장하여 후대에서 보고 감발하게 하기 때문입니다. 이 때문에 선정(先正)이 살던 고향에는 사당이 있지 않은 곳이 없으니, 대개 여러 고을에서 선생을 사당에 제사 지내는 뜻은 이 제도로서 바로 삼대(三代) 시대의 남은 제도입니다.

신 등이 삼가 고(故) 이조 참판 신 유계를 보니, 타고난 바탕이 총명하면서도 응중(凝重)하고 마음가짐이 충서(忠恕)하면서도 정직하며 좋은 계책과 박학한 식견으로 왕을 보좌할 능력이 있고 깊은 학문과 훌륭한 문장은 순일(醇一)한 학자의 자질이 있었습니다. 차례로 우리

362 조지겸(趙持謙) : 1639~1685. 본관은 풍양(豐壤), 자는 광보(光甫), 호는 오재(迂齋)이다. 1670년 별시 문과에 을과로 급제하였다. 광주(廣州)의 명고서원(明皐書院), 고성(高城)의 향사(鄕祠)에 제향되었다. 저서로는 《오재집》이 있고, 편서로 《송곡연보(松谷年譜)》가 있다.

인조와 효종・현종 세 왕조를 섬겼는데 모두 석진(席珍)[363]으로 추대하여 조정의 계책을 듣는 데 참여하였습니다. 지극한 정성으로 임금을 사랑하고 몸을 다해 나라를 위했으니 죽을 때까지 뜻을 다했습니다. 불행히 일찍 세상을 떠나 그 시행을 다하지 못하였습니다. 학문 연구의 깊고 얕음을 참으로 신 등의 말학(末學)이 감히 가볍게 논할 바가 아닙니다만, 청컨대 직접 배운 이들과 사대부들이 보고 아는 것을 얻어서 대략 임금 앞에 아뢰오니, 마땅히 추숭하여 보답하는 은전이 미치기를 바랍니다.

유계(兪棨)는 포의(布衣)로 있을 때부터 독서를 하여 뜻을 구하고, 중임(重任)을 맡아 멀리 가려는 뜻[364]으로 스스로를 기약하였습니다. 병자년(丙子年, 1636, 인조14)의 난리 때에 동궁(東宮)의 말단 관원[365]으로서 포위된 성에 들어가 여러 차례 전란에 성을 지키는 계책을 진달하였습니다. 사태가 급박한 지경에 이르자 문정공(文正公) 신 김상헌(金尙憲) 등 여러 사람들과 함께 대의(大義)를 항론(抗論)하여 대사를 그르친 대신들을 참하여 만고의 떳떳한 법을 세울 것을 청하였습니다. 건곤이 진동하는 때를 당하여 충의(忠義)의 기상이 늠름하여 해와 달

363 석진(席珍) : 석상지신(席上之珍)의 준말로, 뛰어난 인물을 가리킨다. 《예기(禮記)》 유행(儒行)에 "선비는 훌륭한 도학(道學)을 갖추고서 임금의 초빙(招聘)을 기다린다."고 한 것에서 비롯되었다.

364 중임(重任)을……뜻 : 《논어》 〈태백(泰伯)〉에서 증자가 말하기를 "선비는 도량이 넓고 뜻이 굳세지 않으면 안 된다. 임무는 무겁고 길은 멀기 때문이다. 인을 자기의 임무로 여기니 무겁지 않겠으며, 죽은 뒤에야 그만두니 멀지 않은가."라고 하였다.

365 동궁(東宮)의 말단 관원 : 유계는 1636년에 천거되어 승정원 주서(承政院注書)에 제수되었다가 시강원 설서(侍講院說書)로 옮겼다. 《市南集 附錄 卷2 神道碑銘》

과 빛을 다투니, 비록 옛날 이른 바 성세(聖世)의 백이(伯夷)라고 해도 지나침이 없습니다.

효종(孝宗) 말년에 대유위지지(大有爲之志 북벌(北伐)하려던 큰 뜻)를 분발하여 지금의 영부사(領府事) 신 송시열(宋時烈)과 고(故) 증(贈) 영의정(領議政) 신 송준길(宋浚吉) 여러 사람들을 초빙하여 함께 존양(尊攘)의 계획을 도모하였습니다. 유계의 현명함을 듣고 죄를 지어 폐인이 되었던 것에서 등용하여 비변사에 발탁하였으니 이에 크고 작은 공사(公事)를 전담하여 관리하도록 명하였습니다.[366] 또한 경연(經筵)에 출입하게 하여 문의(文義)를 강론하였습니다. 임금의 신임의 융숭함이 천고에 뛰어났으니 감격하고 보은하고자 부지런히 보좌한 것은 여러 신하들에게서 다 들을 수 없을 정도입니다.

선조(先朝 인조 仁祖)에서는 성상의 지우가 융숭하여 여러 해 동안 경연(經筵)의 신하로 두어 다른 직책에 옮기지 못하도록 하였습니다.

유계는 한마음으로 임금을 계도하고, 일에 따라 의견을 올렸으니 아는 것은 말하지 않음이 없었고 말은 남김없이 다하였습니다. 위로는 임금의 덕을 보좌하고 아래로는 세도를 부지하느라 아침 일찍부터 저녁 늦게까지 노심초사하고 시국의 어려움을 구제하려고 도모하여 백성을 편안하게 할 방도와 기근을 진휼하는 정사에 이르기까지 또한 마음을 다해 계획하고 경영하지 않음이 없었으니 그가 올린 충성스런 말과

366 효종(孝宗)……명하였습니다 : 《효종실록》 10년 1월 8일 기사에 "유계를 병조 참지로 특별히 임명하였다. 앞서 송시열과 송준길이 유계의 재주와 학식을 들어 힘껏 추천하였기 때문에 이런 제수가 있었다."라고 기록되어 있다. 1659년에 대신들의 의견에 따라 등급을 뛰어넘어 병조 참지에 임명하고 비변사제조(備邊司提調)를 겸하였다.

지극한 논의로 환하게 알 수 있습니다. 이것이 유계의 평생의 실제 업적입니다.

대개 뛰어난 학식과 훌륭한 자질로 일찍이 유학에 뜻을 두었으므로 힘을 쓰는 바가 이미 크게 다른 사람보다 뛰어났으나 중간에 파직된 것이 전후로 20여 년입니다. 한가롭게 지내며 오로지 정밀하게 연구하고 여러 책들을 널리 다 읽었으며 잠심(潛心)하고 이치를 완미(玩味)하여 자신에게 돌이켜 실천했습니다. 비록 귀양살이 중에서도 일찍이 근심과 괴로움 때문에 잠시라도 그만둔 적이 없었으니, 존양(存養) 진수(進修)의 공부는 이때에 성취한 것이 많습니다. 근원이 깊고 함축한 것이 두터우며 체는 밝고 용은 때에 맞으며 의리(義理)를 정밀하게 꿰뚫어보고 사무에 널리 통달한 것은 오직 이와 같았기 때문입니다.

강연에서 강설할 때에는 심오한 뜻을 개진하여 성명(性命)의 근원에 대해 극진히 연구하였으니 선유(先儒)들이 말하지 않은 것을 말한 것이 많고 경세의 계책에 있어서는 옛날과 지금에 합당하니 모두 백성들을 이롭게 하고 윤택하게 하며 치도(治道)에 도움이 될 수 있었습니다. 절문(節文)·의칙(儀則)·길흉(吉凶)·상변(常變)에 있어서는 또한 남김없이 강론하고 연구하여 한 권의 책을 저술하였으니, 예문(禮門)에 공이 있습니다. 평상시에 늘 효우(孝友)의 행실과 충성하고 애국하는 정성이 있었고, 돈독하고 분명한 지조와 크고 후한 도량을 지녔다. 대부들과 함께 나눈 뛰어나고 두루 정통한 의론과 광명정대(光明正大)한 마음은 모두 다른 사람이 미칠 바가 아니었습니다.

근세 이래 학문하는 가운데 공력을 얻고 세상사의 일에 마음을 쓴 것이 유계와 같이 비견할 수 있는 이는 없습니다. 포위된 성에서 한결같은 절개는 천 길 높이가 되는 절벽 위에 서 있는 기상과 같았고 끝내

의열(義烈)을 부익하여 우리 성조의 존주(尊周)의 큰 뜻을 도왔으니 우리나라를 빛나게 함이 어찌 얕고 작다고 하겠습니까. 그 경술(經術)의 순정(醇正)함과 덕행의 아름다움과 지조와 절개의 높음이 저와 같이 우뚝합니다. 관직을 물러나서는 백성의 기대에 관계되었고 관직에 나아가서는 크게 조정의 의표가 되었습니다. 살아서는 사문(斯文)의 근본이 되고 세상을 떠나서는 후세의 모범이 되었으니, 어찌 성조(聖朝)의 충성스런 신하이며 사림들의 종장(宗匠)이 아니겠습니까?

유계는 병자호란 이후에 당시 재상들에게 배척당하여 신들이 사는 고을에 편배되었는데, 이곳에서 집을 짓고 살았습니다.[367] 관직에서 찬축된 때 외에도 매번 이곳에서 거주하며 머물렀습니다. 지금 선생이 세상을 떠난 지 18년이 되었습니다. 후생(後生)들과 소자(小子)들 중에 그의 의리를 보고 그의 덕에 훈도(薰陶)된 자들은 안앙(安仰)의 비통함[368]이 오래될수록 깊어집니다. 일찍이 유계까 지팡이를 짚고 다니던 곳에 사우를 건립하여 추모하고 그리워하는 마음을 붙이고자 하여 지극한 바람을 드러내니, 성조(聖朝)에 유학 학술의 도를 북돋아 세우는 것에 있어서도 어찌 마땅히 먼저 힘쓸 바가 아니겠습니까.

367 유계(兪棨)는 ……살았습니다 : 1636년(인조14)에 설서(說書)로 있던 중 병자호란이 일어나자 척화를 주장하다가 화의가 성립되자 임천에 유배되었다. 1640년(인조18)에 유배에서 풀려났을 때에는 선영이 있는 임천(林川) 지남동(指南洞)에 집을 짓고 살았다. 《市南集 附錄 卷2 神道碑銘》

368 안앙(安仰)의 비통함 : 선생을 잃은 슬픔을 말한다. 공자가 세상을 떠나기 7일 전에 "태산이 무너지고 대들보가 꺾이고 철인이 쓰러질 것이다."라고 노래하였는데, 자공(子貢)이 이 노래를 듣고는 "태산이 무너지면 우리는 장차 누구를 우러를 것이며, 대들보가 꺾이고 철인이 시들면 우리는 장차 누구를 본받을 것인가?"라고 한 데서 온 말이다. 《禮記 檀弓上》

유계는 일찍이 무안(務安)에서 벼슬을 지냈으므로[369] 무안의 선비들이 덕과 의리를 흠모하여 그 지역의 서원에 종향하려고 논의하고 있습니다. 온성에서 귀양살이를 했으므로 온성의 선비들은 교화에 감동하여 또한 이미 그 지역 서원에 함께 배향하였습니다. 남과 북의 거리가 수천 리지만 백성들의 마음과 선비의 의론이 도모하지 않았는데도 같은 것이 이와 같으니, 이 어찌 신들이 기분 좋게 아부하는 사적인 말이겠습니까. 신들이 이 일을 행하고자 조정에 우러러 청한 것이 세월이 오래되었습니다. 그러나 지난 날 권세를 부리고 간사한 행동을 하던 자들이 국정을 담당하여 선류(善類)를 원수처럼 보아 한갓 성을 내는 것이 아니라 반드시 또한 화를 끼칠 것이라서 이 때문에 고개를 움츠리고 입을 닫으며 오직 답답한 마음을 억제하며 침통함을 품을 뿐이었습니다. 다행히 천지가 보호하고 도우셔서 일월이 밝게 빛나 태평한 세상의 운이 돌아오고 왕도(王道)의 치화가 새롭게 시작되었습니다. 모든 일체의 권장하고 상을 주는 전례(典禮)가 차례차례 거행되고 있으며 유도를 존중하는 일에 관해서는 더욱 더 높이고 숭상하여, 잠긴 빛이 그윽한 곳에서 빛나고 훌륭한 선비가 기운이 솟구치니, 이는 참으로 천 년 만에 한번 만난 기회입니다.

신들은 이에 감히 서로 무리를 지어 궐하에 엎드려서 이구동성으로 성상께 우러러 호소합니다. 삼가 빌건대 성명께서는 어진 이를 좋아하는 정성을 더욱 돈독히 하시고 거듭 도를 수호하는 모범을 거듭 생각하시어 신들의 말이 한 터럭의 넘치는 미화가 있지 않음을 굽어 살피셔서

369 유계는……지냈으므로 : 유계는 1646년 4월 12일에 무안 현감(務安縣監)에 제수되어 1648년 8월까지 다스렸다. 《承政院日記 仁祖 24年 4月 12日》

유사(有司)에게 빨리 명을 내려주소서. 유계의 학문 덕업의 실제를 상고하건대 모두 본말이 있으며 민멸할 수 없는 것이 있으니, 특별히 사당을 세워 영원히 제사를 모실 수 있도록 허락해 주신다면 신들이 스승을 높이는 의리를 다하여 해묵은 소원을 이루게 될 뿐만 아니라, 성상께서 덕을 숭상하는 미덕이 어찌 성대하지 않겠으며 어찌 지극하지 않겠습니까. 신들이 너무 직설적이고 격렬하게 말하여 황공한 마음 그지없습니다.

소두(疏頭)는 조시정(趙始鼎)이다.

축문 祝文

임천 칠산서원 춘추 석채 축문 송시열
林川七山書院春秋舍菜祝文 宋時烈

뛰어나고 빼어난 자질과	英詣之資
널리 통달한 학식으로	博通之識
낙수에 남은 책 세우고	洛建遺書
침잠하며 정밀하며 익숙하였지	沈潛精熟
인을 구하는데 오직 힘쓰고	求仁惟力
진실한 도학 돈독하였지	信道之篤
시대를 밝히는 경륜으로	昭代經綸
사림의 자랑이며 본보기였어라	士林矜式
이 봄날 정의 때를 만나서	茲値春隨時丁
공경하며 술잔을 올립니다	敬薦牢酌

서 書

육진 유생이 북평사 이단하[1] 께 올려 부계서원에 병향할 것을 청하는 글 오두남 등

六鎭儒生 上北評使 李端夏 請涪溪書院幷享書 吳斗南等

뒤에 본도 감사(監司)의 계문(啓聞)으로 인해 사액되었다.[2]

삼가 아룁니다. 우리 육진(六鎭)은 아득히 멀고 거친 곳에 있으므로 훌륭하고 어진 스승을 얻지 못하여 선비들의 풍속이 퇴폐하고 게으르며 학문이 정밀하지 못하고 예의를 모르고 무성의하여 한 평생 헛되이 늙어가는 자가 많습니다. 지난 경인년(1650, 효종1) 겨울에 시

1 이단하(李端夏) : 1625~1689. 본관은 덕수(德水), 자는 계주(季周), 다른 호는 송간(松磵)이다. 택당(澤堂) 이식(李植)의 아들이다. 우암의 문인이다. 1662년(현종3) 문과에 급제하였고, 벼슬이 좌의정에 이르렀다. 시호는 문충(文忠)이다. 문집으로 《외재집(畏齋集)》이 전한다. 이단하는 1664년(현종5)부터 1665년까지 북평사(北評事)가 되어 함경도 지방을 순찰하였는데, 이때 지역의 선배들과 협력하여 종성(鍾城)에 서원의 설립을 논의한 일이 있다.

2 본도……사액(賜額)되었다 : 1666년에 종산서원(鍾山書院)이 창건되어 기준(奇遵, 1492~1521), 유희춘(柳希春, 1513~1577), 정엽(鄭曄, 1563~1625), 조석윤(趙錫胤, 1605~1654), 유계(兪棨) 등이 배향되었다. 《韓國文集叢刊解題3 畏齋集》《新增東國輿地勝覽 卷50 咸鏡道 鍾城都護府》

남(市南) 유 선생이 온성(穩城)에 유배를 왔는데, 비록 곤궁하고 괴로운 때라도 끝내 원망하거나 탓하는 빛이 없었고 방안에서 고요히 앉아 몸이 항상 편안하였습니다. 오직 강학(講學)만을 일로 여기고 여러 경서에 근본을 두고 여러 사서로 보충하여 머리 숙여 읽고 우러러 생각하면서 밤낮으로 부지런히 힘쓰고 삼경이 지나 오경 밤 초각에서야 잠자리에 들었습니다. 평상시에 항상 말씀하기를 "나는 새로 들어온 백성이니 북관의 고을 노인은 모두 나의 선배이고, 인신(印信)을 지닌 변방 수령은 모두 나의 상관이다."라고 하면서 윗사람을 받들고 아랫사람을 대할 때에 예의를 다하였으니, 이 일은 유배생활에서 특별히 남다른 것입니다. 북쪽 지역의 풍속이 군역(軍役)을 꺼려 자식을 낳아도 기르지 않는 사람이 많았는데, 선생은 측은하게 여기고 비통해하였습니다. 부모와 자식의 도리와 사랑하고 아껴주는 정을 극진히 알려주어 하여금 느끼고 깨닫게 하였으니 자식을 버리는 풍속이 처벌하지 않아도 교화가 되었습니다. 또 효제(孝悌)와 충신(忠信)으로 윗사람에게 친근히 하고 어른을 섬기는 도리를 들어 차근차근 잘 이끌어주니, 멀고 가까운 곳에서 선생의 풍도를 듣고 흥기하지 않음이 없었고 배움을 청하여 문자를 물으러 오는 자들이 책 보따리를 짊어지고 즐거운 마음으로 찾아왔습니다.

선생이 가르칠 때에는 위기지학(爲己之學)에 힘을 써서 옛글을 기억하여 외거나 문장을 화려하게 짓는 습속을 배척하고 궁리(窮理) 정심(正心)의 학문을 천명(闡明)하였습니다. 때때로 식사를 한 뒤에 일체를 그만두고 속세의 마음을 깨끗이 하며 관동(冠童)들과 함께 맑은 물에서 목욕하고 나무 아래에서 바람을 쐬곤 했습니다. 혹 관혼(冠婚)의 예법을 강론하기도 하고 혹 향음례(鄕飮禮)와 향사례(鄕射禮)를 익히게 하였으며 혹 투호(投壺)와 포산(布算)하는 방법을 익히게 하여 날마다 상례(常例)로 삼았으니, 공부를 막 시작하는 사인(士人)들이 보고서 감동하고 격려가 되었습니다. 거의 말과 소에 사람의 옷을 입혀 놓은 듯한 책망[3]을 면하였는데 겨우 일 년 만에 특별히 성상의 은혜로운 사면을 입게 되었습니다.

저희 유생들은 대부분 모두 용렬하고 어리석어 비록 아직 한 가지 재주의 가르침도 전수받지 못하였지만 선생께 받은 은혜가 참으로 깊어 갚을 바를 알지 못하겠습니다. 지금 낙정(樂靜) 선생[4]의 서원을 종성(鍾城)에 세웠는데, 이 일은 유생들이 진실로 바라던 바를 이룬 것입니다. 그러나 세교(世教)가 점차 쇠퇴하여 백성의 뜻이 무무(貿貿 무식하여 예절과 언행이 어두움)해지는 때에 어진 선비를 숭상하고 기려서 사문(斯文)을 진작하는 일 또한 어찌 합하(閤下)의 책무가 아니겠습니까. 유생 등이 그윽이 생각건대 종성의 부계(涪溪)와 온성의 덕산(德山)은 선생이 유배 생활하던 곳이다. 나란한 지역으로 거리가 매우 가깝고, 낙정과 시남 선생은 모두 한 시대에 큰 현인입니다. 엎드려 바라옵건대 합하께서 우러러 성조(聖朝)의 교화를 일으킨 은전을 본받아 먼 지방의 많은 선비들이 유시남과 조낙정 두 선생을 그리워하는 것을 굽어 살피어 한 서원에 합향하여 대대로 끊이지 않게 해주신다면, 다만 유생들에게

3 말과……책망 : 원문의 마우금거(馬牛襟裾)는 배움이 부족한 사람이라는 뜻의 겸사이다. 한유(韓愈)의 〈부독서성남(符讀書城南)〉 시에 "사람이 고금을 통하지 못하면, 마소에 사람 옷 입혀 놓은 것과 같다."라는 말이 나온다. 《韓昌黎集 卷6》

4 낙정(樂靜) 선생 : 조석윤(1606~1655)의 본관은 배천(白川), 자는 윤지(胤之), 호는 낙정재(樂靜齋), 시호는 문효(文孝)이다. 1653년(효종4) 종성 부사(鍾城府使)를 지냈다. 《晩靜堂集 第17 大提學樂靜趙公諡狀》

다행일 뿐만이 아니라 또한 세도가 밝아질 것입니다. 삼가 어리석음을 무릅쓰고 말씀을 올리오니 엎드려 생각건대 인을 베풀어 채납하소서.

시남집

별집 제1권

詩시

이일경[1]의 시에 차운하다

次李一卿

헤어져 갈 길 천 리나 먼데	離程千里遠
시 이야기로 새벽까지 초랑초랑	詩話五更淸
오래 전부터 정 잊고 떠나려는데	久欲忘情去
술잔 드니 도리어 정이 솟는구나	臨杯却有情

1 이일경(李一卿) : 이정기(李廷夔, 1612~1671)로, 본관은 한산(韓山), 자는 일경, 호는 귀천(歸川)이다. 《滄溪集 卷17 故嘉善大夫吏曹參判李公行狀》

연경으로 가는 정 간의를 전송하다

送鄭諫議赴燕

내게 옛 용천검 있어도	我有古龍泉
감히 술동이 앞에서 풀지 못하지만	不敢解樽前
오직 이 속마음만은	惟應此方寸
통철하여 틈새가 없어라[2]	洞徹無間然

2 내게……없어라 : 용천(龍泉)은 진 무제(晉武帝) 때 오(吳) 땅에 자색 기운이 하늘의 우수牛宿)와 두수(斗宿) 사이로 뻗치는 것을 보고 장화(張華, 232~300)가 얻었다는 보검이다. 《晉書 卷36 張華列傳》 당(唐)나라 이백(李白)의 시 〈도 우림장군을 전송하다〔送羽林陶將軍〕〉에 "만 리 길 창을 비껴들고 호랑이 굴을 찾아 나서는데, 석 잔 술 마시고 용천검 뽑아들어 춤을 추리라.〔萬里橫戈探虎穴, 三杯拔劍舞龍泉.〕"라고 하였다. 《李太白集 卷17》 유계가 도 장군처럼 호방하게 술자리에서 칼을 풀어 춤을 추지는 못하지만 마음만은 통철하다는 말이다.

성 위에서 윤경임[3]과 이별하다

城上 別尹景任

옛 성첩에 오르니 해 지려 하는데 登臨古堞日將斜
멀리 푸른 들판 바라보자 갈 길 아득하구나 極目青蕪去路賖
인간 세상 이별하는 것이 가장 어려우니 人世最難分手地
오늘 또 하늘 끝으로 감을 어이 견디랴 可堪今日更天涯

3 윤경임(尹景任) : 윤형성(尹衡聖, 1608~1676)으로, 본관은 남원(南原), 자는 경임, 호는 기기재(棄棄齋)이다. 유계(兪棨)의 맏아들 유명윤(兪命胤)이 윤형성의 둘째 딸과 혼인하였다. 《文谷集 卷19 晉州牧使尹公墓誌銘幷序》

완산을 지나며

過完山

만마산[4]이 내달리다 멈추어 문이 되었으니	萬馬山馳控作門
하늘이 만든 경치 남녘에서 웅장하다네	天開形勝壯南藩
영웅호걸 그 시대 멀어졌으니[5] 사람은 어디 있는가	英豪世遠人何在
풍토는 나뉘었지만 풍속은 그대로라네	風土區分俗尙存
천 리 나그네 시름 달에 걸리고	千里客愁懸桂魄
봄철 그윽한 꿈 매화 혼에 의탁하네	一春幽夢托梅魂
차가운 정자에서 긴 밤을 누구와 보낼까	寒亭永夜憑誰遣
남다른 풍류이니 동이에 술 가득하구나	別是風流酒滿樽

4 만마산(萬馬山) : 전북 완주군 상관면 일대에 있는 산으로, 임실(任實)에서 전주(全州)로 가는 길목에 있다. 1811년(순조11) 성을 쌓아 만마관(萬馬關)을 세웠다.

5 영웅호걸……멀어졌으니 : 원문의 영호(英豪)는 후백제의 견훤(甄萱)을 가리키는 것으로 보인다. 《미산집(眉山集)》 권8 〈강남간사록(江南幹事錄)〉에 "20리를 가 만마관에서 쉬었다. 관은 두 산이 협소해지는 곳이자 남쪽으로 가는 길의 요충지에 위치해 있다. 옛날부터 견훤(甄萱)이 웅거했다는 곳으로 전해오는데, 옛 성(城)은 훼손되고 무너져서 방어할 수는 없다."라고 하였다.

강파 조박[6] 어른의 시에 차운하다

次江皤趙丈 璞 韻

서울에서부터 소문 들었는데	聞風自京洛
가림에서 가르침 받들었네	承誨在嘉林
대조사[7]에서 나란히 누워 이야기하고	鳥刹聯牀話
장암강[8]을 소매 맞대고 바라보았네	場巖接袂臨
한때의 모임 단란하여	團欒一時會
한평생의 마음 시원하였네	灑落百年心
포부 말하기로는 광인 증점을 뒤따르고[9]	言志追狂點
문장 이루기로는 증삼을 부끄럽게 하네	成章愧曾參
늘그막에 형체를 잊고	形骸抛晩景
흐린 가을에 거닐었네	杖屨趁秋陰
들녘의 노래 남에게서 듣고	野曲從人聽

6 조박(趙璞) : 1577~1650. 본관은 풍양(豐壤), 자는 숙온(叔蘊), 호는 석곡(石谷)이다.

7 대조사(大鳥寺) : 충남 부여군 임천면 성흥산(聖興山)에 있는 삼국 시대 창건된 절이다.

8 장암강(場巖江) : 충남 임천군 치소 북쪽 15리에 흐르던 강이다.《新增東國輿地勝覽 卷17 忠淸道 林川郡》

9 포부……뒤따르고 : 공자(孔子)의 앞에서 여러 제자들이 각기 뜻을 말할 때, 증점(曾點)이 마지막으로 말하기를 "늦은 봄에 봄옷이 이미 이루어지거든 어른 대여섯 명과 아이 예닐곱 명과 함께 기수(沂水)에 목욕하고 무우(舞雩)에 바람 쐬고서 노래하며 돌아오겠습니다."라고 하여 공자를 감탄하게 하였다.《論語 先進》

시골 막걸리 마음껏 마셨지　村醪滿意斟
시편 부쳐 오매 뜻이 맞음을 알겠고　投篇知契合
글자마다 정이 깊음을 보누나　逐字見情深
책상에 펼치고 낮에 늘 마주하고　展案晝常對
등불 켜고 밤에 자주 뒤적이는데　挑燈夜屢尋
맑은 글은 북해를 능가하고[10]　淸辭傾北海
좋은 선물은 남금[11]보다 중하다네　嘉貺重南金
내 〈파인〉의 노래 우습지만　笑我巴人唱
어른의 〈백설음〉에 화답한다오[12]　賡他白雪吟

10 맑은……능가하고 : 후한(後漢)의 공융(孔融)을 능가할 정도로 문장이 뛰어나다는 말이다. 북해(北海)는 북해 상(相)을 지낸 공융으로, 문장에 뛰어나 건안칠자(建安七子)의 한 사람으로 꼽혔다. 《後漢書 卷100 孔融列傳》

11 남금(南金) : 남방에서 생산되는 품질 좋은 금을 말한다. 《시경》 〈반수(泮水)〉에 "남쪽 지방에서 나는 금을 많이 바쳤다.〔大賂南金〕"라고 하였는데, 그 주(注)에 "남금은 형주(荊州)와 양주(揚州)에서 생산되는 금이다."라고 하였다.

12 내……화답한다오 : 〈파인(巴人)〉과 〈백설(白雪)〉은 전국 시대 초(楚)나라의 가곡으로, 〈파인〉은 민간의 저속한 노래이고, 〈백설〉은 격조 높은 노래를 의미한다. 초나라 서울인 영(郢)에서 어떤 나그네가 먼저 〈하리(下里)〉와 〈파인〉을 노래하자 그 소리를 알아듣고 화답하는 자가 수천 명이었는데, 〈양아(陽阿)〉와 〈해로(薤露)〉를 노래하자 화답하는 사람이 수백 명으로 줄었고, 〈양춘(陽春)〉과 〈백설〉을 노래하자 화답하는 자가 수십 명에 불과했다고 한다. 《文選 卷45 對楚王問》 여기에서 〈파인〉은 유계의 시를 가리키고, 〈백설〉은 조박의 시를 가리킨다.

이 진사에게 주다

贈李進士

석 잔 술 다 마시고 취하나니	酒盡三杯醉
천 리 너머 사람 만나기 어려워라	人逢千里難
부질없이 좋은 때 이야기 나누고	空看良辰話
동 트면 바닷가 추위에 길 떠나네	明發海天寒

동지 한탁 만사

挽韓同知 琢

현달한 벼슬은 중추부 두 번째이고	顯秩題樞貳
높은 연세 구순에 가까웠네	高年逼九旬
바람 얽혀 늘그막 나무 서글프더니[13]	風纏悲暮樹
열매 떨어져 신령한 춘나무 손상되었네[14]	子落損靈春
두 상여가 같은 때에 떠나	兩輀同時啓
두 무덤이 한 곳에 새롭게 자리하네	雙阡一處新
평생토록 정의 돈독하였기에	生平敦事契
만사 짓노라니 눈물이 수건에 흥건하네	拜挽涕盈巾

13 바람……서글프더니 : 한탁이 부모에게 효도를 다하지 못한 것을 서글퍼했다는 말이다. 《한시외전(韓詩外傳)》 권9에 "나무는 고요히 있으려 하나 바람이 그치지 않고, 자식은 봉양하려고 하나 부모가 기다려 주지 않는다."라고 하였다.

14 열매……손상되었네 : 한탁의 아들이 한탁보다 먼저 운명했다는 말이다. 원문의 영춘(靈春)은 신령스러운 대춘(大椿)나무로, 장수를 상징한다. 《장자(莊子)》 〈소요유(逍遙遊)〉에 "상고에 대춘이란 나무가 있었는데, 이 나무는 8천 년을 봄으로 삼고 8천 년을 가을로 삼았다."라고 하였다.

작천주인에게 이별하면서 남겨주다

留別鵲川主人

헤어진 뒤에 바람과 안개 예스럽고	別後風煙古
그윽한 거처에 지은 집 새롭구나	幽居卜築新
푸른 산은 자리 위의 손님이고	青山座上客
맑은 물은 눈 안의 사람인 듯[15]	白水眼中人
경치가 원래 넉넉하니	景致元來富
생애도 가난하지 않네그려	生涯也不貧
부평초 신세 만년의 계획 있는데	萍蹤存晚計
이웃되는 걸 허락하겠는가	肯許作同隣

15 맑은……듯 : 맑은 물이 눈앞에 보이는 것을 형용한 말이다. 안중인(眼中人)은 보고 싶어 눈에 선한 사람을 의미한다.

조자현[16] 전소 에게 주다

贈趙子玄 全素

강담에서 초췌한 몸 경모 뜯어다가	江潭憔瘁掇瓊茅
영분에게 묻고 싶지만[17] 놀림 당할까 걱정이네	欲訊靈氛恐見嘲
외로운 날개 중도에 꺾여 스스로 가련한데	孤翮自憐中道折
가지 하나를 누가 상림의 둥지에서 빌려줄까[18]	一枝誰借上林巢
새로 공들인 농기구 모두 거두어들이고	新功鑱耒渾收拾
옛날에 닦은 학업 반이나 내던져버렸네	舊業詩書半擲抛
벗이 시구 자주 보내주니 매우 고마워라	多謝故人頻惠句
이제부터 말 잊고 마음으로 사귀세	忘言從此托心交

16 조자현(趙子玄) : 조전소(趙全素, 1601～?)로, 본관은 풍양(豐壤), 자는 자현, 호는 후포(后浦)이다.

17 강담(江潭)에서……싶지만 : 강담은 유배지를 의미한다. 전국 시대 초(楚)나라 굴원(屈原)의 〈어부사(漁父辭)〉에 "조정에서 쫓겨난 다음에 강담에서 노닐고 못 가를 거닐며 읊조렸다."라고 한 데서 유래하였다. 경모(瓊茅)는 점칠 때 쓰는 신령한 풀이고, 영분(靈氛)은 고대에 점을 잘 쳤던 무당이다. 《초사(楚辭)》 권1 〈이소(離騷)〉에 "경모와 가는 대를 점대로 삼아서, 영분에게 명하여 나를 위해 점을 치게 하노라."라고 하였다.

18 가지……빌려줄까 : 조정에서 유계 자신에게 낮은 관직도 내어주지 않을 것이라는 말이다. 상림(上林)은 한(漢)나라 때 궁궐 정원인 상림원(上林苑)으로, 흔히 궁궐의 정원을 뜻하는 말로 쓰인다. 《장자(莊子)》 〈소요유(逍遙遊)〉에 "넓은 숲 속에서 새가 차지하는 보금자리는 나뭇가지 하나에 불과하다."라고 하였다.

이청지[19]에게 주다

贈李淸之

떠돌이 인생 만나고 헤어짐이 몹시 바쁘지만	萍蓬聚散劇悤悤
더군다나 하늘 끝 나그네 길이라니	況是天涯客路中
술이 묽어 깊은 시름 떨치지 못하고	酒薄愁牢排不破
생각 많지만 붓 짧아 다 써내기 어렵네	心長筆短寫難窮
지초와 난초의 향기 예전에 합했으니	芝蘭臭味從前合
그리워하는 마음[20] 이별해도 같으리라	雲樹情思別後同
모쪼록 헤어질 제 다시 찾으리라 기약하는데	珍重臨分期再訪
지금 서풍이 불어와 두 눈 시리네	秖今雙眼冷西風

19 이청지(李淸之) : 이유청(李惟淸, 1597~1659)으로, 본관은 전주(全州), 자는 청지이다. 유계(兪棨)의 자형이다.

20 그리워하는 마음 : 원문의 운수(雲樹)는 멀리 떨어진 벗을 그리워하는 간절한 마음을 뜻한다. 당(唐)나라 두보(杜甫)의 시 〈봄날 이백을 그리워하다〔春日懷李白〕〉에 "위수 북쪽엔 봄 하늘의 나무요, 강 동쪽엔 저문 날 구름이로다.〔渭北春天樹, 江東日暮雲.〕"라고 한 데서 유래하였다.

북계 어른에게 드리다

呈北溪丈

손 닦고 봉함 뜯어 새로운 시 읊는데	開緘盥漱誦新章
한 줌 가득 주옥같은 빛 눈에 넘치네	盈把珠璣溢眼光
양원에서 〈격초〉 자랑한 게 부끄럽고[21]	梁苑堪羞誇激楚
주막에서 〈서량〉을 노래하니 우습다네[22]	旗亭却笑詠西涼
맑은 강가에 꽃 피어 참으로 좋고	華敷淸水天然好
깊은 숲에 꽃나무 자라 향기 절로 나네	芳植幽林自在香
소자는 허둥대며 갈 길 잃은 지 오래됐기에	小子倀倀久失路
가르침 받아 미욱함을 벗고자 합니다	欲承餘誨破迷方

21 양원(梁苑)에서……부끄럽고 : 양원은 한(漢)나라 양 효왕(梁孝王)이 조성한 매우 크고 호사스러운 동산이다. 양 효왕이 이곳에서 당대의 문사들인 사마상여(司馬相如), 매승(枚乘), 추양(鄒陽) 등과 함께 주연(酒筵)을 베풀고 노닐었다. 《史記 卷58 梁孝王世家》 〈격초(激楚)〉는 고대의 가곡 이름이다. 《한서(漢書)》 권57 〈사마상여전(司馬相如傳)〉에 "언(鄢)과 영(郢) 땅에는 〈격초〉와 〈결풍(結風)〉의 노랫소리가 분분하다."라고 하였다.

22 주막에서……우습다네 : 서량(西涼)은 원래 400년 이고(李暠)가 감숙(甘肅)의 돈황(敦煌)에 세운 나라로, 여기에서 나온 악곡을 서량악(西涼樂)이라고 한다. 이고가 상사일(上巳日)에 유상곡수(流觴曲水)의 연회를 열고 여러 신하들에게 시를 읊조리게 한 다음 자신이 직접 시와 서문을 지어 좌중을 놀라게 했다고 한다. 《晉書 卷87 涼武昭王列傳》

함경과 함께 서헌에서 취하다[23]

與咸卿醉西軒

병든 몸 하늘 끝에서 세월 보내다 보니	抱病天涯閱歲華
시정도 주흥도 모두 사라졌어라	詩情酒興摠銷磨
빈 관사 찾아온 멋진 손님 우연히 만났는데	偶逢佳客來空館
뜰 안의 백일홍은 다 떨어졌구나	落盡庭中百日花

23 함경(咸卿)과……취하다 : 함경은 이일상(李一相, 1612~1666)으로, 본관은 연안(延安), 자는 함경, 호는 청호(青湖), 시호는 문숙(文肅)이다.《芝村集 卷23 伯父青湖府君墓誌》 유계가 무안 현감(務安縣監)으로 재직할 당시에 지은 시로 추정된다.

해남으로 가는 박자수[24] 유준 를 전송하다

送朴子秀 惟儁 之海南

북쪽 갔다가 어인 일로 다시 남쪽 가는가	北遊何事復南遊
푸른 바다가 하늘과 이어진 땅끝이로세	滄海連天地盡頭
어스름에 가을바람 불어 절기 재촉하는데	薄晩金風催節序
한가한 날 어찌 홀로 누대에 오를까나	那堪暇日獨登樓

24 박자수(朴子秀) : 박유준(朴惟儁, 1596~?)으로, 본관은 상주(尙州), 자는 자수이다.

현재에서 북쪽으로 돌아가는 김일우 어른과 이별하다
縣齋 別金一愚丈北歸

담소 나눈 일 취한 듯 꿈속인 듯 어렴풋한데　談笑依俙醉夢間
매화 창가에 새는 새벽부터 지저귀네　梅窓啼鳥曉關關
맑은 아침 술 따르니 침소에 향기 어리고　淸朝命酌香凝寢
포근한 날 주렴 걷자 산에는 비단물결　暖日鉤簾錦爛山
한스러워라 하늘 끝 십 년 동안의 일이여　堪恨天涯十載事
가련해라 인간세상 언제 한가해지려나　可憐人世幾時閑
긴 들판 향기로운 풀들 모두 쓸모없으니　長郊芳草渾無賴
백 리 멀리 돌아가는 왕손을 서글피 바라보네　悵望王孫百里還

웅현[25] 길가에서

熊峴道上

봄날 어둑어둑하여 가벼운 추위 빚어내는데	春陰漠漠釀輕寒
들쭉날쭉한 산에 서풍 불고 햇빛 사그라지네	亂岫西風日色殘
거친 오솔길 불사르자 풀 새로 돋아나고	燒過荒蹊新長草
깊은 골짜기 눈 남아 묵은 난초 묻혀 있네	雪存窮谷故埋蘭
수레 멈추어 구중 곡조[26] 연주하고 싶은데	停車欲奏丘中操
칼 어루만지며 〈행로난〉[27] 노래하네	撫劍仍歌行路難
해마다 벼슬 얽매여 이곳으로 돌아오니	形役年年還此地
장한 마음 쓸쓸하여 즐겁지 않구나	壯懷牢落不成歡

25 웅현(熊峴) : 전라도 전주부(全州府)에서 동쪽 47리 지점에 있는 고개이다. 《新增東國輿地勝覽 卷33 全羅道》

26 구중(丘中) 곡조 : 은거하는 삶을 읊은 곡이다. 진(晉)나라 좌사(左思)의 〈초은(招隱)〉에 "지팡이를 짚고 은사를 부르노니 황량한 길이 고금에 가로놓였어라. 암혈에는 건물이 없고 구중에는 우는 거문고 있어라.〔杖策招隱士, 荒塗橫古今. 巖穴無結構, 丘中有鳴琴.〕"라고 하였다. 《文選 卷22》

27 행로난(行路難) : 본디 한(漢)나라의 민요인데, 후에 많은 문인들이 그 내용을 모방하여 인생행로의 어려움을 노래하였다. 남송(南宋) 포조(鮑照)의 〈의행로난(擬行路難)〉과 당(唐)나라 이백(李白)의 〈행로난〉이 유명하다.

시냇가에서 취해 김중문[28]에게 주다

溪上醉贈金仲文

이조의 학사 고향으로 돌아오니	天曹學士故林歸
누런 벼 들녘에 가득하고 붉은 게 살 올랐네	黃稻漫郊紫蟹肥
취해서 출처 논하고픈 마음 사라졌으니	醉後無心論出處
냇물의 물고기와 새도 기심 잊으리라[29]	一溪魚鳥且忘機

28 김중문(金仲文) : 김익희(金益熙, 1610～1656)로, 본관은 광산(光山), 자는 중문, 호는 창주(滄洲), 시호는 문정(文貞)이다. 《藥泉集 第23 吏曹判書金公請謚行狀》

29 물고기와……잊으리라 : 기심(機心)은 기회를 보아 상대방을 해치려는 마음을 이른다. 《열자(列子)》 〈황제(黃帝)〉에 "바닷가의 한 사람이 매일 해조(海鳥)와 친하게 놀아서 해조가 피하지 아니하였는데, 하루는 그의 아버지가 해조 한 마리를 잡아서 보여주기를 요구하므로 기회를 엿보아 잡으려는 마음을 품자, 해조들이 눈치를 채고는 가까이 오지 않았다."라는 고사가 실려 있다.

이함경이 금성으로 옮겨 부임하였기에[30] 취한 뒤에 써서 주다

李咸卿移任錦城 醉後書贈

술 깨자 종일토록 난간에 올라 있다가　醒來終日上闌干
다시 봄 막걸리 들고 이른 추위와 맞서네　更把春醪敵早寒
고을 수령이야 원래 우리의 일 아니니　墨綬元非吾輩事
하늘 끝에서 글과 술을 기분 좋게 바라본다오　天涯文酒好相看

30 이함경(李咸卿)이……부임하였기에 : 이함경은 이일상(李一相, 1612～1666)으로, 본관은 연안(延安), 자는 함경, 호는 청호(靑湖), 시호는 문숙(文肅)이다. 《芝村集 卷23 伯父靑湖府君墓誌》《승정원일기》 인조 26년 2월 20일 기사에 이일상을 금성 현감(錦城縣監)에 임명한 기록이 있다. 금성은 나주(羅州)의 옛 이름이다.

이자방[31] 시필 이 찾아오다

李子芳 時苾 來訪

십 년 동안 전란으로 헤어져 있다가	十載干戈別
이곳 금계에서 만나게 되었구려	相逢此錦溪
마당의 싹[32]에 오마 매어두고	場苗縶五馬
동이 술 마시며 새벽 닭소리 들어보세	樽酒聽晨鷄
비바람은 옛날에 겪은 일이고	風雨年前事
애환을 취한 뒤에 써 보네	悲歡醉後題
평생토록 모이고 흩어짐 많았으니	平生饒聚散
늘그막에 동서로 갈라지지 마세나	遲暮莫東西

31 이자방(李子芳) : 이시필(李時苾, 1601~1650)로, 본관은 전주(全州), 자는 자방이다. 《明齋遺稿 卷38 戶曹佐郎贈戶曹參判李公墓碣銘》

32 마당의 싹 : 《시경》 〈백구(白駒)〉에 "깨끗한 흰 망아지가 내 마당의 싹을 먹었다 핑계대고, 발과 가슴을 얽어 놓고서, 이 아침을 길게 늘여, 귀한 우리 이 손님을 더 놀다 가게 하리라."라고 하였다.

북쪽으로 돌아가는 사람을 전송하다

送人北歸

나그네 회포 못 견디는데 또다시 찾아온 봄	羈懷叵耐又逢春
천 리에서 온 빈객과 벗은 이십 년 지기들이지	千里賓朋廿載親
마음 터놓고 정신 쏟으니 진정 좋은 벗이고	意豁神傾眞好友
꽃 피고 술 익었으니 좋은 계절일세	花開酒熟是佳辰
오늘 밤 맑은 대화 술동이 앞에서 온화한데	淸談此夜樽前穩
내일 아침이면 흰머리 거울 속에 새롭겠지	華髮明朝鏡裏新
서글퍼라 검은 망아지 북쪽 길 재촉하건만[33]	怊悵驪駒催北路
남쪽에서 돌아가지 못하는 사람 되었구려	天南猶作未歸人

33 검은……재촉하건만 : 원문의 여구(驪駒)는 《대대례기(大戴禮記)》에 보이는 일시(逸詩)의 편명으로, 손님이 떠나려 하면서 이별의 정을 표시하는 노래이다. 손님이 "검정 망아지 문에 있고 마부 모두 대기하오. 검정 망아지 길 위에 있고 마부 멍에 올리었소.〔驪驅在門, 僕夫具存. 驪驅在路, 僕夫整駕.〕"라고 노래를 부르면, 주인은 '손님이여 돌아가지 마오'라는 뜻의 〈객무용귀곡(客無庸歸曲)〉을 불렀다 한다. 《漢書 卷88 王式傳》

임천 집으로 돌아와 고을 사람이 준 시에 차운하다

歸林廬 次鄕中人見贈韻

쓸쓸히 늘그막에 이별한 뒤	零落殘年別
단란하게 모인 오늘의 마음	團欒此日心
궁할 때 야박한 세태 보았고	窮看交態薄
늙어서 깊은 옛정을 느꼈다오	老覺舊情深
생전의 술 다 마시지 않았으니	不盡生前酒
취하고 나서 시를 짓는다네	仍成醉後吟
이제부턴 향사 모임에서	從玆鄕社會
가는 곳마다 자주 흉금 열어 보세	隨處數開襟

여산 군수 권호연[34] 성원 이 찾아오다
礪山使君權浩然 聖源 歷訪

적막하게 쑥과 대 뒤덮인 산속 집에	蕭條蓬篳掩山家
반갑게도 장자가 수레 타고 들러주었네	車馬欣逢長者過
타지에서 세월 자주 바뀌어 놀라운데	異地光陰驚累換
나그네 귀밑머리 누가 더 희끗한가	客鬢霜雪較誰多
그립던 차에 흉금 터놓으니	開襟幸此相思際
손 맞잡고 또 어찌 이별하려나	握手其如更別何
술동이 앞에서 돌아가는 길 재촉하지 마시게	且莫樽前催返駕
한 강물의 안개비에 그대 도롱이 흠뻑 젖는다오	一江煙雨滿征蓑

34 권호연(權浩然) : 권성원(權聖源, 1602~1662)으로, 본관은 안동(安東), 자는 호연이다. 1649년(효종 즉위년) 가을 여산 군수(礪山郡守)에 임명되었다. 《魯西遺稿 卷17 通訓大夫行善山府使權公墓誌銘》

첨지 이심에 대한 만사

挽李僉知 諶

명문가 맏아들로 과거에 급제하니	名家胄子闡科名
청운이 발밑에 평탄할 줄 생각했는데	將謂青雲脚底平
세상길은 예로부터 가시밭 많았고	世路從來多枳棘
인생의 곳곳마다 영고성쇠 있었다네	人生隨處有枯榮
연세는 일흔 살에서 일 년이 부족했고	希齡壽啬期年算
삼명으로 오른 벼슬[35]은 슬프게도 오위였어라	三命官悲五衛旌
천도는 끝내 어둡지 않아서	天道未應終昧昧
섬돌의 난초와 뜰의 옥수 모두 숲을 이루었네[36]	砌蘭庭玉摠林成

35 삼명(三命)으로 오른 벼슬 : 삼명은 상경(上卿)의 지위를 말한다. 공자의 선조 정고보(正考父)의 솥에 "첫 번째 명을 받고서는 고개를 숙이고, 두 번째 명을 받고서는 등을 굽히고, 세 번째 명을 받고서는 몸을 굽히고서 길을 갈 때에 담장을 따라 빨리 걸어가니 또한 나를 감히 업신여기는 사람이 없도다."라는 내용이 새겨져 있었다. 《春秋左氏傳 昭公7年》

36 섬돌의……이루리라 : 이심(李諶)의 자제 중 훌륭한 인물이 많다는 말이다. 진(晉)나라 사안(謝安)이 자질(子姪)들에게 "어찌하여 사람들은 자기 자제가 출중하기를 바라는가?"라고 묻자, 조카 사현(謝玄)이 "비유하자면 마치 지란(芝蘭)과 옥수(玉樹)가 자기 집 뜰에 자라기를 바라는 것과 같습니다."라고 대답하였다. 《晉書 卷79 謝安列傳 謝玄》

정윤승에 대한 만사

挽鄭生 允升

함께 어울린 지 삼십육 년	追遊三十六廻春
세의와 우정 특별히 친했다네	世誼交情特地親
호남과 영남으로 시름겹게 남북 나그네 되었다가	湖嶺愁爲南北客
이승과 저승 갈려 고금의 사람 되었네	幽明人作古今人
난정의 계모임[37] 어제 일처럼 생각나건만	蘭亭修稧思如昨
오사에서 평상 붙인 일 이미 묵은 자취 되었네	梧寺聯牀迹已陳
봉마렵[38]한다는 소식을 홀연 천 리 멀리에서 듣고	千里忽聞封馬鬣
백발로 만사 짓자니 수건에 눈물 흥건하네	白頭題挽淚盈巾

37 난정(蘭亭)의 계모임 : 난정은 중국 회계(會稽) 산음(山陰)에 있는 정자이다. 동진(東晉)의 왕희지(王羲之)가 353년 3월 3일 이곳에서 손작(孫綽), 사안(謝安) 등 당시의 명사 42인과 함께 계제사(稧祭祀)를 행한 뒤에 술을 마시고 시를 지은 것으로 유명하다. 《晉書 卷80 王羲之列傳》

38 봉마렵(封馬鬣) : 시신을 매장하여 봉분(封墳) 모양을 갖춘다는 말이다. 자하(子夏)가 말하기를 "예전에 부자(夫子)께서 말씀하기를 '내가 옛날에 보니 봉분을 쌓는 것을 당(堂)처럼 쌓은 것이 있고, 제방처럼 쌓은 것이 있으며, 하(夏)나라 때의 가옥처럼 쌓은 것이 있고, 도끼처럼 쌓은 것이 있다. 나는 도끼처럼 하는 것을 따르겠다.'라고 하였는데, 바로 세속에서 이른바 마렵봉(馬鬣封)이라고 하는 것이다."라고 하였다. 《禮記 檀弓上》

도화숙[39] 거원 과 함께 남강에 배를 띄우다
與都和叔 擧元 泛舟南江

병든 뒤에도 술을 즐기니　病後仍耽酒
바위틈 꽃이 나를 비웃는 듯　巖花欲笑人
그래도 한나절 취해서　猶成半日醉
한 해의 봄을 저버리지 않아야지　不負一年春
밝은 햇볕은 맑은 경치에 스며들고　麗日熏晴景
바람과 조수 일자 저녁 물고기 꿈틀댄다　風潮起夕鱗
북쪽 기슭에서 만나자 약속했기에　前期北岸在
어둠 속에 긴 나루 건너가네　乘暝渡長津

39 도화숙(都和叔) : 도거원(都擧元, 1605~1677)으로, 본관은 성주(星州), 자는 화숙이다. 초려(草廬) 이유태(李惟泰)와 잠곡(潛谷) 김육(金堉)에게서 수학하였다.

노서의 경사스러운 잔치에서 취해서 짓다[40]

魯西慶筵醉題

젊은 시절 다시 오지 않으니	少壯時難再
발길 붙잡는 비도 좋아라	淹留雨亦佳
시를 나누어 지어 뜻을 보이고	分詩聊見志
술 가득 붓고서 회포 펼쳐 보네	崇酒且開懷
네 가지 아름다움 같이 누리는데[41]	四美居然幷
두 가지 영광까지 우연히 함께하는구나	雙榮偶爾偕
즐거운 자리를 인해 한껏 노니니	乘歡仍縱戲
송우재[42]에게 더욱 부끄럽네	重愧宋尤齋

40 노서(魯西)의……짓다 : 노서는 윤선거(尹宣擧, 1610~1669)로, 본관은 파평(坡平), 자는 길보(吉甫), 호는 미촌(美村)·노서, 시호는 문경(文敬)이다. 《南溪集 卷81 成均生員贈吏曹參議魯西先生尹公行狀》 윤선거의 아들 윤증(尹拯, 1629~1714)의 《명재유고(明齋遺稿)》 권1에 〈정유년 동짓달 14일에 후촌에서 종회를 했는데, 그날 밤 시남 선생이 오셨고 윤보가 모시고 따라왔다. 16일 아우 개를 위한 잔치를 베풀고 운을 불러 시를 짓다〔丁酉至月幾望 宗會于後村 是夕 市南先生來臨 胤甫陪至 旣望設揩弟慶席 呼韻賦詩〕〉라는 작품이 실려 있다.

41 네 가지……누리는데 : 남조(南朝) 사영운(謝靈運)의 〈의위태자업중집시서(擬魏太子鄴中集詩序)〉에 "천하에 좋은 날〔良辰〕, 아름다운 경치〔美景〕, 기쁜 마음〔賞心〕, 즐거운 일〔樂事〕 이 네 가지가 모두 갖춰지기는 어렵다."라고 하였는데, 당(唐)나라 왕발(王勃)의 〈등왕각서(滕王閣序)〉에 "네 가지 아름다움이 갖춰지고 두 가지 어려움이 함께하였다.〔四美具, 二難幷.〕"라고 하였다.

42 송우재(宋尤齋) : 송시열(宋時烈, 1607~1689)로, 본관은 은진(恩津), 자는 영보(英甫), 호는 우암(尤庵)·우재, 시호는 문정(文正)이다.

청천에서 화분의 매화를 읊어 송영보의 부채에 쓰다[43]

清川詠盆梅 題宋英甫扇面

대지에 음기 짙어 봄기운 트이지 않았는데	大地窮陰未放春
한 가지가 눈과 다투며 청진함 드러냈네	一枝爭雪露淸眞
솥에 조리하는 것은 그대의 일이니	調和鼎實宜渠事
헛된 화려함으로 사람을 근심시키지 말게나[44]	莫遣虛華惱殺人

이미 원집(原集)에 실려 있는데, 제목 및 셋째 구절이 이곳과 같지 않으므로 본래의 초고를 상고하여 다시 넣었다.

43 청천(淸川)에서……쓰다 : 청천은 전라남도 무안(務安)의 지명이다. 유계가 무안 현감(務安縣監)으로 있을 때 송시열(宋時烈)이 후사(後嗣)를 얻기 위해 무인현 청천에 사는 유운(柳運)의 딸을 부실(副室)로 맞았다. 《宋子大全隨箚 卷4 卷之三十二書》《시남집(市南集)》 권1에 〈송영보 첩의 집에서 화분의 매화를 읊어 농담 삼아 주다〔宋英甫外婦家 詠盆梅戲贈〕〉라는 제목의 시가 실려 있다.

44 솥에……말게나 : 매실이 음식을 만들 때에 중요한 역할을 하듯이 송시열은 나랏일을 맡을 만한 사람이니 여색에 빠져서는 안 된다는 말이다. 은나라 고종(高宗)이 부열(傅說)을 발탁하여 재상으로 삼으면서 "여러 가지 양념을 넣고 국을 끓일 때면, 그대가 간을 맞출 소금과 매실이 되어 주오."라고 당부하였다. 《書經 說命》

금강 도중에

金江道中

전년에 들렀던 곳	前歲經過地
다시 오는데도 헤매는구나	重來也自迷
냇물은 언덕을 깎으며 흘러가고	川聲刮岸去
안개는 산을 짓누르며 나직하네	霧氣壓山低
나그네 금강 북쪽 가는데	客路金江北
고향 그리는 마음은 석포 서쪽 향하네	鄕心石浦西
먹구름이 비를 뿌리려 하니	玄雲含雨意
도리어 앞 시내 건너기 무서워라	顚倒怯前溪

3월 삼짇날 술을 마주하여 북쪽 나그네에게 주다

三三日 對酒贈北客

삼짇날이 윤달에 들었고	三三當閏歲
열흘 뒤면 청명일세	十日隔淸明
여린 버들 긴 언덕에 휘늘어지고	嫩柳嚲長岸
고운 복사꽃 옛 성에 피었어라	夭桃發古城
저무는 봄 견디지 못하겠는데	不堪春欲暮
어찌 이렇게 비가 막 갰는지	那此雨初晴
부평초 신세 타향에서 만나	萍水他鄕會
큰 술잔에 정을 다하네	深杯且盡情

집의 곽지흠[45] 만사

挽郭執義 之欽

형제가 나란히 삼십 년 동안 뛰어난데	雁序聯名卅載奇
그대가 장자로서 글재주 넉넉한 줄 알았다오	知君長者富文辭
중승[46]으로 덕에 비해 관직 인색했고	中丞比德官從嗇
하수로 별세하니[47] 이치가 의심스럽네	下壽違仁理却疑
봉한 상자에 매번 왕령의 눈물 적시고	封篋每沾王令淚
빈 서함에 길이 고랑의 슬픔을 느낀다오	空函永抱顧郎悲
성 서쪽 옛 객관은 지금 적막하니	城西舊館今寥寂
다시 찾아가 인사하던 때를 어이 견딜꼬	可耐重來拜榻時

45 곽지흠(郭之欽) : 1601~1661. 본관은 청주(淸州), 자는 흠로(欽魯), 호는 지포(芝浦)이다. 《현종실록》 2년 2월 11일 기사에 곽지흠을 사헌부 집의(司憲府執義)에 임명한 기록이 실려 있다.

46 중승(中丞) : 한대(漢代)에 어사대부(御史大夫) 밑에 어사 승(御史丞)과 중승을 두었는데, 조선 시대 사헌부 집의에 해당한다.

47 하수(下壽)로 별세하니 : 곽지흠이 60세에 운명했다는 말이다. 《장자(莊子)》 〈도척(盜跖)〉에 "사람의 수명이 상수(上壽)는 100세, 중수(中壽)는 80세, 하수는 60세이다."라고 하였다.

이보우에 대한 만사
挽李普雨

하늘 끝에서 만나자마자 서로 친해졌으니	天涯邂逅便相親
한 번 보고 그대의 멋 참된 줄 알았다오	一見知君氣味眞
초야에 살자 기약하며 마음 맞았건만	丘壑有期同素契
선량한 이 목숨 짧으니 저 하늘을 어찌할꼬	善良無命奈蒼旻
계당에서 밤에 대화한 일 어제처럼 생각나고	溪堂夜話思如昨
여악에서 가을날 거닌 자취 이미 묵었어라	廬岳秋筇迹已陳
병 많아 괜스레 조문할 계획[48] 저버렸기에	多病坐孤綿酒計
저물녘 산에서 고개 돌리며 홀로 상심하네	暮山回首獨傷神

48 조문할 계획 : 원문의 면주(綿酒)는 솜뭉치에 적신 술로, 변변찮은 제수(祭需)를 지니고 조문하는 것을 뜻한다. 후한의 서치(徐穉)가 먼 곳에 조문하러 갈 때 미리 솜에 술을 적셔서 햇볕에 말린 다음에 묘소 앞에 왔을 때 다시 물에 적셔서 제사를 올림으로써 술기운이 우러나오게 했다는 고사에서 유래하였다. 《後漢書 卷53 徐穉列傳》

서림[49] 이 사또의 시에 차운하다

次西林李使君

강호에서 관리되어 멋진 유람 마음껏 하니	吏隱江湖擅勝遊
조각배 타고 흥에 겨워 긴 강물 거슬러 오르네	扁舟乘興溯長流
향기로운 막걸리 잔에 띄우자 맑아 더위 가시고	香醪泛酌淸除暍
옥주 들고 담론 나누니[50] 가을에 상쾌함 진동하네	玉麈霏談爽動秋
자취 감추니 오랫동안 죄 지은 나그네와 같은데	屛迹久同圜土客
몸뚱이 잊고 잠시 술 취한 사람 되어 보네	忘形暫作醉鄕侯
신선의 배 아득하여 끝내 잡기 어려우니	仙帆縹緲終難繫
석양의 안개 물결 눈에 가득 시름겨워라	落日煙波極目愁

49 서림(西林) : 서천(舒川)의 옛 지명이다.

50 옥주(玉麈)……나누니 : 옥주는 옥 자루에 고라니 꼬리털을 단 먼지떨이이다. 진(晉)나라 왕연(王衍)이 옥 손잡이에 고라니 꼬리털을 매단 불자(拂子)를 항상 손에 들고서 청담을 펼쳤다는 고사가 전한다. 《世說新語 容止》

거산 독우 박태현[51]을 전송하다
送居山督郵朴太玄

마운령 아래 월파정[52]은	摩雲嶺下月波亭
아득한 층층 난간이 큰 바다 짓누르네	縹緲層欄壓巨溟
운몽택은 흉금에 있지만 진정 조그맣고[53]	夢澤胸襟眞芥蔕
봉래산은 지척에 있어 문과 병풍 같네	蓬萊咫尺似門屛
독우가 선위처럼 되지 말란 법 없고[54]	郵官未必非仙尉
외딴 지역이 복 있는 곳임을 누가 알겠는가[55]	絶域誰知是福庭

51 박태현(朴太玄) : 대본에는 "朴大玄"으로 되어 있는데, 《승정원일기》 현종 2년 4월 4일 기사의 박수현(朴守玄, 1605~1674)을 거산도 찰방(居山道察訪)에 임명한 기록에 의거하여 "大"를 "太"로 바로잡아 번역하였다. 박수현의 본관은 밀양(密陽), 자는 태현, 호는 초정(草亭)이다. 거산은 조선 시대 함경도 북청(北靑)에 속한 역도(驛道)이다.

52 마운령(摩雲嶺) 아래 월파정(月波亭) : 마운령은 함경남도 이원군 동면과 단천군 부귀면 사이에 있는 고개이다. 월파정은 이명환(李明煥, 1718~1764)의 《해악집(海嶽集)》 권3 〈관산지행(關山之行)〉에 "단천(端川)에서 50리 떨어진 마운령 아래에 있다."라고 하였다.

53 운몽택(雲夢澤)은……조그맣고 : 박수현의 흉금이 매우 드넓다는 말이다. 운몽택은 옛날 초(楚)나라에 있었다고 진하는 일곱 군데의 거대한 소택(沼澤) 중의 하나이다. 한나라 사마상여(司馬相如)의 〈자허부(子虛賦)〉에 "운몽과 같은 것 여덟아홉 개를 한꺼번에 집어삼켜도 그 흉중이 일찍이 막힘이 없었다."라고 하였다. 《漢書 卷57 司馬相如傳》

54 독우(督郵)가……없고 : 박수현이 신선이 될 수 있다는 말이다. 선위(仙尉)는 한(漢)나라 때 남창 현위(南昌縣尉)를 지낸 매복(梅福)으로, 왕망(王莽)이 정권을 잡자 벼슬을 버리고 산에 들어가 신선이 되었다고 전해진다. 《漢書 卷67 梅福傳》

55 외딴……알겠는가 : 박수현이 부임하는 거산도가 복 있는 곳이라는 말이다. 복정

눈앞에서 변화하는 곤붕을 보리니[56] 眼底鵾鵬看變化
바람을 타고 푸른 하늘 오르기 쉬우리라 摶風容易上青冥

(福庭)은 행복이 가득한 곳이라는 의미로, 신선이나 부처가 있는 곳을 가리킨다. 진(晉)나라 손작(孫綽)의 〈유천태산부(遊天台山賦)〉에 "도사〔羽人〕를 단구(丹丘)에서 방문하여, 불사(不死)의 복정을 찾노라."라고 하였다. 《文選 卷11》

56 눈앞에서……보리니 : 《장자(莊子)》 〈소요유(逍遙遊)〉에 "북명(北溟)에 길이가 몇 천 리나 되는지 알 수 없는 큰 물고기가 있는데 그 이름이 곤(鯤)이며, 이 곤이 화(化)하여 새가 되는데 그 이름이 붕(鵬)이다. 이 새가 남명(南溟)으로 옮기려면 물 위를 삼천리를 치고 달리다가 날아올라 6개월 동안 9만 리를 날아가 쉰다."라고 하였다.

이른 봄에

早春

이월의 강가 성 경치 아름다우니	二月江城景象佳
따스한 바람과 이슬비에 새 이끼 돋아나네	暖風和雨釀新苔
봄 감흥 도잠의 버들에 더욱 이끌리고[57]	春心偏着陶門柳
꽃 소식 유령의 매화에 먼저 돌아왔구나[58]	花信先回庾嶺梅
촉촉한 녹음 붉은 꽃이 마음껏 뽐내고	綠潤紅敷看得意
윙윙거리는 벌과 지저귀는 새들 시기함이 없어라	蜂喧鳥語聽無猜
밝은 창가에서 종일토록 시상을 찾다가	明窓盡日尋詩思
꽃다운 숲에 들어가 재단하지 못하네	散入芳林漫不裁

57 봄……이끌리고 : 봄날 버드나무를 보고 감흥이 더욱 일어난다는 말이다. 진(晉)나라 도잠(陶潛)이 자기 집 문 앞에 버드나무 다섯 그루를 심고 오류선생(五柳先生)이라 자호(自號)한 데서 온 말이다. 《陶靖節集 卷6 五柳先生傳》

58 꽃……돌아왔구나 : 유령(庾嶺)은 중국 오령(五嶺)의 하나인 대유령(大庾嶺)으로, 강서성(江西省)에 있다. 당나라 때 장구령(張九齡)이 일찍이 여기에 새 길을 내고 매화나무를 많이 심고 매령(梅嶺)이라 명명한 이후로 이곳이 매화의 명소가 되었다고 한다. 《山堂肆考 卷17 地理》

감회

感懷

달 밝고 바람 시원해 밤기운 맑더니 月白風涼夜色淸
기러기 우는 하늘 끝에 조각구름 가벼워라 雁嘶天際片雲輕
꽃다운 옛날 고운 얼굴의 나그네였는데 繁華昔日紅顔客
난리 겪은 오늘 밤 흰머리 돋았구나 亂離今宵白髮生
세밑 서쪽 고을에서 넋은 다시 끊어지고 歲暮西州魂更斷
도적 남방에 머무르니 마음 도리어 놀라네 賊留南極意還驚
이 세상 온갖 일들 한바탕 꿈이니 人間萬事一場夢
다만 봄날 논에서 몸소 농사짓고 싶어라 但願春田躬自耕

2

천 척 높은 누대 서쪽 하늘에 기댔는데 高樓千尺倚天西
오늘 올라 초 땅과 제 땅을 바라보네 此日登臨望楚齊
만 리 고향 그립지만 구름 너머 멀고 萬里鄕心雲外遠
한 줄 늘어선 기러기 눈에서 희미해지네 一行旅雁眼中迷
바람 누대에 일고 안개 산봉우리에서 피어나며 風生臺榭煙生岫
물 연못에 넘실대고 달은 둑을 가득 비추네 水滿池塘月滿堤
경물도 강산도 진정 즐길 만하니 景物江山眞可賞
오늘 밤 곤드레만드레 취해도 무방하리 不妨今夜醉如泥

3

멋진 누각에서 술 마시며 담소하다가	金樽談笑畫樓中
취하자 쇠한 얼굴 술기운 빌려 붉어졌네	醉裏衰顔借酒紅
마음에 작은 정성 품었으나 도적들 근심스럽고	心抱寸誠愁有賊
긴 칼 손에 있지만 공적 없어 한스럽네	手持長劍恨無功
서울에는 번화한 젊은이들 있지만	繁華京洛青春子
시골에는 볼품없는 백발 늙은이로다	瑣尾鄕關白髮翁
듣자니 남쪽 고을 소식 나쁘던데	聞道南州消息惡
모르겠다 어디로 또 떠돌게 되려나	不知何處更飄蓬

족숙 수증[59]에 대한 만사

挽族叔 守曾

덕을 쌓아 걸출한 인재 낳으니	積德生髦彦
젊은 시절부터 명성이 자자하였네	聲華自妙年
용문에 오르자마자 빠르게 벼슬길 올랐는데	龍門纔刷躍
붕새의 앞길에 갑자기 차질이 생겼네[60]	鵬路忽迍邅
요절과 장수는 원래 운명에 달렸고	夭壽元關命
곤궁과 형통이야 저 하늘을 어이할꼬	窮通奈爾天
반평생 동안 부침 겪다가	升沈半世裏
육순 앞두고 운명하셨네	存沒六旬前
남긴 은택은 동향에 있고[61]	遺澤桐鄉在

59 유수증(兪守曾) : 1578~1636. 본관은 기계(杞溪), 자는 자약(子約)이다. 1636년(인조14) 11월 8일 운명하였다.

60 용문(龍門)에……생겼네 : 유수증은 1606년(선조39) 문과에 급제하였다. 평안도 병마절도사(平安道兵馬節度使)의 막료가 되었다가 1608년 광해군(光海君)이 즉위한 뒤에 장인 유영경(柳永慶, 1550~1608)이 화를 입게 되면서 연좌되어 12년 동안 폐고(廢錮)되었다.

61 남긴……있고 : 동향(桐鄉)은 수령의 은혜로운 정사를 잊지 못하는 고을을 이른다. 한나라 주읍(朱邑)이 젊은 시절 그 고을 색부(嗇夫)로 있으면서 덕정(德政)을 남겼다. 그 후 대사농(大司農)이 되었다가 병으로 죽을 무렵 자기 아들을 불러 자기가 죽거든 자기를 동향에다 묻어 달라고 부탁하였다. 그 아들이 그 말대로 동향에다 장례를 치렀는데, 과연 그곳 백성들이 모두 나서서 무덤을 일으키고 사당을 세워 제사를 지냈다고 한다. 《漢書 卷89 循吏傳 朱邑》 유수증은 안악 군수(安岳郡守), 남양 부사(南陽府使)를 역임하였다.

남은 풍모 사헌부에 전해지네[62]　餘風柏府傳
집안 명성은 좋은 사연 이어졌고　家聲綿穀似
애달픈 부의에 임금의 연민 매여 있어라　哀賥結宸憐
애통해라 같은 조정에서 함께했기에　痛惜同朝共
쓰라린 마음 유독 제게 심합니다　悽酸獨我偏
우리 종중 이제 쇠퇴했는데　吾宗今替矣
부자는 또 어이하여 떠나시는가　夫子又胡然
궁궐 숙직은 어찌하여 오래하는지[63]　禁直嗟何久
상여 떠나는데 줄 잡지 못해 슬퍼라　征輀悵未牽
무한히도 애통한 마음　難將無限慟
일일이 만사 쓰기 어렵나이다　一一寫哀篇

62 남은……전해지네 : 원문의 백부(柏府)는 사헌부(司憲府)의 별칭이다. 유수증은 사헌부의 지평(持平), 전적(典籍), 장령(掌令)을 역임하였다.《承政院日記 仁祖 4年 10月 26日·11월 23日, 7年 6月 4日, 8年 5月 29日, 14年 9月 27日》

63 궁궐……오래하는지 : 유수증이 운명할 당시 유계는 세자시강원 설서(世子侍講院 說書)로 재직하고 있었다.《承政院日記 仁祖 14年 9月 30日》

북쪽 변방으로 가다가 양주 길가에서 아우 유동연과 헤어지다

赴北塞 楊州道上 別柳弟 東衍

노년에 이별하려니 마음 쓰라려	殘年此別意悽悽
술 석 잔 들이켜는데 해 지려 하네	酒盡三杯日向西
전성[64] 가는 길 얼마나 되는지 묻지 마소	休問氈城路幾許
북방 구름과 관산의 눈 꿈에서도 온통 아득하다오	朔雲關雪夢都迷

64 전성(氈城) : 함경북도 온성(穩城)의 옛 지명이다. 유계는 인조(仁祖)의 묘호(廟號)를 정할 때 인(仁) 자를 다시 쓰는 것에 반대하다가 1650년(효종1) 4월 선왕(先王)을 욕되게 하였다는 죄로 온성(穩城)에 정배되었다. 유배지로 가던 도중에 영의정 이경여(李敬輿) 등 대신이 신구(伸救)하여 풀려나 돌아왔다가 다시 효종의 노여움을 사서 그해 10월 온성으로 유배되었다. 여기서는 10월에 유배 가는 길을 가리킨다.

시남집

별집 제2권

소疏

산릉을 간심하라는 명을 환수할 것을 청하는 상소[1]

請還收山陵看審之命疏

삼가 아룁니다. 노둔하고 미천한 신은 잘하는 것이 전혀 없지만 외람되이 선대왕(先大王)의 하늘과 땅 같은 망극한 은혜를 입고서도 티끌이나 이슬만큼 작은 보답도 하지 못했습니다. 갑자기 아비를 여읜 듯한 애통함을 만났으니 부여잡고 울부짖어도 미칠 수 없어 오장이 찢어질 듯하여 미천한 신의 정성으로 그저 휘장과 덮개로 뼈를 묻어 몸을 바치는 의리를 조금 펼칠 것을 생각하지만[2] 그 방도마저도 말미암을 수 없었습니다.

근래에 들으니 인산(因山)할 산릉(山陵)을 정하면서 여러 사람들의 의론이 분분하다기에, 신이 밤낮으로 매우 걱정스러워 자고 쉬는 것도 거의 잊었습니다. 이때를 당해 진실로 바칠 만한 좁은 소견이 있다면 어찌 감히 입을 다물고 충효(忠孝)에 있어서 죄인이기를 스스로 달가워하겠습니까. 돌이켜 보니 신은 풍수(風水)의 술법에 대해 본디 향방(向方)에 어두워 한 권의 방서(方書)를 궁구해 보거나 한 곳의 장지(葬地)를 정해본 적이 없습니다. 이것은 친척이나 친구들이 함께 알고

1 산릉(山陵)을……상소 : 1659년(현종 즉위년) 8월 효종(孝宗)의 장지(葬地)를 살피라는 명을 받은 뒤에 올린 상소이다. 《市南年譜 己亥》

2 휘장과……생각하지만 : 효종이 미천한 자신에게 베풀어준 은혜를 갚을 것을 생각한다는 말이다. 공자가 기르던 개가 죽자 자공(子貢)을 시켜 묻게 하고서 말하기를 "해진 휘장을 버리지 않는 것은 죽은 말을 싸서 묻기 위함이요, 해진 수레 덮개를 버리지 않는 것은 죽은 개를 싸서 묻기 위함이다."라고 하였다. 《禮記 檀弓下》

있는 바로서, 신이 감히 꾸며서 하는 말이 아닙니다. 가깝게 반열의 동료들 사이에서 산릉의 옳고 그름에 대해 논의가 미치는 것을 볼 때마다 신은 번번이 공적으로 말하여 물리쳤으니, 국가의 매우 중대한 일을 길에서 듣고 경솔히 말하거나 많은 사람의 의견을 따라 휩쓸려서는 안 됩니다.

수원(水原)의 경우에는 만대 뒤의 오환(五患)을 깊이 우려해 왔는데,[3] 이것 외에는 감히 그 사이에 조금도 망녕된 의론이 있지 않았습니다. 그런데 이번에 일을 담당한 신하가 잘못 듣고서 잘못 이끌어댈 줄은 생각지도 못했습니다. 심지어 간심(看審)하는 행렬에 따라 참여하게 하시니, 신은 명을 듣고 놀라 어찌해야 할지 모르겠습니다. 대행대왕(大行大王)의 의관(衣冠)을 간직하는 일이 얼마나 큰 거조(擧措)인데 방술(方術)을 전혀 모르는 자로 하여금 구차하게 인원을 채우려고 하시니 어찌 한심하지 않겠습니까. 신이 비록 명을 받들고 달려나가 마음과 힘을 다하고 싶지만 또한 어찌 감히 스스로를 속이고 하늘을 속여가면서 죽을죄를 무겁게 하겠습니까.

신의 이 말은 일을 회피하는 데 관계되니 진실로 신하로서 감히 입에

3 수원(水原)의……왔는데 : 1659년 5월 효종(孝宗)이 승하하여 장지(葬地)를 정할 때 윤선도(尹善道)의 주장에 따라 수원으로 정하여 공사를 진행하고 있었는데, 송시열(宋時烈)은 수원이 7천 명의 병마(兵馬)가 있는 곳이며 송(宋)나라 정이(程頤)가 말한 오환(五患)의 염려가 있는 곳이라고 주장하였다. 《顯宗改修實錄 卽位年 6月 30日》 장지는 건원릉(健元陵) 경내로 정해졌다가 1673년(현종13) 여주(驪州) 영릉(英陵) 동쪽으로 천장(遷葬)하였다. 오환은 묘지를 쓸 때 피하는 다섯 가지 경우로, 《근사록(近思錄)》 권9 〈치법(治法)〉에 "오직 다섯 가지 근심을 신중히 하지 않을 수 없다. 모름지기 훗날에 도로가 되지 않고, 성곽이 되지 않고, 연못이 되지 않고, 귀한 권세가에게 빼앗기지 않고, 밭가는 보습이 닿지 않아야 한다."라고 하였다.

담을 수 없는 바이나, 어리석음을 무릅쓰고 수행하여 알지 못하는 것을 아는 척하는 것도 신하가 임금을 섬길 적에 숨김이 없어야 하는 도리가 아닙니다. 이에 감히 만 번 죽음을 무릅쓰고 상소를 올려 명을 기다리겠습니다. 삼가 바라건대 천지와 부모 같은 전하께서 신의 실정을 살펴 미천한 신을 물리치고 간심하는 일의 체통을 무겁게 여기십시오. 신은 지극히 황공하고 두려운 마음을 견딜 수 없습니다.

산릉을 거듭 살피는 행차에 가지 못해 대죄하는 상소
未赴山陵再審之行待罪疏

삼가 아뢰니다. 보잘것없는 소신은 본디 방술(方術)에 어두운데 뜻밖에 잘못 알려지고 잘못 보고되어 외람되이 산릉(山陵)을 간심(看審)하라는 명을 받았습니다. 신이 진실로 두렵고 놀라워 사실에 근거하여 실정을 아뢰었지만 물리치심을 받지 못했습니다. 신은 회피하는 것이 혐의가 되고 분주하여 힘을 다하는 것이 공손함이 되는 줄만 알다가 도리어 아래로는 그 마음을 속이고 위로는 군부(君父)를 속이는 데에 스스로 빠지고 말았으니, 신의 죄는 만 번 죽어 마땅합니다.

신은 평소 미천한 병을 앓고 있었는데 몇 해 전 얼굴에 종기가 생겨 거의 죽을 뻔하다가 살아났습니다. 불행히도 지금 이전의 증상이 다시 도져 얼굴에 넓게 퍼지고 오한과 발열이 번갈아 일어나며 목구멍이 찌르는 듯 아파 음식을 삼키지 못합니다. 어제 부축을 받아 궁궐에 들어가 거듭 살피는 제신(諸臣)의 행차에 따라가려 했습니다만 동행하는 제신들이 신의 병세가 확연히 드러나 낭패스러움이 분명함을 보고 위로 전하께 아뢰어 뒤에 남게 하였으니, 신은 더욱 두려워 몸을 움직일 길이 없습니다.

신의 천한 질병이 몹시 위태로운 모습을 비록 많은 사람들이 함께 보았을지라도 신하의 분수와 의리에 있어서 실로 명을 무시하고 자신을 편하게 하려는 죄를 면하기 어려우니, 신의 집에서 석고대죄(席藁待罪)하면서 죽음을 무릅쓰고 스스로 아룁니다. 삼가 바라건대 천지와 같고 부모와 같은 전하께서 신의 전후 죄상을 살펴 임금을 기만하는 신하들의 경계로 삼으신다면 매우 다행이겠습니다. 신은 지극히 황공하고 절박한 마음을 금할 수 없습니다.

판중추부사 송시열을 만류할 것을 청하는 차자[4]

請勉留判中樞宋時烈箚

삼가 아룁니다. 오늘날 나랏일이 이 지경에 이르니 큰 걱정거리가 만 갈래나 됩니다. 반드시 윗사람과 아랫사람이 믿는 굳세고 큰 보좌를 얻은 뒤라야 교산(喬山)과 태산(泰山) 같은 공이 언어에 머물지 않고 나라의 형세는 더욱 중해질 것입니다. 성상께서는 춘추(春秋)가 마침 젊고 학문이 한창 급하니 반드시 이름난 선비와 노숙한 학자를 얻어 경연(慶筵)을 전담하게 한 뒤에야 성학(聖學)이 날로 발전할 것입니다.

또 소인배에게 노여움을 받는 것은 옛 현인들도 면하지 못하였습니다. 만약 당시 임금이 어진 사람과 간사한 사람을 변별하지 못하여 지나치게 의심하고 결단하지 못하면 신하 된 자들은 또한 마땅히 몸을 보전하여 물러나겠지만, 만일 오늘의 시비가 구별되고 거조(擧措)가 정당하여 이명(离明)의 결단에 다시 여한이 없다면 나아가고 물러나는 도리에 있어 결코 떠날 만한 의리가 없을 것입니다.

신 등이 삼가 들으니 판중추부사(判中樞府事) 송시열(宋時烈)이 오늘 인견한 뒤에 장차 돌아가겠다고 합니다. 삼가 생각건대 성상께서 지극한 뜻으로 정성을 다해가며 그를 힘껏 머물게 해서 자신을 돕게

4 판중추부사(判中樞府事)……차자 : 《승정원일기》 현종 2년 6월 4일 기사에 실려 있다. 송시열(宋時烈)은 1661년 4월 21일 조경(趙絅)이 〈응지소(應旨疏)〉를 올려 삼수(三水)에 유배된 윤선도(尹善道)를 변호하자, 곧 도성을 떠나 과천(果川)에 머무르고 있다가 낙향하였다. 《宋子大全 附錄 卷4 年譜3 辛丑》

하시려는 마음은 진실로 끝이 없을 것입니다. 이윽고 신 등이 우려하는 것은 혹여 밝으신 성상께서 간절한 요청을 차마 어쩌지 못하여 그가 돌아가는 것을 허락하시는 것이니, 그리되면 나랏일은 어떻게 되며, 성학(聖學)은 어떻게 되겠습니까?

아, 선왕께서는 널리 어진 선비를 구하여 그들로 하여금 성상을 보좌하게 하셨으니, 밝으신 성상께서 마땅히 공경하고 존중하여 예모(禮貌)를 갖추셔야 할 자가 모두 몇 사람이나 되겠습니까. 그런데 몇 해가 되지 않아 헐뜯는 말이 들끓자 황급하게 달아나고 모두 조정에서 불안해하여 원근의 사람들이 실망할 뿐만이 아니니, 천하 후세에 장차 오늘날을 어떻게 생각하겠습니까.

삼가 바라건대 밝으신 성상께서 다그치고 권면하여 그로 하여금 곁에 머물면서 보좌하여 선왕의 남다른 대우에 보답하게 하신다면 임금과 신하의 의리로 볼 때 또한 무슨 말로 끝까지 사양하겠습니까. 밝으신 성상께서 유념하십시오.

양현의 종사를 청하는 상소[5]

請兩賢從祀疏

남을 대신하여 지었다.

삼가 아룁니다. 신 등은 미천한 자취와 비루한 식견으로 서로 이끌면서 대궐에 호소하여 사문(斯文)의 중요한 전례를 거행할 것을 청합니다. 신 등이 또한 스스로 글재주가 졸렬하고 성의가 천박하여 성상의 마음을 감동시키기에 부족한 줄을 어찌 모르겠습니까. 다만 말하는 것이 한 사람의 사사로운 견해가 아니라 바로 온 나라의 공론(公論)임을 믿었기 때문입니다. 부디 흙으로 만든 북채와 북에서 나는 소리가 더러 신명을 감격시킬 수 있기를 바랍니다.[6]

상소가 들어간 지 여러 날이 지났으나 유음(兪音)이 오래도록 내려지지 않았는데, 성상의 비답을 받들고 보니 규례를 따르라는 몇 구절의 전교가 많은 선비들의 기대를 크게 저버렸습니다. 신 등이 머리를 맞대고 놀라면서도 그 까닭을 모르겠습니다.

무릇 천하의 옳고 그름이 혹 한때에 뒤섞여도 백 세 뒤에는 마침내

5 양현(兩賢)의……상소 : 양현은 율곡(栗谷) 이이(李珥)와 우계(牛溪) 성혼(成渾)을 가리킨다. 이 상소는 《승정원일기》 현종 3년 12월 11일 기사에 성균관 생원 유연(柳延, 1621~?) 등 130여 명이 올린 것으로 기록되어 있다. 유연의 본관은 진주(晉州), 자는 연숙(延叔), 호는 귀래(歸來)이다.

6 흙으로……바랍니다 : 《예기》 〈예운(禮運)〉에 "예(禮)의 처음은 음식에서 시작되었으니, 기장쌀을 굽고 돼지를 가르며, 웅덩이로 술동이를 만들고, 손으로 움켜 마시며, 진흙으로 북채를 만들고, 진흙으로 북을 만들었는데도, 오히려 그 공경을 귀신에게 지극히 할 수 있었다."라고 하였다.

정해지는 것입니다. 사특함과 바름의 구별, 많고 적음의 형세, 사랑과 미움의 쌓임에 있어서 처음부터 소인배에게 미움을 받지 않을 수 없는 것은 예로부터 성현도 면하지 못한 바입니다. 사람의 떳떳한 도리가 사라지지 않고 사물의 법칙이 항상 보존되어 천도(天道)가 항상 이겨서[7] 오래되면 반드시 바른 데로 돌아오는 것이니, 이 또한 이치와 형세상 당연한 것입니다. 처음 뒤섞일 때에는 비록 밝고 지혜로운 사람도 혹 그럴 수 있다고 여기고 의심할 수도 있겠지만, 이미 정해지고 나면 평범하고 세속적인 식견을 지닌 자도 즉시 결단할 수 있습니다.

지금 두 현신에 대해 시비(是非)를 따지는 논란이 처음에 뒤섞이지 않았다고 말할 수는 없습니다. 그렇지만 수십 년 내지 백 년 사이에 공론이 마침내 크게 정해져 성균관의 예관을 쓴 선비나 향리의 도포 입은 무리들 거의 모두가 한목소리와 한마음으로 분주하게 호소하는 것이 오래될수록 더욱 심해졌습니다. 이것이 어찌 모두 두 신하에게 사사로운 마음이 있어서 앞장서거나 뒤따르는 것이겠습니까. 사람의 마음이 같음을 잘 알 수 있는데, 해와 달처럼 밝은 전하께서 오히려 의심하면서 흔쾌히 따르지 못하시니 신 등은 삼가 의혹이 듭니다. 어쩌면 전하께서 두 신하의 도덕과 공렬의 실제에 대해 밝게 살피지 못해서 그런 것입니까. 아니면 한 가지 사특한 말이 그치지 않고 현혹시킨 나머지 전하의 감식안을 가려서 그런 것입니까. 신 등이 청컨대 그 설명을 다시 아뢰고자 합니다.

7 천도(天道)가 항상 이겨서 : 《주역》 〈계사전 하(繫辭傳下)〉에 "길과 흉은 항상 이기는 것이다.〔吉凶者, 貞勝者也.〕"라고 하였는데, 주희(朱熹)의 주(注)에 "정(貞)은 바름이요, 항상함이다."라고 하였다.

우리 동방에서 도학(道學)을 닦은 사람은 오현(五賢)을 거치면서 유래가 있게 되었는데, 사림(士林)이 사화(士禍)을 당한 뒤에 우뚝이 사문(斯文)을 자신의 임무로 삼은 자는 두 신하에 이르러 공렬이 있었습니다. 그들이 성(誠)으로 마음을 세우고 경(敬)으로 자기를 닦아 학문(學問)과 사변(思辨)으로 지취를 넓히고 독학(篤學)과 역행(力行)으로 실천한 것은 한결같이 정자(程子)와 주자(朱子)의 법문(法門)에서 나왔습니다. 임금을 아끼고 나라를 걱정하며 백성을 사랑하고 만물에 은택을 주려는 뜻이 상소와 논저 사이에 드러난 것으로 말하면 푸른 하늘에 뜬 밝은 태양을 모든 사람이 함께 바라볼 뿐만이 아니었습니다. 가령 나라에서 현인을 높이고 도를 숭상하는 일이 없다면 그만이겠지만 만일 그러한 일이 있다면 두 신하를 제쳐 두고 의당 이보다 먼저 할 사람은 없습니다.

두 신하가 당시 도(道)를 주창하던 초기에 위로는 조정 관료로부터 아래로는 가난한 선비에 이르기까지 일제히 우러르지 않는 이들이 없었고, 다른 말을 하는 사람이 없었습니다. 시론(時論)이 한 번 변하여 무리 지어 헐뜯는 소리가 사방에서 일어나게 되자 바름을 더럽히는 말이 온 세상에 제멋대로 퍼져 지금까지도 그치지 않고 있습니다. 군자와 소인이 형세 상 함께 서지 못하는 것은 예로부터 그러했으니, 또 어찌 괴이하게 여기겠습니까. 만약 이처럼 이해(利害)가 서로 엇갈리고 형세가 서로를 몰아내어 자질구레하게 현인을 헐뜯는 말로써 공정한 마음으로 행실을 곧게 하고 바른 학문으로 도리를 밝히는 군자를 의심한다면, 이는 공문중(孔文仲)과 진공보(陳公輔)의 말로 정자(程子)를 옭아매고[8] 여철(余嚞)과 하담(何澹)의 상소로 주자(朱子)를 죽이는 것입니다.[9] 천하에 어찌 이런 이치가 있겠습니까.

무릇 간언을 듣는 도리는 반드시 그 일을 가지고 보아야 하니, 그렇게 하면 그 실정이 드러나서 옳고 그름을 현혹시킬 수 없습니다. 당시에 두 신하를 공격하여 배척하면서 교묘하게 참소하고 추악하게 헐뜯었으니, 예컨대 이홍로(李弘老)와 정인홍(鄭仁弘) 무리처럼 그 당의 효시가 된 자들은 대부분 흉얼(凶孽)로 처벌되었습니다.[10] 그런데 조

8 공문중(孔文仲)과……옮아매고 : 공문중(1033~1088)은 북송(北宋) 때 사람으로, 자는 경보(經父)이다. 성질이 완강하여 왕안석(王安石)의 청묘법(靑苗法)을 반대하였으며, 동파(東坡) 소식(蘇軾)과 친하였다. 당시 소식이 대간(臺諫)의 탄핵을 받자, 소식과 사이가 나쁜 이천(伊川) 정이(程頤)가 대간을 사주하여 소식을 탄핵하게 하였다고 비난하였다. 그러나 뒤늦게 소인배에게 기만당했음을 크게 후회하고 울분에 차 피를 토하고 죽었다. 《宋史 卷344 孔文仲列傳》《宋元學案 卷15 伊川學案》 진공보(陳公輔, 1077~1142)의 자는 국좌(國佐), 자호는 정암거사(定庵居士)이다. 정이(程頤)의 제자 윤돈(尹焞)이 송 고종(高宗)의 소명을 받들고 올라가다가 구강(九江)에 이르렀다. 이때 진공보가 좌사간(左司諫)으로서 상소하여 정이의 학문을 공격하였는데, 윤돈이 이 소식을 듣고 가던 길을 중지하고 상소하여 소명을 사양하고 돌아갔다. 《宋史 卷428 尹焞列傳》

9 여철(余嚞)과……것입니다 : 대본에는 '徐喆河澹之疏'로 되어 있는데, 《송사(宋史)》 권394 〈사심보열전(謝深甫列傳)〉에 의거하여 '徐喆'을 '余嚞'로 바로잡고, 《송사》 권394 〈하담열전(何澹列傳)〉에 의거하여 '河'를 '何'로 바로잡아 번역하였다. 여철은 신주 교수(新州敎授)로 있을 적에 상소하여 주희(朱熹)를 참하고 위학(僞學)을 근절시킬 것을 청하였다. 하담(1146~1219)의 자는 자연(自然)으로, 경원(慶元) 연간에 한탁주(韓侂胄)와 연계하여 조여우(趙汝愚)와 주희 등을 위학으로 지목하고 공격하였다.

10 이홍로(李弘老)와……처벌되었습니다 : 이홍로(1560~1608)의 본관은 연안(延安), 자는 유보(裕甫), 호는 판교(板橋)이다. 1608년 유영경(柳永慶) 등 소북의 일파로 몰려 다시 제주에 유배되어 사사되었으며, 1612년 부관참시되었다. 정인홍(鄭仁弘, 1536~1623)의 본관은 서산(瑞山), 자는 덕원(德遠), 호는 내암(來庵)이다. 광해군(光海君) 집권기에 대북(大北)의 영수로서, 1618년 영의정(領議政)에까지 올랐으나, 1623년 인조반정 뒤에 참형되고 가산이 적몰(籍沒)되었다.

헌(趙憲)과 김천일(金千鎰)[11]처럼 살신성인(殺身成仁)하여 강상(綱常)을 부지한 자들이 모두 문하에 출입하면서 두 신하를 큰 스승으로 여겼습니다. 유현(儒賢)의 전통이 하나의 줄기로 끊어지지 않아 지금 선비들로 하여금 아직도 절의가 중요하고 도학(道學)이 숭상할 만함을 알게 한 것은 누구의 공이겠습니까. 도학이 저와 같이 바르고 공렬이 저와 같이 크니 문묘(文廟)에 배향하여 융숭한 보답을 보여주는 것은 지나친 일이 아니라 마땅한 일입니다. 이는 진실로 그동안 선생과 어른들이 이미 정한 의론이니, 신 등이 어찌 감히 근거 없는 말로 밝으신 성상을 속이겠습니까.

전하께서는 매번 선대 조정에서 거행하지 않은 일이라고 하면서 신중히 하시는데, 이는 실로 밝으신 성상께서 조종(祖宗)을 따르려는 성대한 뜻입니다만, 신 등은 또한 밝으신 성상께서 한 가지만 얻고 두 가지는 버려두어 마땅히 변해야 할 때 변하는 것이 진정한 계술(繼述)임을 알지 못하는 것이 한스럽습니다. 하늘과 땅은 그 행실이 한 가지만이 아니고, 성왕(聖王)은 그 도리가 한 가지만이 아닙니다. 가을과 겨울이 거두어 보관하면 봄과 여름은 나고 자라게 하며, 앞의 성왕(聖王)이 원한을 씻어내면 뒤의 성왕이 기리고 숭배하는 것은 단연코 의심할 만한 것이 없습니다. 전하께서는 무엇을 어렵게 여겨 행하지 않으십니까.

11 김천일(金千鎰) : 1537~1593. 본관은 언양(彦陽), 자는 사중(士重), 호는 건재(健齋), 시호는 문열(文烈)이다. 1592년 임진왜란이 일어나 서울이 함락되고 선조(宣祖)가 몽진(蒙塵)했다는 소식을 접하자 나주(羅州)에서 의병을 일으켜 여러 전투에서 전공을 올렸다. 1593년 6월 진주성(晉州城)에서 왜적을 맞서 싸웠으나 중과부적으로 함락되어 순국하였다. 《睡隱集 卷4 倡義使金公行狀》

무릇 도학이 존숭받지 못하면 사악한 무리가 거리낌이 없게 되고, 윗사람의 뜻이 정해지지 않으면 참소하는 자들이 해치려는 마음을 품게 되고, 시작할 때에 부지런하지 않으면 끝에 가서 무너지기 쉬운 법입니다. 지금 밝으신 성상께서 조정에 계시면서 유학을 숭상하고 도를 중시하는 것이 천고에 으뜸이어서 교화를 일으키고 치세를 이루는 것이 의당 쉬운 것 같습니다. 그러나 수년 동안 선비마다 지취를 달리하고 사람마다 의론을 달리하여 시끄러운 유언비어가 날로 늘어나고 풍습이 더욱 무너지게 된 것은 표창하여 높이 받드는 은전을 마땅히 거행해야 하는데 거행하지 않아 도학의 정통에 으뜸으로 삼을 바가 없는 데에서 말미암지 않았다고 할 수 없습니다.

성상의 덕이 가라앉아 있으므로 주저하며 시일을 지체한다면 어진 사람을 해치고 선한 사람을 미워하는 마음을 품은 자가 틀림없이 불쑥 나타나고 곁에서 엿볼 것입니다. 시작을 바르게 하는 방도가 지극히 선하지 못하면 금니(金柅)와 이시(羸豕)의 경계[12]가 끝내 없으리라고 어찌 보장할 수 있겠습니까. 이것이 바로 도덕이 성하고 쇠퇴하는 때이며 사문이 흥하고 없어지는 기미이니, 그 관계된 바가 지극히 중요하고도 커서 그만둘 수 없는 점이 있습니다. 삼가 바라건대 밝으신 성상께서는 그 사람들을 높여 도를 숭상하는 근본으로 삼고 그 도를 행하여

12 금니(金柅)와 이시(羸豕)의 경계 : 금니는 수레를 움직이지 못하게 쇠로 고정하는 물건이고, 이시는 연약한 돼지이다. 《주역》 〈구괘(姤卦) 초육(初六)〉에 "쇠고동목에 매어 놓으면 정도(貞道)가 길하고 가는 바가 있으면 흉함을 당하리니, 약한 돼지가 날뛰고 싶은 마음이 진실하다."라고 하였는데, 그 전(傳)에 "돼지를 소인에 비유하여 말하였으니 소인은 미약할 때라도 군자를 해칠 마음이 없지 않아 미약할 때에 막아야 한다."라고 하였다.

치적을 내는 급선무로 삼으십시오. 흔쾌히 여러 사람의 의론을 따라 서둘러 성대한 전례를 거행한다면 사문에 매우 다행이겠으며 세도(世道)에 매우 다행이겠습니다.

양현의 종사를 청하는 상소 두 번째 상소

請兩賢從祀疏 再疏

삼가 아뢰니다. 신 등은 외딴 시골 초야의 몽매하고 학문이 모자란 선비로서 사문(斯文)의 중요한 일과 국가의 큰 전례를 함부로 의논할 수 없음을 진실로 알고 있습니다. 그러나 도(道)를 높이고 선(善)을 좋아하는 것이 본성에 뿌리를 두어 끝내 침묵할 수 없어 발을 싸매고 달려와 피를 토하며 거듭 궁궐 문에 부르짖었습니다. 그런데 연달아 성상의 비답을 받들어보니 매번 "이미 관학(館學)에 유시하였다."라고 하교하고 "다시는 번거롭게 하지 말라."라고 물리치셨습니다. 신 등은 머리를 맞대고 매우 놀라 성상의 뜻이 어디에 있는지 모르겠습니다.

장차 "관학의 유생은 가깝고도 많은데, 지방의 선비는 멀고도 드물다. 가깝고도 많은 관학 유생의 말도 이미 받아들이지 못했는데, 멀고도 드문 시골 유생의 말까지 윤허하기는 어렵다."라고 말씀하신다면 신 등의 의혹이 더욱 심해집니다. 천하에는 지극히 마땅한 하나의 정해진 이치가 있으니, 지역이 멀고 가까운 것과 사람이 많고 적은 것을 가지고 둘로 나누어 보아서는 안 됩니다. 더군다나 관학에 있는 많은 선비들의 논의가 이미 전에 발표되었고 외딴 시골의 가난한 선비들이 또 그 뒤를 이었으니, 그 일은 같고 그 논의는 한 가지입니다. 애초에 전후(前後)와 피차(彼此)에 다른 점이 없으니, 사람의 마음이 같고 공의(公議)가 크게 정해졌음을 여기에서 더욱 볼 수 있습니다. 관학에서 애초에 어려웠던 것을 오늘에 흔쾌히 허락하십시오. 이것이 실로 천지의 도이니 사물에 응하는 데에 방향이 없어 한 모퉁이에 막히지 않는 것입니다. 만약 전에 어렵게 여기며 머뭇거리던 일을 뒤에 또 허락하지 않는다면 이는 획일적으로 치우쳐 주장하는 사사로운 견해이지, 도리에 밝고 간언을 잘 받아들이는 미덕이 아닙니다. 이것이 어찌 신 등이 밝으신 성상께 바라는 바이겠습니까.

선비 된 자는 관직을 맡아 간언할 책임이 있는 자와는 절로 다릅니다. 임금이 이미 배척하고 물러가게 하여 거절하는 뜻을 드러내 보이셨다면 진실로 신을 신고 앞다투어 물러가서 뵙고 시끄럽게 떠드는 일이 없어야 합니다. 신 등이 또한 이 의리를 몰라서 그런 것이 아닙니다만 삼가 생각건대 군신(君臣) 간에는 달아날 수 없는 큰 의리가 있고, 사리(事理)에는 반드시 간쟁해야 하는 큰 절의가 있습니다.

지금 밝으신 성상께서 이 일에 신중하신 것에 대해 신 등은 성상의 학문이 고명하여 진실로 두 현신의 도덕과 공렬이 기리고 숭배하는 데에 합치됨을 이미 아신다는 것을 알고 있습니다. 특히 해와 달 같은 밝음으로도 혹 밝게 비추지 못하는 곳이 있겠지만 현인을 높이고 도를 중시하는 정성은 애당초 중간에 끊어진 적이 없었기에 한 번, 두 번 말씀드렸지만 요청이 받아들여지지 않아 서로 이끌어 물러나왔습니다. 비록 먼 곳에 머물고 있어서 실로 차마 하지 못하며 감히 하지 못하는 바이지만 신 등이 청컨대 다 말하지 못한 내용을 대략 말씀드리니, 우러러 바라건대 밝으신 성상께서 헤아려 채택하십시오.

아, 문묘에 배향하는 전례는 진실로 크고도 중요하여 사람마다 참여하여 의논할 수 있는 일이 아니니, 밝으신 성상께서 어렵게 여기고 중요하게 여기시는 것도 마땅합니다. 그런데 만약 그 사람을 높이고 그 도를 드러내어 세도(世道)에 보탬이 되고자 하신다면 그 일이 더욱 중대하기 때문에 더욱 서둘러 거행하지 않을 수 없습니다. 신 등이 감히 멀리 옛일을 인용하지 않고 단지 우리 왕조 선현의 일을 가지고 말씀드리겠습니다.

예컨대 문경공(文敬公) 김굉필(金宏弼), 문헌공(文獻公) 정여창(鄭汝昌), 문정공(文正公) 조광조(趙光祖), 문원공(文元公) 이언적(李彦迪), 문순공(文純公) 이황(李滉)은 끊어진 학문을 앞장서서 밝혀 우리나라의 유풍(儒風)을 일으켰습니다. 이들 여러 신하가 일찍이 경륜을 펼친 바가 없었으니 혹자는 간흉에게 미움을 받아 혹독한 재앙을 겪기도 하였고, 혹자는 머나먼 변방에 유배당했다가 간신히 죽임을 면하기도 하였고, 혹자는 초야에서 지내며 한결같이 물러나려고만 하였습니다. 그러나 그들의 유풍과 여운은 사람들에게 이미 깊게 스며들어 끝내 없애지 못하는 점이 있어 몇 세대가 지난 뒤에 국론(國論)이 하나로 귀결되어 문묘에 올라 배향되었습니다. 그것은 국가의 광영(光榮)이며 우리 도의 다행이니, 매우 성대한 일입니다.

오현(五賢)을 계승하여 뒤에 나와 우뚝이 사도(斯道)를 자신의 임무로 삼아 강론하고 실천하여 자신을 닦고 남을 윤택하게 한 공이 유독 한 시대에 높아 오현을 빛낸 사람으로는 두 신하보다 앞선 자가 없습니다. 요컨대 오현의 학문과 도는 두 신하에 이르러 더욱 천명되었으니 송(宋)나라 유학이 관락(關洛)에서 민(閩)으로 이어짐[13]과 같습니다.

13 송(宋)나라……이어짐 : 송나라 성리학이 계승된 차례를 말한 것이다. 관락(關洛)은 중국의 관중(關中)에 살았던 횡거(橫渠) 장재(張載)와 낙양(洛陽)에 살았던 명도(明道) 정호(程顥)·이천(伊川) 정이(程頤) 형제를 가리키고, 민(閩)은 회암(晦庵) 주희(朱熹)를 가리킨다.

오현에 대한 제사를 이미 전에 베풀었는데 두 신하를 기리고 숭상하는 일은 오히려 후대에 인색하였으니, 이것이 온 나라의 많은 선비들이 분주히 호소하여 스스로 그만둘 수 없는 이유입니다.

아, 예로부터 도덕과 학문을 갖춘 선비는 비록 한 시대에 쓰임을 다하지 못했다 하더라도 후대의 명철한 임금이 추숭하고 높이 장려하여 모두 차례대로 제사를 올려 세도를 유지하고 사문을 진작시키는 급선무로 삼았습니다. 이는 진실로 당연한 도리이며 국가의 아름다운 전례(典禮)입니다. 더군다나 막 즉위해서 교화를 새로 펼쳐 팔방에서 기대하며 바라보는 때를 당했으니 세상의 교화와 사람의 도리에 틀림없이 평소보다 훨씬 많은 보탬을 줄 수 있을 것입니다. 이것이 바로 신 등의 이른바 "그 일이 더욱 중대하다."라는 것이므로, 더욱 서둘러 거행하지 않으면 안 됩니다.

삼가 바라건대 밝으신 성상께서는 신 등이 멀리 떨어져 있는데다 몽매하다고 여겨 소홀히 하지 마시고, 특별히 몇 세 대 동안 미처 하지 못한 성대한 의식을 거행하여 이전의 공렬을 빛내시고 사도를 높이십시오. 많은 선비에게 매우 다행이며 국가에 매우 다행일 것입니다.

양사를 처치하는 것을 사양하는 옥당의 상소[14]

玉堂辭處置兩司疏

연명(聯名)하여 올렸다.

삼가 아룁니다. 신 등이 어제 외람되이 상소를 올려 양사(兩司)의 처치가 혐의스러워 감히 맡을 수 없다는 뜻을 낱낱이 아뢰었습니다. 지금 수찬(修撰) 신 김만기(金萬基)[15]가 상소를 올려 규례(規例)를 인용하며 신 등을 처치(處置)하는 반열에 동참하도록 청하자 성상의 비답(批答)에 "그대로 하라"는 전교가 있었으니, 신 등은 더욱 놀랍고 군색한 나머지 답답하고 절박한 마음을 다시 아뢰지 않을 수 없습니다.

무릇 처치를 실시하는 것은 그 일의 시비(是非) 논하여 그 사람을 체차시킬지 말지를 결정하는 것인데, 지금 처치하는 사람으로 하여금 스스로 잘못을 짊어진 채 그 시비를 스스로 결단하도록 하는 것이니, 천하에 이런 이치는 없습니다. 김만기의 상소 중에 "설령 혐의가 있어 상소를 올렸더라도 비답이 내려진 뒤에 곧바로 처치한다"라고 한 말에 대해서 또한 할 말이 있습니다. 설사 피혐하는 바가 중대한 일이 아니고 본관(本館)에 다시 별다른 사징이 없는 인원이 없다면 혹 끝내 피할

14 양사(兩司)를……상소 : 《현종개수실록》 즉위년 9월 3일 기사에 일부가 실려 있다.

15 김만기(金萬基) : 1633~1687. 본관은 광산(光山), 자는 영숙(永淑), 호는 서석(瑞石)·정관재(靜觀齋), 봉호는 광성부원군(光城府院君), 시호는 문충(文忠)이다. 저서로는 《서석집(瑞石集)》이 전한다. 《宋子大全 卷158 光城府院君金公神道碑銘 幷序》

수 없는 점이 있을 수 있겠지만, 만약 그가 피해야 하는 혐의가 작지 않고 별다른 사정이 없는 다른 동료가 있다면 어찌 감히 상소에 대한 비답이 이미 내려졌다고 핑계 대고 편안히 처치할 수 있겠습니까.

전에 본관의 체례(體例)로는 많은 관원이 사정이 생기면 관원 한 명이 홀로 처치를 담당하는 일이 자주 있었습니다. 이처럼 어쩔 수 없이 혐의하는 상황이 닥치면 더러 새로운 관원을 차출하여 양사를 처치한 적도 있습니다. 이로 말미암아 본다면 혐의 있는 자가 감히 제멋대로 논의하는 자리에 끼어서 구차한 풍조를 키울 수 없었던 것이니, 그 이치가 또한 매우 분명합니다. 이는 실로 예전부터 바뀌지 않은 고사입니다. 또 어찌 감히 스스로 전례가 없는 사례를 원용하여 거리낌 없이 행동하는 죄를 거듭 범하겠습니까.

신 유계(兪棨)의 경우에는 더욱 결코 감당할 수 없는 점이 있습니다. 윤선도(尹善道)의 함사(緘辭) 중에 신의 죄를 거듭 논하면서 간관(諫官)들이 아울러 탄핵하지 않았다고 기롱하고 배척했습니다.[16] 그런데 간관들이 이미 이 일로 인피(引避)하였다면 몸이 죄를 논하는 대상에 있으면서 어찌 감히 그 사이에서 시비(是非)와 가부(可否)를 따질 수

16 윤선도(尹善道)의……배척했습니다 : 함사(緘辭)는 관원이 공무상 중대한 과오를 범한 경우에 그 사실을 서면(書面)으로 진술하여 올리는 봉서(封書)이다. 효종(孝宗)의 장지(葬地)를 결정할 적에 윤선도가 수원(水原)이 적합하다고 주장하다가 추고(推考)를 받고 지은 〈산릉을 간심할 때 추고를 받고 함답하는 글〔山陵看審時推考緘答〕〉에 "그때 간산(看山)할 적에 여러 사람들이 모두 왔는데, 유독 유계(兪棨)만은 병으로 오지 않았습니다. 3일에 제가 병으로 나아가지 못한 것과 5일에 유계가 병으로 나아오지 못한 것에 무슨 차이가 있다고 하겠습니까."라는 기록이 실려 있다. 《孤山遺稿 卷5》《顯宗改修實錄 卽位年 8月 30日》

있겠습니까. 신 등은 정세(情勢)가 매우 낭패스러우니 끝내 감히 처치할 수 없음이 분명합니다.

삼가 바라건대 밝으신 성상께서는 신 등의 직임을 속히 체차하고 별다른 사정이 없는 동료로 하여금 규례에 따라 처치하게 하여 공적으로나 사적으로나 편안하게 해 주신다면 매우 다행이겠습니다.

양현에 대한 무고를 변론하는 상소

兩賢辨誣疏

남을 대신하여 지었다.

삼가 아룁니다. 하늘과 땅 사이에 음(陰)과 양(陽) 두 가지 물건이 한 가지라도 없었던 적이 없기 때문에 군자가 있으면 반드시 소인이 있고, 바른 의론〔正論〕이 있으면 반드시 사악한 의론〔邪議〕이 있습니다. 그 강하고 약하며 이기고 지는 형세가 번갈아 서로 변하지만 군자와 정론은 반드시 약하고 지며 소인과 사의는 반드시 강하고 이기니, 이것이 바로 이른바 양이 하나이고 음이 둘인 이치입니다.[17] 그러나 오래 지난 뒤에는 이른바 사라지지 않는 것이 존재하기 때문에 약하고 진 것이 반대로 펴지며 강하고 이긴 것이 반대로 굽혀지니, 이것 또한 필연적인 이치입니다.

이른바 사라지지 않는다는 것은 무엇이겠습니까. 하늘의 이치이며 사람의 마음입니다. 그러나 세도(世道)는 오르고 내림이 있으며 운기(運氣)는 오르고 거꾸러짐이 있기 때문에 마땅히 펴져야 할 자가 크게 펴지지 못하고 마땅히 굽혀져야 할 자가 아주 굽혀지지는 않으니, 이것 또한 이치가 혹 그러한 것입니다. 비록 그렇지만 이 도(道)를 주장하는 사람이 진실로 시비(是非)와 사정(邪正)의 근원을 밝혀 저것을 억누르

17 양이……이치입니다 : 《주역》 〈역본의도(易本義圖) 복희팔괘차서지도(伏羲八卦次序之圖)〉의 부록(附錄)에 "태극(太極)이 나뉘어 처음으로 한 기(奇)와 한 우(偶)를 낳아서 한 획이 된 것이 둘이면 이것이 양의(兩儀)이니, 그 수는 양은 1이고 음은 2이다."라고 하였다.

고 이것을 붙잡아 군자를 위해 도모하고 소인을 위해 도모하지 않는다면[18] 하늘과 땅을 본받아 치도(治道)를 이루기가 어렵지 않습니다. 그렇다면 이 도를 주장하는 사람은 인주(人主)를 제쳐 둔다면 그 누구이겠습니까.

삼가 생각건대 우리 선조대왕(宣祖大王)께서 임금의 자리에 오르자 문창(文昌)의 운이 열렸으니,[19] 그때에 문성공(文成公) 이이(李珥) 같은 이가 성현의 학문으로 임금과 백성을 위하는 뜻을 품고 조정의 윗자리에 우뚝이 서서 훌륭한 정치를 일으킬 것을 기약하였습니다. 그러나 삼찬(三竄)이 앞에서 해를 끼치고,[20] 이흉(二凶)이 뒤에서 무함하여[21] 살아서는 물여우의 독을 만나고 죽어서는 교묘한 말로 참소를 당했으

18 군자를……않는다면 : 《주역》 〈역설강령(易說綱領)〉에 "장횡거(張橫渠)가 이르기를 '《역》은 군자를 위하여 꾀한 것이요, 소인을 위하여 꾀한 것이 아니다.' 하였다."라고 하였다.

19 선조대왕(宣祖大王)께서……열렸으니 : 선조가 즉위한 뒤에 뛰어난 문인들이 많이 배출되었다는 말이다. 용비구오(龍飛九五)는 왕위(王位)에 오르는 것을 의미한다. 《주역》 〈건괘(乾卦) 구오(九五)〉에 "구오는 나는 용이 하늘에 있음이니, 대인(大人)을 만나는 것이 이롭다."라고 하였다. 문창(文昌)은 문운(文運)을 주관한다는 문창성(文昌星)으로, 문재(文才)가 뛰어난 인사를 비유한다.

20 삼찬(三竄)이……끼치고 : 1583년(선조16) 여진족 니탕개(尼蕩介)가 함경도에서 난을 일으켰을 때 이이(李珥)가 병조 판서로 있으면서 급박한 상황에 출전 명령을 내렸는데, 양사(兩司)에서 병권을 마음대로 주무른다며 이이를 비난하였다. 동인(東人) 박근원(朴謹元)·송응개(宋應漑)·허봉(許篈)이 주도하여 이이를 탄핵하다가 각각 강계(江界)·회령(會寧)·갑산(甲山)으로 유배당했는데, 이를 계미삼찬(癸未三竄)이라 한다.

21 이흉(二凶)이 뒤에서 무함하여 : 이흉은 정인홍(鄭仁弘, 1536~1623)과 정여립(鄭汝立, 1546~1589)을 가리킨다. 《宋子大全隨箚 卷2 卷之二十一疏啓辭》

니,[22] 사문(斯文)의 불행이 무엇이 이보다 심하겠습니까.

고(故) 문간공(文簡公) 성혼(成渾)은 도덕이 매우 순수하고 연원이 가장 반듯했는데, 만년에 소명(召命)에 응하자 예우가 지극히 융숭했습니다. 이때를 당해 피차를 따질 것 없이 종사(宗師)로 받들지 않는 이가 없었습니다. 그런데 이이의 억울함을 한 번 풀어 주자 질책하는 말이 문득 생겨나더니, 무릇 이이를 미워하는 사람들이 모두 원수로 여기고 더러는 이이보다 더 심하게 미워하기도 하여, 덕을 높이고 도를 좋아하는 선조(宣祖)의 정성으로도 끝내 처음 품었던 마음을 이어가지 못하게 하였으니, 남을 참소하는 효과가 무섭다고 할 만합니다.

아, 하늘은 지극히 어질어 큰 현인을 낳고서도 무슨 까닭으로 또 이러한 참적(讒賊)을 낳아 이 세상으로 하여금 당우(唐虞)와 삼대(三代) 같은 성대함을 보지 못하게 했단 말입니까. 아마도 이른바 하늘이 사람을 사랑하는 힘이 저 기수(氣數)를 이기지 못하여 음(陰)과 사(邪)가 강(强)하고 승(勝)한 대로 내버려둔 것입니까. 그러나 사람의 마음은 속이기 어렵고 하늘의 도는 정해져 있으므로 두 신하가 비록 당대에 고난을 겪었으나 공론(公論)이 정해지기까지 100년을 기다리지 않았습니다.

22 살아서는……당했으니 : 물여우〔蜮〕는 물속에 사는 귀신으로, 간사한 자가 비방하여 음해하는 것을 뜻한다. 《시경》 〈하인사(何人斯)〉에 "귀신이고 물여우라면 볼 수 없다."라고 하였는데, 주희(朱熹)의 주(注)에 "물여우가 모래를 머금어 물에 비치는 사람의 그림자에 쏘면 그 사람은 곧 병이 드는데 물여우의 형체는 보이지 않는다."라고 하였다. 황(簧)은 피리〔笙〕 속의 금엽(金葉)으로 팔랑거리며 소리를 내는 것인데, 교묘한 말로 아첨하고 참소하는 것을 뜻한다. 《시경》 〈교언(巧言)〉에 "교묘한 말이 황과 같은 자는 얼굴이 두껍도다."라는 말이 나온다.

을해년(1635, 인조13)부터 문묘(文廟)에 배향하자는 주청이 유생과 관료에게서 시작되어 오늘날까지 이르고 있는데 전하께서 아직도 어려워하고 조심스러운 뜻을 보이셨습니다. 신 등이 감히 다시 전하를 번거롭게 할 수 없어, 다만 밝으신 성상께서 한가로운 가운데 두 현신의 훌륭한 도덕과 학문을 천천히 궁구하신다면 반드시 같은 시대에 살지 못한 것을 탄식하게 되어 신하들의 요청을 기다리지 않고도 융숭하게 보답하는 예전(禮典)이 시행되기를 기다렸습니다.

그런데 생각지 못하게 사특한 말이 다시 치솟아 홍유부(洪有阜),[23] 이상진(李象震),[24] 유직(柳稷)[25] 등이 서로 계속 일어나 방자하게 무함하고 헐뜯었는데, 유직의 상소가 가장 심했습니다. 신 등이 삼가 괴이하게 여긴 것은 영남(嶺南)이 일찍부터 문헌(文獻)으로 일컬어졌던 곳인데 인심이 이토록 극에 달할 정도로 맑지 못한가 하는 것입니다. 그 의론의 내력을 자세히 궁구해 보니, 적신(賊臣) 정인홍(鄭仁弘)이 실로 그 뿌리였습니다. -이상은 《송자대전(宋子大全)》과 같다.-

신 등은 먼저 유직 등의 상소에 근거하여 모함하고 헐뜯은 실체를

23 홍유부(洪有阜) : 1617~? 본관은 남양(南陽), 자는 자후(子厚)이다. 1649년 이이(李珥)와 성혼(成渾)을 문묘에 종사하는 것이 부당하다는 상소를 올렸다. 《承政院日記 孝宗 卽位年 12月 14日》

24 이상진(李象震) : 1626~1659. 본관은 광주(廣州), 자는 기부(起夫)이다. 이이와 성혼의 문묘 종사에 대한 의논을 비난하는 상소를 올렸다가 정삭(停削)되는 벌을 받았다. 《承政院日記 孝宗 1年 1月 7日》

25 유직(柳稷) : 1602~1662. 본관은 문화(文化), 자는 정견(廷堅), 호는 백졸암(百拙庵)이다. 저서로는 《백졸암문집(百拙庵文集)》이 전한다. 영남 유생 9백여 명과 함께 서울에 올라와 당시 제기된 이이와 성혼의 문묘 종사에 대해 반대하는 상소를 올렸다. 《孝宗實錄 1年 2月 22日》

밝혀내기를 청합니다. 그러면 이상진과 홍유부의 설은 공격할 필요도 없이 부서질 것입니다. 유직 등의 이른바 "천륜(天倫)을 끊고 불문(佛門)으로 달아났다."라는 것은 이이가 젊어서 선가(禪家)에 물들었던 것을 가리켜 말한 것입니다. 선학(禪學)은 제(齊)나라와 양(梁)나라 사이에서 시작되었는데, 곧바로 불가의 윤회(輪回)와 보응(報應)의 설을 낮잡아보지만 심(心)을 말하고 성(性)을 말하는 것이 거의 이치에 가깝기 때문에 자질이 고명한 자들이 으레 대부분 빠져들었습니다. 정자(程子)와 장자(張子) 같은 큰 현인도 처음에 빠져드는 것을 면치 못했고, 주자(朱子)도 초년에는 특히 심했으므로 스스로 서술한 말에 이르기를 "내가 석가(釋迦)에 대해 일찍이 그 사람을 스승으로 섬기고 그 도리를 높여 탐구한 것이 또한 간절하고도 지극하였다. 그 뒤에 선생과 군자의 가르침을 받아 잠시 그 설을 버리고 우리 학문에 종사하였으나, 그 처음에는 하루도 마음속에 왕래하지 않은 적이 없었다."[26]라고 하였습니다. 대개 주자가 열대여섯 살일 때 승려 도겸(道謙)[27]에게 배우다가 스물네 살에 스승 연평(延平)[28]을 만난 뒤에야 비로소 평탄하고 진실하게 된 것입니다. 연평이 일찍이 칭찬하기를 "원회(元晦)가 처음에 겸개선(謙開善)을 따라 공부했기 때문에 이면(裏面)의 세계를 모두 체득하였다."[29]라고 하였습니다. 아, 주자 같은 아성(亞聖)도

26 주자(朱子)도……없었다 : 주희(朱熹)가 이부 상서(吏部尙書) 왕응신(汪應辰, 1118~1176)에게 답한 편지에 보인다. 《晦庵集 卷30 答汪尙書》

27 도겸(道謙) : 송(宋)나라 승려로, 호는 개선암(開善庵)이다. 주희가 스승으로 받들었던 적이 있다. 《星湖僿說 卷30 詩文門》

28 연평(延平) : 송나라 이동(李侗, 1093~1163)으로, 자는 원중(願中), 호는 연평, 시호는 문정(文靖)이다. 주희의 스승이다.

오히려 면하지 못했는데, 이이가 잠시 미혹했던 것이 어찌 흠이 되겠습니까.

이이는 열아홉 살에 선학에 물들었다가 1년 만에 곧바로 오도(吾道)로 돌아왔고, 스물세 살에 이황(李滉)을 찾아가 묻고 배웠습니다. 이황이 매우 칭찬하고 마침내 정자, 장자, 주자의 일을 가지고 격려하면서 말하기를 "그 사실을 감추지 않으니, 함께 도(道)에 나아갈 만하오."[30]라고 하고, 또 말하기를 "후생(後生)이 두려울 만하니, 성인(聖人)이 속이지 않았구나."[31]라고 하였으니, 이황이 이이를 칭찬한 것은 연평이 주자에게 한 것과 같을 뿐만이 아닙니다. 이황은 이미 이이가 감추지 않은 사실을 다 알고 있었기에 곧바로 옛사람처럼 되기를 기대한 것입니다. 그렇다면 고명함은 상달(上達)할 수 있고 옛적에 선가에 물들었던 일은 흠이 되지 않는다는 것이 바로 이황의 선견지명이며 정해진 의론입니다. 성혼(成渾)이 말하기를 "이이는 도체(道體)에 있어 큰 근

29 연평이……체득하였다 : 《민중이학연원고(閩中理學淵源考)》 권5 〈문정 연평 이동 선생 학파가 나박문에게 보낸 편지〔文靖李延平先生侗學派與羅博文書〕〉에 보인다.

30 이황이……만하오 : 1558년(명종13) 이황이 이이(李珥)에게 답한 편지에 보인다. 《退溪集 卷14 答李叔獻》

31 후생(後生)이……않았구나 : 《논어》 〈자한(子罕)〉에 "후생이 두려울 만하니, 후생들의 장래가 나의 지금만 못할 줄을 어찌 알겠는가. 그러나 나이 40, 50세가 되어도 알려짐이 없으면 또한 두려워할 것이 없다."라고 하였다. 1558년 이황이 월천(月川) 조목(趙穆, 1524~1606)에게 보낸 편지에 "며칠 전에 한양 유생 이이가 성산(星山)에서 찾아왔는데, 비 때문에 사흘 동안 머물다가 떠났다. 그 사람은 두뇌가 명석하고 박람강기(博覽强記)하였는데, 우리의 학문에 자못 뜻을 두고 있었다. 후생이 두렵기만 하니, 전성(前聖)의 말씀이 참으로 나를 속이지 않은 것을 알겠다."라고 하였다. 《退溪集 卷23 答趙士敬》

원을 환히 보았으니 진실로 삼대(三代)의 훌륭한 인물이다."[32]라고 하였으니, 이이가 나중에 크게 성취하여 참으로 이황의 기대를 저버리지 않았습니다.

대저 사람을 보는 법은 마땅히 초년과 노년으로 나누어 변별해야 합니다. 그 도덕과 학문을 마지막에 성취한 것이 어떠한지 따지지 않고 단지 젊었을 때의 실수만 가지고 그 사람의 평생을 단정한다면 이는 장사 지내고 물건 파는 놀이를 한 것이 맹자(孟子)에게 누가 되고,[33] 사냥을 좋아한 것이 명도(明道)에게 흠이 되는[34] 것입니다. 그러면 주자(朱子) 또한 공자와 맹자의 도통을 이을 수 없으니, 천하에 어찌 이러한 의론이 있을 수 있습니까. 정인홍(鄭仁弘)이 이이를 헐뜯을

32 성혼(成渾)이……인물이다 : 1584년 1월 이이(李珥)의 상에 성혼이 곡하면서 한 말로, 《우계집(牛溪集)》 〈연보(年譜)〉 신종황제(神宗皇帝) 만력(萬曆) 12년 기사에 보인다.

33 장사……되고 : 맹모삼천(孟母三遷)의 고사를 가리킨다. 맹자가 어려서 처음에 공동묘지 근처에 살 적에 장사 지내는 장난을 하였고, 집을 저잣거리로 옮겼더니 이번에는 물건 파는 장난을 하였는데, 다시 학교 옆으로 집을 옮기자 학도들의 예의범절을 본받게 되었다고 한다. 《列女傳》

34 사냥을……되는 : 명도(明道)는 송나라 정호(程顥)의 호이다. 《심경부주(心經附註)》 권1 〈천선개과장(遷善改過章)〉에 "나는 나이 16, 7세 때에 사냥을 좋아하였다. 그러다가 얼마 뒤에 자신 있게 말하기를 '이제는 이 버릇이 없어졌다.'라고 하였더니, 주무숙(周茂叔)이 이르기를 '어찌 말을 그렇게 쉽게 하는가. 단지 그 마음이 밑에 숨어서 발하지 않을 뿐이니, 어느 날 싹터서 일어나면 다시 처음처럼 될 것이다.'라고 하였다. 그로부터 12년이 지난 뒤에 저녁에 돌아오다가 밭에서 사냥하는 자를 보고는 나도 모르게 기뻐하는 마음이 일어났으니, 과연 아직도 그렇게 되지 않았다는 것을 그때 비로소 알았다."라는 정호의 말이 소개되어 있다. 무숙(茂叔)은 주돈이(周敦頤)의 자(字)이다.

적에 백세토록 온 힘을 남기지 않았다고 할 만하지만 그래도 그가 젊었을 때의 일까지 들추지는 않았습니다. 유직 등은 도리어 정인홍이 말하지 않은 것까지 말하여 힘껏 정인홍을 뛰어넘으려 하고 태연히 선현이 이미 정해놓은 의론을 배척하였으니, 그 또한 매우 어질지 못한 자들입니다.

성혼(成渾)은 처사(處士)입니다. 아버지 성수침(成守琛)이 조광조(趙光祖)에게 가르침을 받았기에[35] 성혼은 가정의 바른 학문을 전수받았고, 또 이황(李滉)을 높이 사모하여 평생 일을 할 적에 한결같이 옛사람의 모범대로 단속하였습니다. 일찍부터 이이와 도의(道義)의 사귐을 맺었는데 이이가 임금의 신임을 얻어 도를 행하게 되자 박순(朴淳)과 함께 조정에 성혼을 천거하였고,[36] 선조(宣祖)께서 여러 번 부르자 마침내 나왔는데 가장 먼저 대도(大道)의 요체를 물으셨으니, 이는 진실로 삼대(三代)의 성대한 만남입니다.

옛날 사마광(司馬光)과 여공저(呂公著)는 처사 정이(程頤)와 알고 지낸 지 20년이 지난 뒤에야 비로소 천거하였는데,[37] 사마광 등의 천거

35 아버지……받았기에 : 성혼의 부친 성수침(成守琛, 1493~1564)의 본관은 창녕(昌寧), 자는 중옥(仲玉), 호는 청송(聽松)·죽우당(竹雨堂)·파산청은(坡山淸隱), 시호는 문정(文貞)이다. 성수침은 정암(靜庵) 조광조(趙光祖)의 문하에서 수학하다가 기묘사화(己卯士禍)가 일어난 뒤에 처가가 있는 우계(牛溪)에 은거하였다.《栗谷全書 卷18 聽松成先生行狀》

36 이이가……천거하였고 : 박순(朴淳, 1523~1589)의 본관은 충주(忠州), 자는 화숙(和叔), 호는 사암(思庵), 시호는 문충(文忠)이다. 1583년(선조16) 붕당의 논의가 격렬해지면서 이이(李珥)와 성혼(成渾)이 배척을 받자, 당시 영의정으로 있으면서 이들을 옹호하다가 양사(兩司)의 탄핵을 받고 스스로 관직에서 물러났다.《芝湖集 卷10 思菴朴公行狀》

와 정자의 출사(出仕)가 어찌 구차하게 이루어졌겠습니까. 문언박(文彦博)은 대신(大臣)으로서 어린 임금에게 더욱 공손하였고, 정자는 포의(布衣)로서 자중하면서 말하기를 "감히 자중하지 않을 수 없다."[38]라고 하였으니, 선비가 자임(自任)하는 도리는 마땅히 그러해야 합니다.

성혼은 바로 정자를 배운 사람입니다. 군부(君父)가 그를 대우할 적에 옛 도(道)로써 부린다면 성혼 또한 옛 도로써 섬기지 않을 수 없습니다. 도가 행해지지 않는다면 은총이 높다 하여 오래 머물러서는 안 되고, 의리상 옳지 않다면 예우가 정성스럽다 하여 경솔히 나아가서는 안 됩니다. 이와 같이 한 뒤에야 배운 바를 저버리지 않고 우리 임금께서 선비를 대우하는 성대한 덕에 보답할 수 있습니다.

임진년(1592, 선조25) 왜구가 쳐들어온 것은 큰 화란이었고, 관직을

37 사마광(司馬光)과……천거하였는데 : 사마광(1019~1086)과 여공저(呂公著, 1018~1089)는 북송(北宋)의 재상들로, 철종(哲宗) 초기에 신법(新法)을 시행하여 국가를 혼란에 빠뜨린 왕안석(王安石) 일파를 몰아내고 국정을 바로잡았다. 이때 함께 상소하여 나이 50세가 넘도록 벼슬하지 않고 학문을 닦던 정이(程頤)를 조정에 추천하였다. 《宋史 卷427 道學列傳 程頤》

38 문언박(文彦博)은……없다 : 문언박(1006~1097)은 송나라의 재상으로, 자는 관부(寬夫), 시호는 노국충렬공(潞國忠烈公)이다. 철종(哲宗) 때 태사(太師)가 되어 정이(程頤)를 불러 숭정전 설서(崇政殿說書)로 삼았다. 정이는 스승으로 자처하여 임금을 모시고 강론(講論)하는데 기색이 매우 엄숙하였으므로 풍간(諷諫)하여도 임금이 두려워하였고, 문언박은 임금을 대함이 매우 공손하여 종일토록 시립(侍立)하였다. 어떤 사람이 정이에게 "그대의 엄격함과 문 노공(文潞公)의 공손함 중에서 어느 편이 좋습니까?"라고 하자, 정이가 대답하기를 "문 노공은 네 임금을 섬긴 대신(大臣)으로 어린 군주를 섬기는 것이니 공손하지 않을 수 없고, 나는 포의(布衣)로 출신하여 군주를 보필하고 지도하는 직책을 맡고 있으니 역시 자중하지 않을 수 없다."라고 대답하였다. 《二程遺書 附錄 伊川先生年譜》

맡은 자가 임금께 달려가 안부를 여쭙는 것은 신하로서 일반적인 일입니다. 성혼이 이때에 어찌 깊이 생각하고 익히 염려하여 변란에 대처하는 도리를 다하지 않았겠습니까. 단지 군자가 지키는 것은 보통 사람의 정과 달라 오직 도의(道義)를 따를 뿐 혐의를 피하지 않기 때문에 보통 사람들이 알지 못하여 많은 구설이 시끄러웠으니, 신 등이 청컨대 상세히 말씀드리겠습니다.

성혼이 성대한 때를 만난 것이 처음부터 끝까지 수십 년인데 불러들이는 교서가 끊이지 않았고 총애하는 명이 날로 높아졌으나, 도성에 들어간 것은 다섯 번에 지나지 않았고 조정에 선 날은 한 달이 채 되지 못했습니다. 이는 임금과 신하가 서로 만나는 도리가 벼슬길에 올라 관직을 맡은 자와는 진실로 서로 같지 않기 때문입니다. 두 분 모후(母后)의 상(喪)이 있었을 때[39]에 성혼과 이이는 모두 시골에 있었는데, 이이는 궁궐로 달려 들어갔으나 성혼은 들어가지 않았습니다.

무릇 국상(國喪)이 일어났을 때 궁궐로 들어가는 것은 신하로서의 일반적인 예절입니다만, 이이와 성혼이 들어가기도 하고 들어가지 않기도 한 것은 무엇 때문이겠습니까. 사마광(司馬光)은 신종(神宗)의 상을 당했을 때 부름을 받지 않았는데도 스스로 들어갔고,[40] 정자(程

39 두 분……때 : 두 분 모후(母后)는 인종비(仁宗妃) 인성왕후(仁聖王后) 박씨(朴氏)와 명종비(明宗妃) 인순왕후(仁順王后) 심씨(沈氏)를 가리킨다. 인성왕후는 1577년(선조10) 11월에 승하하였고, 인순왕후는 1575년(선조8) 1월에 승하하였다.

40 사마광(司馬光)은……들어갔고 : 송나라 신종(神宗) 희녕(熙寧) 연간에 왕안석(王安石)의 신법(新法)이 확대 시행되자, 사마광은 이에 극력 반대하다가 벼슬에서 물러나 낙양(洛陽)에서 15년 동안 지냈다. 신종이 승하하자 사마광은 다시 대궐로 들어가서 철종(哲宗)이 즉위한 뒤 재상에 임명되었다.

子)는 고후(高后)[41]의 상을 당했을 때 부름을 받았으나 가지 않았습니다. 이이와 성혼의 일도 이와 같습니다. 그러므로 세상 사람들이 이 일을 잘못이라고 여기지 않았고 선조(宣祖)께서도 이 일을 가지고 성혼에게 죄를 내리지 않으셨으니, 왕자(王者)가 선비를 대우하는 도리는 일반적인 예절로 질책해서는 안 되는 것이 어찌 아니겠습니까.

이에 왜구의 침입을 당했을 때 성혼은 시골에서 명을 기다리고 있었는데 선조께서 다시 불러들이지 않으셨습니다. 성혼은 스스로 생각건대 초야의 신하로서 자신이 '패거리를 짓는다'는 죄목을 받았으니, 나라에 아무리 급박한 일이 있을지라도 죄를 씻어주고 불러들이는 명이 없다면 곧장 대궐로 나아가는 것은 의리상 감히 할 수 없는 바라고 여긴 것입니다. 그러므로 왕촉(王蠋)과 강만리(江萬里)의 일[42]을 인용하여 스스로 의리에 맞게 처신하였으니, 그가 오랜 벗들과 묻고 답한 사이에 상세히 드러나 있습니다.

이윽고 대가(大駕)가 서쪽으로 거둥하는 일이 하룻밤 만에 결정되어 성혼이 미처 맞이하여 절하지 못한 것은 실로 사세가 그러해서이니, 그가 행조(行朝)에 대죄(待罪)한 계사(啓辭)에 자세히 드러나 있습니

41 고후(高后) : 송 영종(宋英宗)의 후비(后妃) 고씨(高氏, 1032~1093)로, 신종의 모친이자 철종의 조모이다. 흔히 선인태후(宣仁太后)로 불린다.

42 왕촉(王蠋)과 강만리(江萬里)의 일 : 왕촉은 전국 시대 제(齊)나라의 충신이고, 강만리(1198~1275)는 남송(南宋) 말기의 충신이다. 연나라 장수 악의(樂毅)가 제나라를 공격하고 왕촉이 어질다는 소문을 듣고 항복을 권하자, 초야에 은거하던 왕촉은 "충신은 두 군주를 섬기지 않고 열녀는 두 남편을 받들지 않는다."라고 하고 자결하였다. 《史記 卷83 田單列傳》 강만리는 도종(度宗) 때 좌승상(左丞相)을 지냈으나 가사도(賈似道)의 미움을 받아 관직에서 물러나 있었는데, 원(元)나라 군대가 쳐들어오자 물에 빠져 자결하였다. 《宋史 卷418 江萬里列傳》

다. 논하는 자들이 이르기를 "그때에 비록 미처 나와서 절하지 못했을지라도 뒤에 마땅히 서로(西路)로 뒤따라갔어야 한다."라고 하는데, 이 또한 성혼의 의리를 헤아리지 못한 것입니다. 의리상 마땅히 뒤에 따라갔어야 한다면 어찌 전에 들어가지 않았겠습니까. 다만 대가가 앞길을 지나가면 인정과 도리 상 차마 가만히 있지 못하고 나가서 절한 뒤에 진퇴(進退)에 대한 명을 기다리려 했는데 창졸간이라 미처 하지 못했기 때문에 어찌할 수 없어 통곡하고 산골로 들어간 것입니다.

광해군(光海君)이 세자(世子)로서 이천(伊川)에 머물면서 불러들이자 성혼은 이에 병을 무릅쓰고 달려갔는데, 성혼이 구차히 달려간 것이 아니고 그에게 들어갈 만한 도리가 있었기 때문입니다. 성혼이 성천(成川)에서 곧장 의주(義州)로 들어간 것은 또한 성혼이 무턱대고 나아간 것이 아니라 그가 이미 분조(分朝)에 들어갔으니 의리상 대조(大朝)에 들어가지 않을 수 없었기 때문입니다. 대가(大駕)가 조정으로 돌아올 때에는 병 때문에 호종(扈從)하지 못해 뒤따라 대궐에 나아가 벼슬을 그만두기를 청하고 물러나왔습니다. 그러니 성혼이 처음부터 끝까지 나아가고 물러가기를 모두 바른 의리로 재단한 것이 어찌 환히 명백하지 않겠습니까. 아, 말고삐를 잡고 군부(君父)를 따르는 것은 세상의 평범한 사내도 오히려 힘쓰는 일이니, 성혼처럼 현명한 이가 어찌 알지 못하고 구차히 그렇게 했겠습니까.

대개 옛날에 군주는 본래 외지에 있는 신하에게 달려가서 힘을 다할 것을 요구하지 않았으니, 왕촉과 강만리의 일이 바로 이러한 의리입니다. 왕촉의 일은 더 말할 것도 없고, 강만리는 도종(度宗) 때의 상신(相臣)으로서 가사도(賈似道)[43]와 화합하지 못해 물러나서 국가의 난리에 달려가지 않고 시골에서 죽었습니다. 일찍이 벼슬하다가 물러난 자도 오히려 달려가지 않았는데 하물며 본디 초야에 있던 자이겠습니까. 강만리의 일만 그러했던 것이 아니라 양시(楊時)와 윤돈(尹焞) 같은 선현들도 건염(建炎) 연간의 혼란한 때를 당해 군부(君父)가 허둥대며 파천하는 중에도 부름이 없으면 스스로 간 적이 없었습니다.[44] 호안국(胡安國)은 두 번이나 고종(高宗)의 특별한 부름을 받아 지주(池州)에 이르렀는데 대가가 오월(吳越)로 거둥했다는 소식을 듣고 중도에 병을 빌미로 돌아갔습니다.[45] 옛사람의 행사에 이와 같은 일들이 있었으니, 성혼이 스스로 처한 것도 반드시 그 도(道)가 있었던 것입니다.

그런데 저 참소하는 자들이 반드시 이 일을 꼬집어서 말하는 데에는 또 그 연유가 있으니, 청컨대 거듭 말씀드리겠습니다. 성혼이 계미년(1583, 선조16)에 상소를 올려 이이(李珥)를 신원(伸冤)한 뒤부터[46]

43 가사도(賈似道) : 1213~1375. 자는 사헌(師憲)이다. 남송(南宋) 말기 누이가 이종(異宗)의 총애를 받아 귀비(貴妃)가 된 덕으로 우승상이 되고 뒤에 위국공(魏國公)에 봉해졌다. 그러나 대소 정무를 돌보지 않고 날마다 비첩들과 유희만을 즐기다가 결국 귀양지에서 피살되었다. 《宋史 卷474 姦臣列傳 賈似道》

44 양시(楊時)와……없었습니다 : 양시(1053~1135)의 자는 중립(中立), 호는 귀산(龜山), 시호는 문정(文靖)이다. 묘유(苗劉)의 변란 및 고종(高宗)의 여러 차례 파천에도 모두 나아가지 않다가 자택에서 운명하였다. 윤돈(尹焞, 1072~1142)의 자는 언명(彦明)·덕충(德充), 호는 화정(和靖)이다. 금(金)나라가 남쪽으로 쳐들어올 때 고종에게 달려가지 않고 자택에 있다가 운명하였다. 건염(建炎)은 남송 고종의 연호이다.

45 호안국(胡安國)은……돌아갔습니다 : 호안국(1074~1138)의 자는 강후(康侯), 시호는 문정(文定)이다. 고종이 즉위하자 호안국을 급사중(給事中)으로 불렀고, 3년에 장준(張浚)이 크게 쓸 만하다고 여겨 다시 급사중(給事中)에 제수하였는데, 지주(池州)에 이르러 고종이 오월(吳越)로 행차했다는 소식을 듣고 병을 이유로 되돌아갔다. 《宋史 卷435 儒林列傳 胡安國》

46 성혼이……뒤부터 : 1583년 이이(李珥)가 삼사(三司)로부터 탄핵을 받자 성혼은

대대적으로 소인배에게 깊은 원망을 받았는데, 이이가 죽고 나서 많은 노여움이 성혼에게 집중되었습니다. 을유년(1585)에 간사한 무리가 추악한 말로 무함하여 당적(黨籍)에 낱낱이 나열하고 천부(天府)에 이름을 썼으니,[47] 정자(程子)가 다시 부름을 받지 못한 것은 실로 태후(太后)가 아는 바가 아니었습니다.[48]

기축년(1589)에 반역 행위가 소인배의 당에서 일어나자[49] 선조(宣祖)께서 특별히 성혼의 현명함을 생각하여 즉시 아경(亞卿)의 반열로 부르면서[50] 은혜로운 교지(敎旨)를 거듭 내리셨습니다. 이때를 당해 성혼이 아무리 나아가지 않고자 한들 그럴 수 있었겠습니까. 정자가

대호군(大護軍)으로 있으면서 상소를 올려 신구(伸救)하였다. 《宣祖實錄 16年 7月 15日》《牛溪集 卷2 論三司劾栗谷疏》

47 을유년에……썼으니 : 천부(天府)는 궁중의 귀중한 물건이나 관문서를 보관하는 관청인데, 조정의 뜻으로 쓰이기도 한다. 1585년(선조18) 9월 성혼은 양사(兩司)의 탄핵을 받자 〈논죄를 당한 뒤에 스스로를 탄핵한 첫 번째 상소〔被論後自劾第一疏〕〉을 올렸는데, 그 글에 "삼가 들으니, 대간(臺諫)들이 외척 심의겸(沈義謙)의 죄를 논하면서 신이 심의겸과 서로 결탁했다고 논하고 신을 그의 당여(黨與)에 나열하여 이름을 천부에 썼다고 합니다."라고 하였다.

48 정자(程子)가……아니었습니다 : 정이(程頤)가 1092년 부친상을 마치고 판서경국자감(判西京國子監)에 임명되었다. 당시 소철(蘇轍)이 정권을 잡고서 아뢰기를 "그가 마음을 진정시키려 하지 않을까 염려됩니다."라고 하자, 태황태후(太皇太后)가 그 말을 받아들였으므로 정이가 다시 부름을 받지 못했다. 《晦庵集 卷98 伊川先生年譜》

49 기축년에……일어나자 : 1589년(선조22) 정여립(鄭汝立, 1546~1589)이 벼슬을 버리고 진안(鎭安) 죽도(竹島)에서 서실(書室)을 지어놓고 대동계(大同契)를 조직하여 역모를 꾀한다는 고변이 전해지자 아들 정옥남(鄭玉男)과 함께 죽도로 피신하였다가 결국 자살하였다. 이 일에 동인(東人)들이 많이 연루되어 죽임을 당하였다.

50 선조(宣祖)께서……부르면서 : 성혼은 1589년 11월 이조 참판(吏曹參判)에 임명되었다. 《宣祖實錄 22年 11月 8日》

서감(西監)에 취임하였을 때 문인 윤돈(尹焞)이 의혹을 갖자, 정자가 말하기를 "가장 먼저 큰 은혜를 받았으니 이렇게 하지 않는다면 어떻게 덕의(德意)를 우러러 받들겠는가."라고 하였습니다.[51] 성혼의 이 행실은 바로 정자의 의리를 따른 것입니다.

성혼에 대한 소인배의 원망이 이로부터 더욱 심해지더니, 신묘년(1591, 선조24) 이후에 당화(黨禍)를 다시 일으켜 기필코 성혼에게 분풀이하려는 자들이 못하는 짓이 없었습니다. 이홍로(李弘老)가 교묘하게 중상(中傷)하고 정인홍(鄭仁弘)이 해독을 끼치는 것이 암컷과 수컷이 서로 부르고 화답하듯이 앞과 뒤에서 계속 일어났습니다. 갑오년(1594)의 비답[52]과 신축년(1601)의 교지[53]는 모두 시장에 호랑이가

51 정자가 서감(西監)에……하였습니다 : 정이가 신법(新法)을 반대한 인물로 간당(奸黨)에 포함되어 1097년 사천성(四川省) 부주(涪州)로 유배 갔다가 1100년 휘종(徽宗)이 즉위한 뒤에 사면되어 낙양(洛陽)으로 돌아와 10월에 다시 판서경국자감(判西京國子監)에 임명되었다. 《晦庵集 卷98 伊川先生年譜》

52 갑오년의 비답 : 1593년 10월 선조가 환도(還都)할 때 성혼이 병으로 어가(御駕)를 따르지 못하다가 1594년 3월에야 궁으로 들어와 알현하고 〈해주에서 대궐로 달려와 대죄한 상소〔自海州赴闕待罪疏〕〉를 올렸다. 선조는 이에 대해 "경의 상소문을 살펴보았다. 당초 변란이 창졸간에 일어나서 거가(車駕)가 피란할 적에 경의 집 앞을 지나가는데도 경이 나와서 문안하지 않기에 내 스스로 죄가 무거운 줄 알아 장차 죽으려 하였으나 죽지 못하였다. 지금 경이 들어오니 감격하여 눈물이 흐르는 것을 주체하지 못하겠다. 경이 비록 병이 심하더라도 조리하면서 간간이 비변사의 모의에 참여하여 흉적을 쳐서 평정하고 위태한 세상을 편안하게 만든다면 죽어서도 결초보은(結草報恩)할 것이니, 사양하지 말라."라고 하였다. 《宣祖實錄 27年 3月 24日》《宋子大全隨箚 卷2 卷之二十一 疏啓辭》

53 신축년의 교지 : 1601년 정인홍의 문인인 영남 생원(生員) 문경호(文景虎)가 상소를 올려 성혼이 음모를 꾸며 최영경(崔永慶)을 죽였고 1592년 성혼이 파천하는 선조(宣

있더라는 어지러운 참소[54]에서 연유한 것이고, 애당초 증자(曾子)의 어머니가 자상하지 않아서가 아니었습니다.[55] 이홍로 등이 날조한 말은 전후로 올린 상소에서 이미 모두 논하여 열거해 두었으니 밝으신 성상께서 이미 환히 아실 것으로 생각합니다.

정인홍이 성혼을 무함한 차자(箚子)에 대해서는 듣는 자가 그 속내를 알아차리지 못할 수도 있기에 신 등이 청컨대 끝까지 말씀드리겠습니다. 정인홍이 기필코 성혼을 죄에 빠뜨리고자 한 것이 한두 번이 아닙니다. 처음에는 최영경(崔永慶)과 함께 조식(曺植)을 추대하면서 성혼이 이황(李滉)을 높이는 것을 배척하더니, 마침내 양홍주(梁弘

祖)에게 달려가지 않았는데, 아직도 명성과 지위를 보전하고 있고 문도(門徒)가 요직을 차지하고 있다고 주장하였다. 대사헌(大司憲) 황신(黃愼)이 성혼의 문인으로서 문경호의 상소에 관해 반론하였는데, 이에 대해 선조가 "성혼의 위인은 뒤에 와서 마음의 자취가 드러났으니 책망할 것도 못되는 사람이다. 유생의 상소가 과연 무망(誣罔)에서 나온 것이라 하더라도 공론이 있으니 버려두는 것이 옳은데, 황신은 자신이 사사한 사람에게 아부하여 남의 사주를 받은 것이라고 하면서 언론을 통제하여 끊어버림으로써 말을 하지 못하게 하였다."라고 하였다. 《宣祖實錄 34年 12月 23日》《宋子大全隨箚 卷2 卷之二十一疏啓辭》

54 시장에……참소 : 근거 없는 참소라도 여러 사람이 똑같이 하게 되면 사실로 받아들이게 된다는 말이다. 전국 시대 위(魏)나라 방공(龐恭)이 위왕(魏王)에게 "지금 한 사람이 저자에 호랑이가 나타났다고 하면 믿으시겠습니까?" 하니, 왕이 "믿지 않겠다." 하였고, 다시 "두 사람이 저자에 호랑이가 나타났다고 하면 믿으시겠습니까?" 하니, 왕이 "믿지 않겠다." 하였는데, 다시 "세 사람이 저자에 호랑이가 나타났다고 하면 믿으시겠습니까?" 하자 왕이 "믿겠다."라고 하였다. 《韓非子 內儲說上》

55 애당초……아니었습니다 : 공자의 제자 증삼(曾參)이 비(費) 땅에 있을 때 증삼과 동명이인이 살인을 했는데, 어떤 사람이 증삼의 어머니에게 증삼이 살인을 했다고 전했다. 증삼의 어머니가 처음에는 그 말을 믿지 않다가 세 번 반복하여 듣자 마침내 베를 짜던 북을 던지고 담장을 넘어 달아났다. 《戰國策 卷4 秦策2》

澍)[56]와 원한을 맺고 서로를 도모하였는데, 성혼이 그들의 악한 점 말하는 것을 미워하여 속으로는 해칠 생각을 품고 밖으로는 간사한 말을 퍼뜨리면서 교묘한 말로 속이고 현혹시켜 억지로 죄안을 만들었습니다. 그 말에 이르기를 "성혼이 만약 국난(國難)에 달려가지 않은 것을 왕촉(王蠋)과 강만리(江萬里)에 비유했다면 어찌하여 유독 역변(逆變 정여립(鄭汝立)의 난)이 일어났을 때에는 위급한 일에 달려감을 칭탁하고 소명(召命)을 기다리지도 않은 채 경솔히 성안으로 들어왔단 말입니까."[57]라고 하였습니다. 이는 정인홍이 왕촉과 강만리에게 스스로 비유한 것이 마땅한 줄을 몰라서가 아닙니다. 그러나 또 억지로 이 말을 하는 것은 다만 소인배가 성혼을 원망하게 된 것이 기축년(1589)의 일에 있었으므로, 임진년(1592)에 나아가지 않은 것을 꼬집어 기축년에 나아간 것이 애당초 소명이 없었는데도 스스로 들어온 것처럼 이간질하려 했습니다. 그렇다면 '이전에는 나아갔고 나중에는 물러갔다〔前進後退〕'라는 네 글자는 본래 소인배들이 성혼을 원망하는 사사로운 말이니, 군자가 의혹할 바가 아닙니다.

정인홍이 이황을 헐뜯은 상소[58] 중에서도 일찍이 참람되게 유현(儒

56 양홍주(梁弘澍) : 1550~1610. 본관은 남원(南原), 자는 대림(大霖), 호는 서계(西溪)이다. 정인홍(鄭仁弘)의 처남이며 성혼(成渾)의 문인이다. 정인홍이 실권을 잡아 성혼을 비판하자 1603년(선조36) 정인홍을 탄핵하는 상소를 올렸다. 《宣祖修正實錄 36年 5月 1日》

57 성혼이 만약……말입니까 : 1602년 정인홍이 대사헌(大司憲)으로서 올린 차자(箚子)에 보인다. 《宣祖實錄 35年 3月 17日》

58 정인홍이……상소 : 정인홍은 1611년(광해군3)에 좌찬성(左贊成)을 사직하는 상소를 올렸는데 이언적(李彦迪)과 이황(李滉)을 비방하고 문묘 종사(文廟從祀)가 부당

賢)의 출처(出處)하는 도리를 논한 적이 있으니, 정인홍이 어찌 옛 사람의 문자(文字)를 보지 못했겠으며 또 어찌 고인의 행사(行事)를 훌륭하게 여기지 않았겠습니까. 그러나 이황을 공격할 때에는 스스로 나온 것을 허물로 삼았고 성혼에 대해서는 나아가기를 어렵게 한 것으로 죄를 삼았으니, 간악한 적의 정상(情狀)이 불 보듯 뻔할 뿐만이 아닙니다.

그런데 유직(柳稷) 등이 감히 정인홍의 뜻을 이어받아 다시 '왕법(王法)에 용서받을 수 없다.'라는 흉측한 말[59]을 거론하면서 제멋대로 환한 대낮에 날뛰니, 또한 통탄스럽지 않습니까. 과연 이들의 말과 같다면 정이(程頤)와 양시(楊時) 등 여러 사람은 은혜를 잊고 나라를 저버린 죄인이 되고 말 것이요, 도리를 지키며 자중하는 선비와 나아가기를 어렵게 여기고 물러나기를 쉽게 하는 군자를 모두 왕법으로 처벌할 수 있으니, 그 어지럽히는 짓이 어찌 성혼만 모멸을 받을 뿐이겠습니까. 틀림없이 사문(斯文)에 있어 천 년 만의 재앙이 될 것입니다.

대저 이이(李珥)가 선(善)으로 옮겨온 용기를 보지 못했다면 어떻게 식견이 뛰어난 줄을 알겠으며, 성혼이 변란에 처신하는 의리를 보지 못했다면 어떻게 몸가짐이 매우 확고한 줄 알겠습니까. 이것은 도학(道學)의 참됨과 출처(出處)의 바름이 오현(五賢)으로부터 온 것이

함을 극론하였다.《光海君日記 3年 3月 26日》이 일로 정인홍은 유적(儒籍)에서 삭제되었다.

59 유직(柳稷)……말 : 유직 등이 올린 상소에 "성혼이 나라의 후한 은혜를 입고서도 임금이 파천하던 날 달려오지 않은 것은 참으로 왕법에 용서받지 못할 바로서 선묘(宣廟)께서 내린 준엄한 하교가 어제의 일 같습니다."라고 적혀 있다.《孝宗實錄 1年 2月 22日》

니, 두 현인보다 나은 자는 없습니다. 이는 신 등의 말이 아니라 바로 선정(先正)과 노사(老師)의 의론입니다.

옛날 공문중(孔文仲)은 정자(程子)를 간사하다고 지적하였고,[60] 임율(林栗)은 주자(朱子)를 위학(僞學)이라고 지적하였습니다.[61] 공문중과 임율 등의 입장에서 보면 정자와 주자 또한 간사하고 위학인 것처럼 여겨졌으므로 아무런 기탄없이 헐뜯고 배척한 것입니다. 지금 유직 등이 심지어 '임금을 버려두고 어버이를 뒤로 미루었다.' 등의 말로 양현을 배척한 것은 또한 공문중과 임율이 정자와 주자를 대하는 것과 같기에 말이 이처럼 심한 것이 마땅합니다. 신 등이 또한 어찌 많이 변별할 것이 있겠습니까.

유직 등의 이른바 '교묘하게 충현(忠賢)을 헐뜯고 자기편〔朋比〕을 비호했다.'라는 것은 모호하게 말을 하여 현혹시키는 계획으로 삼은 것인데, 신 등은 그것이 누구를 가리켜 말한 것인지 헤아리지 못했습니다. 그러나 정인홍의 말로 미루어 보면 유직 등이 주장하여 말한 바를 알 수 있습니다. 옛날 선조(宣祖) 임신년(1572, 선조5)에 이이(李珥)

60 공문중(孔文仲)은……지적하였고 : 공문중(1033~1088)의 자는 경보(經父)로, 소식(蘇軾)과 친하였다. 정이(程頤)가 숭정전 설서(崇政殿說書)로 있을 때 소식이 우간의대부(右諫議大夫) 공문중을 사주하여 정이를 탄핵하게 하자, 공문중은 마침내 소식의 말만 믿고 상소를 올려 정이를 소인배로 몰아서 탄핵하였다. 뒤에 공문중은 자신이 도리어 소인배의 사주를 받았음을 크게 후회하고 끝내 피를 토하고 죽었다. 《二程外書 卷12》《晦庵集 卷41 答程允夫》《宋史 卷344 孔文仲列傳》

61 임율(林栗)은……지적하였습니다 : 임율은 송(宋)나라 복청(福淸) 사람으로, 자는 황중(黃中), 시호는 간숙(簡肅)이다. 병부 시랑(兵部侍郎)에 올라 시강(侍講)할 적에 병부 낭중(兵部郎中)으로 있던 주희(朱熹)와 《주역》 및 〈서명(西銘)〉을 논하다가 의견이 맞지 않자 상소하여 주희를 공격하였다. 《宋史 卷394 林栗列傳》

가 상소를 올려 이준경(李浚慶)이 올린 유소(遺疏)의 잘못을 논했고,[62] 신사년(1581)에 정인홍이 심의겸(沈義謙)을 논하면서 아울러 정철(鄭澈)을 언급하자 이이가 그들과 의견을 다투었으니,[63] 이른바 '충현'은 이준경을 가리키는 듯하고 '붕비'는 심의겸과 정철 등을 가리키는 듯합니다. 신 등이 청컨대 밝게 말씀드리겠습니다.

이준경이 사직(社稷)에 공을 세운 것은 온 나라 사람들이 알고 있으며, 이이 또한 그를 어진 재상이라고 칭송한 적이 있었습니다. 그러나 그 병통 또한 스스로 가지고 있었으니, 성격과 기품이 꼿꼿하여 사류(士類)를 좋아하지 않아 이황(李滉)을 '산새〔山禽〕'라고 가리키기까지 하였습니다.[64] 선조(宣祖)께서 막 문치(文治)에 확고한 뜻을 두어 사림(士林)이 크게 기대했는데, 이준경이 가르쳐 인도한 것은 오로지 옛 것을 따르는 데에만 힘썼고 유소(遺疏)에서는 사류(士類)를 지나치

62 임신년에……논했고 : 이준경(李浚慶, 1499~1572)의 본관은 광주(廣州), 자는 원길(原吉), 호는 동고(東皐)・남당(南堂), 시호는 충정(忠正)이다.《穌齋集 卷10 有明朝鮮國大匡輔國崇祿大夫……李公神道碑銘幷序》임종을 앞두고 〈유차(遺箚)〉를 올려 네 가지 조목을 논했는데, 그중 네 번째에서 붕당에 대한 우려를 제기하였다.《東皐遺稿 卷2》이이(李珥)는 이에 대해 〈붕당을 논하는 상소〔論朋黨疏〕〉를 올려 변론하였다.《栗谷全書 卷4》《宣祖修正實錄 5年 7月 1日》

63 신사년에……다투었으니 : 정인홍(鄭仁弘)이 1581년 사헌부 장령(司憲府掌令)으로 있으면서 청양군(靑陽君) 심의겸(沈義謙, 1535~1587)을 탄핵하면서 정철(鄭澈)을 심의겸의 당여(黨與)로 보고 함께 배척하였다. 이에 대사헌(大司憲) 이이가 정철을 탄핵하는 옳지 못하다고 이의를 제기하였다.《宣祖修正實錄 14年 7月 1日, 8月 1日》

64 이황(李滉)을……하였습니다 : 1567년 8월 예조 판서(禮曹判書) 이황이 명종(明宗)의 국장(國葬)을 앞두고 병을 이유로 벼슬에서 물러나 시골로 돌아가자, 이준경은 이황을 '산새'에 비유하고 이단(異端)으로 배척하였다.《宣祖實錄 卽位年 8月 1日》《宣祖修正實錄 2年 6月 1日》

게 의심하여 성상의 마음에 의혹을 열어 놓았습니다. 그래서 그가 공격하려던 계책은 장차 조정에 재앙의 단서를 일으키기에 알맞았으므로, 이이가 진실한 마음으로 바로잡아 그것이 그렇지 않음을 밝혀낸 것입니다.

옛날 송나라 신하 유정(留正)이 사대부의 붕당을 근심하자 주자(朱子)가 질책하여 말하기를 "붕당의 화(禍)는 진신(搢紳)에게 그치는 것인데, 옛날에 붕당을 미워하여 없애려고 했던 자들은 이따금 나라를 망하게 하는 데에 이르렀습니다. 그들이 현명한지 현명하지 못한지와 충성스러운지 간사한지를 살피지 않은 채 오직 붕당을 없애는 데에 힘쓴다면, 저 스스로 꾀하는 데에 교묘한 소인들은 틀림없이 스스로 그 행적을 감추겠지만 군자는 그 공변된 마음과 곧은 도를 믿어 그럴듯하게 둘러대지 못하다가 이따금 도리어 내밀려 당을 만든다고 지목될 것입니다. 한(漢)나라와 당(唐)나라, 소성(紹聖) 때의 일[65]이 지금과 그리 멀지 않습니다."[66]라고 하였으니, 이이의 마음가짐도 이와 같을

65 한(漢)나라와……일 : 한나라 때의 일은 후한(後漢) 환제(桓帝)와 영제(靈帝) 때에 이응(李膺), 진번(陳蕃), 두무(竇武) 등의 청류(淸流)이 발호하는 환관들을 제거하려다가 오히려 당인(黨人)으로 지목 받아 처형당하고 폐고된 당고(黨錮)의 화(禍)를 가리킨다. 《後漢書 卷97 黨錮列傳》 당(唐)나라의 일은 소선제(昭宣帝) 때 주전충(朱全忠)이 당시의 명사인 배추(裴樞) 등 수십 명을 살해하여 그 시체를 황하에 내버렸는데, 그의 좌리(佐吏) 이진(李振)이 "이들은 스스로 청류(淸流)라 하였으니 흐린 황하에 던져 넣어 영원히 탁류(濁流)로 만들어야 합니다."라고 하자, 주전충이 웃으면서 허락했던 일을 가리킨다. 《新唐書 卷140 裴遵慶列傳 裴樞》 소성(紹聖)은 송(宋)나라 철종(哲宗)의 두 번째 연호로, 1094년부터 1098년까지 사용되었다. 장돈(章惇)이 정권을 잡아 신법(新法)을 다시 시행하면서 소식(蘇軾) 형제, 사마광(司馬光), 정자(程子) 형제, 고림(顧臨) 등 여러 인물들이 대거 먼 지방으로 유배되었다.

뿐입니다.

무릇 일을 논하는 법은 다만 사리(事理)가 어떠한지를 논해야 합니다. 만약 그 사람이 현명하다고 하여 그 사람이 행한 잘못까지 아울러 비호한다면 또한 어찌 군자의 마음가짐이겠습니까. 사마광(司馬光)이 원우(元祐 송 철종(宋哲宗)의 첫 번째 연호) 연간의 부름에 가장 먼저 나아가서 희령(熙寧 신종(神宗)의 첫 번째 연호)과 원풍(元豐 신종의 두 번째 연호) 연간의 정사를 변통하려 했는데, 명도(明道)가 말하기를 "끝내 어지럽게 될 것이다."라고 하였습니다. 진준경(陳俊卿)과 왕응신(汪應辰)은 남송(南宋)의 훌륭한 신하라고 이를 만하니, 주희 또한 선류(善流)의 종주(宗主)로 인정한 적이 있었습니다. 그런데 한 사람의 바른 선비가 쫓겨나는데도 구원해 주지 못하자, 주자는 문득 "진준경은 볼만한 것이 없고, 왕응신은 녹록한 사람이다."라고 말하였습니다.[67] 현명한 자가

66 송나라……않습니다 : 유정(留正, 1129~1206)은 남송(南宋) 때의 현상(賢相)으로, 자는 중지(仲至), 시호는 충선(忠宣)이다. 유정이 승상으로 있으면서 붕당을 근심하여 어진 사람을 제대로 등용하지 못하자 주희(朱熹)가 편지를 보내 군자의 당을 적극 옹호하였다. 《晦庵集 卷28 與留丞相書》

67 진준경(陳俊卿)과……말하였습니다 : 진준경(1113~1186)의 자는 응구(應求), 시호는 정헌(正獻)이다. 송나라 효종 때 상서우복야(尙書右僕射)를 지내고 승상에 올랐다. 주희가 그의 행장(行狀)을 지었다. 왕응신(汪應辰, 1118~1176)의 자는 성석(聖錫)이다. 주희는 "왕단명(汪端明)은 한 시대 선인(善人)의 종주이다."라고 칭송하였다. 원문의 일정사(一正士)는 위섬지(魏掞之, 1116~1173)로, 자는 원리(元履), 호는 간재(艮齋)이다. 《宋史 卷459 魏掞之列傳》 1168년 효종(孝宗)에게 글을 올렸는데 보고되지 않았고 재상 진준경에게 서신을 보내 나쁜 풍조를 바로잡지 못한 점을 질책하였는데, 얼마 후 태주 교수(台州教授)로 좌천되었다. 이에 주희가 〈유평보에게 답한 편지〔答劉平甫書〕〉에서 "진준경은 볼만한 것이 없고, 왕응신은 녹록한 사람이다."라고 평하였다. 《晦庵集 卷24》 대본에는 '陳浚卿'으로 되어 있는데, 《송사(宋史)》 권383 〈진준경열전(陳

사람을 논할 적에는 그 사람의 장점을 취하고 그 사람의 단점을 지적하니, 그 마음이 절로 지극히 공평합니다. 이것을 가지고 정자와 주자가 교묘하게 헐뜯었다고 말하는 것은 또한 무함이 아니겠습니까.

심의겸(沈義謙)은 권간(權奸)이 권세를 훔치던 날을 당해 실로 사림을 부지하여 보호한 공로가 있으니, 그가 조정을 혼탁하고 문란하게 만든 간사한 사람이 아니라는 것이 명백합니다. 정철(鄭澈)은 충직하고 청렴하며 굳세고 지조 있는 사람입니다. 다만 그 품성이 준엄하고 결백하여 악(惡)을 원수처럼 미워하다 보니, 계미년(1583, 선조16)에 세 명을 유배 보내자는 결정에 찬성하고부터 당시의 무리들과 원한을 맺었고, 기축년(1589)에 명을 받아 역모를 다스리게 되자 소인배들에게 미움을 받았습니다. 신묘년(1591)에 당화(黨禍)가 크게 일어난 것은 결국 참적(讒賊)이 무함하여 발생한 것이었으니,[68] 저 소인배들이 기어이 정철을 간사한 사람으로 지목하고 아울러 양현(兩賢)과 함께 공격하려고 하는 것은 실로 전후로 동일한 음모이거니와, 그들이 치밀하게 법으로 옭아매고 심하게 무고한 것은 또 어찌 끝이 있었습니까. 그러나 옳고 그름을 한때에 어지럽힐 수 있어도 끝내 사라지게 할 수 없으니, 지금 이미 드러난 자취를 가지고 본다면 당시 정철을 간사한 사람으로 지목했던 자들은 과연 누구였습니까. 정여립(鄭汝立)은 이미 흉악한 역적으로서 차례대로 주륙되었고 부화뇌동(附和雷同)하던

浚卿列傳)〉에 의거하여 '浚'을 '俊'으로 바로잡아 번역하였다.

68 신묘년에……것이었으니 : 1591년(선조24) 좌의정(左議政) 정철(鄭澈)이 입대(入對)하여 광해군(光海君)의 세자 책봉을 건의했다가 선조(宣祖)의 노여움을 사서 강계(江界)로 유배당해 위리안치(圍籬安置)되었다.

논의는 시비를 절로 감추지 못했습니다. 이것을 가지고 말해 보면 양현이 뭇 사람들에게 버림받은 정철을 취해서 사귀는 도리가 쇠하지 않았던 것에서 '군자는 좋아하고 미워할 적에 반드시 밝게 살핀다'[69]는 것을 더욱 볼 수 있습니다. 그리고 소인배가 정철을 무고한 것은 다른 사람을 지시하여 억울하게 누명을 씌우는 따위와 같아서 허망하게 날조한 것이 한두 가지가 아니었으나 교묘하게 하려다가 도리어 졸렬해져서 정상(情狀)이 다 드러났으니, 신 등이 진실로 오늘날에 일일이 아뢸 겨를도 없습니다.

우리 선대왕(先大王 인조(仁祖))께서 반정(反正)하던 초기에 흉악하고 더러운 무리를 쓸어내어 맑게 하자 공론(公論)이 크게 펼쳐져 억울함을 씻어준 은혜가 가장 먼저 저승에 미쳤으니, 일의 전말이 역사서에 밝게 실려 있습니다. 이는 실로 백세토록 바뀌지 않을 바른 의론인데, 유직 등이 아직도 흉악한 무리가 남긴 의론을 이어받아 서술하여 기어코 선유(先儒)에게 아울러 누를 끼치려고 하니, 또한 매우 괴이하고 놀랍습니다. 예로부터 군자가 임금의 신임을 얻어 도(道)를 행할 적에 이를 방해하는 소인이 어찌 이것으로 명목을 삼지 않았겠습니까. 근래의 일로 말하면 참으로 남곤(南袞)과 심정(沈貞)[70]은 조광조(趙光祖)

69 군자는……살핀다 : 《논어》 〈위령공(衛靈公)〉에 공자(孔子)가 "대중들이 미워해도 반드시 그 사람을 살피고 대중들이 좋아해도 반드시 그 사람을 살펴야 한다."라고 한 말을 가리킨다.

70 남곤(南袞)과 심정(沈貞) : 남곤(1471~1527)의 본관은 의령(宜寧), 자는 사화(士華), 호는 지정(止亭)·지족당(知足堂), 시호는 문경(文景)이다. 심정(1471~1531)의 본관은 풍산(豐山), 자는 정지(貞之), 호는 소요정(逍遙亭)이다. 1519년(중종11)에 조광조(趙光祖)를 중심으로 한 신진사림파(新進士林派)를 반역 혐의로 무고

를 무함했던 자들입니다.

아, 선비가 이 세상에 태어나면 큰 포부가 어떠하겠습니까? 곤궁할 때 배우는 것은 장차 영달하여 행하려는 것입니다. 그러므로 공자가 말하기를 "숨어 살면서 자신의 뜻을 추구하고 벼슬해서는 의(義)를 행하여 그 도를 달성한다."[71]라고 하였고, 맹자가 말하기를 "곤궁하면 홀로 제 몸을 선하게 하고, 영달하면 천하 사람들을 모두 선하게 한다."[72]라고 하였습니다. 이렇게 하지 못한다면 또 어찌 체(體)를 밝히고 용(用)을 알맞게 하는 참된 선비라고 말할 수 있겠습니까.

우리나라에 유자(儒者)의 학문이 본조(本朝)보다 성대했던 시대가 없었으나 또한 나라를 경영하고 백성을 구제하겠다고 자임(自任)한 자는 있지 않았습니다. 오직 조광조(趙光祖)가 순정(純正)한 도학(道學)으로 중종(中宗)의 신임을 받아 여러 철인(哲人)을 대거 등용하였기에 거의 한 차례 변혁할 수 있었는데 끝까지 시행하지 못했는데 큰 재앙이 곧바로 일어났고, 이황(李滉)은 정밀하고 깊은 학문으로 유림의 의표(儀表)가 되었으나 오로지 물러날 것만 생각하고 일을 담당하려 하지 않았습니다. 그러므로 세상을 경영하는 대도(大道)가 펼쳐지지 못했는데, 그 뒤로 조광조와 이황을 이어 일어난 사람이 실로 양현(兩賢)입니다.

이이(李珥)는 제왕을 보좌할 만한 인재로서 성명(聖明)한 군주를 만나, 임금을 바로잡는 데 간절하고 세상을 구제하는 데에 급급한 것을

하여 숙청한 기묘사화(己卯士禍)를 일으켰다.

71 공자가……달성한다 : 《논어》 〈계씨(季氏)〉에 보인다.

72 맹자가……한다 : 《맹자》 〈진심 상(盡心上)〉에 보인다.

지극히 말하고 정성을 다하면서 시종 한결같이 논의하였습니다. 그 치도(治道)를 강론한 것은 그 말이 매우 갖추어져 있는데, 대략적인 내용은 자기를 닦는 것을 나라를 다스리는 큰 근본으로 삼고 백성을 편안하게 하는 것을 시대를 구제하는 급선무로 삼지 않은 적이 없었습니다. 자기를 닦는 방도는 입지(立志)와 무실(務實)로 강(綱)을 삼고 격물(格物)과 치지(致知)와 성의(誠意)와 정심(正心)의 목(目)은 성경(聖經)에 근본하지 않은 것이 없었습니다. 백성을 편안하게 하는 방법은 폐단을 고쳐 변통하는 것을 우선으로 하되 개혁하여 고치고 조처하는 방법은 모두 당시의 사정을 참작하여 한때에 행할 수 있을 뿐만 아니라 진실로 만세토록 다스리는 법으로 삼아야 합니다. 그렇게 된다면 이것이 어찌 고지식한 선비와 세속의 학문으로 만분의 일이라도 모방할 수 있는 일이겠습니까. 〈만언봉사(萬言封事)〉[73]와 〈동호문답(東湖問答)〉[74]에 나타난 것을 고찰해 보면 알 수 있습니다.

조정의 논의가 혼란스럽고 관료들이 화목하지 못함에 이르러서는 이이가 홀로 깊이 걱정하고 멀리 염려하여 '동서(東西)' 두 글자가 반드시 나라를 망치는 재앙의 근본이 될 것이라고 말하면서 씻어내고 화해시키는 계책을 힘껏 진술했습니다. 경박하게 내뱉는 말을 진정시키고 헐뜯는 말을 억제하며, 동과 서 양쪽 사이에서 주선하되 원망과 비방을

73 만언봉사(萬言封事) : 이이(李珥)가 1574년(선조7) 우부승지(右副承旨)로서 선조(宣祖)의 구언교서(求言教書)에 응하여 올린 글로, 국정 전반에 관한 개혁안을 제시하였다. 《栗谷全書 卷5》

74 동호문답(東湖問答) : 이이가 1569년 홍문관 교리(弘文館校理)로서 동호독서당(東湖讀書堂)에서 사가독서(賜暇讀書)하면서 왕도정치에 대한 경륜을 주객(主客)의 문답체로 서술해 선조에게 올린 글이다. 《栗谷全書 卷15》

돌아보지 않았으니, 그의 지극히 정성스럽고 간절하며 밝고도 바른 뜻이 푸른 하늘의 밝은 태양처럼 전후로 올린 상소에 나타나 있어 가느다란 털끝만큼도 숨긴 것이 없습니다. 그런데도 또한 이 때문에 당시 정권을 잡은 무리의 마음을 크게 거슬렀는데, 우리 선조(宣祖)께서는 그가 경륜과 도덕을 지녔음을 깊이 알아 성상의 마음으로 간택하여 장차 크게 등용하려 하였으니, 계미년(1583, 선조16)의 만남이야말로 진정 우리나라에서 천 년 만에 볼만한 성대한 일이었습니다.

밝은 임금과 어진 신하가 서로 만나 다스림과 교화를 이룰 만했는데, 시기하고 미워하는 무리가 사방에서 떼 지어 일어났습니다. 철인(哲人)이 운명하여 하늘이 남겨두지 않아 우리나라 백성으로 하여금 유자(儒者)의 교화를 얻지 못하게 하였으니, 큰 뜻을 품은 선비의 통한이 지금에 와서 더욱 깊어졌습니다. 그런데도 유직 등은 도리어 이것을 이이의 죄라고 합니다. 그렇다면 선비가 벼슬길에 나가 임금을 섬기는 것이 진실로 모두 군주를 성군으로 만들고 백성에게 혜택을 베푸는 대도(大道)를 잊은 채 이록(利祿)에 빠진 뒤에야 현인이 되는 것입니까. 만약 유직 등의 말이 세상에 행해진다면 선비는 대도의 요체를 듣지 못하고 백성은 지극한 정치의 혜택을 입지 못할 것입니다. 이것은 이이와 성혼을 무함하려는 것일 뿐만 아니라 바로 천리(天理)를 무함하고 만세(萬世)를 무함하려는 것입니다.

또 신하가 임금의 위임을 받아 세도(世道)를 담당할 적에 그 속에 쌓인 포부를 다하다 보면 그 자취는 실로 권세를 전횡하는 것으로 의심받을 수 있는데, 임금이 듣기 싫어하는 것으로는 전횡보다 심한 것이 없습니다. 그러므로 홍공(弘恭)과 석현(石顯)이 이러한 명목을 사용하여 소망지(蕭望之)를 죽이는 함정으로 삼았으니,[75] 이는 진정 군주가 자세히 살피고 밝게 변별해야 할 것입니다.

아, 세도(世道)가 문란해지고 인심이 몰락하여 유(儒)와 속(俗)을 분변할 줄 모르고[76] 한갓 편당(偏黨)의 의논만 알아서, 소인의 안목으로 군자를 헤아리며 유치한 소견으로 대도(大道)를 의심하는 것이 보편적인 흐름이 되었습니다. 저들의 "권력을 전횡하고 임금에게 태만하였다."라는 무함이 계미년(1583, 선조16)에 나왔고,[77] "마음의 자취가 드러났다."라는 참소가 정인홍에게서 시작되었는데,[78] 유직 등은 이것들이 현인을 해치고 나라를 엎어버리는 간사한 술책에서 나온 줄을 모른 채 감히 이미 처벌받은 의론을 다시 꺼내서 밝으신 성상을 현혹시키려 하니, 사특한 말의 해로움과 유치한 소견의 비루함을 이루 다 통탄할 수 있겠으며 이루 다 말할 수 있겠습니까.

75 홍공(弘恭)과……삼았으니 : 홍공과 석현(石顯)은 한(漢)나라 때의 환관으로, 둘 다 젊어서 부형(腐刑)을 당했다. 홍공은 선제(宣帝) 때에, 석현은 원제(元帝) 때에 중서령(中書令)이 되어 신임을 받았다. 원제가 병을 앓자 온갖 정사를 마음대로 하였고, 선제의 유조(遺詔)로 조정을 보필하고 원제에게 사부(師傅)로 존중받던 소망지(蕭望之) 등을 무함하여 죽였다. 《漢書 卷78 蕭望之傳》

76 유(儒)와……모르고 : 대본에는 '未達流俗之辨'으로 되어 있으나 《송자대전(宋子大全)》 권21 〈의양현변무소(擬兩賢辨誣疏)〉에 의거하여 '未達儒俗之辨'으로 수정하여 번역하였다.

77 권력을……나왔고 : 1583년(선조16) 이이가 권력을 전횡하고 임금에게 태만하였다는 이유로 정언(正言) 이주(李澍)와 지평(持平) 이경률(李景嵂)이 탄핵하였다. 《月沙集 卷53 栗谷先生諡狀》

78 마음의……시작되었는데 : 1601년 정인홍(鄭仁弘)의 문인인 영남 생원(生員) 문경호(文景虎)가 상소를 올려 성혼을 비방했는데, 대사헌(大司憲) 황신(黃愼)이 성혼의 문인으로서 문경호의 상소에 관해 반론하자 선조가 성혼에 대해 평가한 말이다. 《宣祖實錄 34年 12月 23日》 《宋子大全隨箚 卷2 卷之二十一疏啓辭》

유직 등의 이른바 이기(理氣) 등의 말은 더욱 한 번 웃음거리도 못 됩니다. 공자가 말하기를 "군자는 자기가 모르는 일에 대해서는 말하지 않는 법이다."[79]라고 하였고, 자공(子貢)이 말하기를 "부자(夫子)께서 성(性)과 천도(天道)에 대해 말씀하시는 것은 좀처럼 듣지 못했다."[80]라고 했습니다. 우리나라의 문헌(文獻)은 본조(本朝)에 와서 가장 밝아졌는데, 전후의 이름난 유자(儒者)들이 어찌 모두 우둔한 사람일지라도 유직 등의 견해만 못하겠습니까. 오직 이황(李滉)이 깊이 있고 치밀한 학문으로 중요한 진리를 계발한 뒤에야 정자(程子)와 주자(朱子)의 학문이 세상에 크게 밝혀졌고, 이이(李珥)가 고명하고 뛰어난 자질로 이락관민(伊洛關閩)의 학문[81]을 곧장 거슬러 올라 도체(道體)를 환히 궁구하였기 때문에 일생토록 이황을 높이며 믿고 그의 학문을 강론하고 밝혔습니다. 두 신하가 아니었다면 우리나라의 성리학을 누가 천명할 수 있었겠습니까.

다만 이기에 대한 말에서는 차이가 있음을 면치 못하였으니, 학문이 모자란 신 등은 감히 일부분도 엿보지 못했기에 감히 누가 맞고 누가 틀린지 알지 못합니다. 그런데도 유직 등은 이미 문자를 잘라내고 말의 맥락을 어둡게 하여 성상을 미혹시키고 있습니다. 신 등이 비록 이황과 이이의 정밀하고 깊은 이치를 알지 못하지만 유직 등의 계략은 엿볼

79 공자가……법이다 : 《논어》 〈자로(子路)〉에 보인다.

80 자공(子貢)이……못했다 : 《논어》 〈공야장(公冶長)〉에 보인다.

81 이락관민(伊洛關閩)의 학문 : 정주학(程朱學)을 가리킨다. 이락관민은 이수(伊水)와 낙수(洛水), 관중(關中)과 민중(閩中)이다. 이수에는 명도(明道) 정호(程顥), 낙수에는 이천(伊川) 정이(程頤)가 강학하였고, 관중에는 횡거(橫渠) 장재(張載), 민중에는 회암(晦庵) 주희(朱熹)가 강학하였다.

수 있으니, 어찌 밝으신 성상께 다 말씀드리지 않을 수 있겠습니까.

이황은 일찍이 "이(理)와 기(氣)가 서로 발(發)한다."라고 하였고, 또 "사단(四端)은 이가 발하여 기가 따르는 것이고, 칠정(七情)은 기가 발하여 이가 타는 것이다."[82]라고 하면서 주자의 "사단은 이가 발한 것이고 칠정은 기가 발한 것이다."[83]라는 말을 인용하여 증명하였습니다. 이이가 일찍이 이것에 대해 "말을 만든 것이 온당하지 않으니, 아마도 정견(正見)에 한 가지 흠이 될 듯하다."라고 하고 성혼과 왕복하여 논변하면서 다음과 같이 말했습니다.

"발하게 하는 것은 이(理)지만 기(氣)가 아니면 발할 수 없고, 이가 아니면 발할 것이 없으니 선후(先後)가 없고 이합(離合)이 없기에 호발(互發)이라고 말할 수 없습니다. 사람의 마음만 그러한 것일 뿐만 아니라 천지(天地)의 조화도 기가 화함에 이가 타지 않는 것이 없습니다. 천지의 조화는 바로 우리 마음이 발한 것이니 천지에 만약 이화(理化)와 기화(氣化)가 있다면 우리 마음에도 이발(理發)과 기발(氣發)이 있겠지만, 천지에 이미 이화와 기화의 다름이 없으니 우리 마음에 어찌 이발과 기발의 차이가 있겠습니까. 주자의 뜻은 '사단은 오로지 이만을 말하고 칠정은 기를 겸하여 말한 것이다.'라고 한 데에 지나지 않으니, '사단은 이가 먼저 발하고, 칠정은 기가 먼저 발한다.'라고 말한 것이 아닙니다.

이는 형이상(形而上)의 것이고, 기는 형이하(形而下)의 것이기에

82 사단(四端)은……것이다 : 1560년(명종15) 이황(李滉)이 기대승(奇大升)에게 보낸 편지에 보인다. 《退溪集 卷16 答奇明彦》

83 주자의……것이다 : 《주자어류(朱子語類)》 권53에 보인다.

두 가지는 서로 떨어질 수 없으니, '서로 발용(發用)함이 있다.'라고 말할 수 없습니다. 다만 이는 무위(無爲)이고 기는 유위(有爲)이기 때문에 정(情)이 본연지성(本然之性)에서 나와 형기(形氣)에 가려지지 않은 것을 이에 소속시키고, 당초에 비록 본연지성에서 나왔지만 형기에 가려진 것을 기에 소속시켰으니, 이것은 또한 부득이한 이론입니다. 만약 주자가 진정 이와 기가 서로 발용함이 있어 상대하여 각각 나온다고 말했다면 주자 또한 잘못이니, 어찌 주자라고 할 수 있겠습니까."[84]

이것은 바로 이이가 정미(精微)함을 정확하게 본 것이 보통 사람들보다 훨씬 뛰어나 옆 사람의 시비(是非)를 돌아보지 않고 자기의 이해(利害)를 따지지 않은 채 용감하게 똑바로 나아가 다른 사람들이 감히 말하지 못한 도리(道理)를 설명해내어 후대 학자들로 하여금 이와 기가 서로 떨어질 수 없는 묘함을 환히 이해할 수 있게 한 것입니다.

만약 이황이 세상에 있어서 서로 강론한다면 틀림없이 서로 일치하여 들어맞을 것은 의심할 나위가 없습니다. 만약 이황이 단호하게 자신의 견해를 주장하여 후학들이 반드시 자기 말을 따라야 한다고 말했다면 어찌 장자(張子)의 이른바 "그 좋지 않은 점은 함께 고쳐 나가야 하니, 바로 후학들에게 바라는 바이다."[85]라고 한 뜻이겠습니까. 신 등

84 이이가……있겠습니까 : 《율곡전서(栗谷全書)》 권10 〈성호원에게 답함〔答成浩原〕〉에 보인다.

85 장자(張子)의……바이다 : 장자는 송나라 장재(張載)로, 호는 횡거(橫渠)이다. 주희의 《회암집(晦菴集)》 권37 〈유공보에게 준 편지〔與劉共父書〕〉에서 주희가 인용한 말로 나온다. 대본에는 '共攻之正'로 되어 있는데, 《회암집》에 의거하여 '攻'을 '改'로 바로잡아 번역하였다.

이 삼가 생각건대 이황의 온후하고 화평한 심성은 결코 고루한 세속의 학자가 자기의 견해를 고수하여 기세를 떨치며 큰소리를 치는 것과는 같지 않았을 것입니다.

이황의 학문은 근세에 비할 데가 없습니다. 그러나 도리(道理)는 끝이 없고 지식은 한계가 있으므로 안자(顔子)가 유능하면서도 무능한 사람에게 묻고 많이 알면서도 적게 아는 사람에게 물었으니,[86] 비록 이황의 학문으로도 한마디 말의 어긋남이 없음을 보장하지는 못할 것입니다. 비록 한마디 말의 어긋남이 있더라도 어찌 이황의 성덕(盛德)에 흠이 된다고 이를 수 있겠습니까. 후대 사람은 다만 마땅히 마음을 가라앉히고 사심을 버려 의리를 터득하되 친소(親疏)를 묻지 않고 선후(先後)를 따지지 않으며 의리가 통하는 곳에서는 곧바로 따라야 합니다. 어찌 마음속에 먼저 하나의 '호발(互發)' 두 글자를 가로놓고서 또 주자도 '호발'을 말한 적이 있다고 말하겠습니까.

또 이이가 마음과 힘을 다 쏟아 이황의 설과 주자의 설이 같지 않은 실체를 밝힌 것이 터럭이나 실처럼 세밀하게 분석되어 남은 것이 없는데, 지금 '주자의 학문이 이이에게 배척당했다.'라고 하니 또한 도리에 어긋나지 않습니까. 만약 이이가 이황의 설이 옳지 않은 것을 알면서도 고분고분 따라 엄호하고 주위를 가로막는다면 진정 정자(程子)의 이른바 "옛날 겨를이 없어 하지 못한 일을 지금 다시 할 수 없고, 전에

86 안자(顔子)가……물었으니 : 증자(曾子)가 죽은 안연(顔淵)을 회상하면서 말하기를 "유능하면서도 무능한 사람에게 묻고, 많이 알면서도 적게 아는 사람에게 물으며, 있어도 없는 것처럼 하고, 꽉 차 있어도 텅 빈 것처럼 하며, 남이 무례하게 굴어도 괘념치 않는 것을, 옛날 내 벗이 일찍이 여기에 종사했었다."라고 하였다. 《論語 泰伯》

편안하지 않던 것을 나중에 다시 바로잡을 수 없다."[87]라는 것입니다. 고명(高明)하고 쇄락(灑落)하여 오로지 이치를 밝히기로 마음을 먹은 이이가 어찌 이런 짓을 하려 하겠습니까.

유직 등이 이미 장자(張子)의 마음으로 이황을 대하지 않았다면, 정자의 뜻으로 이이에게 바라지 않는 것이 마땅합니다. 또 지금 세상 사람들이 이황을 존경한다고 하지만 실제로는 도덕이 어떠한지와 학문이 어떠한지를 알지 못하니, 누가 이이처럼 그를 밝게 알고 독실하게 믿어 정성스럽게 존경하겠습니까. 이이가 단호하게 조광조와 이황을 모두 문묘(文廟)에 배향하는 은전이 있어야 한다고 한 것은 진정 주자가 두 분 정자를 위로 공자와 맹자의 도통에 이은 것과 같습니다.

지금 유직 등이 "이황이 이이를 매우 미워했기 때문에 이이가 이황의 학문을 공격하는 데에 여력을 남기지 않았다."라고 말한 것은 이치를 어그러뜨리고 교화를 손상시키는 것이 더욱 심합니다. 만약 호발(互發)의 설을 변론한 것으로 이황을 공격했다고 한다면, 정자와 주자(周子)를 존중하고 믿은 것이 누가 주자(朱子)와 같겠습니까마는 주자가 정자의 《역전(易傳)》에서 잘못된 곳을 변별하여 분석한 것이 매우 많았고 주자(周子)의 문자를 논하는 데에 이르러서는 곧바로 노장(老莊)의 맛이 있다고 하였는데, 그러나 어찌 주자(朱子)가 주자(周子)와 정자를 공격했다고 말한 적이 있었습니까.

유직 등의 이른바 "이황이 깊이 미워하여 통렬하게 끊어내어 '오래도록 익힌 것은 잊기 어렵다.……'"라고 한 것은 그 무함이 더욱 심합니다.

87 정자(程子)의……없다 : 이천(伊川) 정이(程頤)가 1087년 올린 〈논개악어연주장(論開樂御宴奏狀)〉에 보인다. 《二程文集 卷7》

이황이 이이에게 편지를 보내 이미 "허물을 고치는 데에 과감하여 도(道)를 향하는 데에 빠르고 그 방향을 그르치지 않았습니다."라고 인정하고, 이어서 말하기를 "지난날 다른 사람들의 말을 들으니, 그대가 불교 서적을 읽어 꽤 중독되었다고 하기에 매우 애석해한 지 오래되었습니다. 일전에 나를 찾아와 그 사실을 숨기지 않고 그 잘못을 말했으며, 이제 두 차례에 걸쳐 보낸 편지의 뜻이 이러함을 보니, 나는 그대가 함께 도에 나아갈 만함을 알겠습니다. 염려스러운 것은, 새로 맛들이는 것은 달지 않고 익히 먹던 것은 잊기 어려우며 오곡(五穀)의 열매가 여물기 전에 돌피를 거두는 때가 느닷없이 닥치지 않을까 하는 것입니다."[88]라고 하였고, 그 아래에 다시 궁리(窮理)와 거경(居敬)의 방법을 지극히 말했습니다.

이황의 이 편지는 가정(嘉靖) 무오년(1558, 명종13)에 지어졌으니 이이의 나이는 스물세 살이었습니다. 그 말의 뜻을 자세히 보면 과연 깊이 미워하여 통렬히 끊어낸 말투입니까, 아니면 지지하여 인정하고 도와서 이루게 하는 뜻입니까. 유직 등이 이이를 공격하는 데에 급급하여 머리와 꼬리는 잘라 버리고 이 구절만을 가져다가 이황이 덕으로써 남을 사랑한 편지를 있는 그대로 두지 않았으니, 이것은 이이를 무함하려 했지만 자신들도 모르게 이황을 무함한 것입니다.

설사 이황에게 진정 미워하여 끊어내려는 실제가 있었을지라도 미워하여 끊어내려는 바는 선학(禪學)에 미혹되고 빠져든 데에 있는 것이지 이미 깨우친 이이에게 있지 않을 것입니다. 주자가 선학을 공격한

88 이황이……것입니다 : 1558년(명종13) 이황이 이이에게 답한 편지에 보인다. 《退溪集 卷14 答李叔獻》

말이 수천 마디나 되어 통렬히 끊어낸 것이 지극합니다. 그러나 어찌 예전 학문을 버린 뒤에 순수해졌던 명도(明道)와 한 번 변하여 도(道)에 이른 횡거(橫渠)[89]를 미워한 적이 있었습니까. 또 어찌 다른 학문에 종사했다고 스스로 말하면서 마침내 공자와 맹자의 무리가 되기를 바라지 않은 적이 있습니까. 이황의 마음가짐은 결코 이처럼 불공정하지 않을 것이니, 어찌 주자의 이른바 "이 말을 지어낸 것은 도리어 문정공(文定公)을 비방한 것이다."[90]라는 것이 아니겠습니까.

유직 등의 이른바 "이이의 학문은 이(理)를 기(氣)로 인식하고 이와 기를 한 물건으로 여겼다."라고 한 것은 유직 등도 사람의 마음을 지녔을 텐데 어떻게 차마 터무니없이 이런 말을 꺼내어 군부(君父)를 기망할 수 있습니까. 이이의 글에 "이가 아니면 기는 근거할 바가 없고 기가 아니면 이는 의지할 데가 없습니다. 묘하게 합한 가운데 이는 스스로 이이고 기는 스스로 기이니, 서로 뒤섞이지 않습니다. 비록 이는 스스로 이이고 기는 스스로 기라고 하더라도 혼돈되어 간격이 없으므로 그것이 두 물건이 됨을 볼 수 없습니다. 정자(程子)가 말하기를 '기(器)도 도(道)이며 도도 기이다.'[91]라고 하였는데 이 말을 본 자들

89 한 번……횡거(橫渠) : 주희(朱熹)의 〈육선생화상찬(六先生畫像贊)〉 중 장재(張載)에 대해서 "초년에는 손무(孫武)와 오기(吳起)를 좋아했고, 늦게는 불가(佛家)와 노자(老子)로 피하였네. 용감하게 강론 자리를 거두니 한번 변화하여 도(道)에 이르렀도다."라고 하였다. 《晦庵集 卷85》

90 주자의……것이다 : 《이정문집(二程文集)》을 간행할 때 유공(劉珙)과 장식(張栻)이 주희가 고심하여 교정한 것을 채택하지 않고 문정공(文定公) 호안국(胡安國, 1074~1138)에 의거하여 간행하였는데, 주희가 유공에게 편지를 보내어 따로 선본(善本)을 얻어 다시 추가로 보완하기를 권하면서 한 말이다. 《晦菴集 卷37 與劉共父》

은 마침내 이와 기를 한 물건으로 여기고, 주자가 말하기를 '이와 기는 결단코 두 물건이다.'[92]라고 하였는데 이 말을 본 자들은 마침내 이와 기는 선후(先後)가 있는 것으로 여깁니다."[93]라고 하였습니다. 이이의 이 말이 과연 이와 기를 한 물건으로 여긴 것입니까. 다만 후대의 학자들이 말에 집착하고 뜻에 어두운지라 혼돈되어 간격이 없는 사이에 실로 서로 뒤섞이지 않음을 알지 못하였으므로 어쩔 수 없이 양 갈래로 나누어 설파하여 이미 한 물건이라고 한 나흠순(羅欽順)의 병통[94]을 밝히고 또 '호발(互發)'이라고 한 성혼(成渾)의 오류를 밝혔습니다. 그가 이와 기의 묘함을 말하여 세상에 뚜렷이 드러났으니, 이는 바로 이이가 후학들에게 공을 끼친 것인데도 유직 등이 도리어 이이가 이와 기를 한 물건으로 여겼다고 무함하고 있으니, 바로 우(禹) 임금이 홍수를 막히게 했다고 무함하고 맹자가 성악(性惡)을 말했다고 무함하는 것과 같습니다. 삼척동자도 속일 수 없는데 하물며 밝으신 성상을 기망하려 함이겠습니까.

유직 등의 이른바 "병통의 근원이 도(道)와 기(器)를 알지 못하는

91 정자(程子)가……기이다 : 《주역》 〈계사전 상(繫辭傳上)〉의 "형이상(形而上)의 것을 도(道)라고 하고 형이하(形而下)의 것을 기(器)라고 한다."라는 말을 명도(明道) 정호(程顥)가 해설하면서 한 말이다. 《二程遺書 卷1》

92 주자가……물건이다 : 《회암집(晦庵集)》 권46 〈답유문숙(答劉文叔)〉에 보인다.

93 이이의 글에……여깁니다 : 이이가 1572년 성혼(成渾)에게 답한 편지에 보인다. 《栗谷全書 卷10 答成浩原》

94 한 물건이라고……병통 : 명(明)나라 나흠순(羅欽順, 1465~1547)의 자는 윤승(允升), 호는 정암(整菴)이다. 저서에 《곤지기(困知記)》, 《정암존고(整菴存稿)》가 있다. 기(氣)를 떠난 이(理)는 없다고 하여 이기일물론(理氣一物論)을 제창하였다.

육가(陸家)의 견해에서 나온 것으로서 그 폐해는 작용(作用)을 성(性)이라고 한 석씨(釋氏)의 말과 같다."라는 것은 누구로부터 이런 논의가 나온 것인지 모르겠습니다. 육씨(陸氏)가 함부로 주자(周子)의 태극설(太極說)을 헐뜯고 곧바로 음양(陰陽)을 태극이라고 했기 때문에 주자(朱子)가 "도와 기의 구분에 어둡다."라고 한 것입니다.[95] 이이의 이른바 "이는 스스로 이이고 기는 스스로 기이다."라는 것이 과연 육씨의 견해와 같은 것이겠습니까.

석씨는 이 성(性)이 천리(天理)에 근본한 것을 알지 못하기 때문에 작용을 성이라 여기고 미친 듯이 날뛰어 스스로 방자하였으니, 그 설에 "각각의 존재가 원만하게 이루어져 있다.〔箇箇團成〕"라고 한 것은 대개 일원(一原)의 묘함에 어두워서입니다. 주자가 밝게 변론한 것이 "이쪽은 하나이고 저쪽은 둘이다."[96]라고 말한 데에 불과합니다. 지금 이이가 두 갈래로 나뉘었다는 미혹을 힘껏 변론한 것도 은미함〔微〕과 드러남〔顯〕에 간격이 없고 체(體)와 용(用)이 하나의 근원인 묘함[97]을 밝

95 육씨(陸氏)가……것입니다 : 육씨는 송나라 육구연(陸九淵, 1139~1192)으로, 자는 자정(子靜), 호는 상산(象山), 시호는 문안(文安)이다. 주돈이(周敦頤, 1017~1073)가 지은 〈태극도설(太極圖說)〉 도입부의 '무극이태극(無極而太極)'에 대해 육구연은 태극 앞에 무극이란 말을 붙이는 것은 노장사상이라고 비판하였다. 《象山集 卷2》 주희는 무극과 태극은 선후 관계나 상하의 개념이 아니라 '무극이면서 태극이다.'라고 보아야 한다고 주장하였다. 《晦庵集 卷36 答陸子靜》

96 주자가……둘이다 : 주희가 이부 상서(吏部尙書) 왕응신(汪應辰, 1118~1176)에게 답한 편지에 보인다. 《晦庵集 卷30 答汪尙書》

97 은미함과……묘함 : 정이(程頤)의 〈역전서(易傳序)〉에 나오는 말이다. 이에 대해 주희가 〈왕 상서에게 답한 편지〔答汪尙書〕〉에서 "지극히 은미함〔微〕은 이(理)이고, 지극히 드러남〔顯〕은 상(象)이다. 체(體)와 용(用)이 하나의 근원이고, 드러남과 은미

힌 것으로, 석씨(釋氏)로 하여금 그들의 황당무계한 그릇된 설을 숨길 수 없게 만들었습니다. 이는 실로 주자의 논리에 근본한 것인데 유직 등의 말이 이와 같으니, 이것이 어찌 이이만을 무함한 것이겠습니까.

유직 등이 또 '심(心)은 기(氣)이다.'[98]라는 말을 가지고 이이의 결점으로 삼았는데, 예로부터 성현들이 기를 심으로 논한 일이 많았습니다. 유직 등은 무엇 때문에 군자의 고을에서 태어나 나아갈 방향에 대해 어둡지 않다고 스스로 말하면서 도리어 이것을 알지 못하는 것입니까. 공자가 말씀하기를 "사람이 도(道)를 크게 하는 것이지, 도가 사람을 크게 하는 것은 아니다."[99]라고 하였는데, 주자는 "인심(人心)은 지각(知覺)이 있고 도체(道體)는 함이 없다."라고 풀이하였고, 장자(張子)는 "심은 성(性)을 다할 수 있고, 성은 그 마음을 단속할 줄 모른다."라고 풀이하였습니다. 정자는 "심은 생도(生道)이니, 마음은 살아 움직이는 물건이다."[100]라고 하였고, 장자는 또 "마음은 성(性)과 정(情)을 통솔한다."[101]라고 하였으며, 진씨(眞氏)는 또 "바깥은 둥글고 가운데는 통한다."라고 마음을 논하였고, 주자는 또 "이(理)는 스스로 이이고,

함이 간격이 없다. 대개 이의 측면에서 말하면 체에 나아가도 용이 그 안에 들어 있으니 이것이 이른바 일원(一源)이요, 상(象)의 측면에서 말하면 현에 나아가도 미가 밖에 있을 수 없으니 이깃이 이른바 무간(無間)이다."라고 하였다. 《晦庵集 卷30》

98 심(心)은 기(氣)이다 : 이이가 성혼에게 답한 편지에 보인다. 《栗谷全書 卷10 答成浩原》

99 공자가……아니다 : 《논어》 〈위령공(衛靈公)〉에 보인다.

100 정자는……물건이다 : 이천(伊川) 정이(程頤)가 "심(心)은 생도(生道)이다. 이 마음이 있어야 이 형체를 갖추어 생하니, 측은지심(惻隱之心)은 사람의 생도이다."라고 하였다. 《近思錄 卷1 道體》

101 장자는……통솔한다 : 《근사록》 권1 〈도체〉에 보인다.

심은 스스로 심이다."[102]라는 말을 하였습니다. 공자로부터 송(宋)나라 유자(儒者)에 이르기까지 모두 나누어 말하여 성(性)과 도(道)를 이(理)에 소속시키고 심을 기(氣)에 소속시켰으니, 마치 하늘에 해가 매우 밝은데도 장님이 보지 못하는 것과 같습니다. 그러므로 이이가 한마디 말로 간단명료하게 설파하여 성현의 뜻을 세상에 빛나게 하였으니, 여기에서도 이이가 후학들에게 공이 있음을 볼 수 있습니다.

다만 심이 형기(形氣)에 속하지만 이 이치를 갖추고 있으므로 성현들이 합하여 말한 것이 있으니, 맹자의 이른바 "인의(仁義)의 양심(良心)"과 장자(張子)의 이른바 "성(性)과 지각(知覺)을 합쳐 심이라는 이름이 있게 되었다."[103]라고 한 것이 바로 이것입니다. 그러나 이것도 그 안에 갖춘 이치를 가리켜 말한 것이니, 어찌 유직 등의 견해와 같이 곧바로 심을 이로 삼은 적이 있었습니까.

만약 성현의 글에 이런 뜻이 없었다는 것으로 핑계를 댄다면, 유자가 도를 밝히는 것은 오직 성현의 뜻을 얻는 데에만 있을 뿐입니다. 성선(性善)과 양기(養氣)의 설은 맹자에게서 시작되었고, 무극(無極)의 설은 주자(周子)에게서 시작되었으며, 기질지성(氣質之性)의 설은 정자와 장자에게서 시작되었습니다. 진실로 성현의 뜻을 얻는다면 곧바로 맥락을 같이하여 말하지 않은 것도 흠이 되지 않고 말한 것도 훌륭한

102 주자는……심이다 : 《주자어류(朱子語類)》 권18 〈대학(大學)〉에 보인다.

103 장자(張子)의……되었다 : 장재(張載)의 《장자전서(張子全書)》 권2 〈정몽(正蒙) 1 태화편(太和篇)〉에 "태허(太虛)를 말미암아 천(天)이라는 명칭이 있게 되었고, 기화(氣化)를 말미암아 도(道)라는 명칭이 있게 되었으며, 태허와 기화를 합해서 성(性)이라는 명칭이 있게 되었고, 성과 지각을 합해서 심(心)이라는 명칭이 있게 되었다."라고 하였다.

것이 되지 않습니다. 하물며 심을 기에 소속시킨 것은 위에서 말했듯이 분명한 경우이겠습니까. 이것이 유직 등이 스스로 교묘하게 꾸짖으려 하다가 도리어 무턱대고 짖어댄다는 기롱을 받게 된 것입니다.

성혼의 이기(理氣)에 대한 설은 처음부터 끝까지 이황(李滉)과 차이가 없습니다. 주고받은 편지에서 논변한 천지인심(天地人心)과 기발이승일도(氣發理乘一道)에 대한 설을 살펴보면 이이의 견해와 부합되고, 그 나머지 주장한 의론은 이황을 위주로 하지 않은 적이 없습니다. 이황의 호발설(互發說)에 이르러서도 말을 만든 것이 비록 타당하지 못하지만 오히려 뜻에 근본한 바가 있다고 하여 대번에 공격하지 않았습니다. 그의 소통하여 해석한 견해와 주밀하고 상세한 뜻은 그의 문집을 살펴보면 절로 밝게 알 수 있으니, 또 어찌 이것을 가지고 성혼을 공격할 수 있겠습니까.

유직 등이 학문을 논한 성혼의 상소[104]을 가지고 "궁리(窮理)하고 격물(格物)하는 일에 대해 강론하여 밝힌 적은 없고 정신을 보존하여 아끼는 일에 대한 설을 제일의 법론(法論)으로 삼았으니, 이것은 바로 도가자류(道家者流)가 '스스로 사사롭게 하고 자신을 이롭게 하는' 설이지 우리 유가에서 학문을 하는 규모가 아닙니다."라고 하였습니다. 이는 비록 삼척동자에게 들려준다 해도 오히려 웃음을 참지 못할 것입니다.

옛날 송나라 신하 조여우(趙汝愚)가 정권을 잡고 도(道)를 자임했는데, 주자가 편지를 보내 말하기를 "오늘날 가장 먼저 할 일은 군주에

104 학문을……상소 : 성혼의 상소는 1581년(선조14) 4월 내섬시 첨정(內贍寺僉正)으로 있으면서 올린 〈신사봉사(辛巳封事)〉를 가리킨다. 《牛溪集 卷2》

게 심신을 수습하고 정신을 보존하여 항상 천하의 일을 염두에 두도록 권면하는 것입니다."[105]라고 하였습니다. 성혼은 평생 주자의 도를 가슴에 품고 일상생활을 하는 사이에 수용하지 않은 것이 없었습니다. 더군다나 이런 긴요한 곳에 깨달은 것이 반드시 깊고도 절실하였으므로 임금을 올바른 도로 이끌던 때에 다른 곳에 미칠 겨를이 없었고 급급하게 이 말을 우선으로 삼았습니다. 그가 학문할 때 중요하게 힘쓴 일과 임금을 사랑하는 정성스러운 뜻은 백세 뒤라도 할 말이 있을 것입니다.

그러나 이 또한 어찌 주자의 말이겠습니까. 실상은 맹자의 양심론(養心論)에서 나온 것입니다. 도가(道家)에서 '스스로 사사롭게 하고 자신을 이롭게 하는' 것은 우리 유가의 학문하는 규모가 아닌데 어찌 주자가 말씀했겠습니까. 이 말은 성혼이 말했을 뿐만 아니라 이황도 그가 편집한 《주서절요(朱書節要)》[106]에 수록한 적이 있습니다. 유직 등 상소를 올리는 데에 참여한 자가 거의 천 명인데, 모르겠습니다만 그 무리 중에 맹자와 주자의 글을 읽은 사람이 한 명도 없어서 그런 것입니까. 아니면 비록 맹자와 주자에게서 나온 것을 알면서도 다만

105 송나라……것입니다 : 조여우(趙汝愚, 1140~1196)의 자는 자직(子直), 시호는 충정(忠定)이다. 재상이 되어 주희 등을 추천하여 등용하였으나 도학(道學)을 위학(僞學)으로 규정한 한탁주 등의 탄핵을 받고 영주(永州)에 유배되어 가다가, 형주(衡州)에서 병으로 죽었다. 주희는 1192년 조여우에게 그간에 진언한 사안들에 대해 결단을 촉구하는 편지를 보냈다. 《晦庵集 卷29 與趙尙書書》

106 《주서절요(朱書節要)》 : 퇴계(退溪) 이황(李滉)이 1553년(명종8) 주희(朱熹)의 문집인 《주자대전(朱子大全)》 중에서 학문적으로 중요한 편지글만 따로 뽑아 20권 10책으로 편찬한 것이다.

성혼을 공격하려는 마음이 너무 급했기 때문에 그 사람의 소재에 따라 그가 읽은 책까지 아울러 공격하기를 마치 경원(慶元) 연간에 위학(僞學)을 금했던 일[107]처럼 한 것입니까. 참으로 슬픈 일이며 우리 도(道)가 밝아지지 못할까 걱정스럽습니다.

또 신 등은 여기에서 크게 두려운 점이 있습니다. 전하의 춘추(春秋)가 한창이기에 보양(保養)하는 방법이 마침 급한데 이 무리가 스스로 나아갈 방향에 어둡지 않다고 말하면서 이러한 논의로 성상을 흔들어 미혹하게 하니, 유직 등의 의도는 기필코 임금의 정신을 피폐하고 허비하게 하여 번잡하고 어수선한 속으로 달려 나가게 한 뒤에야 첫 번째 법문(法門)이자 학문을 하는 규모라고 말하려는 것입니까? 거기에서 생긴 폐단이 또한 어디엔들 이르지 않겠습니까. 이것이 맹자가 사설(邪說)이 바름을 해치는 것을 통탄하여 맹수와 이적(夷狄)의 화(禍)에 비유했던[108] 까닭이니, 삼가 바라건대 전하께서는 밝게 변별하고 경계하여 두려워하십시오.

이른바 "성혼은 상소에서 궁리(窮理)와 격물(格物)의 일을 논하여 밝힌 적이 없었다."라고 말한 데에 이르러서는 그 상소가 아직도 남아

107 경원(慶元)……일 : 경원은 남송(南宋) 영종(寧宗)의 연호(1195~1200)이다. 주희가 권신(權臣) 한탁주(韓侂胄)를 탄핵하자, 한탁주가 원한을 품고 도학(道學)을 위학(僞學)이라 배척하여 주희의 관작을 삭탈함과 동시에 승상 조여우(趙汝愚) 등을 축출하고 도학자의 등용을 금지하였다.

108 맹자가……비유했던 : 맹자는 사설(邪說)을 막는 자신의 일을, 우(禹)가 홍수(洪水)를 다스린 일과 주공(周公)이 이적(夷狄)을 겸병한 공, 공자가 난신적자(亂臣賊子)를 두렵게 한 것과 마찬가지로 한 시대를 평치한 것이라고 말하였다. 《孟子 滕文公下》

있으니 어찌 끝까지 무함할 수 있겠습니까. 그 상소에 "심신을 수습하고 정신을 보존하며 정(精)하게 살피고 한결같이 하여 중(中)을 잡고 선(善)을 밝히고 몸을 성실하게 한다."라고 한 것은 성혼이 시종(始終)을 꿰뚫고 본말(本末)을 갖추어 말한 것입니다. 이른바 "정하게 살피는 것과 선을 밝히는 것"이 궁리와 격물의 일이 아닙니까. 주자가 말하기를 "《대학》의 이른바 '격물은 오직 정하게 살피지 않으면 할 수 없다.'"라고 한 것이고, 또 《대학》 격치장(格致章)으로 선을 밝히는 요점을 삼았습니다. 이는 《대학장구》의 끝에 있는데, 유직 등은 모두 보지 못했단 말입니까. 아니면 또한 비록 보았으면서도 주자의 설을 믿을 만하지 못하다고 여긴 것입니까.

더군다나 성혼의 첫 번째 상소에 이르기를 "인군(人君)이 진실로 선을 따르고 싶어 하면서도 선을 능히 따르지 못하는 것은 무엇 때문입니까? 선을 밝히지 못하고 마음을 다스리지 못해서입니다. 선을 따르는 요점은 선을 선택하는 데에 있고, 선을 선택하는 방법은 이치를 궁구하는 데에 있으니, 이치를 궁구하는 공은 이른바 격치의 방법이자 학문을 하는 시작입니다. 예부터 성현이 이를 익혀 전해준 것이 있으니, 순(舜)과 우(禹)의 정일(精一)이며[109] 공자와 안자(顏子)의 극기복례(克己復禮)[110]입니다. 애공(哀公)이 정사에 대해 묻자 공자가 '삼

109 순(舜)과 우(禹)의 정일(精一)이며 : 순 임금이 우에게 천하를 전수하면서 "인심(人心)은 위태하고 도심(道心)은 은미하니 정밀하게 하고 한결같이 해야 진실로 그 중도를 잡을 것이다."라고 당부한 말을 가리킨다. 《書經 大禹謨》

110 공자와 안자(顏子)의 극기복례(克己復禮) : 안회(顏回)가 공자에게 인(仁)에 대해 묻자, 공자가 "자기의 사욕을 이겨 예에 돌아감이 인을 하는 것이니, 하루라도 사욕을 이겨 예에 돌아가면 천하가 인을 인정할 것이다."라고 답한 일을 가리킨다. 《論語 顏淵》

덕(三德)'과 '구경(九經)', '명선(明善)', '성신(誠身)'의 뜻을 대답하다가[111] 갑자기 요지를 끝까지 궁구하여 덕에 들어가는 문(門)을 보이셨는데, '박학지(博學之)' 이하 다섯 가지[112]가 이것이며, '남이 열 번에 능숙하게 하면 나는 천 번이라도 해서 능숙하게 한다'와 '터득하지 못하면 그만두지 않는다'는 것[113]이 이것입니다."[114]라고 하였습니다.

유직 등이 오히려 일찍이 궁리와 격물의 일을 강론하여 밝힌 적이 없다고 하였습니다. 그렇다면 저들의 이른바 궁리와 격물은 틀림없이 별도의 법이 있으니, 신 등이 감히 알 수 있는 바가 아닙니다.[115] 그런데 신 등이 또 여기에 크게 두려운 점이 있으니, 전하께서 한창 뜻을 겸손

111 애공(哀公)이……대답하다가 : 애공은 춘추 시대 노(魯)나라 임금이다. 삼덕(三德)은 지(智)·인(仁)·용(勇)을 말하고, 구경(九經)은 천하과 국가를 다스리는 아홉 가지의 큰 법으로, 자신을 닦는 것〔修身〕·현자를 존중하는 것〔尊賢〕·친족을 친애하는 것〔親親〕·대신을 존경하는 것〔敬大臣〕·여러 신하들의 마음을 체찰하는 것〔體群臣〕·백성을 자식처럼 사랑하는 것〔子庶民〕·백공들을 오게 하는 것〔來百公〕·먼 지방 사람을 회유하는 것〔柔遠人〕·여러 제후국을 위로하는 것〔懷諸侯〕이다. 명선(明善)과 성신(誠身)은 공자가 "자신을 성실히 함이 방법이 있으니, 선을 밝게 알지 못하면 자신을 성실히 하지 못한다."라고 말한 것을 가리킨다. 《中庸章句 第20章》

112 박학지(博學之)……가지 : 널리 배우고〔博學之〕 자세히 묻고〔審問之〕 신중히 생각하고〔愼思之〕 밝게 변별하고〔明辨之〕 독실히 행하는 것〔篤行之〕을 이른다. 《中庸章句 第20章》

113 남이……것 : 《중용장구》 제20장에 보인다.

114 성혼의……이것입니다 : 성혼이 1579년 7월 광흥창 주부(廣興倉主簿)로 재직 중에 지은 〈기묘봉사(己卯封事)〉를 가리킨다. 《牛溪集 卷2》

115 신 등이……아닙니다 : 대본에는 '非渠之所敢知也'로 되어 있는데, 《송자대전(宋子大全)》 권21 〈의양현변무소(擬兩賢辨誣疏)〉에 의거하여 '渠'를 '臣'으로 바로잡아 번역하였다.

하게 하여 어느 때나 배우는 날에 만약 이 이단의 말을 받아들여 궁리와 격물의 일이 정일(精一)·명선(明善)·구경(九經)·삼덕(三德) 등의 일에 있지 않다고 여겨 따로 하나의 법을 구하여 의미 없이 기억하고 외우면서 몸과 마음에 절실하게 하지 않는다면 그 해로움은 장차 이루 말할 수 없을 것입니다. 유직 등이 성혼을 무함하는 데에 그치지 않고 전하를 그르치려고 하기에 신 등의 변론이 성혼이 모욕을 받은 것에 그치지 않고 성상의 학문에 혹 누가 될까 걱정하는 것이니, 두려워하지 않을 수 있으며 경계하지 않을 수 있겠습니까.

유직 등이 또 을해년(1635, 인조13) 임금의 비답(批答)을 인용하여[116] 온 세상을 입 다물게 할 계획으로 삼았으니, 이것은 실로 정인홍(鄭仁弘)의 술책입니다. 일찍이 오현(五賢)을 종사(從祀)할 때에 정인홍이 앞장서서 말하여 배척하면서 많은 사람의 의론을 막지 못할 것을 알고서, 마침내 선조(宣祖)의 비답을 인용하여 말하기를 "삼가 선대 조정에서 전한 비망기(備忘記)를 보니 한편으로는 신하가 임금을 섬기는 도리를 밝혔고,[117] 한편으로는 선비가 벼슬길에 나아가고 물러

116 유직 등이……인용하여 : 유직 등의 상소에 "지난 을해 연간에 송시형(宋時瑩) 등이 처음 이런 요청을 하였는데, 성학(聖學)이 고명한 인조대왕께서 의연히 물리쳐 그 일이 마침내 중지되었습니다."라는 기록이 실려 있다. 《孝宗實錄 1年 2月 22日》 원문의 어비(御批)는 1635년(인조13) 진사 송시형 등 성균관 유생 270여 명이 상소하여 이이(李珥)와 성혼(成渾)의 문묘 종사를 건의하였을 때, 인조(仁祖)가 "문성공 이이와 문간공 성혼은 비록 착한 사람이기는 하나 도덕이 높지 않고 하자가 있다는 비방을 받고 있으니, 막중한 문묘 종사의 예전을 결코 가벼이 의논할 수 없다."라는 비답(批答)을 내린 것을 가리킨다. 《仁祖實錄 13年 5月 11日》

117 한편으로는……밝혔고 : 대본에는 '一以明人君-缺-之道'로 되어 있는데, 《광해군일기》 3년 3월 26일 기사에 근거하여 '人君-缺-'을 '人臣事君'으로 바로잡아 번역하였다.

나는 방도를 바로잡았다고 하였으며, 이어서 무고한 왕자를 죽일 것을 청하는 데에까지 미쳤습니다. 일이 역사서에 실려 있으니 선대 조정의 전교가 근거가 없다고 하지는 못할 것입니다.……"[118]라고 하였습니다.

무릇 성인(聖人)은 천지(天地)와 같아 음양(陰陽)에 따라 펴지고 쇠잔해져서 변화를 헤아릴 수 없습니다. 저 소인이 이 한쪽 끝을 잡고서 현인을 무함하는 밑천으로 삼았으니, 이것이 한때에 일어난 바람과 우레의 변고를 가지고 천지의 크게 조화로운 운행을 무함하는 것과 무엇이 다르겠습니까. 유직 등은 이황을 높이려고 하지만[119] 실제로는 정인홍을 높이는 것입니다. 또 전하께서 막 상중(喪中)에 계실 적에 지극한 정성으로 추모하시는 모습을 보고서 '만약 선왕(先王)의 비답을 인용한다면 전하의 마음을 한마디 말로도 흔들 수 있다.'라고 생각하여 이렇게 전하의 뜻을 앞질러 헤아리고 시험해 보는 태도로 삼았습니다.

무릇 순(舜) 임금이 요(堯) 임금의 상을 당했을 때 담장에서도 요 임금을 보고 국물에서도 요 임금을 볼 만큼 그 추모하는 마음이 지극하였지만,[120] 열여섯 명의 상(相)을 등용하고 사흉(四凶)을 물리친 것[121]

118 삼가……것입니다 : 1611년(광해군3) 정인홍(鄭仁弘)이 이언적(李彦迪)과 이황(李滉)을 비방하고 문묘 종사가 부당함을 주장한 상소의 일부분이다. 《光海君日記 3年 3月 26日》

119 높이려고 하지만 : 대본에는 '欲誣李滉'으로 되어 있으나, 《송자대전(宋子大全)》 권21 〈양현을 변무하려던 상소〔擬兩賢辨誣疏〕〉에 의거하여 '誣'를 '尊'으로 바로잡아 번역하였다.

120 순(舜)……지극하였지만 : 《후한서(後漢書)》 권63 〈이고열전(李固列傳)〉에 "옛날 요(堯) 임금이 죽은 뒤에 순이 3년 동안 우러러 사모하여 자리에 앉으면 담장에서

은 모두 요 임금 때와 정사가 달랐습니다. 그러므로 주자가 말하기를 "봄·여름·가을·겨울이 서로 반복하여 한 해의 일을 이루는 것과 같다."[122]라고 하였습니다.

무릇 중종(中宗)께서 조광조(趙光祖)에게 죄를 내리신 교서가 어찌 간곡하지 않았겠으며 남곤(南袞)과 심정(沈貞) 무리가 어찌 큰소리로 읽지 않았겠습니까. 그러나 인종(仁宗)께서는 즉시 원통함을 씻어내게 하셨습니다.[123] 선조(宣祖)께서 이황을 배척한 교서가 어찌 간곡하지 않았겠으며 정인홍이 어찌 큰소리로 읽지 않았겠습니까. 그러나 성고(聖考 인조(仁祖))께서 문묘에서 쫓아낸 적이 없습니다. 저 유직 등은 전하께서 현인을 좋아하는 이성(二聖 인종과 인조)의 마음을 따르게 하려 않고 도리어 바른 사람을 더럽히는 소인배의 말을 믿게 하려고 하니 아, 또한 도리에 어긋나는 일입니다.

유직 등이 가령 "문묘에 종사하는 예전(禮典)을 경솔히 의논해서는 안 됩니다."라고 말한다면 신중을 기하는 도리에 해로울 것이 없으니, 누가 불가하다고 하겠습니까. 지극히 장황하게 허위로 무함하고 교묘

요 임금을 보고 밥을 먹으면 국그릇 속에서 요 임금을 보았다."라고 하였다.

121 열여섯……것 : 십육상(十六相)은 순 임금이 등용한 고양씨(高陽氏)의 아들 8명과 고신씨(高辛氏)의 아들 8명을 가리키고, 사흉(四凶)은 순 임금이 몰아낸 4명의 악인인 공공(共工), 환도(驩兜), 삼묘(三苗), 곤(鯀)을 가리킨다.

122 주자가……같다 : 1162년 주희가 송나라 효종(孝宗)의 조서(詔書)에 응해 지은 〈임오응조봉사(壬午應詔封事)〉에 보인다. 《晦菴集 卷11》

123 인종(仁宗)께서는……하셨습니다 : 조광조(趙光祖, 1482~1519)는 기묘사화(己卯士禍)가 일어난 1519년 12월 유배지 능주(綾州)에서 사사되었는데, 인종이 승하하기 전날에 관작(官爵)이 회복되었다. 《仁宗實錄 1年 6月 29日》

히 헐뜯기까지 했으면서, 또 무망(誣罔)한 것이 넉넉하지 못할까 두려워 마침내 성현을 미루어 밝힌 서론(緖論)까지 공격하면서 성인을 무함하고 경서를 훼손하는 죄에 빠지는 줄도 모르고 있습니다. 《논어》, 《맹자》, 《중용》, 《대학》 여러 책을 유직 등이 만약 읽지 않았다면 어찌 두 신하에 대해 알겠습니까. 비록 그 책들을 읽어 두 신하의 의론이 본디 여기에서 나왔음을 알면서도 오히려 무함하고 훼손하였다면 이는 공자와 맹자와 증자(曾子)와 자사(子思)를 무함하고 헐뜯은 것인데, 두 신하에게는 또 얼마나 기탄하는 바가 있겠습니까. 유직 등이 학술에 대해 논한 것이 이와 같다면, 그 논리가 거칠고 경솔함을 알 만하고, 그 가장 중요한 부분을 논한 것이 이와 같다면 그 자잘한 부분을 논한 것을 알 만합니다. 공자가 말하기를 "열 집이 모여 사는 마을에도 반드시 진실하고 믿을 만한 사람이 있다."[124]라고 하였습니다.

저 영남(嶺南)의 큰 고을은 호수(戶數)가 수십 만이나 되는데 어찌 모두 이들과 같겠습니까. 이들은 다만 빠져들고 꽉 막힘이 깊으며 분별없고 무식함이 심한 자들일 뿐입니다. 그들이 모여 의논할 적에 보니 행동거지가 경악할 만하고 또 선비다운 모습도 없었습니다. 아, 영남은 실로 앞 현인들이 도를 강론하던 곳으로서, 유풍과 여운이 생각건대 혹 사라지지 않았을 텐데 지금 의논하는 기질은 도리어 방종하고 패악하여 기탄이 없는 정인홍 무리의 규모를 한결같이 따르고 있으니 어찌 이른바 '선(善)을 따르기는 높은 곳에 오르듯 어렵고 악(惡)을 따르기는 아래로 무너져 내리듯 한다.'[125]라는 것이 아니겠습니까.

124 공자가……있다 : 《논어》 〈공야장(公冶長)〉에 보인다.

125 선(善)을……한다 : 《국어(國語)》 권3 〈주어 하(周語下)〉에 보인다.

아, 천지(天地)에 이미 음과 양이 있으니 현사(賢邪)와 시비(是非)의 구분이 어느 시대인들 없었겠습니까마는 근세처럼 심한 적은 없었습니다. 선조조(宣祖朝)에 삼찬(三竄)과 이흉(二凶)이 있지 않았다면 두 신하의 아름다운 경륜을 거의 볼 수 있었을 것이고, 성고(聖考 인조)의 조정에 채진후(蔡振後)와 권적(權蹟)[126]이 있지 않았다면 온 나라가 나아갈 방향이 정해짐을 거의 보전하게 되었을 것입니다. 그리하여 유직 등도 흉악한 역적이 남긴 논리를 이어받아 서술하고 성현의 큰 가르침을 거꾸로 공격하여 밝으신 성상의 세상에서 방자한 짓을 저지르는 데에 이르지 않았을 것입니다.

그러나 이 도를 주장할 권리는 오직 전하 한 몸에만 있으니, 삼가 바라건대 성심껏 학문에 힘써 이제(二帝)·삼왕(三王)과 공자·증자·자사·맹자와 정자·주자의 도를 체득하고 한결같이 본받으십시오. 이단에 빠지기 쉬움을 안다면 우리의 도가 잠시 미혹했던 것이 대현(大賢)에게 흠이 되지 않을 것이며, 매우 간사한 자를 두려워할 줄 안다면 군자가 뜻을 얻지 못하고 고난을 겪던 일이 마침 성대한 덕의 빛을 더해 줄 것이며, 군자의 붕당이 많음을 싫어하지 않을 줄 안다면 이이는 위충현(魏忠賢)의 당(黨)이 아닌 것이고, 많은 사람들이 싫어하는 바를 반드시 살필 줄 안다면 두 현인은 간사한 소인을 비호한 것이 아닌 것이며, 성현이 도를 행하는 데에 뜻을 두었음을

126 채진후(蔡振後)와 권적(權蹟) : 채진후(1602~1654)의 본관은 평강(平康), 자는 계창(季昌)이다. 권적(1611~1652)의 본관은 안동(安東), 자는 성유(聖由)이다. 1635년 송시형(宋時瑩) 등이 이이와 성혼을 문묘에 배향하자는 상소를 올리자 채진후와 권적이 성균관 유생으로서 상소하여 이이의 문묘 배향 건의를 반대하였다. 《仁祖實錄 13年 5月 11日, 6月 6日》

안다면 걸핏하면 경제(經濟)를 일컬은 것은 더욱 가상한 일이고, 간사한 사람이 현인을 무함하는 데에 교묘하다는 것을 안다면 유직 등이 제멋대로 하는 것은 유래가 있는 것입니다.

이(理)와 기(氣)가 함께 어울려 사이가 없음을 알고 또 주자의 의도가 반드시 호발설이 아님을 안다면 이이가 고명하고 탁월하다는 것을 보는 가운데 이황과 성혼의 말 또한 세속의 학자들이 이와 기가 한 물건이라는 미혹됨을 제거하는 데에 문제가 되지 않고, 주자(周子)와 주자(朱子)가 오히려 같지 않은 점이 있음을 안다면 이황이 일찍이 이이를 끊어낸 적이 없는 것이며, 이이가 독실하게 정자와 주자를 믿었음을 안다면 이와 기가 한 물건이라는 말은 이이의 입에서 나온 적이 없는 것이고, 성현이 심(心)을 기에 소속시켰음을 안다면 '심이 바로 기'라는 설은 이이의 공임을 더욱 볼 수 있습니다.

육씨(陸氏)의 폐해가 명나라로부터 장차 우리나라에까지 이르렀는데 성혼이 정자와 주자에 근거하여 변론하여 물리쳤음을 안다면 우리나라 사람이 받은 은혜가 많은 것이고, 석씨(釋氏)의 설은 성명(性命)이 일원(一原)의 묘함에 어두웠는데 이이가 설을 내세워 설파했음을 안다면 후대 사람들이 잇따라 빠지는 것을 거의 면할 것이며, 정신을 보존하는 비결이 몸을 닦는 지극한 요점이 되기에 주자가 두 번째 의(義)로 간주한 적이 없음을 안다면 성혼의 연원(淵源)을 저절로 볼 수 있거니와 성상의 마음이 허황되거나 안일한 의혹에 빠지지 않을 것이고, 정일(精一)과 명선(明善), 박학(博學)·심문(審問)·신사(愼思)·명변(明辨)이 궁리(窮理)와 격물(格物)이 되지 않은 적이 없음을 알고 또 심신과 정사의 사이에서 절실한 삼덕(三德)과 구경(九經)보다 반드시 선행되어야 하는 것이 바로 정자와 주자의 큰 가르침과 큰 법임을 안다면 성혼의 바른 문로(門路)와 큰 규모가 우뚝이 전보다 빛날 것이고 성학(聖學) 또한 외물로 향하고 경박하게 되는 잘못에는 이르지 않을 것입니다. 그렇게 된다면 두 현신에 대한 무함은 변론하는 일이 없어도 절로 밝혀질 것이고, 또한 성학에도 보탬이 될 것입니다.

아, 백세(百世)가 앞에 있었고 만세(萬世)가 뒤에 있으리니, 두 현인의 도가 비록 지금 액운을 당했으나 오랜 세월이 지나면 성인(聖人)을 기다려도 의혹을 품지 않을 것입니다. 신 등이 굳이 시끄럽게 유직 등과 논쟁을 벌이려는 것이 아닙니다. 그러나 유직 등의 말이 두 현인을 무함할 뿐만 아니라 또한 우러러 성학에 누를 끼치고 후학을 그르칠까 두렵기 때문에 깊은 근심과 큰 탄식, 긴 우려와 오래 아파함을 견디지 못해 감히 자세히 말하고 지극히 논하였습니다. 삼가 바라건대 밝으신 성상께서는 유념하여 밝게 살펴주십시오.

이 상소가 또 《송자대전(宋子大全)》에 실려 있는데,[127] 이 글과 매우 다르다. 이 글은 선생의 수필본(手筆本)이므로 또한 수록하였다.

127 이……있는데 : 《송자대전(宋子大全)》 권21에 〈양현을 변무하려던 상소[擬兩賢辨誣疏]〉라는 이름으로 실려 있는데, 원주에 "신묘년(1651, 효종2)에 태학생(太學生)들을 위해 지었다."라고 적혀 있다.

양현을 변무하고 종사할 것을 청하는 상소

請兩賢辨誣從祀疏

삼가 아룁니다. 신 등이 궐문을 지키면서 간절하게 아뢴 뒤로 지금 며칠이 지났는데 더 드릴 말씀도 없고 정성도 다 쏟았습니다. 그런데 성상의 비답(批答)은 한결같이 막연하기만 하니 많은 선비들의 걱정이 이에 이르러 더욱 깊어졌습니다. 어제 남중유(南重維)[128] 등 약간의 사람들이 서로 이끌고 무리를 이루어 방자하게 상소를 올렸는데 행동거지가 분별이 없고 기상은 기괴하여 환한 대낮에 제멋대로 돌아다니는 도깨비와 같았습니다. 다행히 하늘의 감시가 매우 밝아 통렬히 배척하고 끊어내었으니, 보고 들은 사람이라면 누군들 감격하지 않았겠습니까.

지금 듣자니, 사특한 상소의 큰 요지는 사론(士論)을 배척하는 것이 아니라 대간(臺諫)을 모욕하는 것인데 무함하는 말과 추악한 이야기는 참으로 입에 올려 함께 쟁론할 것도 못 됩니다. 그러나 오직 위로 선현을 무함하여 감히 "도학(道學)이 조잡하고 거칠어 결점을 감추기 어렵다."라고 말했으니, 은연중에 본뜻을 숨겨두어 의도가 흉악한 실상은 또한 밝으신 성상께 대략 변론하지 않을 수 없습니다.

아, 도학(道學)의 설은 스스로 도학을 지닌 사람이 아니라면 그 정밀

128 남중유(南重維) : 1626~1701. 본관은 의령(宜寧), 자는 공진(公鎭)이다. 《星湖全集 卷59 大興郡守南公墓碣銘幷序》 1663년에 진사로서 성균관 유생들을 이끌고 이이(李珥)와 성혼(成渾)을 문묘(文廟)에 배향하자는 의론에 반대하는 상소를 올렸다. 《顯宗實錄 4年 5月 20日》《顯宗改修實錄 4年 5月 25日》

하고 거칠며 얕고 깊음을 논할 수 없습니다. 우리 동방의 성리학(性理學)은 문정공(文正公) 조광조(趙光祖)로부터 위로는 도학이 행한 일에 실제로 드러났지만 강론하여 밝히고 토론한 것은 전해지는 것이 없다가 문순공(文純公) 이황(李滉)에 이른 뒤에야 논저(論著)가 떨쳐 나타났으니, 그 공로가 매우 성대합니다. 이황을 이어 일어나 우뚝이 도학을 자임하여 이기(理氣)의 이합(離合)과 성명(性命)의 미묘함에 대해 근원을 환히 보고 미세한 데까지 분석하여 온전한 본체와 위대한 작용을 마음에 터득하고 언론으로 드러내어 세상에 사도(斯道)를 더욱 밝히기로는 두 신하에 이르러 공렬(功烈)이 있게 되었습니다. 이것은 모두 지금까지 선생과 어른들이 이미 결정한 의론으로, 문집에 모두 있으니 고찰하여 알 수 있습니다. 그렇다면 이 무리가 감히 "조잡하고 거칠다."라고 말한 것은 과연 어디에 근본하겠습니까. 이것은 흉악한 무리가 어진 이들을 공격하고 바른 이들을 해치던 나머지 말을 이어받은 것에 불과합니다.

예부터 성현은 소인배에게 미움을 받았으니, 누군들 한때 결점이 있다는 비방을 면할 수 있겠습니까. 그런데 두 신하는 불행히도 당론(黨論)이 성하던 세상에 태어나 사특한 당에 미움을 받은 것이 특히 심했습니다. 정인홍(鄭仁弘)[129]과 정여립(鄭汝立)[130] 등 흉적(凶賊)들이 한때에 무함한 것이 어찌 끝이 있었겠습니까. 흉적들이 이미 주벌된

129 정인홍(鄭仁弘) : 1536~1623. 본관은 서산(瑞山), 자는 덕원(德遠), 호는 내암(來庵)이다.

130 정여립(鄭汝立) : 1546~1589. 본관은 동래(東萊), 자는 인백(仁伯)이다. 본래 서인에 속했으나 집권한 동인에 붙어서 죽은 스승 이이(李珥)을 배반하고 박순(朴淳)·성혼(成渾) 등을 비판하였다.

뒤에 진실로 사람의 마음을 지닌 자라면 어찌 차마 이러한 말을 이어받아 서술할 수 있겠습니까. 그러나 채진후(蔡振後)와 유직(柳稷) 등이 이미 앞에서 이끌었는데,[131] 지금 남중유 등이 또 따라서 그 뒤를 이어 치우치고 바르지 않은 데에 깊이 빠져 있으니 매우 놀랄 만한 일이 아니겠습니까. 이 무리가 선현을 무함한 것은 그 시작과 끝의 대강이 이와 같은 데에 불과합니다. 그런데 통렬히 변별하지 않을 수 없는 한두 가지 조목이 있으니 신 등이 청컨대 다시 진술해 보겠습니다.

이이(李珥)는 하늘이 낸 뛰어난 사람으로, 그는 어린 나이에 이미 도를 구하려는 마음이 있었습니다. 선학(禪學)의 청고(淸高)하고 현원(玄遠)함을 보고 기뻐하여 일찍이 거기에 종사한 적이 있지만 1년도 채 되지 않아 문득 그릇됨을 깨달았습니다.[132] 곧바로 이황(李滉)을 방문하여 직접 가르침을 받들어 궁리(窮理)하고 거경(居敬)하는 학문에 마음과 뜻을 쏟아 이황에게서 크게 추중과 장려를 받았는데, 정자(程子)와 주자(朱子)도 처음에 이단(異端)의 말에 잠시 출입하지 않은 적이 없음을 인용하면서 곧바로 옛날의 크게 지혜롭고 용감했던 사람

131 채진후(蔡振後)와……이끌었는데 : 채진후(1602~1654)의 본관은 평강(平康), 자는 계창(季昌)이다. 1635년 송시형(宋時瑩) 등이 이이와 성혼을 문묘에 배향하자는 상소를 올렸는데, 성균관 유생으로서 상소하여 이이의 문묘 배향 건의를 반대하였다. 《仁祖實錄 13年 5月 11日》 유직(柳稷, 1602~1662)의 본관은 문화(文化), 자는 정견(廷堅), 호는 백졸암(百拙庵)이다. 1650년 영남 유생 9백여 명과 함께 서울에 올라와 당시 제기된 이이와 성혼의 문묘 종사에 대해 반대하는 상소를 올렸다. 《孝宗實錄 1年 2月 22日》

132 선학(禪學)의……깨달았습니다 : 이이는 19세 되던 1554년(명종9) 불가의 돈오법(頓悟法)에 뜻을 두어 금강산에 들어갔다가 이듬해에 나와서 〈자경문(自警文)〉을 짓고 성리학에 전념하였다. 《栗谷全書 卷14, 卷33 年譜》

처럼 되기를 기대하였습니다.[133] 그 글들이 모두 남아 있어 속일 수 없는데도 저들이 말하기를 "이황이 깊이 미워하고 통렬히 배척하였다."[134]라고 하였습니다. 아, 저들도 사람인데 어찌 감히 허망한 말을 지어낸 것이 한결같이 이 지경에 이를 수 있단 말입니까.

이황이 일찍이 인심(人心)과 도심(道心), 사단(四端)과 칠정(七情)을 논한 적이 있는데, "사단은 이(理)가 발한 것이고 칠정은 기(氣)가 발한 것이다."라는 말을 하였습니다. 이이가 성혼(成渾)과 편지를 주고받으며 변론한 적이 있는데, 이이는 이황의 말이 온당하지 못하다고 여겨 바른 견해에 한 가지 흠이 될까 염려하였습니다.[135] 이기(理氣)의 설을 여기에 이르러 다 말하여 더 남은 것이 없으니, 이는 이이가 정미(精微)함을 정확하게 본 것이 보통 사람들보다 훨씬 뛰어나 옆 사람의 시비(是非)를 돌아보지 않고 자기의 이해(利害)를 따지지 않은 채 용감하게 똑바로 나아가 다른 사람들이 감히 말하지 못한 도리(道理)를 설명했으니, 이것이 사도(斯道)에 크게 공을 세운 바입니다.

133 이황(李滉)을……기대하였습니다 : 이이는 1558년 예안(禮安)으로 가서 이황을 만난 후로 서찰을 통해 의리에 대해 논변하였다. 이황이 이이에게 답한 편지에 "오직 정백자(程伯子)·장횡거(張橫渠)·주회암(朱晦菴) 같은 선생들만이 처음에는 조금 드나듦이 없지 않은 것 같지만 곧 그 잘못을 깨달았던 것입니다."라고 언급하였다. 《退溪集 卷14 答李叔獻》

134 이황이……배척하였다 : 유직이 1650년 올린 상소에 보인다.

135 이이가……염려하였습니다 : 이이가 1572년 성혼에게 답한 편지에 "퇴계는 사단은 안으로 말미암아 발하고 칠정은 밖에서 느껴 발한다고 여겨 이것을 선입견으로 삼고는 주자(朱子)의 이에서 발하고 기에서 발한다는 말씀을 주장하고 길게 부연하여 허다한 모순을 만들어 냈으니, 저는 늘 이것을 읽을 때마다 개탄하여 정견(正見)의 한 가지 흠이라고 여깁니다."라고 하였다. 《栗谷全書 卷10 答成浩原》

설사 이황이 세상에 살아 있어 서로 강론하였다면 틀림없이 기쁘게 일치했음을 의심할 것이 없는데, 저 무리는 이것을 가지고 이이가 이황을 공격했다고 합니다. 아, 천하에 도리(道理)는 끝이 없고 시비(是非)는 지극히 공정하기 때문에 주자가 정자를 존경하였지만 경전을 해석하는 데에 이르러서는 다른 점이 너무나도 많았습니다. 이것을 가지고 주자가 정자를 비방했다고 말할 수 있겠습니까.

평소 이황을 존경하고 믿어 단호하게 문묘(文廟)에 배향하는 예전(禮典)을 베푸는 것이 합당하다고 여긴 것은 이이로부터 시작되었습니다. 지금 세상에서 명분상 이황을 존경한다면서 실제로 도덕이 어떠한지 알지 못하는 사람과 비교하면 학문이 하늘과 땅만큼 차이 날 뿐만이 아닙니다. 그런데도 감히 소인의 뱃속으로 군자의 마음을 헤아려 문득 "이이가 이황을 공격하였다."라고 말하니, 이치에 어긋나고 교화를 해치는 것이 무엇이 이보다 심하겠습니까.

당론(黨論)이 동(東)과 서(西)로 갈려 장차 국가에 재앙이 닥쳐올 때 이이 홀로 단호하게 나라를 망치는 재앙의 근원이라고 여겨 간절한 정성으로 구제하면서 원망과 비방을 돌아보지 않았으며, 계미년(1583, 선조16) 임금과 뜻이 맞게 되자 반드시 개혁하고 시행해서 지극한 치세를 회복하고자 하였습니다. 그러나 질투하는 무리가 사방에서 떼 지어 일어나 헐뜯었습니다.

철인(哲人)은 저세상으로 갔습니다. 하늘이 원로를 남겨두지 않아 우리나라 백성으로 하여금 유현(儒賢)의 교화를 입지 못하게 하였으니 뜻있는 선비의 애통함이 지금에 이르러 더욱 깊어지고 있습니다. 그런데 저들은 감히 권력을 제멋대로 휘두르고 나라를 그르쳤다는 등의 말을 덧붙였습니다. 아, 사람의 말이 이 지경에 이르렀으니 망극하다고 하겠습니다.

성혼(成渾)은 바로 고(故) 처사(處士) 성수침(成守琛)[136]의 아들입니다. 성수침은 조광조(趙光祖)의 문하에서 학업을 익히다가 사화(士禍)가 일어난 뒤에 초야에서 뜻을 기르면서 벼슬길에 나아갈 마음을 끊었는데, 우뚝한 풍모와 높은 절의를 온 세상 사람들이 높이 우러렀습니다. 성혼은 가정에서 가르침을 받아 아주 일찍부터 도(道)에 대해 들었고 일찍이 영달하여 시행하는 데에 뜻을 두지 않았는데 산림에서의 명성이 조정까지 전해져 세 번이나 부름을 받았고 예우가 지극하였습니다. 성혼은 세신(世臣)의 자식으로서 감히 물러나 숨지 못해 겸손하게 사양하여 자중하였고, 한 번이라도 부름이 없으면 스스로 조정에 이른 적이 없어 평생토록 조정에 선 것은 겨우 날이나 달로 헤아릴 정도이니, 이 또한 상고하여 징험할 수 있습니다. 신 등이 어찌 감히 실상에 넘치는 말을 하겠습니까. 당시 선비들이 바라보며 추중하여 이의를 제기하지 않았습니다.

계미년(1583, 선조16)에 한 편의 상소를 올려 이이에 대해 거듭 해명한 것[137]이 사특한 당(黨)의 비위를 거스르자 바른 사람을 더럽히는 논의가 매미처럼 시끄럽고 고슴도치의 털처럼 마구 일어나니, 그들이

136 성수침(成守琛) : 1493~1564. 본관은 창녕(昌寧), 자는 중옥(仲玉), 호는 청송(聽松)·죽우당(竹雨堂)·파산청은(坡山淸隱), 시호는 문정(文貞)이다. 정암(靜庵) 조광조(趙光祖)의 문하에서 수학하다가 기묘사화(己卯士禍)가 일어난 뒤에 처가가 있는 우계(牛溪)에 은거하였다. 《栗谷全書 卷18 聽松成先生行狀》

137 계미년에……것 : 1583년 이이(李珥)가 삼사(三司)로부터 탄핵을 받자 성혼이 대호군(大護軍)으로 있으면서 상소를 올려 신구(伸救)하였다. 《宣祖實錄 16年 7月 15日》《牛溪集 卷2 論三司劾栗谷疏》

해를 입히고 무함하는 것이 이이에 비해 자못 심했습니다. 성혼이 상소를 올려 다스리는 도리를 진술할 적에 "먼저 본원(本源)에 뜻을 두어 정신을 보존하십시오."라고 말했는데, 이는 실로 예부터 전해오는 성현의 의론으로 주자(朱子)가 이미 이루어 놓은 가르침이 있습니다. 몇 년 전에 유직(柳稷) 등이 이 말을 가지고 도가자류(道家者流)라고 말하면서 제멋대로 헐뜯었는데,[138] 바로 이 한 대목에서 저 무리의 버릇없고 무식하여 제멋대로 헐뜯고 업신여기는 태도를 더욱 볼 수 있습니다.

기축년(1589) 변고에 성상께서 전교를 내려 끊임없이 재촉하셨기에 잠시 나오지 않을 수 없었는데, 정인홍은 부르지 않았는데 스스로 조정에 이르렀다고 공공연히 배척하였습니다. 임진년(1592) 난리에 성혼은 초야의 신하로서 당파를 짓는다는 명목을 받고 있었기에 물러나 두문불출하며 지냈고 소명(召命)이 내려오지 않아 감히 스스로 나아가지 않았으니, 그 사세가 진실로 그러했습니다. 왜구가 깊숙이 쳐들어오자 또한 어가(御駕)가 지나가는 날에 맞이하여 뵙기로 스스로 기약하여 진퇴(進退)의 명을 기다리고 있었는데 일이 창졸간에 일어나 뜻을 이루지 못했습니다. 나중에 분조(分朝)로부터 부름을 받아 방향을 바꾸어 의주(義州)로 들어갔으니, 그동안의 출처(出處)와 진퇴에는 스스로 그의 도리가 있었던 것입니다.

138 유직(柳稷)……헐뜯었는데 : 유직(1602~1662)이 이이와 성혼의 문묘 종사에 대해 반대하는 상소를 올리면서 성혼이 1581년(선조14) 4월 내섬시 첨정(內贍寺僉正)으로 있으면서 올린 〈신사봉사(辛巳封事)〉를 언급하며 성혼을 도가자류(道家者流)라고 비난하였다. 《孝宗實錄 1年 2月 22日》《牛溪集 卷2》

그런데 이홍로(李弘老) 무리가 헐뜯는 말로 선동하니,[139] 마침내 증자(曾子)의 어머니가 북〔杼〕을 내던지고 달아났던 일[140]과 같게 됨을 면치 못하여 관직을 깎는 명이 저승에까지 미쳤습니다.[141] 이 일로 온 나라 사람들이 마음속으로 함께 원통해하고 슬퍼했는데 성조(聖祖 인조(仁祖))께서 이미 통쾌하게 씻어내도록 허락해 주셨습니다. 그런데도 저들은 오히려 이것을 말하고 있으니, 이는 형서(邢恕)와 하담(何澹)의 무리가 죽지 않고 단평(端平)의 세대에 아직도 살고 있는 것과 같습니다.[142] 어찌 애통하지 않겠습니까.

139 이홍로(李弘老)……선동하니 : 이홍로(1560~1608)의 본관은 연안(延安), 자는 유보(裕甫), 호는 판교(板橋)이다. 1592년 왜군(倭軍)의 침입으로 선조(宣祖)가 파천할 때 파주(坡州)를 지나면서 성혼(成渾)의 집이 어디에 있느냐고 묻자, 옆에 있던 이홍로(李弘老)가 강가의 마을을 가리키며 저곳이라고 거짓으로 고하였다. 그러자 선조가 "어째서 나와서 나를 보지 않는 것인가?"라고 하니, 이홍로가 "이런 때에 저가 어찌 오려 하겠습니까."라고 한 일을 가리킨다. 《宣祖實錄 27年 3月 1日》

140 증자(曾子)의……일 : 성혼(成渾)에 대한 참소가 끊이지 않자 선조(宣祖)가 의혹을 품게 되었다는 말이다. 공자의 제자 증삼(曾參)이 비(費) 땅에 있을 때 증삼과 동명이인이 살인을 저질렀다. 어떤 사람이 증삼의 어머니에게 증삼이 살인했다고 전하자, 증삼의 어머니가 처음에는 그 말을 믿지 않다가 세 번 반복하여 듣고서는 마침내 베를 짜던 북을 내던지고 담장을 넘어 달아났다. 《戰國策 卷4 秦策2》

141 관직을……미쳤습니다 : 성혼은 1598년(선조31) 운명한 뒤 1602년 기축옥사(己丑獄事)에 관련되어 삭탈관직되었다가 1633년(인조11)에 복관(復官)되었다.

142 형서(邢恕)와……같습니다 : 형서의 자는 화숙(和叔)이다. 명도(明道) 정호(程顥)에게 배워 어사중승(御史中丞)이 되었으나 정호를 배반하고 사마광(司馬光)의 문객이 되었다가 다시 장돈(章惇)에게 붙었으며, 또 다시 장돈을 배반하고 채경(蔡京)의 심복이 되었다. 《宋史 卷471 姦臣列傳 邢恕》 하담(何澹, 1146~1219)의 자는 자연(自然)이다. 경원(慶元) 연간에 한탁주(韓侂胄)와 연계하여 조여우(趙汝愚)와 주희(朱熹) 등을 위학(僞學)으로 지목하고 공격하였다. 《宋史 卷394 何澹列傳》 단평(端平)은

고(故) 상신(相臣) 정철(鄭澈)은 실로 충성스럽고 청렴하며 굳센 지조를 지녔는데 반대편의 질투를 심하게 받았습니다. 기축년(1589) 옥사(獄事)를 다스리던 때에 무함을 당한 실상을 성조(聖朝)가 이미 밝게 씻어내도록 허락했는데,[143] 그 당시 정인홍이 성혼을 깊이 원망했던 것을 인하여 기어이 화(禍)를 전가하려고 하여 터무니없는 말을 만들어 성상을 현혹시켰던 것인데 저들은 오히려 그의 말을 계승하면서 어리석게도 심히 부끄러워할 줄을 모르고 있습니다. 사람으로서 좋아하고 싫어하는 천성을 상실한 것이 이토록 극에 달했으니, 이 또한 어찌 더불어 옳고 그름을 논변할 수 있겠습니까.

이 밖에도 이러한 종류가 진실로 한두 가지가 아니니, 신 등은 실로 이들과 떠들썩하게 지껄이는 것이 부끄럽습니다. 성상의 건강이 좋지 못한 때를 만나 성상을 번거롭게 할까 두려워 감히 다 아뢰지 않겠습니다. 다만 한 가지를 들으면 열 가지를 아는 밝으신 성상께서 내막을 환히 보시는 데에 달려 있습니다.

아, 예부터 현인과 군자가 한때에 무함을 받아 죽은 뒤에까지 비방을 끼치는 일이 어느 시대엔들 없었겠습니까. 그러나 오늘날처럼 붕당에서 하는 말을 믿고 함정에 빠뜨리는 것이 날이 갈수록 더욱 심해진 적은 없습니다. 아, 칭찬하는 자를 보면 칭찬을 받는 자가 현명한지

남송(南宋) 이종(理宗)의 연호로, 1234년부터 1236년까지 사용되었다.

143 정철(鄭澈)은……허락했는데 : 정철(1536~1593)의 본관은 연일(延日), 자는 계함(季涵), 호는 송강(松江), 시호는 문청(文淸)이다. 기축년은 기축옥사(己丑獄事)가 일어난 1589년(선조22)이다. 동인(東人) 정여립(鄭汝立, 1546~1589)의 모반사건이 일어나자 서인(西人)인 정철이 우의정(右議政)에 임명되어 역옥(逆獄)을 엄하게 다스려 동인 계열 인물들이 대거 처형되거나 유배당하였다.

아닌지를 알 수 있고, 헐뜯는 자를 보면 헐뜯음을 당하는 자가 그릇된지 올바른지를 볼 수 있습니다. 여러 세대가 지나고 선비 된 자가 아직도 기절(氣節)을 중시하고 도의(道義)를 높일 줄 알아 통서(統緖)를 서로 이어서 오늘날에 이르렀으니, 무엇인들 두 신하의 공적이 아니겠습니까.

그런데도 창을 들고 드러내놓고 배척하여 함정을 깊게 만들어 놓은 자는 대부분 흉악한 난적(亂賊)의 무리이니, 두 신하의 도덕과 공렬이 이에 더욱 빛날 것임은 진실로 변론할 필요도 없습니다. 의리가 정미(精微)하게 온축된 것과 경륜(經綸)을 시행하는 방법 또한 밝으신 성상께서 더욱 학문을 힘쓰는 데에 달려 있습니다. 도체(道體)를 환히 보고 치도(治道)를 깊게 궁구한 뒤에 두 신하가 받은 무함이 절로 사라질 것임은 의심할 나위가 없으니, 완연히 현명한 임금과 어진 신하가 한때에 만남과 같아 사특한 말을 하는 자는 비로소 입을 놀릴 수 없게 될 것입니다.

지금 앞에 검은색과 흰색, 얼음과 숯을 두고도 오히려 사악한 마음을 품고 이단을 낀 견해에 의지하여 그 취사(取捨)를 결정한다면 천하의 시비(是非)는 끝내 정해지는 때가 없을 것입니다. 오늘의 일은 불행히도 이와 비슷합니다. 경서(經書)에 이르기를 "순(舜) 임금이 천하를 소유하고 있을 때 많은 사람 중에서 고요(皐陶)를 뽑아 등용하자 어질지 못한 자들이 멀리 사라졌고, 탕(湯) 임금이 천하를 소유하고 있을 때 많은 사람 중에서 이윤(伊尹)을 뽑아 등용하자 어질지 못한 자들이 멀리 사라졌다."[144]라고 하였습니다. 요(堯) 임금과 탕 임금의 세대에

144 경서(經書)에……사라졌다 : 《논어》 〈안연(顔淵)〉에 보인다.

도 또한 어찌 어질지 못한 자가 전혀 없었겠습니까. 오직 일 처리를 마땅하게 하여 어질지 못한 자가 물러가 숨기를 멀리 떠나듯이 할 따름입니다.

이처럼 사람의 마음이 맑지 못하고 사특한 말이 들끓는 날을 당해 굳건한 결단을 내려 서둘러 사문(斯文)의 성대한 법을 거행하여 법도를 바로 세우며 나아갈 방향을 정해야 합니다. 이것이 신 등이 입이 닳도록 힘써 간쟁하면서 끝내 감히 물러나지 못하는 이유입니다. 삼가 바라건대 밝으신 성상께서는 더욱 밝게 살피되 두 현신을 문묘(文廟)에 종사하자는 청을 특별히 허락하여 덕을 높이고 공(功)에 보답하며 세상에 모범을 보이고 풍속을 교화하는 급선무로 삼으십시오.

선영에 흙을 더 얹는 일을 청하는 상소

請加土先壟疏

삼가 아뢰니다. 신은 어려서 기구한 운명을 만나 부모를 여의었으니, 부모의 무덤이 멀리 호서(湖西) 임천(林川) 땅에 있습니다.[145] 제 한 몸은 사방으로 달려 다니느라 봄가을 제사에 직접 술잔을 잡지 못한 적이 많았고 근래에는 외람되이 은혜로운 명을 받아 도성에 몸이 매여 있어 성묘하지 못한 지 이제까지 5년이 되었습니다.

제사 지내는 절기가 될 때마다 남쪽을 향해 고개를 들고 바라보노라면 마음속으로 깊이 애통했는데, 얼마 전 우수(雨水) 즈음에 무덤의 흙이 허물어졌다는 소식을 듣고서 신이 더욱 애통하고 상심하였습니다. 감히 이 일로 인해 공무를 멈추지 않았지만 마음이 이미 혼란스러워 하루를 지내는 것이 1년과 같았습니다. 선영에 흙을 더 얹을 날을 정하여 기한이 임박하였으니, 감히 전례를 끌어다가 휴가를 청하여 조금이나마 지극한 정을 펴고자 합니다. 신이 실로 죽을죄를 지었습니다.

또한 신의 직명은 모두 긴요한 임무에 매여 있어 오랫동안 비워두기 어려운 점이 있습니다. 삼가 바라건대 천지 부모와 같은 성상께서는 속히 신의 본직 및 겸대한 직임을 체차하고 이어 성묘하고 흙을 얹는

145 신은……있습니다 : 유계의 부친 유양증(兪養曾)은 유계의 나이 20세 되던 1626년에 운명하였고, 모친 의령 남씨(宜寧南氏)는 유계의 나이 17세 되던 1623년에 운명하였다. 처음에 수원(水原)에 합장하였다가 1639년 임천군(林川郡)으로 이장하였다. 《市南集 卷23 先考墓誌文》

일을 허락하여 공적으로나 사적으로나 편안하게 해 주시면 매우 다행이겠습니다.

시남집

별집 제3권

箚차

왕위를 계승하기를 청하는 차자[1] 기해년(1659, 현종 즉위년)
請嗣位箚 己亥

삼가 아뢥니다. 신 등은 삼가 전후에 내려진 전교를 보고 머리를 맞댄 채 어쩔 줄 몰라 하며 저도 모르게 감격의 눈물을 흘렸습니다. 가만히 생각건대 왕자(王者)의 예(禮)는 왕통을 계승하는 것보다 중요한 것이 없고, 성인(聖人)의 효도는 일을 계승하는 것보다 큰 것이 없습니다. 그러므로 옛날의 밝은 왕들은 지극한 정을 애써 억누르고 아래로 여러 사람들의 마음을 순하게 하지 않은 이가 없었습니다. 참으로 대보(大寶)의 자리[2]를 오랫동안 비워둘 수 없고 억조 백성의 바람은 조금이라도 어길 수 없기 때문입니다.

삼가 생각건대 참된 효심을 하늘에서 타고나서 수시로 가슴 치고 발 구르면서 마음속에서 나오는 정을 굳게 지키느라 아랫사람들의 요청에 부응하지 않으시니 신민(臣民)이 분주히 달리며 안팎으로 걱정하고 두려워합니다. 이러한 때를 당해 아무리 부모를 사모하는 마음을 곧장 따라 필부의 예절을 지키려 할지라도 천지신명의 돌봄과 조종(祖宗)의 부탁을 어찌하시겠습니까. 삼가 바라건대 성주(成周)에서 고명

1 왕위를……차자 : 1659년 5월 4일 효종(孝宗)이 승하하자 유계가 동부승지(同副承旨)로서 훗날의 현종(顯宗)인 왕세자에게 왕위를 계승할 것을 청한 차자이다. 현종은 그해 5월 9일에 즉위하였다. 《顯宗實錄 卽位年 5月 4日·9日》

2 대보(大寶)의 자리 : 《주역》 〈계사전 하(繫辭傳下)〉에 "천지의 큰 덕을 생(生)이라 하고, 성인의 큰 보배를 위(位)라 한다. 무엇으로 위를 지킬 것인가? 바로 인(仁)이다."라고 하였다.

(顧命)한 예(禮)[3]를 따르고 열성(列聖)이 이미 행한 법을 본받아 애써 애통한 마음을 억누르고 속히 윤허해 주십시오.

3 성주(成周)에서 고명(顧命)한 예(禮) : 성주는 주공(周公)이 성왕(成王)을 보필하여 제도를 완비하고 흥성한 시대를 이룩한 시기를 가리킨다. 《서경》에 〈고명〉편이 있는데, 성왕이 임종할 때 뒷일을 당시 백관의 윗자리에 있던 소공(召公)과 필공(畢公) 두 사람에게 유명(遺命)한 내용으로, 후사인 강왕(康王)이 아직 젊어서 걱정스러워 소공·필공과 다른 사람에게까지 자기가 죽은 뒤에도 나라를 위해 힘써 주기를 당부하였다.

권도를 따를 것을 청하는 두 번째 차자

請從權第二箚

첫 번째 차자는 〈원집(原集)〉에 보인다.[4]

삼가 아룁니다. 신 등이 어제 받든 성상의 비답은 정성스럽고 간절하였으며 열어 보이신 지극한 성의는 마치 자상한 아비가 어린 자식을 가르치는 듯하였기에, 신 등이 땅에 엎드려 경건한 마음으로 읽고 나서 몹시 감격하여 눈물을 떨구었습니다. 신 등도 자식 된 마음으로 어찌 성상의 뜻을 받들어 따라 조금이나마 지극한 정을 펴고 싶지 않겠습니까. 다만 오늘의 일은 관계된 바가 지극히 중요하고도 커서 그만둘 수 없으니, 무슨 까닭이겠습니까. 전하의 한 몸은 바로 종사(宗社)와 생령(生靈)이 기탁한 바로서, 전하께서는 실로 스스로를 사사롭게 여길 수 없는 점이 있습니다. 신 등이 또한 어찌 감히 구구하게 순종하는 마음만 가지고 전하께 사사로이 할 수 있겠습니까.

선왕(先王)이 예를 제정하면서 상례(喪禮)에는 네 가지 원칙이 있는데, 권도(權道)는 그중 하나에 해당합니다.[5] 무릇 원칙을 지키는 것은 떳떳한 도리이고, 정(情)을 다하는 것은 아름다운 행실입니다. 성인이

4 첫……보인다 : 《시남집(市南集)》 권10에 〈권도를 따를 것을 청하는 차자[請從權箚]〉라는 제목으로 실려 있다.

5 선왕(先王)이……해당합니다 : 《예기》 〈상복사제(喪服四制)〉에 "사흘이 지나면 죽을 먹고, 석 달이 지나면 머리를 감고, 일 년이 지나면 연제(練祭) 이후의 상복으로 갈아입는다. 몸이 수척해질 정도로 지극히 애통해하더라도 자기의 생명만은 해치지 않도록 해야 하니, 어버이의 죽음 때문에 자기의 생명까지 상하게 해서는 안 된다."라고 하였다.

무슨 이유로 권제(權制)를 만들어 효자의 마음을 아프게 하겠습니까. 진실로 인정상 자신의 정성을 다해야 하는 것은 바로 어버이의 상(喪)입니다. 만약 선왕의 법전에 분명하게 제시되어 절제하고 변통함이 있지 않다면 세상에서 어질고 효성스러우며 독실하게 행하는 사람이 몸을 상하여 목숨을 잃는 데에 이르지 않을 자가 거의 드물 것입니다. 그러므로 경문(經文)에 이미 "수척해지더라도 뼈가 드러나게 하지 않는다",[6] "죽은 사람 때문에 산 사람을 해치지 않는다"라고 하여, 병이 있으면 술 마시고 고기 먹는 것을 인정하여 상을 견뎌내지 못하는 것을 불효에 견주기까지 하였으니, 성인이 효자를 위해 걱정하는 것이 지극하다고 이를 만합니다.

이른바 병이 있다는 것이 어찌 반드시 고달프고 쇠약해져 거의 보고 듣는 것이 쇠퇴하고 행동하지 못하게 된 뒤에야 병에 걸렸다고 말하겠습니까. 진실로 기력으로 징험하고 형세로 드러나 근심할 만한 단서와 반드시 닥칠 형세가 있다면 군자가 여기에서 장차 임시로 관망하다가 상태가 심각해지기를 기다린 뒤에야 자양(滋養)하여 구제하기 어려운 지경에서 요행을 바라겠습니까. 예경(禮經)의 본래 뜻은 틀림없이 이처럼 융통성이 없지 않을 것이 분명합니다.

지금 전하의 병은 갖가지로 고질이 되어 위중한 증세 아닌 것이 없으니, 이미 기력으로 징험되고 모습과 목소리에 드러날 뿐만이 아닙니다.

6 수척해지더라도……않는다 : 《예기》 〈곡례 상(曲禮上)〉에 "거상(居喪)하는 예는 수척해지더라도 뼈가 드러날 정도로 하지 않으며, 시력과 청력이 쇠하지 않게 하며, 오르내릴 적에 동쪽 계단으로 하지 않으며, 나가고 들어올 적에 문 중앙으로 다니지 않는다."라고 하였다.

그러나 다만 춘추(春秋)가 한창 젊어 정신으로 부지하면서 곧 닥칠 통증을 간신히 면하고 있는 것인데 매번 병이 없다고 핑계대시니, 어찌 밝으신 전하께서 또한 미처 생각하지 못하는 것이 있단 말입니까. 다만 마음속에 지극한 애통함을 참지 못함이 있어 우선 억지로 힘을 내어시험해 보는 것인데, 시험해 보는 것이 위험한 방도임은 지혜로운 자가 아니더라도 알 수 있습니다. 귀하신 지존(至尊)께서 편찮으신 지 오래되었는데 평소 거처와 봉양이 후하더라도 오늘날 막중한 책임을 짊어지셨기에 만일 원기가 안에서 소진되어 큰 병이 갑자기 생긴다면 이때를 당해 보호하고 보양하기 어려워질 것이 틀림없이 오늘날보다 훨씬 많을 것입니다.

가령 인자한 하늘이 그 때문에 시름하여 떳떳함을 바꾸고, 종묘와 사직의 신령이 그 때문에 크게 놀라 불안해하고, 억조 백성들이 그 때문에 분주하여 편안하지 못하게 된다면 관계의 중대함이 과연 어떠하겠습니까. 그런데도 오히려 이렇게 작은 예절에 연연하여 차마 서둘러 시행하지 않는다면 이것이 어찌 권도에 통달한 성인의 큰 효도이겠습니까. 조정 신하들이 인산(因山) 전에 굳게 간쟁하지 못하는 것은 실로 성상의 망극한 효성에 감복하고 또한 장례를 마친 이후를 기대한 것입니다.

임금과 신하의 관계는 부모와 자식의 관계와 같습니다. 자식이 부모에 대해서 위급한 상황에 무너지는 것을 보고 세 번 간해도 들어주지 않는데 울부짖으며 따라다니지 않는다면 사람의 도리가 아닙니다.[7] 오

7 자식이……아닙니다 : 《예기》 〈곡례 하(曲禮下)〉에 "자식이 부모를 섬길 적에 세 번 간언하여도 들어주지 않으시면 울부짖으며 따른다."라고 하였다.

늘날 조정 신하들은 요청이 받아들여지지 않는다면 결단코 빠르게 물러갈 리 없습니다. 삼가 바라건대 밝으신 성상께서 위로는 조종(祖宗)이 부탁한 뜻을 본받고 아래로는 억조 백성들이 걱정하는 정성을 살펴 지극한 정을 애써 억누르고 속히 권제(權制)를 따르십시오.

권도를 따를 것을 청하는 세 번째 차자
請從權第三箚

삼가 아뢰니다. 신 등이 지금 인대(引對)했을 때 여러 신하에게 내리신 전교를 삼가 보니, 성상의 뜻은 대체로 병이 극심하지 않은데도 먼저 권도를 따르는 것은 매우 불가하다고 여기셔서 여러 신하들의 말을 모두 물리쳐 감히 다시 진달하지 못하게 하셨습니다. 무릇 병이 났을 때 권도를 따르는 것은 비단 성인(聖人)이 말했을 뿐만 아니라 전하께서도 이미 알고 계십니다. 전하께서 특별히 말씀하기를 "내 병이 그리 대단하지 않으니 나도 기다리다가 매우 위중해진 뒤에 권도를 따르는 것이 좋겠다."라고 하셨습니다. 이에 신 등은 더욱 놀랍고 근심스러워 다시 고언(苦言)을 아뢰지 않을 수 없습니다.

무릇 사람의 한 몸은 위기(胃氣)를 위주로 하는데 조금이라도 손상되면 온갖 병이 함께 생겨납니다. 그 초기에는 매우 은미한 것 같겠지만 남모르는 사이에 쇠약해지고, 그 병세가 가장 심할 때엔 비유컨대 뿌리가 상한 초목에 물을 아무리 부지런히 준다 해도 생기가 돌아오기 어려운 것과 같습니다. 사대부들 사이에서 하나하나 보면 이렇게 몸을 상한 자들이 수레바퀴 자국처럼 서로 이어지고 있습니다. 평소 거처와 봉양이 본디 넉넉하여 담박한 것을 익히지 않은 자는 병에 걸리기는 가장 쉬우나 병을 고치기는 더욱 어렵습니다. 안위(安危)의 기미는 한순간도 용납되기 어려우니, 어찌 오싹하고 한심하지 않겠습니까.

신 등은 삼가 모르겠습니다. 성상께서 기다리겠다고 한 뜻은 어떠한 시절과 상태로 한정하는 것입니까. 지금 성상의 병환은 이미 심각한 고질일 뿐만 아닌데 아직도 기다리고 굳게 참아내다가 점점 후회해도 소용없을 지경에 이른다면 이때를 당해 치료의 효과가 나타나기 어려운 것은 틀림없이 오늘날보다 분명할 것입니다. 때문에 조종(祖宗)의 바람을 저버리고 자성(慈聖 왕대비 인선왕후(仁宣王后))께 걱정을 끼치는 것은 또 어찌 다함이 있겠습니까.

《예기》에 이르기를 "인(仁)한 자에게서는 그의 사랑을 볼 수 있고, 지혜로운 자에게서는 그의 이치를 볼 수 있다."[8]라고 하였습니다. 몹시 비통한 마음만을 지키고 시일이 지나갈 것을 따져 차마 자강(自强)하지 못하고 반드시 닥쳐올 위태로움을 앉아서 기다리고 계시니, 인으로써 보면 대수롭지 않고 지혜로써 보면 크지 않으니, 이것이 어찌 처음부터 끝까지 한결같은 성인의 큰 효도이겠습니까. 인정이나 예법으로 보아도 결코 이런 이치는 없습니다. 삼가 바라건대 밝으신 성상께서는 마음을 평안히 하고 생각을 돌려 속히 조정 논의를 따르십시오. 삼가 재결해 주십시오.

8 예기에……있다 : 《예기》 〈상복사제(喪服四制)〉에 보인다.

권도를 따를 것을 청하는 네 번째 차자
請從權第四箚

삼가 아룁니다. 신 등이 삼가 입시(入侍)한 의관(醫官)의 말을 들어보면, 성상의 건강이 좋지 못하고 여러 증상이 아직도 낫지 않아 갖가지로 위태로운 것이 한두 가지가 아니라고 하니, 이는 원기가 손상되어 결코 탕약(湯藥)으로 치료할 만한 것이 아님을 알 수 있습니다. 그런데도 전하께서는 여러 신하들의 요청에 대해 한결같이 물리치시니 신 등은 더욱 마음을 애태우며 아뢸 바를 알지 못하겠습니다.

아, 선왕(先王)께서 3백 년 종묘사직(宗廟社稷)의 중대함을 전하 한 몸에 맡기셨으니, 성상의 옥체가 하루 동안 평안하지 못하면 종묘사직이 하루 동안 위태로운 것이고, 한 달 동안 평안하지 못하면 종묘사직이 한 달 동안 위태로운 것입니다. 전하께서 비록 자신의 몸이야 아끼지 않으신다 해도 어찌 차마 종묘사직의 중대함을 위급한 지경에 두어 오래되어도 돌보지 않으십니까. 지금 온 나라의 생명을 지닌 무리 모두가 놀라고 분주하여 그칠 줄 모르니, 여기에서 사람으로서 똑같이 느끼는 바로서 사리의 당연함을 볼 수 있습니다. 옛날의 명철한 군주가 비록 자신의 견해를 지켜 굳게 고집하고 돌아보지 않을지라도 말이 공적인 일에 관계되면 끝까지 거절하지 못했고, 사리에 굽혀지면 따르지 않을 수 없었습니다. 진실로 사람이 마음으로 똑같이 느끼는 것은 바로 하늘의 이치가 존재한 곳이며, 대중을 거스르고 하늘을 어기는 것은 위태롭지 않은 적이 드물기 때문입니다. 신 등은 감히 전하께서 고집하시는 일을 알지 못하겠습니다. 공적인 일입니까, 사적인 일입니까? 사람의 마음에 순한 일입니까, 하늘의 이치에 부합하는 일입니까? 가까운 데에 가려서 먼 데를 잊고 작은 일을 먼저 하느라 큰일을 나중에 하면 위태로움이 곧바로 닥쳐서 변통하지 못할 것이니, 이것이 어찌 밝으신 성상께 바라는 바이겠습니까.

또 신 등이 거듭 개탄하는 바가 있습니다. 군주가 높이 하늘이 내려 준 자리에 오르면 군신(君臣) 간의 예와 상하(上下)의 본분이 진실로 하늘과 땅처럼 현격함이 있는 법이지만, 옛날의 성왕(聖王) 또한 한 몸으로 똑같이 여겨 인정과 예의를 곡진하게 하지 않은 적이 없었습니다. 지금의 원로로서 덕망 있는 신하들은 모두 세 조정을 두루 섬기면서 사부(師傅)를 역임했던 자들인데, 며칠 동안 전각의 섬돌 아래에서 고생하면서 굶주리며 밥 먹을 겨를이 없고 병에 걸려 일어날 수 없으니, 그 실정이 진실로 절박하고 그 형세가 매우 급합니다. 그런데도 전하께서 차마 작은 예절에 스스로 힘쓰지 못해서 여러 신하들로 하여금 쓰러져 호소하느라 물러날 수 없게 하십니다. 신 등이 가만히 생각건대 전하께서 원로대신을 예우하고 공경하는 도리 또한 이와 같아서는 안 될 것입니다.

전하께서 여실(廬室)에 깊숙이 들어가 계시니 어찌 오늘날 온 나라의 당황스러워하는 현상을 모두 밝힐 수 있겠습니까. 이치와 형세가 궁박하면 권도를 시행하지 않을 수 없으니, 권도를 시행하여 중도를 얻는다면 실로 예(禮)와 의(義)에 부합할 것입니다. 삼가 바라건대 밝으신 성상께서는 다시 의심하거나 어렵게 여기지 마시고 속히 윤허해 주십시오.

권도를 따르기를 청하는 다섯 번째 차자
請從權第五箚

삼가 아뢥니다. 신 등이 삼가 성상의 비답을 받들어 보니 말씀의 뜻이 준엄하였는데 심지어 "나더러 권도(權道)를 따르라고 다그치고 불충(不忠)을 하면서 나를 인도한다."라고 전교를 내리시니, 신 등은 놀랍고 두려워 몸 둘 곳이 없었습니다. 신 등이 근신(近臣)의 반열에 있으면서 성상의 건강이 오래도록 좋지 못한데 상을 치를수록 더욱 야위는 모습을 직접 보니, 신 등은 삼가 구구하게 우려되는 마음을 견딜 수 없어 큰소리로 호소하고 감히 전하를 번거롭게 하는 죄를 피하지 않았습니다. 그런데 말이 졸렬하고 성의가 천박하여 전하를 감동시키고 권도에 통달하고 중도(中道)에 맞추어 성상의 몸을 보호하는 도리를 다할 수 없었습니다. 도리어 성상의 마음을 격노케 하여 갑자기 온당하지 못한 전교를 내리셨으니, 신 등의 불충한 죄는 여기에 이르러 더욱 도망칠 곳이 없게 되었습니다. 신 등이 부끄럽고 두려워 진실로 감히 잠시라도 논사(論思)하는 자리에 편안히 있을 수 없으니, 청컨대 신 등의 삭직을 명하여 신하로서 임금을 잘 섬기지 못한 죄를 바로잡으십시오. 신 등은 처분을 기다리면서 지극한 민망함을 견디지 못하겠습니다. 삼가 죽음을 무릅쓰고 아뢥니다.

권도를 따를 것을 청하는 여섯 번째 차자
請從權第六箚

삼가 아룁니다. 신 등이 어제 성상의 비답(批答)을 받들어 보니 말씀의 뜻이 준엄하여 놀랍고 두려워 마음을 진정할 수 없었습니다. 무릇 신하가 이러한 죄명(罪名)을 받았다면 진실로 사패(司敗 형조(刑曹))에 거적을 깔고 형벌을 기다릴 겨를이 없어야 합니다. 그런데 돌이켜 생각해 보면 임금과 신하는 부모와 자식의 관계와 같습니다. 자식이 부모에게 간하는 것을 받아들이지 않고 크게 화를 내는데도, 자식 된 자가 엄한 명을 두려워하여 울부짖으며 따르지 않는다면 효자가 아닙니다.[9] 신 등이 이에 감히 부월(鈇鉞) 아래에서의 죽음을 피하지 않고 다시 진실한 정성을 펼쳐 보겠습니다.

아, 전하께서 큰 슬픔을 만난 지 이제 몇 달이 지났는데, 전후로 건강이 좋지 못한 것이 서너 번일 뿐만이 아닙니다. 지금 기침으로 아직도 괴로워하면서 침식(寢食)하는 것이 편치 못하니 증세를 무어라 표현하기가 어렵습니다. 탕약(湯藥)의 효험이 없은 지 하루 이틀이더니 거의 열흘이 지나 보름에 이르고 있는데도 일찍이 원기가 안에서 쇠하여 점점 고질 상태에 이르는 것은 염려하지 않으시니, 이것이 뭇 신하들이 마음을 애태우며 매우 당황스럽기 그지없었던 까닭입니다.

권제(權制)가 예경(禮經)에 나타나 있으니, 전하께서도 이미 알고

9 자식이……아닙니다 : 《예기》 〈곡례 하(曲禮下)〉에 "자식이 부모를 섬길 적에 세 번 간언하여도 들어주지 않으시면 울부짖으며 따른다."라고 하였다.

계실 것입니다. 어진 사람과 효자가 지나치게 슬퍼하여 몸을 상할까 성인(聖人)이 깊이 걱정하여 글을 지어 가르침을 드리우고 철저히 염려하고 두루 방비하여 "수척해지더라도 뼈가 드러나게 하지 않는다."라고 하였지, "수척하여 반드시 뼈가 드러나게 한다."라고 하지 않았으며, "시력과 청력이 쇠하게 하지 않는다."라고 하였지, "시력과 청력을 반드시 쇠하게 한다."라고 하지 않았으며, "병이 있으면 술을 마시고 고기를 먹는다."라고 하였지, "병이 심해진 뒤에야 술을 마시고 고기를 먹는다."라고 하지 않았습니다.[10] 만약 수척해져 이미 뼈가 드러나고 시력과 청력이 이미 쇠해지고 질병이 이미 심해진 뒤에야 권도를 따라 건강을 돌볼 것을 허락한다면, 예경의 뜻은 우활하고 절실하지 않아 일의 기회에 미치지 못하여 이른바 권도라는 것은 끝내 고루하게 막히고 이로움이 없게 될 것입니다. 이 이치는 매우 분명하여 알기 어려운 일이 아닌데도 전하께서 매번 질병이 아직 심하지 않다고 핑계를 대시니, 이는 전하께서 지극한 정에 가려 권도를 베푸는 본래 의미를 깊이 헤아릴 겨를이 없으신 것입니다. 이에 더욱 신 등이 크게 두려워하며 끝까지 할 말을 다하여 비록 "나를 다그친다"라는 엄한 전교[11]를 받고도 감히

10 수척해지더라도……않았습니다 : 《예기》 〈곡례 상(曲禮上)〉에 "거상(居喪)하는 예는 수척하더라도 뼈를 드러내지 않으며, 시력과 청력이 쇠하지 않게 하며, 오르내릴 때 동쪽 계단을 따르지 않으며, 나가고 들어올 때 문 중앙으로 다니지 않는다. 거상하는 예는 머리에 부스럼이 있으면 머리를 감고, 몸에 종기가 있으면 목욕을 하며, 병이 있으면 술을 마시고 고기를 먹지만 병이 그치면 처음으로 돌아간다. 상을 견디지 못하여 죽음을, 자식을 사랑하지 않고 부모에게 효도하지 않음에 견준다."라고 하였다.

11 나를……전교 : 앞의 〈권도를 따를 것을 청하는 다섯 번째 차자〉에서 현종(顯宗)이 "나더러 권도(權道)를 따르라고 다그치고 불충(不忠)을 하면서 나를 인도한다."라고 말한 것을 가리킨다.

물러가지 않는 것입니다.

아, 전하께서 오늘날 조정 가득한 신료들이 속마음을 모두 쏟아내며 분주하게 호소하는 것이 자신을 위해서라고 보십니까, 나라를 위해서라고 보십니까? 임금을 잊은 데서 나온 것이라고 보십니까, 임금을 사랑하는 데서 나온 것이라고 보십니까? 성명(聖明)한 전하께서 의당 여기에 마음을 쏟을 바는 없겠으나 오히려 아랫사람들을 불충하다고 질책하시니, 이는 거의 시인(詩人)이 허(許)나라 사람을 어리고 미쳤다고 여긴 것[12]에 가깝습니다. 전하께서 어찌 진실로 갑자기 오늘날의 여러 신하들을 모두 불충하다고 여기시겠습니까. 신은 진실로 성상의 효성이 끝이 없어 스스로 다하는 데에 급급하다 보니 아랫사람들의 요청을 감당하지 못해 이렇게 중도를 잃은 전교를 내리셨음을 알고 있습니다.

신 등이 우러러 성상께서 뜻을 둔 바를 생각해 보건대 실로 목이 메는 것을 견디지 못해 감히 말씀을 다 드릴 수 없습니다. 비록 그렇지만 전하께서 고집하는 것은 사사로운 정이며 작은 예절인데 여러 신하들이 간쟁하는 것은 공적인 의론이며 대체(大體)입니다. 또한 어찌 감히 임시방편으로 순종하여 받들어 아녀자나 내시의 충성을 본받아 끝내 불충을 저지르는 큰 죄에 빠질 수 있겠습니까. 삼가 바라건대

12 시인(詩人)이……것 : 잘못이 아닌 것을 잘못으로 오해한다는 말이다. 《시경》 〈재치(載馳)〉에 "여자가 근심을 잘하는 것은 또한 각기 도가 있거늘, 허(許)나라 사람들은 이를 허물하니, 저 사람들 어리고 또 미쳤도다."라고 하였다. 춘추 시대 위(衛)나라 선강(宣姜)의 딸이 허 목공(許穆公)의 부인이 되었다. 그가 위나라가 멸망한 뒤에 위문하기 위해 길을 떠나는데 허나라 대부들이 달려 나와 길을 막아서 멈추고 가지 못하게 되자 이 시를 지은 것이다.

전하께서는 위로 종묘와 사직의 중대함을 생각하고 아래로는 많은 사람들의 정을 받아들여 속히 권도를 따라 성상의 옥체를 보존하십시오. 삼가 재결해 주십시오.

권도를 따르기를 청하는 일곱 번째 차자
請從權第七箚

삼가 아뢰옵니다. 신 등이 삼가 오늘 입진(入診)했을 때 여러 신하들의 말을 들어 보니, 성상께서 간절하게 "종전의 여러 증상이 거의 나아지고 있다."라고 유시(諭示)하셨지만, 용안이 매우 어둡고 말씀하실 때의 기침은 전에 비해 조금도 줄어든 게 없으며, 그밖에 갖가지 증후도 모두 위기(胃氣)[13]가 손상되고 원기(元氣)가 나빠진 소치라고 하였습니다. 신 등이 놀랍고 두려워 경황이 없어 더욱 간절히 마음을 애태우게 되었으니, 이에 감히 청컨대 엄려(嚴廬)와 지척으로 가까운 곳에서 전하의 용안을 바라보면서 직접 음성으로 뜻을 받들어 진실한 정성을 다 바쳐 문자로 하기에 미진한 부분까지 다하여 밝으신 성상께서 한 번 깨우치시기를 바랐습니다. 그런데 성상의 하교는 도리어 더 상할까 염려하여 소회를 글로 써서 아뢰게 하는 것이었습니다.

아, 신 등의 소회는 이미 전후에 걸쳐 올린 소장과 차자에 모두 아뢰었으니, 어찌 남은 것이 있겠습니까. 단지 밝으신 성상께서 스스로 사사로운 정을 다하는 데에 급급하여 조금은 질병을 막아 숨기려는 의사가 있음을 면치 못하였으니, 이것이 신 등이 근심과 두려움이 더욱 깊어져 비록 번거롭게 하지 말라는 전교를 받들었지만 스스로 그칠

13 위기(胃氣) : 한의학에서 위의 생리작용과 정기(精氣)를 이르는 말이다. 위기가 충족하면 맥박이 정상적이고 체내의 각 기관이 활력이 있게 된다.

수 없었던 까닭입니다.

사람의 질병은 안과 밖에서 느끼는 것이 다른 데다 가볍고 위중한 증세도 다릅니다. 밖에서 느끼는 것은 그 드러나는 것이 비록 갑작스러울지라도 병이 실로 가벼워 다스리기 쉽지만, 안에서 손상된 것은 그 조짐이 비록 은미할지라도 증세가 실로 위중하여 고치기 어렵습니다. 지금 전하의 환후는 바로 이른바 안에서 손상되어 고치기 어려운 것입니다. 자취와 음성에 드러나며 마시고 먹고 기거하는 데에서 징험되기에 진실로 감출 수 없는 것이 있습니다. 며칠 전 입진(入診)했을 때에 전하께서 일찍이 5일 뒤에 다시 청하라고 분부를 내리셨는데, 지금 5일이 지났어도 여러 증세가 아직도 그대로이니, 이것이 신 등이 감히 점점 나아질 것이라는 하교를 반드시 믿어 잠시라도 걱정하고 두려워하는 마음을 놓지 못하는 까닭입니다.

상중(喪中)에 고기를 먹지 않는 것이 아마도 맛있는 음식이라서가 아니라면 비록 채소나 과일 같은 종류도 오히려 애통함을 잊는 데서 벗어나지 못합니다. 설령 그 마음이 진실로 병을 고치는 데에 있다면 비록 술과 고기 같은 좋은 음식일지라도 탕약(湯藥)과 다를 게 없습니다. 지금 성상의 몸을 보존하고 큰 효도를 온전히 하는 것은 지극히 애통하고 괴로운 마음이니, 우선 입맛을 돋우는 생강과 계피를 빼더라도 오히려 씀바귀를 먹는 것[14]과 같습니다. 도리어 성인의 진실한 효심을 어찌 손상시킬 수 있겠습니까. 이러한 사리는 의심할 나위가 없을 만큼 명백합니다. 이치가 명백한데도 사실을 따르지 못하고 구구한

14 씀바귀를 먹는 것 : 대본에는 '茹茶'로 되어 있는데, 문맥을 고려하여 '茶'를 '荼'로 바로잡아 번역하였다.

작은 인(仁)을 추구하시니, 일찍이 성명(聖明)한 전하께서 이토록 어렵게 여기실 줄 생각이나 했겠습니까. 삼가 바라건대 밝으신 성상께서 더욱 밝게 생각하여 속히 권도를 따르십시오. 삼가 재결해 주십시오.

능행을 멈추기를 청하는 차자
請停陵幸箚

삼가 아뢰니다. 인산(因山)하는 날이 다가와 흠위(廞衛)[15]가 머무르지 않으니 성상의 사모하는 마음이 망극하여 가슴을 치고 뛰는 슬픔이 바야흐로 새롭습니다. 추후에 능소(陵所)에 임하기 위해 어가(御駕)를 이미 준비시키니, 온 나라의 신민(臣民)이 울부짖으며 달려 나와 애통함과 두려움이 모두 지극해서 안정되지 못합니다. 무엇 때문이겠습니까.

전하의 크고 순수한 효성은 천고(千古)에 으뜸인데 큰 슬픔을 당하고부터 법도에 지나치게 슬퍼하다가 몸을 상하여 얼굴빛이 매우 어둡고 몹시 지치셨습니다. 기침하는 증상과 오한 증세가 갖가지로 좋지 못한 지 이제 여러 달이 지났는데 영여(靈輿)는 멀리 떠나게 되었습니다. 교외에서 곡하면서 하직하고 온종일 밤새도록 애통해하기를 그치지 않는다면, 비록 여염집의 천한 보통 사내로서 평소 질병이 없는 자에게 맡긴다 해도 그 근력이 지쳐 감당하지 못할 것입니다. 지존(至尊)의 몸이 오랫동안 편치 못하신데 거듭 몸을 상하는 것을 어찌 이루 말할 수 있겠습니까.

게다가 산릉(山陵)은 서울과 백 리나 멀리 떨어져 있는데[16] 날이 따

15 흠위(廞衛) : 제왕의 장의(葬儀) 행렬에 쓰던 여러 가지 도구를 가리킨다.

16 산릉(山陵)은……있는데 : 효종(孝宗)은 1659년 5월에 승하하여 그해 10월 구리시 인창동 태조 무덤인 건원릉(健元陵) 서쪽에 장사 지냈다. 이후 석물에 틈이 생겨 봉분 안으로 빗물이 샐 염려가 있다 하여 1673년(현종14) 여주 세종(世宗)의 무덤인

뜻한 시간은 짧고 많은 사람의 행렬은 더디기만 하니 새벽에 어가를 움직여도 밤이 되어서야 도달할 것입니다. 찬바람과 추위가 스며들고 서리와 이슬을 느끼면서도 무릅쓰고 달려 나가 여러 날을 왕복하면 비록 전하께서 지극한 애통함이 마음에[17] 남아 있어 스스로를 염려할 겨를이 없겠지만, 삼가 생각건대 성상의 몸은 기력이 떨어지고 지쳐 결코 지탱하지 못할 것입니다. 생각이 여기에 미치니 마음과 등골이 모두 서늘합니다.

무릇 제왕(帝王)의 효도는 사(士)나 서민과는 같지 않으니, 신명(神明)이 의지하는 바이며 조종(祖宗)이 부탁한 바이며 신민(臣民)이 우러러 받드는 바로서 모든 것이 한 몸에 모여 있습니다. 그러므로 평범한 사람과 성인은 길이 다르고 집안과 나라는 예(禮)가 다르기에 관계된 바의 경중(輕重)에 따라 정(情)을 때로는 굽히기도 하는 것입니다. 게다가 어떻게 마음 내키는 대로 하여 대중과 어긋나고 생각대로 곧장 행동하여 반드시 닥칠 위태로움을 무릅쓰고 어찌할 수 없는 후회를 남길 수 있겠습니까. 옛날의 제왕 및 우리 조종의 옛일을 멀리까지 논할 것도 없으니, 우리 대행대왕(大行大王)의 타고난 참된 효성은 예전에도 없었는데 인헌대비(仁獻大妃)와 인목대비(仁穆大妃)[18]의 국상에 모두 친히 행차하신 일이 없었습니다. 어찌 장사 지내는 예에

영릉(英陵) 동쪽으로 능을 옮겼다. 《顯宗實錄 卽位年 10月 29日》

17 마음에 : 대본에는 '至痛在' 다음 글자를 판독할 수 없으나, 다수 용례에 따라 '心'으로 추정하여 번역하였다.

18 인헌대비(仁獻大妃)와 인목대비(仁穆大妃) : 인헌대비(1578~1626)는 인조(仁祖)의 어머니이자 원종(元宗)으로 추존된 정원군(定遠君)의 부인이다. 인목대비(1584~1632)는 선조(宣祖)의 계비(繼妃)로, 영창대군(永昌大君)의 모친이다.

꺼리는 일이 있어서겠습니까. 아마도 또한 경중을 헤아리는 이치에 깊이 통달했기 때문일 것이니, 밝으신 성상께서 마땅히 우러러 본받아야 할 것이 여기에 있지 않겠습니까.

지금 하늘의 마음이 좋지 못하고 별자리의 현상이 경계를 보이는데 하늘의 도는 그윽하고 멀어 비록 허물에 대한 대응이 어디에 나타날지 감히 알 수 없지만 이토록 걱정스럽고 당황스러운 때를 당해 천지신명을 대하여 공경하고 두려워하는 것을 더욱 조금이라도 소홀히 해서는 안 됩니다. 또 사람의 마음으로 살펴보면 위로 조정의 관료들로부터 아래로 거리의 백성들에 이르기까지 온 사람들이 같은 목소리를 내어 의논하지 않아도 같은 말로 모두 능행(陵行)하는 것은 단호히 안 된다고 말합니다. 군주가 마땅히 두려워해야 하는 것은 하늘의 경고이고 마땅히 따라야 하는 것은 백성의 마음인데, 하늘의 경고가 이미 저와 같고 백성의 마음이 또 이와 같으니, 신 등은 삼가 전하께서 끝내 해선 안 될 일을 억지로 하실까 염려됩니다.

신 등이 어제 승정원에 내린 전교를 삼가 보고 땅에 엎드려 공경히 읽으면서 눈물이 흘러 옷깃을 흠뻑 적셨습니다. 신 등도 자식의 마음을 지니고 있으니 어찌 성상의 뜻을 따라 세상이 다하도록 끝없는 슬픔을 조금이나마 펴게 하고자 하지 않겠습니까. 진실로 사체(事體)에 관련된 바가 지극히도 중대하기 때문에 전하께서는 사사로운 정으로 아랫사람들의 청을 완강히 거부해서는 안 되고, 신 등도 감히 사사로운 정으로 성상의 뜻을 우러러 따를 수 없습니다. 삼가 원하건대 전하께서는 선왕께서 남기신 뜻을 받들고 성인의 큰 효도를 유념하여 지극한 정을 힘껏 억누르고 속히 능행을 멈추십시오.

능행을 멈추기를 청하는 차자[19] 두 번째 차자

請停陵幸箚 再箚

삼가 아룁니다. 신 등이 얼마 전에 산릉(山陵)에 행차하시는 것이 위태로워 시도해 보기 어렵다는 뜻을 아뢰었지만 성상의 윤허를 받지 못하여 신 등은 지극히 근심스럽고 애타는 마음을 견딜 수 없었습니다. 그런데 지난번 밝으신 성상께서 반복해 헤아려서 반드시 스스로 판단한 바가 있으셨을 것으로 생각하고 밤낮으로 우러러 바라면서 감히 다시 말씀드리지 않았습니다. 그런데 어제 대신(大臣)에게 내리신 비답을 보니, 신 등이 머리를 맞댄 채 놀랍고 두려워 우려가 더욱 심해졌습니다.

아, 인산(因山)하는 날이 다가와 장례 행렬을 준비해 두었는데 성상의 효성이 끝이 없어 처음처럼 가슴을 치고 발을 구르며, 반드시 친히 묘도(墓道)에 가서 현궁(玄宮)에 영결하려 하시니, 정이 지극하고 예가 극진합니다. 무릇 신하 된 자라면 누군들 우러러 성상의 뜻을 본받아 그 아름다움을 따르고자 하지 않겠습니까.

삼가 생각건대 상례(喪禮)에는 네 가지 원칙이 있는데, 권도(權道)를 따르는 것이 그중 하나입니다.[20] 예는 인정(人情)에 따르는 것이지만 간혹 의(義)에 굽히기도 하는데, 더군다나 제왕(帝王)의 경우는 필부와는 같지 않습니다. 지친 몸으로 위로는 천지(天地)와 조종(祖

19 능행을……차자 : 《승정원일기》 현종 즉위년 10월 22일 기사에 실려 있다.

20 상례(喪禮)에는……하나입니다 : 《예기》 〈상복사제(喪服四制)〉에 보인다.

宗)을 받들고 아래로는 억조의 신민에 임하니, 그 짊어진 막중함이 이와 같습니다. 그러므로 비록 부친상을 당해 정리(情理)상 슬픔을 억누르기 어렵다 해도 오히려 자기의 사사로움을 한 번 움직이는 사이에서 감히 스스로 펴지 못하는 법인데, 참으로 자유롭지 못하는 것이 있으니 또 어찌 하늘을 어기고 대중을 거스르면서 마음대로 곧바로 행하여 스스로 위태로운 지경에 빠질 수 있겠습니까.

지금 전하께서는 틀림없이 '내 병이 극심하게 위중하지 않으니 산릉에서 이틀 동안 묵고 돌아오는 것은 그래도 힘써서 한번 시도해볼 수 있겠다.'라고 생각하실 것입니다. 한번 시도해보는 것은 위태로운 일입니다. 작은 일도 오히려 불가하거늘 하물며 이 일이 얼마나 큰 거조이며 관계된 바가 얼마나 큰데도 여러 달 동안 건강이 좋지 못한 상태에서 밤낮으로 추운 기운에 맞서다가 반드시 닥칠 위태로움을 무릅쓰고 미치기 어려운 후회를 남기겠습니까. 신 등은 전하의 지극히 애통해하는 마음으로 스스로를 생각할 겨를이 없는 줄 잘 알고 있지만 지금 위로 조정의 신하들로부터 아래로 거리의 백성에 이르기까지 분주하여 허둥대지 않는 이가 없고 모두 능행이 절대로 불가하다고 말하고 있으니, 여기에서 사람들의 마음이 같음을 볼 수 있습니다. 상제(上帝)의 간곡한 경계가 대개 반드시 여기에서 말미암지 않았다고는 할 수 없을 것입니다.

어찌 온 나라 사람들 모두 효(孝)가 아니면 어버이가 없거늘 군주를 예법에 맞지 않는 것으로 인도하는데도 어질고 자애로운 하늘이 까닭 없이 진노(震怒)를 헛되이 보여주겠습니까. 전하께서는 이 점에 대해 또한 깊이 생각하셔야 할 것입니다. 삼가 바라건대 전하께서는 우러러 천지와 조종의 마음을 본받고 아래로 신하와 백성의 근심하고 두려워하는 마음을 살펴 성상의 몸을 보전하고 대업(大業)을 크게 받드는 것을 우선시하고 중요하게 여긴 다음, 근력을 쏟아 한때에 슬픔을 다하는 것을 나중으로 하고 가볍게 여기십시오. 조정 신하의 요청을 힘써 따라 속히 종행(從行)하겠다는 명을 멈추어 주십시오.

능행을 멈추기를 청하는 차자[21] 세 번째 차자

請停陵幸箚 三箚

삼가 아룁니다. 예측할 수 없는 처지에 임해 반드시 닥칠 위기를 본 사람이라면 신하는 임금에게 간쟁하지 않을 수 없고 자식은 부모에게 간쟁하지 않을 수 없는 것입니다. 신하와 자식 된 자가 한갓 임금과 아비의 뜻을 순종하기만을 생각하고 정성과 힘을 다하여 그 위태로움을 구제하지 않는다면 신하와 자식 된 도리에 어떠하겠습니까. 이번 종행(從幸)하는 일은 매우 위태로운 일은 있어도 핑계 댈 만한 것은 하나도 없습니다. 조정에 가득한 신하들이 정성을 다해 분주하여 날마다 그치지 않고 있습니다. 그 의리가 진실로 다급하고 그 마음이 진실로 슬프지만 전하께서 줄곧 완강히 거절하면서 조금도 개의치 않는 것은 어쩌면 '내가 예를 행하고자 하고 내가 정을 다 쏟고자 하는데 아랫사람들이 뉘라서 감히 나를 저지하겠는가.'라고 생각하는 것이 아니겠습니까. 신 등은 진실로 지극한 정이 담겨 있음을 알지만 오히려 대성(大聖)의 밝은 식견으로도 사리(事理)를 살피는 데에 미진한 것이 유감입니다.

군신(君臣) 상하 사이에는 진실로 하늘과 땅처럼 분명한 구분이 있지만 또한 한 몸으로 아주 가까운 의리도 있습니다. 종사(宗社)에 관계되어 더할 나위 없이 중요하고 큰 일에 대해 윗자리에 있는 자가 상하의 형세만으로 억압하면서 아랫사람의 훌륭한 말을 쉽게 폐기해 버린다면

21 능행을……차자 : 《승정원일기》 현종 즉위년 10월 23일 기사에 실려 있다.

이것이 무슨 이치입니까. 자식으로서 끝없는 애통함은 상(喪)에 달려가는 일보다 지나친 것이 없는데 성인이 예를 제정하면서 밤에 가는 것을 허락하지 않은 것은 생명을 해칠까 걱정해서입니다. 이로 미루어 보면 전하께서 행하신 오늘날의 일을 설령 성인이 결단한다면 장차 신중히 하여 위태로워지지 않게 하겠습니까, 아니면 시도해 보고 아무런 탈이 없기를 바라겠습니까? 조종(祖宗)의 열성(列聖)께서 모두 정을 굽히고 조정의 의론을 따르신 것은 대개 여기에서 터득한 것이 있고 제왕(帝王)의 큰 효성이 오로지 근력을 소진하는 데에 있지 않음을 알았기 때문일 것입니다.

질병이 생겨 한 가지 증상이 재발하게 되면 항상 치료하기 어려우니, 병의 근원은 점점 깊어지고 원기는 더욱 약해지기 때문입니다. 지금 전하의 이전 증세가 아직도 정상으로 회복되지 못했으니 더욱 심해져 재발할 위태로움은 필연적입니다. 비록 교외에서 곡하여 전송하는 것일지라도 이미 대단한 위태로움이 있는데, 하물며 산릉(山陵)에서 밤을 지내면서 연일 가슴 치고 땅을 구르며 애통해하다가 갑자기 몸을 상하여 망가지게 되지 않겠습니까. 혹여라도 성상의 병세가 더욱 고질이 되어 종사에 끝없는 근심을 끼치게 된다면 이때를 당해 신하들의 말을 듣지 않은 것을 후회하더라도 또한 무슨 소용이 있겠습니까.

오늘날 조정의 신하들이 모두 궁궐 뜰에 머리를 부술 것을 생각하고 있으니 청이 받아들여지지 않는다면 끝내 감히 물러나지 않을 것입니다. 삼가 바라건대 밝으신 성상께서는 지극한 정을 힘껏 억눌러 속히 종행(從幸)하겠다는 명을 멈추고 종사와 신민의 바람에 부응하십시오. 재결해 주십시오.

능행을 멈추기를 청하는 차자 네 번째 차자

請停陵幸箚 四箚

삼가 아룁니다. 오늘날 조정 신하들의 요청은 정성을 다 쏟고 말을 다 아뢴 것입니다. 심지어 대신들이 서로 이끌어 입시(入侍)하였으나 끝내 윤허를 받지 못했습니다. 신 등은 성상의 뜻이 이미 정해져 아랫사람들이 다시 하는 말을 받아들이지 않으실 것을 알 수 있었습니다. 아, 이것이 얼마나 큰일이고 얼마나 위태로운 길입니까.

무릇 군주는 비유하자면 하나의 마음이고, 신하는 비유하자면 온몸입니다. 마음이 하고자 하는 것을 온 몸이 따르지 않을 수 없지만 진실로 형세가 급박하고 일이 위태로워 귀와 눈이 경악하고 팔과 다리가 전율하는데도 오직 속마음이 하고자 하여 억지로 행동한다면 거꾸러지고 낭패를 겪지 않는 일이 또한 드물 것입니다.

지금 대신(大臣) 이하 온 조정이 허둥대어 지팡이를 짚고 병든 몸을 이끌면서 부여잡고 울부짖기를 그치지 않고 있으니, 그 위태롭고 급박한 상황은 귀와 눈이 경악하고 팔다리가 전율할 뿐만이 아닙니다. 그런데도 전하께서는 다만 군신(君臣) 상하(上下)의 형세만으로 억압하여 돌아보지 않으십니다. 신 등이 삼가 생각건대 전하께서 거꾸러지고 낭패를 겪는 환란을 벗어나지 않으려 하시기에 끝내 침묵하고 물러날 수 없습니다. 성상의 뜻이 망극하여 스스로 억누르기 어렵겠지만 어찌 줄곧 물리치기만 하여 많은 사람들의 마음을 저버리고 한 몸으로 서로를 필요로 하는 도리를 어겨서야 되겠습니까. 사리가 결코 이처럼 되어서는 안 됩니다. 삼가 바라건대 밝으신 성상께서는 열 번 더 생각하여 속히 여러 신하들의 청을 따르십시오.

삭전과 우제[22]를 친히 행하지 말기를 청하는 차자
請勿親行朔奠虞祭箚

삼가 아뢰니다. 시간이 흘러 인산(因山)이 어느덧 다가왔는데, 성상의 효성이 망극하여 처음 상을 당했을 때처럼 곡하고 발을 구르시니 온 나라의 신민(臣民)이 걱정하고 불안해하고 있습니다. 모두들 건강이 오랫동안 좋지 못하신 것을 알고 있어 틀림없이 거듭 손상될까 걱정하고 있습니다. 온 조정의 신하들이 호소하며 속마음을 모두 쏟아내어 우리 밝으신 성상께서 능(陵)을 쌓아 올리는 날에 친히 영결하지 못하게 하니, 이는 진실로 인정과 예법 상 지극한 변고이며, 조정 신하들이 함께 매우 비통해하는 바입니다. 아, 어찌 차마 말하겠습니까.

다만 생각건대 군신과 부자 사이에서 우려할 일인데 인정과 사리에 쫓겨 감히 다 말하지 않는다면 이 또한 충효의 죄인인 것입니다. 신등이 삼가 생각건대 며칠 안에 부여잡고 매우 비통해하며 교외에서 송영(送迎)할 텐데, 성상의 옥체를 손상시키는 것을 이루 다 말할 수 없습니다. 마침 절기가 세밑의 겨울에 이르러 눈보라가 돌연 차갑게 불어오는데, 이때를 당해 비록 차분하게 삼가고 조섭해도 오히려 감당하지 못할까 염려스럽습니다. 하물며 날마다 제사 지내느라 조금도

22 삭전(朔奠)과 우제(虞祭) : 삭전은 상기(喪期) 중 매월 초하룻날에 죽은 이에게 올리는 제사이다. 우제는 부모의 장례를 마치고 돌아와서 지내는 제사로, 초우(初虞), 재우(再虞), 삼우(三虞)가 있다.

편히 지낼 겨를이 없었고 한밤중에 일어나 새벽까지 슬프게 곡하시니, 이렇게 하고도 깊이 손상을 입지 않을 수 있겠습니까.

산릉(山陵)에 종행(從幸)하는 것은 예로 볼 때 이보다 큰 것이 없지만, 전하께서 오히려 지극한 정을 억누르고 조정 신하들의 청에 마지못해 따르는 것은 다름이 아니라 진실로 성상의 옥체가 편안한지 여부가 종묘사직과 크게 관련되기 때문이니, 결코 위태로운 길을 시도해서는 안 됩니다. 지금 전하께서 이미 큰 것에는 힘쓰지만 작은 것에는 힘쓰지 못하여 끝내 질병에 걸리는 것을 면치 못한다면 이것이 어찌 권도(權道)에 통달하고 효성을 다하는 큰 성인의 도리이겠습니까. 은전(殷奠)은 정제(正祭)와 다르고,[23] 제사를 접하는 것은 성사(成事)보다 가볍습니다.

삼가 바라건대 밝으신 성상께서는 성상의 건강을 헤아린 다음 보호할 방도를 깊이 생각하여 내일의 삭전(朔奠)부터 연일 지내는 우제(虞祭)에 이르기까지 대신(大臣)으로 하여금 대신 행하게 하는 것을 허락하여 성상의 옥체를 보호하고 아끼십시오. 그렇게 하여 위로는 종묘와 사직의 신령을 위로하고 아래로는 억조 백성의 바람에 부응하신다면 매우 다행이겠습니다.

23 은전(殷奠)은 정제(正祭)와 다르고 : 은전은 왕가(王家)에서 장례 후 매달 초하룻날에 지내는 제사이고, 정제는 칫날에 지내는 종묘(宗廟)의 제사이다.

삭전과 우제를 친히 행하지 말기를 청하는 차자 두 번째 차자
請勿親行朔奠虞祭箚 再箚

삼가 아뢰옵니다. 질병이 더 심해짐은 항상 조금 나은 뒤에 찾아오고, 제왕(帝王)의 효성은 슬픔을 다하는 지엽적인 것보다 우선하는 것은 없습니다. 무릇 병에 걸려 두려워하는 것은 진실로 인정이지만 병이 차도가 있을 때 조금 게을러지지 않을 수 없는 것 또한 인정 상 면하지 못하는 것입니다. 병이 드러나는 것은 이미 밑바탕에 점진적으로 쌓인 것이 있어서이니, 비록 요행히 조금 차도가 있을지라도 그 뿌리는 오히려 남아 있어 바로 막 싹트거나 막 불어나는 것입니다. 이러한 때에 철저히 절제하고 삼가지 못해 설사 마음이 안에서 상하고 한기를 밖에서 느낀다면 혹시라도 재발하여 갑자기 위중해지는 것은 또한 틀림없이 다가올 형세이기에 결코 경솔하게 시도해서는 안 될 것입니다.

지난날 성상의 건강이 좋지 못했던 것은 이 얼마나 위급한 증세였습니까. 대개 거상(居喪) 중에 마음 아파한 나머지에서 나온 것이어서 갑작스런 감기에 비할 것이 아닙니다. 삼령(三靈 천신(天神)·지지(地祇)·인귀(人鬼))이 크게 놀라고 만백성이 분주히 내달리니 당시의 모습을 어찌 차마 말하겠습니까. 다행히 천지와 조종(祖宗)의 드러나지 않은 도움을 받아 바로 회복되는 경사를 보았으나, 삼가 생각건대 병의 근원이 다 제거되지 않았으니 아랫사람들의 마음은 몹시 두려워하고 있습니다. 이때를 당해 몸소 제사를 집행하여 지극한 정을 펼치려고 하시니, 비록 성상의 사려가 망극하여 스스로 그 위태로움을 깨닫지 못하지만 조정에 있는 신하들은 어찌 감히 반드시 닥쳐올 위기를 군부의 몸에 시험 삼아 보면서 구제하지 않을 수 있겠습니까. 더군다나 제왕의 효도는 보통사람과 매우 다르니, 마땅히 성상의 몸을 보전하고 만세에 큰 업적을 남기는 것을 우선하고 중시해야 합니다. 만약 한때에 곡하고 가슴 치며 정을 다하는 것을 큰 예절로 여겨 기어이 우선하려 한다면 결단코 선왕께서 밝으신 성상께 기대하고 바라는 바가 아닐 것입니다.

시간이 흘러 연기(練期 소상(小祥))가 다가오기에 신 등은 진실로 전하께서 지극히 비통한 마음을 애써 억누르기 어려운 줄 알고 있습니다. 그러나 이번 큰 제사가 머지않은 날을 당해 성상의 몸이 만일 조금이라도 더 손상되는 것을 면치 못하여 온 나라 사람들이 다시 지난날처럼 걱정하고 불안해한다면, 신 등은 전하께서 정을 다하려고 하는 것이 다만 하늘에 계신 선왕의 혼령을 아프게 하고 전하의 병에 대한 자전(慈殿)의 근심을 가중시키는 것이어서 끝내 성왕(聖王)의 큰 효에 보탬이 없을까 걱정스럽습니다.

오늘날 조정에 있는 신하들 또한 어찌 모두 인정과 예법을 하찮게 여겨 전하께 이치에 맞지 않는 일을 강요하겠습니까. 성명(聖明)하신 전하께서 조금 더 성찰하신다면 틀림없이 거듭 생각하지 않아도 분명해질 것입니다. 삼가 바라건대 밝으신 성상께서 힘껏 지극한 정을 억누르고 속히 삭전과 우제를 친히 행하는 일을 멈추신다면 매우 다행이겠습니다.

지은이 **유계(兪棨)**

1607(선조40)~1664(현종5). 조선 중기의 인물로, 본관은 기계(杞溪), 자는 무중(武仲), 호는 시남(市南)이다. 1630년(인조8) 진사과에 합격하고, 1633년 식년문과에 급제하였다. 1636년 병자호란 때 시강원 설서로서 척화를 주장하다가 화의가 성립되자 임천(林川)에 유배되었다. 1639년에 풀려났으나 벼슬을 단념하고 금산(錦山)의 마하산(麻霞山)에 산천재(山泉齋)를 짓고 은거하여 학문에 전념하였다. 1646년 무안 현감이 되었다. 1649년 인조 사후에 인조의 묘호를 정하는 일에 반대하여 선왕을 욕되게 했다는 죄로 효종의 노여움을 사 1650년(효종1) 온성(穩城)에 유배되었다가 영월(寧越)로 이배되었다. 1652년 유배에서 풀려난 뒤 다시 등용되어 대사간·대사성·부제학·대사헌·이조 참판·도승지 등 여러 관직을 역임하였다. 시호는 문충(文忠)이다. 저서로는 《시남집(市南集)》, 《가례원류(家禮源流)》, 《여사제강(麗史提綱)》이 전한다. 송준길(宋浚吉)·송시열(宋時烈)·이유태(李惟泰)·윤선거(尹宣擧)와 더불어 충청오현(忠淸五賢)으로 일컬어졌다.

옮긴이

이재숙(李在淑)

1975년 대전에서 태어났다. 충남대학교 한문학과를 졸업하고 동 대학원에서 석사학위, 고려대학교에서 박사학위를 취득하였다. 아당 이성우 선생에게 한문을 배웠다. 현재 충남대학교 한자문화연구소 선임연구원으로 재직 중이다. 공역으로 《기려수필》, 《두타초》, 《승암시화》, 《좌계부담》, 《해동사부》, 《면불일기》, 《설봉유고》, 《잠야집》이 있고, 저서로 《호서의 큰 고을, 홍주이야기》가 있다.

오승준(吳承峻)

1979년 충북 청주에서 태어났다. 충남대학교에서 박사과정을 수료하였다. 학산 조종업 선생, 아당 이성우 선생에게 한문을 배웠다. 현재 충남대학교 한자문화연구소 선임연구원으로 재직 중이다. 공역으로 《옥오재집》, 《동주집》, 《두타초》, 《설봉유고》, 《잠야집》이 있다.

이상수(李相修)

1981년 세종에서 태어났다. 공주대학교 한문교육과를 졸업하고, 한국고전번역교육원 연수과정을 수료하였다. 성균관대학교에서 박사과정을 수료하였다. 병주 이종락, 아당 이성우 선생에게서 한문을 배웠다. 현재 충남대학교 한자문화연구소에서 연구원으로 재직 중이다. 공역으로 《면불일기》가 있다.

임현정(任賢情)

1991년 충남 보령에서 태어났다. 충남대학교 한문학과를 졸업하고, 성균관대학교 한문고전번역협동과정을 수료하고, 한국고전번역교육원 연수과정과 연구과정을 졸업하였다. 아당 이성우 선생에게 한문을 배웠다. 현재 충남대학교 한자문화연구소에서 연구원으로 재직 중이다. 공역으로 《세종실록》, 《홍산군지》, 《면불일기》가 있다.

한국고전번역원 권역별거점연구소협동번역사업
충남대학교 한자문화연구소 연구진

연구책임자 **이향배**(충남대학교 한문학과 교수)
공동연구원 **정만호**(충남대학교 한문학과 교수)
자문위원 **이성우**(한국고전번역원 자문위원)
책임연구원 **황교은**
선임연구원 **이재숙**
오승준
연 구 원 **이상수**
임현정

시남집 5
유계 지음 | 오승준 · 이상수 · 이재숙 · 임현정 옮김
2023년 12월 29일 초판 1쇄 발행
편집 · 발행 문진 | 등록 2002. 5. 6. 제2006-000011호
주소 대전광역시 유성구 대학로 31 한진리조트오피스텔 2004호
전화 042-933-6510 | 팩스 042-367-5510

값 30,000원

ISBN 979-11-87638-96-4 94810
979-11-87638-80-3 (세트)